Kohlhammer

Els Oksaar

Zweitspracherwerb

Wege zur Mehrsprachigkeit und zur interkulturellen Verständigung

Verlag W. Kohlhammer

Alle Rechte vorbehalten
© 2003 W. Kohlhammer GmbH Stuttgart
Umschlag: Gestaltungskonzept Peter Horlacher
Gesamtherstellung:
W. Kohlhammer Druckerei GmbH + Co. Stuttgart
Printed in Germany
ISBN 3-17-013708-5

Vorwort

Zweitspracherwerb ist in den Wissenschaftsbereichen, die sich mit der Kommunikations- und Interaktionsfähigkeit in fremden Sprachen und Kulturen befassen, zunehmend in den Blickpunkt des Interesses geraten – von der Fremdsprachendidaktik bis zur Außenwirtschaft, von der Frage des optimalen Erwerbsalters bis zum interkulturellen Zusammenleben. Seiner Vielschichtigkeit entsprechend ist der Zweitspracherwerb aber noch keineswegs allseitig thematisiert worden. Eine über die bloße Beschreibung hinausgehende Analyse erfordert die Berücksichtigung von psychologischen, soziokulturellen und gesellschaftlichen Faktoren, die den Erwerb und die Verwendung von sprachlichen und interaktionalen Verhaltensweisen beeinflussen. Und dies ist noch nicht überall zu einer methodischen Selbstverständlichkeit geworden.

Zweitspracherwerbsforschung braucht theorie-, methoden- und praxisrelevante Ansätze, die weiterführend und zugleich integrierend sind und die die bisherigen Fragestellungen in Richtung Mehrsprachigkeit, Mehrkulturheit und interkulturelle Verständigung erweitern und vertiefen. Denn nicht nur individuelle und gruppenspezifische kommunikative Verhaltensweisen sind von Belang, sondern auch ihre sprachpolitischen sowie wirtschafts- und wissenschaftspolitischen Vernetzungen. Bei all diesen Fragen ist es relevant, die Tatsache zu beachten, dass jeglicher Spracherwerb stets ein individueller Prozess ist, Sprachverwendung aber kollektiven Regeln und Normen unterliegt.

Die vorliegende Einführung will dazu beitragen, die verschiedenen Beziehungsgefüge des Zweitspracherwerbs, die u. a. neurophysiologische sowie gesellschaftspolitische Aspekte umfassen, zu erhellen. Dies geschieht aus Perspektiven, in denen Spracherwerb, auch mit seinen mündlichen und mit den damit verbundenen Komponenten, u. a. Gestik und Mimik, als kulturelles Lernen verstanden und seine Erforschung in vielen Domänen im Netzwerk der interdisziplinären Kultur- und Gesellschaftswissenschaft gesehen wird. Hierher gehören Fragen, deren Aktualität nicht nur mit der Erweiterung der Europäischen Union und mit der Globalisierung der Märkte zusammenhängt, sondern auch mit Integrationsproblemen und dem Zusammenleben in mehrsprachigen und mehrkulturellen Gesellschaften.

Die Aspekte und Perspektiven unserer Betrachtungen werden im ersten Kapitel detailliert dargelegt. Zweitspracherwerb als interdisziplinärer Forschungsbereich hat außer der Sprachwissenschaft, Psychologie, Psycholinguistik und Pädagogik auch Anknüpfungen an die Soziolinguistik, Soziologie, Politikwissenschaft, Kulturanthropologie und Medizin. Verschiedene Fragestellungen des Buches, in dem auch Beziehungen zwischen Muttersprache und Zweitsprache im Zweitspracherwerbsprozesses und in der Mehrsprachigkeit des Menschen im Fokus stehen, wenden sich deshalb auch an die Vertreter dieser Fachgebiete.

Els Oksaar

Inhalt

Vorwort 5

1. Zweitspracherwerb als interdisziplinärer Forschungsbereich 11

1.1 Aspekte und Perspektiven des Gegenstandsbereichs 11

    1.1.1 Begriffsbestimmungen 13
        Erstsprache, Muttersprache – Zweitsprache, Fremdsprache 13
        Dominante Sprache – Nichtdominante Sprache 15

1.2 Sprache, Kultur, Individuum, Gesellschaft 16

1.3 Prinzipien der Sprachbetrachtung 18

    1.3.1 Zum Prinzip der Kulturalität 18
    1.3.2 Zum Prinzip der Ganzheit und des Teilganzen 20
    1.3.3 Zum Prinzip der Dynamik und der Variation 20
    1.3.4 Zum Prinzip der Heterogenität und der Individualität 22

1.4 Sprachenlernen und Sprachenbeherrschung als Notwendigkeit und Bereicherung 22

1.5 Zur Mehrsprachigkeit und interkulturellen Verständigung 26

    1.5.1 Aspekte der Mehrsprachigkeit und Mehrkulturheit 26
    1.5.2 Aspekte der interkulturellen Verständigung 32

1.6 Zusammenfassung 35

2. Zweitspracherwerb als kulturelles Lernen 37

2.1 Kuluremtheoretische Grundlagen 38

2.2	Was wird erworben?	42
	2.2.1 Kommunikative und interaktionale Kompetenz	42
	Dimensionen der Variation	44
	Normatives und rationales Ausdrucksmodell	45
	Kongruenzen	46
	Sphärendistribution	47
2.3	Zusammenfassung	47
3.	**Rahmenbedingungen für den Zweitspracherwerb**	**49**
3.1	Neurophysiologische Voraussetzungen	49
	3.1.1 Zur Lateralisierung der Sprachfunktionen	51
	Kritische Periode Hypothese	52
	Gibt es ein opitmales Alter für den Zweitsprachenerwerb?	55
	Zum frühen Zweitspracherwerb	56
	Zum Faktor „Steigendes Alter"	59
3.2	Soziopsychologische Voraussetzungen	61
	3.2.1 Komplexe Variablensysteme	61
	Motivation und Attitüden	62
	Akzent und ethnische Identität	64
3.3	Sprache und Kognition	65
	3.3.1 Zur Kognitionsforschung	65
	Modularität – Holismus	69
	3.3.2 Sprache und Denken	71
	3.3.3 Zur Sapir-Whorf Hypothese	76
3.4	Zusammenfassung	80
4.	**Theorien, Modelle und Methoden des Zweitspracherwerbs**	**83**
4.1	Grundlagen der Betrachtung	83
	4.1.1 Behaviorismus – Nativismus	83
	4.1.2 Konvergenz	87
4.2	Zum Forschungsstand	89
	4.2.1 Heterogenität der Ansätze	89
	Nichtlineare Systeme	93

4.3 Von sprachsystemzentrierten Ansätzen zu individuumzentrierten Modellen 96

    4.3.1 Kontrastive Analysen 96
          Kontrastivhypothese 98
          Fehleranalyse 102
    4.3.2 Indentitätshypothese 104
    4.3.3 Zur Vergleichbarkeit des Zweit- und Erstspracherwerbs 107

4.4 Individuumzentrierte Ansätze 110

    4.4.1 Integrativmodell 111
    4.4.2 Lerner, Lerneridiolekte und Lernersprachen 112
          Interlanguagehypothese 112
          Fossilisierung und Pidginisierung 117
          Zur Charakterisierung des erfolgreichen Lerners 121
          Fließende Übergänge: Lernersprache – Zielsprache 123
    4.4.3 Zum Sprachbewusstsein des Lerners 126
    4.4.4 Sprachkontakt und Kulturkontakt im Lernprozess 130
          Interferenz, Transferenz und Umschaltung 131
          Linguistische Interferenz und Kodeumschaltung 134
          Situationale Interferenz und Behavioremumschaltung 142

4.5 Zusammenfassung 149

5. Gesellschaftspolitische Aspekte des Zweitspracherwerbs .. 151

5.1 Schwerpunkte der Betrachtung 151

5.2 Mobilität, Migration und Minderheiten 152

    5.2.1 Zweitsprache und Muttersprache, Integrationsfragen 157

5.3 Zur Sprachenpolitik in der Europäischen Union 166

    5.3.1 Perspektiven der europäischen Zweitsprache 171

5.4 Zur internationalen Stellung des Deutschen als Zweitsprache 175

    5.4.1 Zur Verbreitung des Deutschen 175
          Deutsch als Zweitsprache in der Wirtschaft 177
          Deutsch als Zweitsprache in der Wissenschaft 180

5.5 Zusammenfassung 185

Literaturverzeichnis 187

Sachregister 208

Namenregister 215

1. Zweitspracherwerb als interdisziplinärer Forschungsbereich

1.1 Aspekte und Perspektiven des Gegenstandsbereichs

Sprache und Spracherwerb, handle es sich um die Erstsprache, Zweitsprache oder weitere Sprachen, kann von verschiedenen, aber mit einander verbundenen Perspektiven aus betrachtet werden. Die Perspektive des Individuums, der Sprachen mit ihren kulturellen Verankerungen und der Gruppen oder Gesellschaften bilden dabei die Grundrichtungen.

Liegt der Schwerpunkt beim Individuum, können verschiedene Aspekte seines sprachlichen Verhaltens, seines Idiolekts – von der Aussprache bis zum Ausdrucksstil – vor dem Hintergrund des jeweiligen soziokulturellen Rahmens verdeutlicht werden. Denn ein Mensch ist stets Mitglied einer oder mehrerer Gruppen, einer oder mehrerer Sprach- und Kulturgemeinschaften, die seine kommunikativen Kenntnisse und Prozesse beeinflussen. Beim Zweitspracherwerb sind aber auch die Erstsprache und durch diese gewonnenen Erkenntnissphären in einer oder anderen Weise vorhanden, z. B. als Kontrastbasis (Kapitel 4.3.1) oder Transferenzquelle (Kapitel 4.4.4). Verschiedene Charakteristika der Erstsprache werden erst im Spiegel der Zweitsprache deutlich.

Liegt der Schwerpunkt bei der Sprache oder den Sprachen und den mit ihnen verbundenen kulturellen Systemen, darf nicht vergessen werden, dass diese durch das Individuum aktiviert und gesteuert werden. Und schließlich: liegt der Schwerpunkt bei den Gruppen oder Gesellschaften, so muss beachtet werden, dass diese aus Einzelindividuen bestehen, deren sprachliche Verhaltensweisen nicht identisch sind.

Schon aus diesen Feststellungen geht hervor, dass wir es beim Zweitspracherwerb mit einem komplexen interdisziplinären Forschungsbereich zu tun haben. Bei der Kindersprachenforschung hat die interdisziplinäre Ausrichtung zur eigenständigen sprachwissenschaftlichen Disziplin *Pädolinguistik* geführt, die sich mit der Sprache und der Sprachentwicklung des Vorschulkindes befasst (Oksaar 1987a, 11 ff.). Dabei muss auch berücksichtigt werden, dass das Kind gleichzeitig oder nacheinander mehr als eine Sprache erwerben kann. Im Spracherwerbsprozess, der komplex und nichtlinear ist, und mit anderen Entwicklungsprozessen, z. B. biologischen, kognitiven, emotionalen und sozialen zusammenhängt, erwirbt das Kind die Fähigkeit, die Welt zu entdecken und seine Gedanken, Gefühle und Wünsche durch verbale, parasprachliche und nonverbale Mittel auszudrücken und die der anderen zu verstehen (vgl. hierzu die Diskussion in Kapitel 3.3.2).

Wenn wir diese Fähigkeiten und ihren Erwerb zu verstehen und zu erklären versuchen, bei der Erstsprache und bei weiteren Sprachen, bei Kindern und bei Erwachsenen, ist zu berücksichtigen, dass interdisziplinäre Orientierungen notwendig sind, da der Mensch ein biologisches, soziales und kulturell-geistiges Wesen ist. Außer der Linguistik, Psychologie und Psycholinguistik sind Anknüpfungen u. a. auch an die Soziologie, Soziolinguistik, Kulturanthropologie und Medizin wichtig. *Interdisziplinarität* verstehe ich dabei nicht nur als eine, wenn auch dynamische, Koexistenz verschiedener Wissenschaften, durch die ein Problem, frei von Fächergrenzen, von verschiedenen Seiten aus beleuchtet werden kann, sondern auch als eine methodische Synthese. Das heißt, als die Einbeziehung von verschiedenen der Problematik konformen Techniken, theoretisch-methodischen Ansätzen, Interpretationsmustern und grundlegenden Paradigmen in einer Weise, die als eine sich am Forschungsgegenstand orientierende kreative Integration gelten kann.

Die Tatsache, dass beim Zweitspracherwerb stets Kontakte mit der Erstsprache und ihrer Kultur möglich sind, kann auch Konfliktpotential einschließen. Diese Perspektive werden wir im Zusammenhang mit den Fragen der Migration, Sprachloyalität, Identität und des Eltern-Kind-Verhältnisses erörtern (Kapitel 5.2).

Die Breite unserer Darstellung, die auch problemorientierte Rückblicke einschließt, ist bewusst gewählt worden, um Orientierungen im Bereich des *Was*, *Wie*, *Wo*, *Wann* und *Warum* des Zweitspracherwerbs zu ermöglichen. Ein Anspruch auf auch nur annähernde Vollständigkeit in diesem Bereich bleibt aber eine Illusion. Es ist m. E. schon viel gewonnen, wenn weiterführende methodische und theoretische Fragen sowie gesellschaftspolitische Aspekte und Fragen des Zweitspracherwerbs und seiner Erforschung erörtert werden. Letzterem kommt auch zugute, wenn die neueren Standpunkte kritisch mit den früheren Forschungsergebnissen in Verbindung gebracht werden. Im Laufe der Erörterungen wird sich nämlich mehrfach herausstellen, dass das jeweils Neue gar nicht so neu ist und dass der fast zum Sprichwort gewordene Ausspruch „Literaturkenntnis schützt vor Neuentdeckungen" auch in der Zweitspracherwerbsforschung nützlich sein kann.

In den folgenden Kapiteln werden wir den Zweitspracherwerb, ausgehend von den oben erwähnten Gesichtspunkten, die in „Sprache, Kultur, Individuum, Gesellschaft" (1.2) und „Prinzipien der Sprachbetrachtung" (1.3) näher erörtert werden, beleuchten. Wir weichen in mehrerer Hinsicht von der großen Menge der Publikationen des Zweitspracherwerbs ab (vgl. Kapitel 4.2), vor allem dadurch, dass unterschiedliche Perspektiven, Aspekte und Rahmenbedingungen aufgewiesen und die Kulturgeprägtheit der Sprachverwendung sowohl im Theoriebereich als auch in der Praxis des Sprachgebrauchs thematisiert werden. Wir gehen auch auf das Ziel – Mehrsprachigkeit und Mehrkulturheit – übersichtlich ein sowie auf die Möglichkeiten, die sie für die interkulturelle Verständigung eröffnen (1.5). Die Wege dazu werden u. a. anhand der Kulturemtheorie erläutert, durch die auch die nonverbalen, parasprachlichen und extraverbalen Komponenten der mündlichen Kommunikation zum Tragen kommen (Kapitel 2). Es ist wichtig nicht nur auf die Rahmenbedingungen und auf Theorien, Modelle und Methoden des Zweitspracherwerbs einzugehen (Kapitel 3 und 4), sondern auch auf einige ihn betreffende gesellschafts- und wissenschaftspolitische Fragen, deren zunehmende Aktualität u. a. mit der europäischen Integration zusammenhängt (Kapitel 5).

1.1.1 Begriffsbestimmungen

Im folgenden werden wir zunächst einige zentrale, in der Erst- und Zweitspracherwerbsforschung nicht einheitlich verwendete Begriffe etwas ausführlicher erörtern. Andere, insbesondere aus der Kontaktsphäre der Sprachen, werden in jeweiligen Kapiteln erläutert.

Erstsprache, Muttersprache – Zweitsprache, Fremdsprache

Unter *Erstsprache* wird im allgemeinen die Sprache verstanden, die der Mensch zuerst erworben hat. Erstsprache wird synonym mit *Muttersprache* verwendet, hat aber nicht dieselben, vielfach gefühlsmäßigen Konnotationen, die durch die morphosemantische Motiviertheit des Kompositums durch das Wort *Mutter* entstehen können. *Erstsprache* kann auch den Anfang einer Erwerbsfolge bezeichnen und somit implizieren, dass sie nicht die einzige Sprache des Menschen ist, das Wort kann aber auch mit bewertenden Konnotationen „die erste, die beste" verbunden sein und die individuelle und gesellschaftspolitische Bedeutung der Sprache markieren.

Die gegenwärtige bevölkerungspolitische Lage in vielen Ländern mit Migranten und Minderheiten und die sprachenpolitischen Bestrebungen der Europäischen Union (vgl. Kapitel 5.2 und 5.3) haben den Begriff und die Bezeichnung *Muttersprache* soziokulturell und politisch aktualisiert. Sie sei daher etwas ausführlicher betrachtet.

Das Wort, das wahrscheinlich auf mlat. *materna lingua* zurückgeht und seit Luther verbreitet ist, war lange Zeit die Hauptbezeichnung der Sprache, die das Kind als erste Sprache erwirbt. *Muttersprache* ist „die Erst- oder Primärsprache, die von der frühen Kindheit an erworbene Sprache (die nicht die der Mutter zu sein braucht und die nicht die am meisten geläufige Verkehrssprache bleiben muß)". Mit dieser Definition werden die früheren, vor allem seit der Jahrhundertwende (18/19 Jh.) anzutreffenden Entromantisierungen des Begriffes zusammengefasst (Lewandowski 1990, 736). Schon von der Gabelentz hebt hervor, dass es gilt, Muttersprache richtig zu verstehen: „Es ist die Sprache und Mundart, die wir als Kinder von den Erwachsenen, die uns umgeben, gehört haben" (1901, 62). Emotionale Aspekte spielen aber in den früheren Erklärungsversuchen eine wichtige Rolle. So z. B. bei Herder: „Unsere Muttersprache war ... die erste Welt, die wir sahen, die ersten Empfindungen, die wir fühlten, die erste Wirksamkeit und Freude, die wir genossen! Die Nebenidee von Ort und Zeit, von Liebe und Hass, von Freude und Tätigkeit, und was die feurige, aufwallende Jugendseele sich dabei dachte, wird alles mit verewigt – nun wird die Sprache schon Stamm" (1960, 136).

Erwirbt ein Kind von Anfang an zwei Sprachen, so spricht Weinreich von „two mother tongues of the bilingual child" (1953, 77), und E. G. Lewis von „two first languages" (1974, 32). Die Frage, ob man von zwei Muttersprachen oder Erstsprachen reden kann, wird jedoch kontrovers beurteilt (vgl. unten S. 15).

Wegen emotionaler Konnotationen und der möglichen Interpretation als eine von der Mutter gelernte Sprache, fehlt es nicht an Versuchen, *Muttersprache* durch andere Bezeichnungen zu ersetzen. Die Problematik wird jedoch kaum eliminiert, wenn statt Muttersprache von der *Erstsprache, Primärsprache, Grundsprache, natürlichen Sprache* oder auch von der *Herkunftssprache* gesprochen wird. Denn auch bei diesen können verschiedene Konnotationen mitschwingen (zur Diskussion vgl. schon Christophersen 1948, 2ff.). In anderen Sprachgemeinschaften gibt es beim entsprechenden Terminus keine Bedenken, vgl. engl. *mother tongue*, schw. *modersmål*, estn. *emakeel* (*ema* „Mutter").

Allen Definitionsversuchen ist gemeinsam, dass sie, ausgenommen Erstsprache, keine Qualitätsangabe, beinhalten. Laut unserer Befragung von 40 Deutschen in Schweden und von 48 Schweden in Deutschland, Alter zwischen 50 und 60 Jahren, waren viele (79 % in Schweden und 88 % in Deutschland) jedoch der Ansicht, dass *Muttersprache* die am besten beherrschte Sprache sei, die man im Gegensatz zu Fremdsprachen kaum vergisst. Wie aber gerade bei Migranten und Minderheiten festzustellen ist, kann dies sehr wohl eintreffen (Kapitel 5.2).

Wir haben festgestellt, dass *Muttersprache* beim Sprecher/Hörer eine andere Konnotationssphäre als *Erstsprache* oder *Primärsprache* aktivieren kann. Dies trifft auch für das Schwedische zu. Die gesellschaftspolitische Relevanz von schw. *modersmål* zeigt sich sogar in der Veränderung eines Gesetzes. In den offiziellen bildungspolitischen Verordnungen wird damit stets Schwedisch gemeint, während die Muttersprache der Einwandererkinder seit den 1970er Jahren als *hemspråk* „die Sprache, die das Kind (täglich) zu Hause spricht" bezeichnet wird, vgl. engl. *home language*. Seit 1.8.1997 wird *hemspråk* in Verordnungen durch *modersmål* „Muttersprache" ersetzt. Der Anlass dieser Veränderung war die häufige Kritik, *hemspråk* würde als „nur zu Hause gebräuchlich" verstanden werden, obwohl sie ebenso Muttersprache sei, jedoch von Nichtschweden.

Wir verwenden *Erstsprache, Muttersprache, Primärsprache* und die anderen erwähnten Bezeichnungen als Synonyme, wohl wissend, dass die Bedeutung des Kompositums durch seine Motiviertheit konnotativ gesteuert werden kann.

Was versteht man unter *Zweitsprache*? Der Terminus ist mehrdeutig. Einerseits wird er durch „Fremdsprache" erklärt und gilt von der Erwerbsfolge der Sprachen aus gesehen entweder als *erste Fremdsprache*, d. h. als die Sprache, die nach der Erstsprache erworben wird (Lewandowski 1990, 1285) oder als übergeordnete Bezeichnung für alle Sprachen nach der Muttersprache, auch für die dritte, vierte usw. (vgl. Larsen-Freeman/Long 1991). Andererseits kann *Zweitsprache* auf die Verkehrssprache eines Landes bezogen werden, nämlich aus der Perspektiven der Bevölkerungsgruppen, deren Muttersprache nicht die Landessprache ist, wie Migranten und Minoritäten (vgl. Kapitel 5.2). Da viele die Landessprache ohne schulischen Unterricht lernen, liefert die Erwerbsart ein weiteres Unterscheidungskriterium zwischen *Zweitsprache* und *Fremdsprache*: Zweitsprache wird „natürlich, ungesteuert" gelernt, d. h. ohne formalen Unterricht, Fremdsprache „künstlich, gesteuert", d. h. durch Unterricht.

Die erwähnten Kriterien, die den Unterschied zwischen den beiden Sprachtypen markieren: *Landessprache – keine Landessprache; ungesteuert, außerschulisch – gesteuert, schulisch* gelernt, sind jedoch nicht strikt auseinander zu halten. Aufenthalte der Schüler im Land der Fremdsprache, Kurse in der Landessprache für Einwanderer, und Unterricht der Landessprache für Migrantenkinder in den Schulen, insbesondere auch Lernen durch Internet und andere Medien sind nur einige Beispiele dafür. Es gibt keine wissenschaftlichen Erkenntnisse, die für eine derartige Unterscheidung der Lernart im Spracherwerbsprozess sprechen würden. Prinzipiell muss gefragt werden, ob ein gänzlich ungesteuerter Spracherwerb überhaupt vorkommt. Denn auch Erstspracherwerb, der als ungesteuert (natürlich) angesehen wird, ist keineswegs steuerungsfrei. Kleinkinder werden in Dialogen von Bezugspersonen in vielfacher Weise unterrichtet, nicht nur, was den Wortschatz und die Grammatik anbetrifft, sondern auch die Realisierung der Kultureme (Kapitel 2.1) als Grundlage ihrer interaktionalen Kompetenz (vgl. Oksaar 1987a und 1987c). Ausländer werden in Kontakt mit Einheimischen in verschiedener Weise sprachlich gesteuert oder unterrichtet, u. a. von „bei uns sagt man so" bis zu direkten Hinweisen auf Fehler.

Natürlich gibt es einen Unterschied zwischen schulischer und nichtschulischer sprachlicher *Steuerung*. Das ist aber noch kein Beweis dafür, dass sich der Erwerb, das Lernen an sich, in den unterschiedlichen Kontexten unterscheidet. Man weiß noch sehr wenig davon, wie verschiedene Individuen situationsspezifisch lernen. Die Polarisierung in diesem Bereich, die weiterhin vielfach aufrecht erhalten wird, muss als unrealistisch angesehen werden. Kritische Stimmen gibt es schon seit den 1980er Jahren, weil ein Lerner ja jederzeit sowohl gesteuert als auch ungesteuert lernen kann (vgl. Lewandowski 1990, 1285; zur neueren Kritik s. Decco 1996, 115, Rampton 1999, 327).

Zu den problematischen Dichotomien gehört auch die Unterscheidung zwischen *Lernen* (learning) und *Erwerb* (acquisition). *Lernen* wird seit Krashens Monitor-Modell in den 1970er Jahren, auf den wir auf S. 106 eingehen, häufig als *bewusstes* (conscious) Erwerben gesehen und mit gesteuertem Unterricht verbunden, *Erwerben* dagegen als *unbewusst* (unconscious) und ungesteuert angesehen. Es fehlen Krashen jedoch empirische Beweise, die eine derartige Unterscheidung rechtfertigen könnten.

Wir verwenden *Zweitsprache* und *Fremdsprache* als Synonyme, für beide gilt als Begriffsbestimmung der Faktor Erwerbsfolge. *Zweitspracherwerb* ist dementsprechend jede Art des Erwerbs einer Sprache, die konsekutiv zum Erwerb der Erstsprache erfolgt (vgl. Ellis 1986, 5). Beim Kind, das zwei Sprachen von Anfang an lernt, spricht McLaughlin (1984, 10) vom *simultanen* Erwerb von zwei Sprachen und setzt die Grenze bei drei Jahren an, nach dieser Zeit beginnt für ihn der *sukzessive* Erwerb (vgl. Taeschner 1983, 4). Bei Spolsky (1989,2) liegt die Grenze zum Zweitspracherwerb nach dem zweiten Lebensjahr. Klein (1984, 27) markiert die ersten drei Lebensjahre als *bilingualen Erstspracherwerb*, ESE. Derartige Einteilungen sind umstritten. Die Kritik wendet sich sowohl gegen diese als künstlich und willkürlich empfundene Grenzziehungen als auch gegen Begriffe wie *zwei Erstsprachen, doppelte Erstsprachigkeit, bilingualer Erstspracherwerb*. Laut Dodson ließe sich daraus schließen, dass Kinder „are using identical language strategies to acquire both their languages (1987, 160f.) Dies würde auch voraussetzen, dass Zweisprachigkeit/Mehrsprachigkeit als *Gleichsprachigkeit* (equilingualism) verstanden werden könnte. Beides trifft aber nicht zu, wie u. a. Kodeumschaltungen zeigen, die schon vor dem dritten Lebensjahr zu belegen sind (Oksaar 1975). Erstspracherwerb kennt keine Kodeumschaltungen.

Dominante Sprache – Nichtdominante Sprache

Die bisherigen Ausführungen bewegen sich auf der Makroebene der „Sprache an sich". Ein allgemein wenig beachteter Tatbestand ist jedoch, dass sowohl die Erst- als auch die Zweitsprache aus der Perspektive ihrer Verwendungsbereiche in unterschiedlichen Situationen gesehen werden müssen. Fortgeschrittene Lerner und Mehrsprachige können in gewissen Situationen eine Sprache, in anderen eine andere usw. verwenden. Dodson (1987, 161) unterscheidet zwischen *preferred language* und *second language*, wobei das Unterscheidungskriterium nicht die Bevorzugung der einen Sprache, sondern „ease of use" ist: die Verwendung der einen Sprache fällt dem Individuum in gewissen Situationen leichter als der anderen, die dann als Zweitsprache gilt. Abgesehen davon, dass *preferred* in bezug auf Sprache durchaus starke Konnotationen mit „bevorzugt" hat und dass dies auch bei „leichter zu gebrauchen" zutrifft, deckt diese Sehweise nur den einen, den internen Sektor der Voraussetzungen und Gründe der Sprachenwahl. Es gibt aber auch externe Ursachen, bedingt durch soziale und gesellschaftspolitische Umstände, von Migrationsproblematik bis in die Wissenschaft und Wirtschaft (Kapitel 5). Wir sprechen deshalb von einer *dominanten* und einer *nichtdominanten* Sprache, die einem Individuum für einen bestimmten Anwendungsbereich oder eine Situation zur Wahl stehen und fassen dabei die internen und externen Bedingungen zusammen. Beherrscht ein Deutscher außer seiner Muttersprache auch Englisch und Französisch, so kann eine dieser Sprachen, je nach situations- und domänenbezogenen Zusammenhängen, die dominante sein. Ihr Verhältnis ist auf der Skala *dominant – nichtdominant* variabel und trägt dem pragmatischen Prinzip der Dynamik und der Variation (Kapitel 1.3.3) Rechnung.

Die Frage der Dominanz und Nichtdominanz hängt mit den Funktionen der Sprache und der Sprachen für das Individuum und für die Gesellschaft zusammen. Wir werden im nächsten Abschnitt auf diese eingehen und anschließend einige Prinzipien der Sprachbetrachtung und die Rolle der Sprachenbeherrschung in der heutigen Zeit betrachten.

1.2 Sprache, Kultur, Individuum, Gesellschaft

Die menschliche Sprache ist ein typisch psychosoziales Phänomen. Sie existiert und entwickelt sich in einem biologischen und sozialen Kontext. Sie dient als Zeichensystem den Denk-, Erkenntnis- und sozialen Handlungsprozessen der Menschen. Sie ist somit für die Mitglieder einer Gesellschaft das wichtigste Ausdrucks- und Kommunikationsmittel. Sie spiegelt ihre Lebensäußerungen wider; mit der Sprache erwirbt ein Mensch auch soziale Normen und Verhaltensweisen sowie kulturelle Tradierungen.

Die einzige Gelegenheit, die menschliche Sprache in ihrer Entstehung zu beobachten, bietet das Kind (Bühler 1935, 410). Durch den Erstspracherwerb wird auch deutlich, wie biologische menschliche Wesen zu sozialen menschlichen Wesen werden. Es handelt sich um einen Prozess, der beim Zweitspracherwerb in der Weise nicht stattfindet (vgl. Kapitel 4.3.3). Es ist wichtig, sich dessen bewusst zu sein, dass die Erstsprache, die Sprache an sich, nicht als Selbstzweck erworben wird, sondern in jeder Sprachgemeinschaft auf andere Weise, also kulturspezifisch, um Kontakt mit anderen Menschen herzustellen und Gedanken und Gefühle auszudrücken. Das Kind lernt durch die Sprache die umgebende Welt zu erschließen, seine Bedürfnisse und

Erlebnisse zu kodifizieren (auf diesen Prozess gehen wir ausführlicher in Kapitel 3.3.3 ein). Dies ist bei der Erstsprache ohne Bezugspersonen nicht möglich (Oksaar 1987a, 76f.). Beim Zweitspracherwerb z. B. durch Selbststudium dagegen sehr wohl.

Wie wichtig beim Erstspracherwerb die Rolle der Umgebung und der Bezugspersonen ist, erklärt schon Edward Sapir. Er sieht in der Sprache den Wegweiser zur sozialen Realität und stellt fest: „Eliminate society and there is every reason to believe, that the child will learn to walk, if indeed, he survives at all. But it is just as certain that he will never learn to talk, that is, to communicate ideas according to the traditional system of particular society" (1921, 2). Es muss hervorgehoben werden, dass Sprache schon per definitionem nicht im luftleeren Raum existiert und deshalb nicht isoliert gesehen werden sollte von dem Individuum, seiner Gruppe und der Gesellschaft, zu der es gehört (vgl. Kapitel 4.1).

Für das Individuum ist Sprache auch der primäre Faktor seiner persönlichen und sozialen Identität und, auf andere bezogen, ein Faktor der Identifikation. „Er spricht anders" impliziert oft „er ist nicht einer von uns", mit allen dazugehörigen positiven oder negativen Bewertungen. Durch unsere Sprache wird sowohl unsere nationale und regionale als auch unsere Geschlechts- Schichten- und Gruppenzugehörigkeit deutlich. Zu den Merkmalen, die den Identifikationsschlüssel ausmachen, gehören u. a. Stimme, Aussprache und Intonation, Wortwahl und Satzbau, syntaktische Kombinierbarkeitsmöglichkeiten sowie nonverbale und extraverbale Komponenten. Sprache ist aber auch eines der wichtigsten institutionalisierten Instrumente einer Gesellschaft: ohne Sprache können keine sozialen Institutionen einer Gesellschaft funktionieren. Sie ist dadurch auch der wichtigste Faktor für soziale Kontrolle und sozialen Einfluss. Sie ermöglicht nicht nur Kontakt in einer Gruppe, sie ist auch selbst ein gruppenbildender und gruppenkennzeichnender Faktor, was im Deutschen schon durch die Wortprägung *Sprachgemeinschaft* signalisiert wird. Nicht unwichtig ist die Rolle einer gemeinsamen Sprache bei der Bildung nationaler Identitäten.

Die vier Größen *Sprache, Kultur, Individuum* und *Gesellschaft*, die bei unserer Betrachtung des Zweitspracherwerbs eine zentrale Rolle spielen, bilden eine Einheit, in der man die Einzelteile nicht isoliert von einander, sondern in einem Beziehungsgeflecht miteinander betrachten sollte, auch wenn eines davon im Vordergrund der Analyse steht. Fragen, die das Individuum und seine Sprache oder Sprachen betreffen – und somit auch Zweitspracherwerb und Mehrsprachigkeit – sollten stets als Individual- und Gesellschaftsphänomene erkannt werden, jedoch nicht in einer dichotomisierenden Weise. Sie sollten eher nach einem Konvergenzprinzip aufgefasst werden: hat doch schon Aristoteles treffend festgestellt, dass der Mensch sowohl *zoon logon echon* als auch *zoon politikon* ist – ein Lebewesen, das Logos, also Sprache, Vernunft hat und ein soziales Lebewesen. Sie müssen immer auch vor dem Hintergrund des Zusammenspiels von Beziehungen zwischen seinem äußeren und inneren Milieu, seinem sprachökologischen System gesehen werden. Man kann in diesem Zusammenhang auch von seinem soziokulturellen Beziehungsrahmen sprechen.

Sprache verbindet und trennt. Das mehrsprachige Individuum ist das Medium der Sprach- und Kulturkontakte und häufig auch der Grund und das Medium der Sprachkonflikte. Zweitspracherwerbsforschung hat diese Komplexität zu berücksichtigen und zu überlegen, ob ihre bisherigen häufig eindimensionalen Modelle, auf die wir in Kapitel 4 eingehen werden, diesen Forderungen gerecht werden können.

Warum hebe ich die vier Größen *Sprache, Individuum, Kultur, Gesellschaft* hervor und nicht das Dreiecksverhältnis *Person, Kultur, Gesellschaft*, deren Einheiten von Soziologen als korrelative Größen dargestellt worden sind (Wurzbacher 1963, 12)? Weil die besondere Rolle der Sprache dadurch in ihrer Beziehung zur Kultur nicht direkt zum Tragen kommt. Sapir hebt hervor: „. . . . language does not exist apart from culture that is, from the socially inherited assemblage of practices and beliefs that determines the texture of our lives" (1921, 207). Sprache hat insofern eine ganz spezifische Beziehung zur Kultur, als sie einerseits selbst kulturbedingt ist, was sich besonders deutlich im Wortschatz und in der Ausdrucksart widerspiegelt, und andererseits ist sie ein Mittel sowohl für die Bezeichnung und Beschreibung kultureller Einheiten als auch für ihre Analyse (Deutscher 1971, 92, Smolicz 1979, Renner 1980).

Diese Verbindung wirft eine Reihe von Fragen auf, deren Präzisierung, u. a. in Hinsicht auf die Sapir-Whorf Hypothese (Kapitel 3.3.3), trotz Forderungen schon in den 1950er Jahren, die im Tagungsband „Language and Culture" deutlich werden, noch viel übrig lässt (Hoijer 1954, VII). Auch die Frage der Rolle der Kultur im Bereich affektiver Inhalte gehört hierher. Laut Osgood et al. kommt der Kultur, wenn es um affektive Inhalte geht, eine wichtigere Funktion zu als der Sprache: „Cultural variables have more influence on affective meaning systems and attributions than purely linguistic variables do" (1975, 358).

Wir werden auf die Verbindung von Sprache und Kultur auch in Kapitel 1.3.1 und Kapitel 2 eingehen, in denen Zweitspracherwerb als kulturelles Lernen und ihre Rolle als Voraussetzung der Mehrsprachigkeit und der interkulturellen Verständigung thematisiert werden. Der Betrachtungsradius ergibt sich aus vier Prinzipien, deren Erläuterung in Kapitel 1.3 mit verschiedenen für die Lerner relevanten Fragen verbunden wird.

1.3 Prinzipien der Sprachbetrachtung

Um dem komplexen Gebilde Sprache, sei es im Lernprozess, sei es bei ihrer Verwendung, gerecht zu werden, sind bei methodischen Überlegungen und Analysen vor allem vier Prinzipien zu berücksichtigen: 1) Das Prinzip der *Kulturalität*, 2) das Prinzip der *Ganzheit* und des *Teilganzen*, 3) das Prinzip der *Dynamik* und der *Variation*, und 4) das Prinzip der *Heterogenität* und *Individualität*.

1.3.1 Zum Prinzip der Kulturalität

Wir haben in Kapitel 1.2 kurz auf die spezifische Beziehung von Sprache und Kultur hingewiesen. Schon Hermann Paul sieht Sprache als „Erzeugnis der menschlichen Kultur" und hebt hervor: „Es gibt keinen Zweig der menschlichen Kultur, bei dem sich die Bedingungen der Entwicklung mit solcher Exaktheit erkennen lassen als bei der Sprache" (1909; 1,5). Was aber ist *Kultur*? Vor 50 Jahren erwähnen Kroeber/ Kluckhohn (1952, 149f.) 164 überwiegend ethnologische Kulturbegriffe, und seitdem sind aus unterschiedlichen Betrachtungsperspektiven zahlreiche neue hinzugekommen. Steinbacher (1976, 7) registriert schon 300. Die Definitionen reichen von abstrakten Begriffserklärungen, nach denen Kultur alles ist, was mit den menschlichen Lebensmöglichkeiten zu tun hat, bis zur Feststellung im engeren Rahmen, nach denen unter Kultur Erscheinungen der höheren Bildung verstanden werden, oder menschliches Verhalten innerhalb einer Gruppe. Die kognitive Anthropologie z. B. fasst Kultur nicht als etwas auf „was man sieht, sondern als etwas, was sich in den Köpfen von Personen befindet – ihre Denkkategorien" (Renner 1980, 49). In der neueren Kulturanthropologie wird Kultur gesehen als die Gesamtheit des von den Mitgliedern einer Gesellschaft gelernten und geteilten Verhaltens, der Verhaltensresultate, der Werte und Normen (vgl. Scollon/Scollon 1995, Maletzke 1996). Znaniecki (1963), Goodenough (1964), Hall (1973) und Geertz (1973) erörtern verschiedene Ansätze der Kulturbestimmung. Wie unterschiedlich bei einzelnen Autoren die Perspektiven sind, aus denen sie Kultur betrachten, wird auch bei Smolicz (1979) und Gullestrup (1992) deutlich. Vielen dieser Erläuterungen liegt Tylors weitgefasste Definition zu Grunde: „Cultur oder Civilisation, im weitesten ethnographischen Sinne ist jeder Inbegriff von Wissen, Glauben, Kunst, Moral, Gesetz, Sitte und allen übrigen Fähigkeiten und Gewohnheiten, welche der Mensch sich als Glied der Gesellschaft angeeignet hat" (1873, 1).

Einen Ausgangspunkt für unsere Betrachtungen bietet das generelle Verständnis von Kultur, wie es schon von Sapir gesehen sowie von Soffietti dargestellt worden ist, und seitdem in differenzierter Form immer wieder vorkommt. Für Soffietti (1955, 222) ist Kultur „ways of a people", das ist alles, was eine Person und eine Gruppe besonders kennzeichnet. Es handelt sich nicht nur um materielle und geistige Aspekte, sondern auch um Verhaltensweisen. Diese bilden Systeme und werden zu Gewohnheiten, so wie die Verwendung von Sprache. Wir werden uns näher mit den informationstragenden Verhaltensweisen im Zusammenhang mit der Kulturemtheorie beschäftigen (s. Kapitel 2.1).

Nach diesen Streifzügen in den Definitionsbereich von Kultur, lässt sich die Verbindung zwischen Sprache und Kultur mit den Worten von Sapir kurz zusammenfassen: „Culture may be defined as *what* a society does and thinks. Language is a particular *how* of thought" (1921, 218). Wir haben Anlass, auf letzteres in Kapitel 3.3.3 zurückzukommen. Für die Zweitspracherwerbsforschung ist aber auch die auf Sprache zentrierte Sehweise von Kultur relevant, die in der Sprachwissenschaft als *Sprachkultur* im Sinne der Thesen der Prager Schule bekannt geworden ist. Der Kern dieser von Mathesius, Havránek, Jakobson und Muhařovský 1932 veröffentlichen Thesen liegt in der funktional-stilistischen Differenzierung der Sprache. Den Begriffen *Sprachzweck* und *Norm* kommt dabei eine zentrale Stelle zu, ebenso der Tatsache, dass jede Sprachgemeinschaft, sowohl geographisch als auch sozial gesehen, ihre eigene Sprachnorm hat. Siehe zu Einzelheiten die verschiedenen Veröffentlichungen in Travaux de Cercle Linguistique de Prague, Jahrgänge 1929 bis 1939. Hier ist vieles schon vorweggenommen, was heute in der Varietätenlinguistik erörtert wird (z. B. bei Dittmar 1997, 180ff.).

Aus diesen Darlegungen dürfte hervorgehen, dass jeglicher Spracherwerb als Kulturerwerb, als kulturelles, bzw. interkulturelles Lernen mit all ihren kognitiven und affektiven Aspekten angesehen werden sollte. Ausführlicher gehen wir auf diese Fragen in Kapitel 2 ein.

1.3.2 Zum Prinzip der Ganzheit und des Teilganzen

Dieses Prinzip weist auf die Notwendigkeit hin, die vielschichtige Hierarchie und die wechselseitigen Beziehungen von Ganzen und Teilen in der Sprache zu berücksichtigen. Derartige Beziehungen sind in der Philosophie bekannt, u. a. behandelt von Edmund Husserl in seinen Logischen Untersuchungen 1900-01. Wie aber Jakobson (1974, 38f.) feststellt, sind sie von Sprachwissenschaftlern kaum beachtet worden. Laut Jakobson hat das häufige Unvermögen der Linguisten von einer Teileinheit zu einer übergeordneten Einheit oder zu einem untergeordneten Teil überzugehen, verschiedene isolationistische Richtungen in der Sprachwissenschaft zur Folge. Jakobson kritisiert u. a. auch, dass man überwiegend nur den äußeren Teil des Zeichens (signans) untersucht, ohne das Ganze, zu dem der semantische Teil (signatum) gehört, zu berücksichtigen. Wie wichtig es ist, nicht nur auf den Erwerb einer Form zu achten, sondern auch auf den Inhalt, werden wir in Kapitel 4 z. B. bei der Frage der Erwerbssequenzen sehen.

Jakobsons (1974, 38) Feststellung, dass es eine Beschränkung ist, sich überwiegend mit dem Satz zu beschäftigen und übergeordnete Ganze wie Äußerungen und Rede (discourse) zu vernachlässigen, ist trotz Diskursuntersuchungen in der Linguistik und im Bereich der Erst- und Zweitspracherwerbsforschung auch heute aktuell (vgl. Kapitel 4).

Bei der Betrachtung der Beziehung *Ganzheit – Teilganzes* können wir auf weitere Aspekte hinweisen. Vor allem fallen zwei Problembereiche auf. Der erste betrifft die zu frühe Isolation der sprachlichen Einheiten von dem Sprecher und Hörer und von dem soziokulturellen Kontext der Kommunikation. Es ist ein Phänomen, das man in Untersuchungen des Erst- und Zweitspracherwerbs nicht selten feststellen kann, z. B. bei Erwerbssequenzen (Kapitel 4.3.2).

Das zweite Problem entsteht durch Isolierung und Bevorzugung verbaler Elemente bei Untersuchungen gesprochener Sprache. Es wird nicht berücksichtigt, dass parasprachliche und nonverbale, sowie extraverbale Elemente, die in der Rede ja gleichzeitig mit den verbalen auftreten, die Information beeinflussen können; zu diesen wird Näheres in Kapitel 2.1 dargelegt. Folgende Beispiele zeigen, dass der Teil nur vom Ganzen her verstanden werden kann: 1) Im Satz *das ist eine schöne Geschichte*, kann das Wort *schön*, je nach der Art der durch die Stimme erzeugten parasprachlichen Mittel und entsprechenden nonverbalen Elementen wie Mimik, auch das Gegenteil von „schön, erfreulich" bedeuten, und zwar „schlimm, unangenehm", 2) nur aus der Ganzheit der stimmlichen, mimischen und verbalen Elementen geht hervor, ob das Frasem *vielen Dank für die Blumen* ironisch gemeint ist, wobei der Situationskontext ebenso eine Rolle spielt. Bei dem hier erörterten Prinzip sei auch an die Feststellung aus der Gestaltpsychologie erinnert, dass das Ganze mehr ist als die Summe seiner Teile (vgl. Bühler 1934, 154f., 256f.).

1.3.3 Zum Prinzip der Dynamik und der Variation

Man muss stets damit rechnen, dass sich der Sprachgebrauch in gewissen Sektoren der Gesellschaft, trotz des für die Verständigung notwendigen Übereinstimmungsbedarfs, aus verschiedenen Gründen verändern kann. Dies betrifft einerseits gewöhnlich den

Wortschatz und die Aussprache, seltener grammatische Einheiten, andererseits aber auch Verhaltensweisen, vor allem die Realisierung der Kultureme, von denen in Kapitel 2.1 die Rede sein wird. Die Erfassung und Beschreibung derartiger Veränderungen fordert Methoden, die der *dynamischen Synchronie* (Jakobson 1961, 248) gerecht werden müssen. Es handelt sich dabei auch um Ansätze, die Georg von der Gabelentz schon früh für die Sprachwissenschaft als notwendig ansah: „Auch unsere Wissenschaft hat dahin zu streben, schließlich eine Statik und Dynamik zu gewinnen, vermöge deren mit gleicher Sicherheit von den Ursachen auf die Wirkungen wie von den Wirkungen auf die Ursachen zu folgern" (1901, 486) ist.

Der Veränderungsprozess und die Variantenbildung sowie ihre Gründe lassen sich leichter erfassen, wenn man vom Individuum und seinem *Idiolekt* ausgeht, d. h. von seinem gesamten sprachlichen Repertoire und seinen individuellen Realisierungsweisen des Sprachsystems. Durch den Erwerb weiterer Sprachen verändert sich auch der Verwendungsradius des Idiolekts (ausführlicher zum Idiolekt bei Oksaar 1987d, 293ff.). Sprachveränderungen vollziehen sich, das betont schon Hermann Paul (1909, 34), durch die spontane Tätigkeit des Individuums und durch die Beeinflussung anderer, denen er ausgesetzt ist.

Es ist offensichtlich, dass die erwähnte Dynamik dem Sprachbenutzer Schwierigkeiten bereiten kann, insbesondere einem Zweitspracherwerber und generell auch Nichtmuttersprachler. Es kann problematisch sein, die Angemessenheit verschiedener neuer Varianten für die Verwendung in einer bestimmten Situation einzuschätzen. Hört ein deutschlernender Ausländer von Muttersprachlern Sätze wie *haben sie ihr Ticket schon gecheckt* (Lufthansadeutsch), oder aus dem Subkode der Einheimischen zu Ausländern: *du da gehen*, oder zahlreiche englische Lexeme wie *news, kids, spot* usw. im Rundfunk und Fernsehen, so kann dies gewissermaßen modellbildend für sein Deutsch werden; auf diese Problematik gehen wir in Kapitel 4.4.2 weiter ein.

Ein weiteres Beispiel betrifft das Anredeverhalten. Die Verbreitung des Pronomens *Du* im heutigen Deutsch auf Kosten von *Sie* in der Anrede, insbesondere bei der jüngeren Generation, signalisiert gleichzeitig Veränderung von Verhaltensweisen und Dynamisierung bestimmter sozialer Strukturen. Wird ein Ausländer von einem Deutschen geduzt, so bedeutet das jedoch nicht, dass auch er diesen ohne weiteres duzen kann, die Beziehungsmarkierung durch *Du* ist nicht automatisch reziprok. Auch im Schwedischen hat es Veränderungen im Anredeverhalten gegeben; wird ein Ausländer von einem Schweden geduzt, ist das für beide aber gewöhnlich die übliche Anrede.

Abweichendes sprachliches Verhalten – die Lernersprache bietet gute Möglichkeiten für Beobachtungen – muss auch unter dem Aspekt der *Kreativität* (s. S. 133) gesehen werden. Aus normativer Sicht festgestellte Fehler oder Abweichungen können Ansätze für die Entstehung neuer Normen sein. Easton's von den Linguisten kaum berücksichtigte Feststellung ist in diesem Zusammenhang aufschlussreich: „The changing social environment operating on the plastic nature of man is constantly creating people who respond differently to similar situations" (1953, 32). Wir haben es stets mit Individualismus und Kollektivismus zu tun. Es sind die Größen, die, wie Hofstede (1980) in seiner groß angelegten Untersuchung kultureller Unterschiede feststellt, die primären Unterscheidungsfaktoren in der kulturellen Variation ausmachen. Wir heben hier besonders die Sprache und die Sprachverwendung hervor. Das führt uns nun zum vierten Prinzip, vor dem Hintergrund von Bakhtins Vorstellung von sprachlicher Variation – *Heteroglossia:*

„Thus at any given moment in its historical existence, language is heteroglot from top to bottom: it represents the co-existence of socio-ideological contradictions between the present and the past, ... between different socio-ideological groups in the present, between tendencies, schools, circles and so forth, all given a bodily form" (1981, 18).

1.3.4 Zum Prinzip der Heterogenität und Individualität

Es gib generell keine homogenen Gruppen. Soziale, kulturelle und sprachliche Variation schafft Heterogenität. Deshalb sollten auch die Sprachgewohnheiten in einer Gesellschaft nach diesem Prinzip, das dem *realen* Sprecher/Hörer gerecht wird und dabei Gemeinsamkeiten keineswegs ausschließt, analysiert werden. Es ist wichtig, sich der Beziehung zwischen den kulturspezifischen, gruppenspezifischen und individuellen Differenzen der sprachlichen Verhaltensweisen bewusst zu werden, denn: „Every man is in certain respects like all other men, like some other men and like no other men" (Kluckhohn et al. 1953, 53). Den Ausgangspunkt sollte auch hier der schon erwähnte Idiolekt des Individuums bilden.

Es gibt immer nur individuelle Spracherwerbsprozesse, und es gibt zuerst nur individuelle und nicht generelle Verständigungsschwierigkeiten. Es gibt auch nur individuelle Sprachverwendungssituationen, deren Konstellationen jedoch sowohl von der sozio- als auch von der psycholinguistischen Struktur des kommunikativen Aktes abhängt. Diese Fragen werden ausführlich in Kapitel 2 erörtert.

1.4 Sprachenlernen und Sprachenbeherrschung als Notwendigkeit und Bereicherung

Wir leiten diesen Abschnitt von einer historischen Perspektive aus ein. Schon mehr als vor 1800 Jahren hat der Rhetoriker und Pädagoge Quintilian hervorgehoben, dass es wichtig ist, einem Kind die Möglichkeit zu geben, so früh wie möglich mit dem Erwerb einer zweiten Sprache anzufangen. Er sieht darin nicht nur Vorteile für die kognitive Entwicklung des Kindes, sondern auch eine gute Gelegenheit, seine muttersprachlichen Fertigkeiten bis zum Schulalter zu fördern.[1] Goethe stellt in Maximen und Reflexionen fest: „Wer fremde Sprachen nicht kennt, weiß nichts von seiner eigenen" (1973, 508). Er lernte schon als Kind Französisch, Italienisch und Englisch sowie Griechisch und Latein, wobei zu bemerken ist, dass er Französisch „ohne Grammatik und Unterricht, durch Umgang und Übung, wie eine zweite Muttersprache" erworben hat (1961, 32). Ab dem 12. Lebensjahr kamen noch Hebräisch und Arabisch hinzu.

---

1. Quintilian, Institutio oratoria I 1.10.12, herausgegeben und übersetzt von H. Rahn. Darmstadt 1972.

Die Beherrschung fremder Sprachen wurde in verschiedenen Kulturen als gesellschaftlich bedeutend angesehen, sie gehört auch heute vielfach zur Allgemeinbildung. Ein Rückblick verdeutlicht, dass es im Laufe der Geschichte immer übernationale Verkehrssprachen und Wissenschaftssprachen gegeben hat, deren Beherrschung für verschiedene Gesellschaftsschichten relevant war. Die Stellung der deutschen Sprache als dominante und nichtdominante Wissenschaftssprache, auf die wir in Kapitel 5.4.1 eingehen, ist ein treffendes Beispiel für derartige Entwicklung.

Griechisch war z. B. vor dem Mittelalter die in Europa am weitesten verbreitete Wissenschaftssprache. Die Griechen der Antike haben daher keine andere Sprache aus Bildungswunsch gelernt, für die römische Oberschicht aber war Griechisch eine Notwendigkeit, da sie den Zugang zur griechischen Philosophie und Rhetorik ermöglichte. Im Mittelalter dominierte Latein als lingua franca. Latein war nicht nur in fast allen Wissenschaftszweigen als Verkehrssprache und als Quelle der Fachterminologie verbreitet, sondern es war auch die Sprache der Rechtsprechung, der Kirche und der Wirtschaft. Aber nicht ausschließlich: Der hanseatische Kaufmann konnte seine Geschäfte von Brügge und London über den Ostseeraum seit dem 14. Jh. zunehmend auch auf niederdeutsch führen (vgl. S. 117 f.). Seit dem 17. Jh. folgte die Vormachtstellung des Französischen als Gelehrten- und Diplomatensprache, und des Deutschen in Osteuropa und im Baltikum, wo sie sowohl Verkehrs- als auch Wissenschaftssprache war, genauso wie heute Englisch in weiten Teilen der Welt. Zur frühen Verbreitung des Französischen trugen auch schon seit dem 12. Jh. die Kreuzzüge und die französische Ritterkultur bei, ebenso Handelsbeziehungen mit verschiedenen Ländern. Schon im 12. Jh. schickten dänische Adlige ihre Söhne nach Paris, damit sie die französische Sprache und Literatur kennenlernten (Borst 1957, 698). Für die Handelsbeziehungen gibt es im altnordischen *Speculum regum* die Anweisung, dass man, um viele Kenntnisse zu haben, alle Sprachen lernen solle, vorwiegend Latein und Französisch, die weltverbreitesten. Dabei sollte man aber die Muttersprache nicht vernachlässigen (Borst 1957, II, 784). Dieser Standpunkt ist auch heute aktuell, wie wir in Kapitel 5 sehen werden.

Die Rolle der Muttersprache war ebenso gesetzlich geregelt. Der *Sachsenspiegel,* das erste Rechtsbuch in deutscher Sprache aus dem Jahr 1220, erklärt zugunsten der Sorben und Wenden, dass ein Angeklagter vor Gericht nicht zu antworten braucht, wenn die Anklage nicht in seiner Muttersprache erhoben wird (Borst, 1957, II, 761).[2]

Sprachenbeherrschung war keineswegs ausschließlich Sache der höheren Schichten. Es gab Arbeitsmigranten wie in heutigen Tagen. Sie mussten gewisse Kenntnisse in Tschechisch, Italienisch oder Ungarisch haben, um in diesen Ländern arbeiten zu können. Auch für das 18. Jh. gilt die Aussage von Thomasius (Ende 17. Jh.): „Bey uns Teutschen ist die frz. Sprache so gemein geworden, dass an vielen Orten bereits Schuster und Schneider, Kinder und Gesinde dieselbige gut genug reden" (Bach 1961, 256f.).

Ein weiterer Blick in die Geschichte zeigt, dass es zu den Pflichten und auch zum Prestige der Herrscher gehörte, die Sprachen der von ihnen beherrschten Minderheiten zu können. Die sprachliche Ausbildung der Fürstensöhne war z. B. im Heili-

---

2. Zur Sprachengleichheit in mittelalterlichen Gesetzen s. Johansen/von zur Mühlen (1973, 5ff.).

gen Römischen Reich Deutscher Nation gesetzlich geregelt. Die Goldene Bulle vom Jahr 1356 schreibt vor, dass diese außer der deutschen Sprache vom siebten Lebensjahr an in der lateinischen, italienischen und slawischen (gemeint ist tschechischen) Sprache unterrichtet werden, damit sie „viele Leute verstehen und von vielen verstanden werden" (Borst 1957, II, 847). Waren hier vor allem soziale und politische Gründe vorherrschend, so bestimmten vorwiegend wirtschaftliche Motive die Sprachengesetze der Hansezeit. Den jungen hanseatischen Kaufleuten und Gesellen wurde im 15. Jh. vorgeschrieben, die Landessprachen ihrer Tätigkeitsgebiete zu lernen: u. a. auch Estnisch, Russisch, Lettisch (Johansen/von zur Mühlen 1973). Zu erwähnen ist auch die akademische Wandertradition „peregrinato academica", die bis ins 18. Jh. hinein mit ihren Etappen Frankreich, Italien, Spanien zum Bildungsgang deutscher Studenten gehörte.

Dadurch konnte nicht nur das Sprachgefühl für die Erstsprache und für die Zweitsprachen geschärft werden, sondern auch Perspektiven für Interkulturalität und Mehrkulturheit.

Schon diese Skizzen weisen auf einige Motive hin, warum man Sprachen lernte. Wie die Stellung der Sprachen in der Welt, so haben sich auch die Lernziele mit der Zeit vielfach erweitert. Für Wilhelm von Humboldt ist Sprache, sowohl die eigene als auch die fremde – Griechisch, Latein – als Mittel der Bildung wichtig. Die Sprache vermittelt eine *Weltansicht*, deren Subjektivität durch den Erwerb einer fremden Sprache deutlich wird. „Die Erlernung einer fremden Sprache sollte daher die Gewinnung eines neuen Standpunkts in der bisherigen Weltansicht sein und ist es in der Tat bis auf einen gewissen Grad, da jede Sprache das ganze Gewebe der Begriffe und der Vorstellungsweise eines Teils der Menschheit enthält" (1907, 607, vgl. hierzu auch Kapitel 3.3.3).

Heutige Lernziele sind, bei aller individueller Verschiedenheit, meistens mehrdimensional, Sprachenbeherrschung gehört aber vielerorts nach wie vor zum Bildungsideal. Im Zeitalter der besonders lebhaften Verbindungen nicht nur in Wirtschaft und Wissenschaft, ermöglicht durch rasante medientechnische Entwicklung und virtuelle Lernumgebungen sowie durch den weltweiten Tourismus, ergeben sich durch Sprachenlernen breitere internationale Kontaktmöglichkeiten. Verschiedene Mobilitätsgründe können zum Fremdsprachenlernen motivieren, bei politisch und ökonomisch bedingten Völkerwanderungen (vgl. Kapitel 5.2) wird der Erwerb der jeweiligen Landessprache häufig zur Notwendigkeit. Der Verwendungszweck bestimmt nicht selten ihren Erwerb, Sprachenbeherrschung steht z. B. im direkten Zusammenhang mit dem Beruf, mit der Stellung und Tätigkeit des Individuums in der Gesellschaft. Was nun die Rollenbezogenheit der Sprachbeherrschung betrifft, so kann sie leicht mit sich führen, dass die fachspezifischen Kenntnisse in einer Fremdsprache über die alltagssprachlichen dominieren können. Wer als Ausländer Wirtschaftsfranzösisch beherrscht, oder als Physiker in seinem Forschungsgebiet im Russischen zu Hause ist, kann ohne Gesprächsfähigkeit in der entsprechenden Alltagssprache Schwierigkeiten in interkultureller Verständigung haben.

Gegenwärtig ist die Frage der Sprachenbeherrschung durch die Globalisierungsprozesse und durch die Sprachenpolitik der Europäischen Union stark beeinflusst. Auf diesen Fragenkomplex wird im Kapitel 5 noch zurückzukommen sein. Die Interessen und Neigungen der Menschen spielen aber ebenso eine Rolle. So kann es vorkommen, dass man Sprachen lernt, um Literatur im Original zu lesen, im Urlaubsland mit der Bevölkerung in Kontakt zu kommen, oder auch aus Sympathie gegenüber eines anderssprachigen Mitmenschen. Mit diesen Feststellungen haben wir die Frage berührt, in welcher Form das Individuum eine oder mehrere Fremdsprachen braucht. Sie sei nun etwas verdeutlicht.

Sprachenbeherrschung wird generell als die Beherrschung der vier Fähigkeiten *Hörverstehen, Sprechen, Leseverstehen, Schreiben verstanden* (vgl. auch Kapitel 4.4.2). Die formale Zweiteilung *geschriebene* und *gesprochene* Sprache sollte aber nicht außer Acht gelassen werden, wenn man Sprachenbeherrschung thematisiert, denn sie sind nicht auf gleicher Ebene. In einer Fremdsprache braucht man nicht immer alle Erscheinungsformen zu beherrschen, auch kann die Qualität unterschiedlich sein. Die Fähigkeiten können beispielsweise im Sprechen und Leseverstehen von denen im Hörverstehen und Schreiben erheblich abweichen.

Es wird auch zwischen einer *aktiven* und einer *passiven* Beherrschung von Sprachen unterschieden. Aber auch die passive Beherrschung – Hören und Lesen – ist stets mit einer gewissen Aktivität verbunden und zwar mit dem Interpretationsprozess, mit dem Verstehen (vgl. Kapitel 1.5.2).

Aus funktionaler Sicht kann gefragt werden, was für ein Sprachniveau bei welcher Sprache in welchem soziokulturellen Umfeld zu welchem Zweck angemessen ist. Wenn, um ein Beispiel aus dem Dienstleistungsgewerbe zu geben, von Verkäufern im heutigen Estland die Beherrschung von Estnisch, Russisch, Englisch und Finnisch erwartet wird, so steht hier ihre interaktionale Kompetenz (Kapitel 2.2.1) im jeweiligen Handelsbereich im Vordergrund. Diese Feststellungen münden in zwei weiteren zeitnahen Fragen: *Wieviele* und *welche* Sprachen braucht der Mensch? Diese auf den ersten Blick subjektiven, individuell sehr unterschiedlich zu beantwortenden Fragen haben aber ihre gesellschaftspolitische Relevanz u. a. bei der Festsetzung der Zahl der obligatorischen Fremdsprachen in den Schulsystemen verschiedener Länder. In Europa sind es durchschnittlich zwei bis drei Weltsprachen.

Die Frage des Sprachenbedarfs ist im Zusammenhang mit der Entwicklung der Europäischen Union besonders in den 1990er Jahren aktuell geworden. Wir vertiefen uns in dieses Thema in Kapital 5.3 und stellen zunächst folgendes fest: Den Fremden zu verstehen und selbst verstanden zu werden ist ein erstrebenswertes interkulturelles Ziel, das durch Sprachenbeherrschung erreicht werden kann. Goethes Appell: „Der Deutsche soll alle Sprachen lernen, damit ihm zu Hause kein Fremder unbequem, er aber in der Fremde überall zu Hause sei" (1973, 508) beinhaltet auch für die heutige Zeit aktuelle Motive des Sprachenerwerbs. Er führt uns nun zum Bereich der Mehrsprachigkeit und der interkulturellen Verständigung.

1.5 Zur Mehrsprachigkeit und interkulturellen Verständigung

In den nächsten zwei Kapiteln werden wir uns nun mit einigen zentraleren Fragen aus dem umfangreichen Zielbereich des Zweitspracherwerbs – Mehrsprachigkeit und interkulturelle Verständigung – befassen, in erster Linie aus der Perspektive des Individuums. Auf die Frage, wann, unter welchen Bedingungen der Zweitspracherwerb zur Beherrschung der Zweitsprache wird und der Lerner mehrsprachig, werden wir in Kapitel 4.4.2 eingehen. Wie wir sehen werden, ist die Frage nicht direkt zu beantworten, da wir es mit fließenden Übergängen zu tun haben und da Mehrsprachigkeit ein komplexer Begriff mit unscharfen Grenzen ist. Verschiedene Dichotomisierungen in diese Bereich beleuchten, in meist idealtypischer Art, wie wir in Kapitel 1.5.1 sehen werden, nur eine Seite des Phänomens. Die andere, soziokulturell orientierte, die stärker die Voraussetzungen zur interkulturellen Verständigung bildet, ist lange im Hintergrund geblieben, obwohl schon die Unesco im Jahr 1965 Mehrsprachigkeit als das ansieht, was das Individuum oder eine Gesellschaft aus der Notwendigkeit oder dem Wunsch macht, eine zweite Sprache zu lernen.

1.5.1 Aspekte der Mehrsprachigkeit und Mehrkulturheit

Wir verwenden *Mehrsprachigkeit* generell als Abgrenzung zu *Einsprachigkeit* und als Synonym mit *Zweisprachigkeit*, je nach spezieller Situation auch Differenzierungen *Drei-, Viersprachigkeit* usw. Die Termini *Mehrsprachigkeit, Multilingualismus, Plurilingualismus* und *Zweisprachigkeit, Bilingualismus* werden in der Spracherwerbs-, Sprachkontakt- und Mehrsprachigkeitsforschung nicht einheitlich verwendet; zur Definition von Mehrsprachigkeit siehe S. 31. In seiner klassischen Arbeit zu Sprachkontaktproblemen erklärt Weinreich: „Unless otherwise specified, all remarks about bilingualism apply as well to multilingualism, the practice of using three or more languages" (1953, Fn. 1). Für einen anderen Klassiker, Haugen, umfasst *Zweisprachigkeit* aber auch mehr als zwei Sprachen, ein Zweisprachiger (bilingual) ist für ihn auch derjenige, „who knows more than two languages, variously known as a plurilingual, a multilingual, or a polyglot", (1956, 9).

Während in der englischsprachigen Forschung vorwiegend in den USA *bilingualism* somit nicht selten auf mehr als zwei Sprachen bezogen wird, verwendet man *Mehrsprachigkeit* in europäischen Untersuchungen auch dann, wenn es sich um zwei Sprachen handelt (vgl. Vildomec 1963, 11, Denison 1984, 5).

Die systematische Mehrsprachigkeitsforschung ist erst seit dem Zweiten Weltkrieg in Europa als auch in den USA, in Kanada und in Asien aktiviert worden. Dies geschah vorwiegend aus der Perspektive des Sprachkontaktes, wobei ihre Konsequenzen einerseits für die Sprache und andererseits für den Sprachträger thematisiert wurden. Von den bahnbrechenden Arbeiten sind Weinreich (1953) und Haugen (1950, 1953 und 1956) zu erwähnen. Die Feststellung Mackeys: „Bilingualism is one of the most important problems of linguistics, yet it is also one of the most neglected" (1956, 4), kann auch heute nicht als gänzlich überholt angesehen werden, obwohl sich die Lage seit den 1970er Jahren verbessert hat, wie schon aus folgenden Sammelbänden und Monographien hervorgeht: Stedje/af Trampe (1979), Ejerhed/ Henrysson (1981), Skutnabb-Kangas (1981), Miracle (1983), Edwards (1994), Romaine (1995), vgl. auch Baker/Jones (1998). Denn trotz der Tatsache, dass über 70 Prozent der Weltbevölkerung mehrsprachig ist, d. h. mindestens zwei Sprachen im täglichen Leben verwendet, wird in der linguistischen und auch sozio- und psycholinguistischen Theorie- und Modellbildung immer noch so vorgegangen, als ob Einsprachigkeit der Normalzustand sei, ungeachtet früher Kritik (Oksaar 1983a) zu dieser Einstellung.

Die Pionierleistungen von Weinreich und Haugen bahnten den Weg für eine intensive Forschungstätigkeit, vor allem in den USA und Kanada, wobei ethnographische, anthropologische, soziologische und psychologische Fragestellungen mit linguistischen koordiniert wurden. Arbeiten von Gumperz (1964), Fishman (1968), Hymes (l967), Mackey (1976) u. a. haben dazu entscheidend beigetragen. Wie umfassend dieses Feld ist, und wie viele methodische Schwierigkeiten noch zu überwinden sind, geht aus dem zu wenig beachteten, heute noch aufschlussreichen Tagungsband „Description and Measurement of Bilingualism" von Kelly (1969) hervor, sowie aus späteren Tagungs- und Sammelbänden wie Afendras (1980), Oksaar (1984b, 1987e), Döpke (2000) und Cenoz/Genesee (2001).

Über die verschiedenen Aspekte und Gesamtproblematik der Mehrsprachigkeit orientieren Vildomec (1963), Mackey (1967), Macnamara (1967b), van Oberbcke (1970) und Oksaar (1972a). Es ist gewiss angebracht, sich mit dieser früheren Literatur zu beschäftigen, um einen Einblick in die breitgefächerten Fragenkomplexe und in die Resultate des Forschungsbereichs zu bekommen. Durch neuere Übersichtsarbeiten u. a. Baetens Beardsmore (1986), Appel/Muysken (1987), Romaine (1995) und Hamers/Blanc (2000), kommen diese nicht immer zum Tragen, da die Arbeiten meistens vom Umfang und Schwerpunktrichtungen her Beschränkungen haben. Das betrifft beispielsweise die Kontinuität der Fragestellungen und Ignorierung von Forschungsresultaten, insbesondere von denen, die nicht auf englisch erschienen sind (vgl. auch 4.4.4).

Die Forschung im Bereich der Mehrsprachigkeit ist in und seit den 1970er und 80er Jahren vielfach im Zusammenhang mit Fragen des Spracherwerbs und der kognitiven Entwicklung des Kindes aktiviert worden (Oksaar 1989a). Im Fokus steht auch die in vielen Ländern zunehmend aktuelle Problematik der mehrsprachigen Erziehung und des mehrsprachigen Unterrichts (vgl. Kapitel 5.2.1.). Über diese und andere Fragen orientieren u. a. International Journal of Bilingual Education and Bilingualism, Journal of Multilingual and Multicultural Development und verschiedene Arbeiten der Serie Multilingual Matters.

Was ist nun aber *Mehrsprachigkeit?* In der Fachliteratur herrscht keine Einigkeit darüber, wie die gegenseitigen Beziehungen der Sprachen sein müssen, damit man von Mehrsprachigkeit reden kann (vgl. die Diskussion bei Oksaar 1980a, 1996a und Riehl 2001). Man ist sich jedoch darüber einig, dass es keine zuverlässigen Methoden gibt, um dies festzustellen. Die über zwei Dutzend Definitionen sind heterogen und reichen von einer beinahe sicheren Beherrschung der Sprachen zu geringeren aktiven und passiven Kenntnissen in der einen Sprache. So sieht Bloomfield Zweisprachigkeit als „native-like control of two languages" (1935, 56), während für Haugen (1956, 6) diese schon existiert, wenn ein Individuum in einer anderen Sprache als seiner Muttersprache fähig ist, vollständige und inhaltsvolle Sätze zu bilden. Ehe wir zu unserer Definition kommen, seien noch verschiedene Gliederungen betrachtet.

Bloomfields Standpunkt, der auch als *balancierte* Zweisprachigkeit im Gegensatz zur *dominanten* Zweisprachigkeit bezeichnet worden ist setzt voraus, wie schon Vogt (1954, 249) kritisch bemerkt, dass beide Sprachen in allen Situationen mit derselben Leichtigkeit und Richtigkeit verwendet werden, wie es jeweils bei einem Muttersprachler der Fall ist. Wir stellen fest, dass derartige Kompetenz ebenso schwierig, wenn nicht unmöglich, festzustellen ist wie alle anderen Grade von Mehrsprachigkeit, die man ansetzen könnte. Erstens würde dies voraussetzen, dass man nicht nur alle sprachlichen Einheiten, sondern auch außersprachlichen wie z. B. die jeweiligen situationalen Verwendungsweisen einzubeziehen hätte und vergleichen könnte. Zweitens darf nicht vergessen werden, dass Sprachbeherrschung generell nicht nur *Produktionskompetenz*, sondern auch *Verstehens-* und *Interpretationskompetenz* umfaßt. Letzteres in allen Situationen vergleichbar zu messen, ist unmöglich, da diese Kompetenz auch bei Muttersprachlern nicht gleich ist.

Zwischen den erwähnten zwei Polen von Begriffsbestimmungen gibt es zahlreiche Varianten und Klassifizierungen. Van Oberbeke (1970, 112ff.) unterscheidet anhand von 21 Definitionen zwischen *deskriptiven, normativen* und *methodologischen* Bestimmungen. Es handelt sich dabei aber fast nur um kindliche Mehrsprachigkeit, Erwachsene sind hier kaum im Fokus des Interesses. Man unterscheidet z. B. zwischen *frühkindlicher Zweisprachigkeit* (in Familien), *Spiel-* und *Schulzweisprachigkeit* (Geissler 1938, 47ff.). Auf die Entstehungsart und den Erwerbskontext zurück geht auch die Trennung zwischen *natürlicher* und *künstlicher* Zweisprachigkeit, die wir schon seit Anfang des 20. Jh. kennen (Blocher 1909). Sie kehrt in verschiedenen späteren Formulierungen wie *spontan, unorganisiert* versus *systematisch, organisiert,* oder *natürlich* versus *gesteuert* oder *künstlich,* sowie *kombiniert* versus *koordiniert* wieder.

Die *kombinierte* (compound) und *koordinierte* (coordinate) Zweisprachigkeit ist eine seit den 1950er Jahren vielbeachtete Dichotomie, die von unterschiedlichen Lernsituationen ausgeht. Wir gehen auf diese Einteilung etwas ausführlicher ein, weil neuere Arbeiten sowohl im Bereich des Zweitspracherwerbs als auch der Mehrsprachigkeit sie häufig kritiklos übernehmen und weil sie, obwohl ihr Realitätsbezug umstritten ist, als Unterscheidungsfaktor zwischen zweisprachigen Individuen verwendet wird. Dies hat Konsequenzen nicht nur für didaktische Maßnahmen, sondern auch für medizinische, z. B. im Bereich der Aphasieforschung (vgl. König-Linek 1995, 32f.).

Den Ausgangspunkt dieser Dichotomie bildet eine andere Perspektive als die Lernsituation: nämlich Weinreichs (1953, 8ff.) Frage nach der Beziehung zwischen Form und Inhalt der lexikalischen Einheiten bei Mehrsprachigen, eine Frage, die auch für den Zweitspracherwerbsprozess relevant ist. Wie interpretiert z. B. ein englisch-russischer Mehrsprachiger engl. *book* und russ. *kniga?* Es handelt sich um die Frage, ob die zwei in Kontakt stehenden phonematischen oder semantischen Systeme für einen Mehrsprachigen in ein einziges System verschmelzen oder nicht. Wenn er die Wörter als „die gleichen" identifiziert, handelt es sich für ihn um eine kombinierte Einheit; wenn er von zwei verschiedenen ausgeht, sind sie koordiniert. Weinreich unterscheidet aber beim Mehrsprachigen nicht nur zwischen *zwei* Typen der

Beziehung der Sprachen, sondern zwischen *drei: kombiniert, koordiniert* und *subordiniert*. Subordination kommt vor, wenn eine Sprache mit Hilfe einer anderen gelernt wird. Ein Engländer lernt z. B., dass dem engl. Wort *book* das russ. Wort *kniga* entspricht; zuerst wird nicht das Objekt beachtet, sondern das entsprechende Wort. Weinreich hebt hervor, dass der kombinierte und koordinierte Typus einander nicht ausschließen: bei einem Mehrsprachigen können einige Wörter seiner Sprachen kombiniert sein, andere wiederum koordiniert. Diese wichtige Feststellung ist von den Nachfolgern übersehen worden.

Bekannt geworden ist die Dichotomie *kombiniert – koordiniert* aber erst durch das semantische Mediationsmodell von Ervin/Osgood (1954, 139ff.) und ihren Variationen in den 1960er Jahren. Ervin/Osgood fassen Weinreichs koordinierten und subordinierten Typus als ein koordiniertes Sprachsystem zusammen und fokussieren mit ihrer Zweiteilung *kombiniert – koordiniert* auf den Erwerbskontext, nach dem sich zwei Typen von Mehrsprachigen unterscheiden lassen. Weinreich ging es aber in seinem nicht gebührend beachteten Modell um Typen der Beziehung der Sprachen bei *einem* Mehrsprachigen.

Laut Ervin/Osgood (1954, 139ff.) kennzeichnet das *kombinierte* System die Mehrsprachigkeit eines Individuums, das die eine Sprache in der Schulsituation durch die indirekte Methode, also mit Hilfe der Muttersprache gelernt hat, oder als Kind in einer Umgebung, in der beide Sprachen von denselben Menschen in denselben Situationen verwendet worden sind. Das *koordinierte* System ist dagegen charakteristisch für den „echten" Mehrsprachigen, der die Sprachen in verschiedenen sozialen Situationen gelernt hat, ein Kind z. B. zu Hause mit den Eltern die eine Sprache, in der Schule eine andere. Hier unterscheiden sich die Situationen und Verhaltensweisen bei der Verwendung der einen Sprache von denen der anderen. Interferenzen (Kapitel 4.4.4) sind in diesem Fall selten. Dies trifft laut Ervin/Osgood (1954, 139) auch für Erwachsene zu, die die zweite Sprache in einer von der ersten Sprache gänzlich unterschiedlicher Kultur erworben haben.

Allerdings gibt es für die letztere Behauptung nicht wenige empirisch begründete Gegenargumente. Unsere Langzeituntersuchungen mit Esten und Deutschen[3] zeigen, dass in ihrer Muttersprache in der englisch- resp. schwedischsprachigen neuen Umgebung zahlreiche Interferenzen aus der Zweitsprache vorkamen, gerade weil sich die kulturell andersartige Umgebung in vielen Alltagsausdrücken manifestierte. Es gab auch Interferenzen aus der Muttersprache in die Zielsprache in der Form von Lehnübersetzungen (vgl. Kapitel 4.4.4).

In den 1960er Jahren gibt es Variationen vom Ervin/Osgoods Modell, u. a. von Lambert/Jakobovits (1961), die es erweitert haben mit dem Fokus von der Umge-

---

3. Das Projekt untersucht die interaktionale Kompetenz von Esten in den USA, in Australien, Kanada und Schweden sowie von Deutschen in Australien und Schweden, s. dazu Oksaar (1984a, 244f.) und „The multilingual language acquisition project". In: Ekstrand, L. H. (Hg.) (1980), Bilingualism and biculturalism, Special Issue (International Review of Applied Psychology 29), 268–269, wo auch das pädolinguistische Mehrsprachigkeitsprojekt über den Spracherwerb im Vor- und Grundschulalter mit zwei-, drei- und viersprachig aufwachsenden Kindern beschrieben wird.

bung des Mehrsprachigen auf den unterliegenden Prozess. Der Kausalzusammenhang zwischen der *Erwerbssituation* und der *Art* der Mehrsprachigkeit ist aber nicht bewiesen worden. Experimentelle Untersuchungen haben gezeigt, dass Mehrsprachige die semantischen Systeme nicht absolut, sondern nur mehr oder weniger trennen (vgl. Natorp 1976, 87, Oksaar 1976a, 177f., 194). Macnamaras Feststellung hat auch heute noch Gültigkeit: „The overall status of the distinction between coordinate and compound bilinguals, and consequently of its theoretical implications, is difficult to assess" (1967a, 65, vgl. Riehl 2001, 51 f.). Dasselbe kann auch von anderen mehr gruppenbezogenen Einteilungen der Mehrsprachigkeit gesagt werden.

Exemplarisch sei auf Lamberts Unterscheidung zwischen *additiver* und *subtraktiver* Mehrsprachigkeit hingewiesen. *Additive* Mehrsprachigkeit beinhaltet, dass Sprecher einer Sprache mit höherem Prestige „are able to add one or more second languages with little or no concern or fear of loosing their basic language" (1980, 9). *Subtraktive* Mehrsprachigkeit bedeutet, dass Sprachminderheiten wegen nationaler Bestimmungen und verschiedenen sozialen Druck „are forced to put aside or ‚substract out' their basic language in order to develop minimal competence in a national or prestigeous language" (1980, 9). Hier werden Kausalitäten ohne empirische Untermauerung postuliert. Untersuchungen der estnischen Minderheitsgruppen in Übersee und Schweden machen deutlich, dass diese Kategorien nicht angemessen sind die komplexe sprachliche und soziokulturelle Situation von Minderheiten zu erfassen. In derartigen Zweiteilungen werden stets wichtige Faktoren nicht berücksichtigt (Oksaar 1983a). Mitglieder der Minderheiten haben sehr wohl weitere Sprachen erworben, ohne ihre estnische Muttersprache, die ja keine Prestigesprache war, zu verlieren. Sie haben mit der Zeit nicht nur eine kommunikative Kompetenz in Englisch resp. Schwedisch, also ihren Landessprachen erworben, zahlreiche von ihnen haben noch eine oder mehrere weitere Sprachen gelernt.

Da Mehrsprachigkeit kein einheitliches, sondern ein an individuelle Varianz gebundenes Phänomen ist, scheint die oben erwähnte Annahme Weinreichs, dass sich verschiedene lexikalische Einheiten dem Mehrsprachigen unterschiedlich repräsentieren, wirklichkeitsnäher zu sein als das Modell von Ervin/Osgood und seine Erweiterungen. Aber auch hier dürfte der empirische Beweis für die Strukturierung der Systeme schwierig zu erbringen sein.

Bei der Betrachtung der oben erörterten Dichotomisierungen fällt eine methodisch nicht zu rechtfertigende Verfahrensweise auf: anhand nur einiger Tests in einem einzigen linguistischen Bereich, Wortschatz, wird auf die gesamte mehrsprachige Charakteristik der Menschen geschlossen. So wird von *dominanten* und *balancierten* Mehrsprachigen nur anhand deren Antwortschnelligkeit bei einer Aufgabe gesprochen. Der dominante Mehrsprachige antwortet in einer Sprache schneller, der balancierte verwendet für beide dieselbe Zeit (Lambert et al. 1959, 78).

Nach wie vor ist die Erforschung der internen Beziehungen der Sprachsysteme des Mehrsprachigen ein wichtiges Anliegen. Die bisherigen Ansätze haben nicht selten eher Verwirrung als Klärung geschaffen, weil Hypothesen gleich als Fakten in weitere Modelle eingebaut worden sind. Ausführlichere Kritik der Ervin/Osgoodschen Modells findet sich in Baetens Beardsmore (1974), Diller (1974), McLaughlin (1978) und Mans (1986), somit sowohl aus linguistischer als auch psychologischer Seite (vgl. auch Wölck 1984). Nicht haltbar erweisen sich auch die Behauptungen, wonach die beiden Arten der Mehrsprachigkeit unterschiedliche Gehirnsphären aktivieren (s. die Erörterungen in Kapitel 3.1.1).

Aus dem Dargelegten dürfte deutlich geworden sein, dass eine Definition der Mehrsprachigkeit nicht auf quantitative und qualitative Kriterien der Sprachenbeherrschung aufbauen kann. Eine andere Perspektive ergibt sich, wenn man von der *Funktionalität* der Sprachverwendung ausgeht. Bezieht man die funktionale Perspektive in die Definition ein, so ergibt sich folgende Neuordnung in der Betrachtung der Mehrsprachigkeit, die auch interkulturelle Kommunikation einschließt. *Mehrsprachigkeit* ist die Fähigkeit eines Individuums, hier und jetzt zwei oder mehr Sprachen als Kommunikationsmittel zu verwenden und ohne weiteres von der einen Sprache in die andere umzuschalten, wenn die Situation es erfordert (Oksaar 1980a, 43, vgl. 1976c, 234f.). Es besteht überwiegend Einigkeit darüber, vor allem aus soziolinguistischer Sicht, dass kein Grund besteht, zwischen der Mehrsprachigkeit zu unterscheiden, die zwischen fremden Sprachen besteht und der, die Hochsprache und Dialekt, oder auch Dialekte und Soziolekte einschließt (vgl. Weinreich 1953, 1, Oksaar 1976c, 235 und Wandruszka 1979, 14f.. zur muttersprachlichen Mehrsprachigkeit).

Mehrsprachigkeit bedeutet nicht Gleichsprachigkeit, letzteres ist als idealtypisch anzusehen. Das Verhältnis der Sprachen kann durchaus unterschiedlich sein – in der einen kann, je nach der Struktur des kommunikativen Aktes bedingt u. a. durch Situationen und Themen, ein restringierterer, also nicht stark differenzierter Kode, in der anderen ein elaborierterer verwendet werden. Eine der Sprachen kann in gewissen Situationen oder Domänen durchaus dominant sein. Es handelt sich um eine variable kommunikative und interaktionale Kompetenz in mehr als einer Sprache. In der Regel herrscht somit eine gewisse Arbeitsteilung zwischen den Sprachen, das heißt, dass die Lebensumstände eines Mehrsprachigen es nicht fordern, dass er seine Sprachen in allen Situationen benutzt. Eine derartige Arbeitsteilung kann, wie in Oksaar (1963 und 1966) gezeigt worden ist, eine emotionale und sozialisierende Funktion der Muttersprache implizieren und eine mehr Werkzeugsfunktion der anderen Sprachen (vgl. Kapitel 5.2.1).

Wir haben bei der Erörterung des Prinzips der Kulturalität der Sprache (Kapitel 1.3.1) die Beziehung zwischen Sprache und Kultur angesprochen und u. a. festgestellt, dass eine Sprache stets ein Teil der Kultur einer Gesellschaft ist. In Kapitel 2 werden wir darlegen, warum jeglicher Spracherwerb als kulturelles Lernen gesehen werden sollte und wie es sich mit interkulturellem Lernen verhält. Hier interessiert uns nun die Beziehung von *Mehrsprachigkeit* und *Mehrkulturheit* (multiculturalism). Näheres zu dieser selten thematisierten Beziehung in Oksaar (1983a). Sie wird uns auch bei der Frage der interkulturellen Verständigung beschäftigen.

Da Kulturen nicht nur Unterschiede bei ihren verbalen und nonverbalen Ausdrucksmitteln aufweisen, sondern auch bei ihrer Verwendung in sozialen Interaktionen, hat der Mehrsprachige stets mit den Kulturen seiner Sprachen zu tun, mit ihren soziokulturellen Regeln und Normen, die die Verhaltensweisen steuern. Er ist mehr oder weniger auch mehrkulturell. *Mehrsprachigkeit* und *Mehrkulturheit* eines Individuums decken sich in vielen Bereichen, können aber auch häufig auseinandergehen, was u. a. situationale Interferenzen und Behavioremumschaltungen zur Folge haben kann (Kapitel 4.4.4). Dies ist eines der Gründe von Missverständnissen in interkultureller Kommunikation. Ferner: Probleme und Schwierigkeiten, die bei einem mehrsprachigen Kind, z. B. in der Schule, auftauchen, werden nicht selten dem Einfluss der Mehrsprachigkeit zugeschrieben. Sie können aber ebenso andere Gründe haben, beispielsweise auf Konflikten zwischen zwei oder mehr kulturellen Systemen, also zwischen zwei Lebensweisen beruhen. Man vergisst allzu leicht, dass Probleme und Lernschwierigkeiten auch bei Einsprachigen festzustellen sind.

Wie bei Mehrsprachigkeit, so ist auch bei *Mehrkulturheit* die Annahme einer generellen Gleichkulturheit nur ein idealer Konstrukt; bei der einen Sprache kann die Beherrschung kulturbedingter Verhaltensweisen mehr, bei der anderen weniger dominant oder ausgeprägt sein. Bei der Definition von Mehrkulturheit beziehen wir uns vor allem auf Verhaltensweisen – Kultureme und ihre Realisierungen, Behavioreme und gehen von einer funktionalen Betrachtung aus. *Mehrkulturheit* eines Individuums zeigt sich in seiner Fähigkeit, sich in beliebigen Situationen nach den Normen und Regeln der Kultursysteme (Kapitel 2.1) zu verhalten und bei der Interaktion von den Behavioremen der einen Kultur auf die der anderen hinüberwechseln, wenn es notwendig ist. Ein idealer Zustand entsteht, wenn bei dem Sprachenwechsel auch stets Behavioremwechsel stattfindet, was aber nicht die Regel ist. Da wir kommunikative Verhaltensweisen als Einheit einer Kultur ansehen, so können wir, analog zum *Idiolekt*, von der *Idiokultur* sprechen, worunter wir das dem Sprecher/Hörer jeweils zur Verfügung stehende Behavioremrepertoire verstehen.

1.5.2 Aspekte der interkulturellen Verständigung

Interkulturelle Verständigungsprozesse entstehen durch *direkte* (face to face) und *indirekte* Kommunikation der Individuen, die außer ihrer Muttersprache auch Kenntnisse in einer oder mehreren anderen Sprachen und/oder Dialekten und Soziolekten sowie damit verbundenen Kulturemen haben. Ihr vielverzweigter Forschungsbereich ist allgemein als *interkulturelle Kommunikation* bekannt, der Terminus geht auf Hall (1959) zurück. Über die verschiedenen Perspektiven von welchen aus interkulturelle Kommunikation thematisiert wird – von individueller Fremdsprachenkompetenz bis Kommunikationsproblemen in mehrsprachigen Gesellschaften, von Wirtschaftskommunikation und verschiedenen Praxisfeldern bis Theorien der Interkulturalität – orientieren u. a. die Sammelbände von Rehbein (1985), Kim/Gudykunst (1988), Spillner (1990) und Dahl (1995), vgl. auch Hinnenkamp (1994) und Luchtenberg (1999).

Unter *interkultureller Kommunikation* verstehe ich den gegenseitigen Verständigungsprozess durch Senden und Empfangen von informationstragenden Zeichen unter Beteiligten aus unterschiedlichen Kulturen und Sprachgemeinschaften. Letzteres bedeutet, dass die Kommunikationssprache für mindestens einen der Teilnehmer nicht sein Muttersprache ist. Das ist z. B. der Fall, wenn sich ein Schwede und ein Deutscher entweder auf schwedisch oder auf deutsch unterhalten. Eine andere Verständigungsstruktur ergibt sich in diesem Rahmen, wenn die Kommunikation des Schweden und des Deutschen in einer Sprache verläuft, die für beide eine Zweitsprache ist, beispielsweise Englisch oder Französisch. Interkulturelle Kommunikation sollte nicht eindimensional gesehen werden. Aus den eben angeführten Fällen geht hervor, dass sie auf der Mikroebene immer auch auf *interpersonale* Kommunikation hinweisen, in dem bei jedem Teilnehmer sowohl seine mehrsprachige als auch mehrkulturelle Kompetenz aktiviert werden (Oksaar 1998).

Die Verständigungsprozesse in interkultureller Kommunikation umfassen und resultieren in *Verstehen, Missverstehen* und *Nichtverstehen* des kommunikativen Handelns, die aber keine statischen Größen sind. Aus einem anfänglichen Verstehen kann sich im kommunikativen Akt das Gegenteil ergeben und umgekehrt. Das Gelingen in direkter Interaktion hängt in großem Masse von der *interaktionalen Kompetenz* der Beteiligten ab. Es setzt Kenntnisse von der Art und Weise voraus, wie verbale, parasprachliche und nonverbale informationstragende Einheiten situationsadäquat zu verwenden und Kultureme durch Behavioreme zu realisieren sind.

Wenden wir uns nun etwas eingehender der *Verständigung* zu. Verständigung setzt Verstehen voraus. Wenn wir mit Hofstätter (1964, 316) *Verstehen* als „etwas in seinem wesensgemäßen Zusammenhang erkennen" auffassen, so wird schon durch eine derartige allgemeine Feststellung deutlich, dass das Neue mit Hilfe des schon Bekannten identifiziert werden muss. Ein Individuum steht allem Neuen mit seiner Erfahrung entgegen (vgl. Goethe „Niemand sieht als was er weiß"). Wie schon der britische Gedächtnispsychologe Bartlett in seiner Arbeit „Remembering" (1932) darlegt, spielt der Erinnerungsprozess dabei eine wichtige Rolle. Eine erklärende und beschreibende Funktion kommt dem Schemabegriff zu: *Schemata* sind für Bartlett u. a. Informationsverarbeitung steuernde Gedächtnisstrukturen mit Bezug auf Erinnern und Verstehen.

Es gibt zahlreiche, vor allem psychologische und psycholinguistische Untersuchungen, die sich mit Fragen des Verstehens befasst haben. Seit den letzten Dezennien dominieren in den Betrachtungen Schlüsselwörter wie *schema, frame, script, event-chain* (Minsky 1975, Rumelhart 1978, Kintsch/van Dijk 1978, vgl. Engelkamp 1994 mit weiterführender Literatur und Konerding 1993). Ohne uns hier in diesem Bereich zu vertiefen, da auf die Begriffsbildung im Zusammenhang mit Kognition in Kapitel 3.3 zurückzukommen ist, kann auf folgendes hingewiesen werden: Berücksichtigt man das, was schon Bartlett mit seinem Schemabegriff gemeint hat, so wird deutlich, dass nachfolgende Arbeiten nur wenig über das schon bekannte hinausgehen, vgl. exemplarisch Mandel, für den ein Schema eine Wissensstruktur im Gedächtnis ist, „in der aufgrund der Erfahrung typische Zusammenhänge eines Realitätsbereichs repräsentiert sind" (1981, 6).

In ihrer Erörterung der Rolle von Schemata und Scripts in der Gedächtnisforschung stellen Horton/Bergfeld Mills fest, dass obwohl Schemata für die Diskussion einer Reihe von empirischen Ergebnissen einen plausiblen Rahmen bereitstellen, es nicht klar ist, worin ihre Erklärungsstärke liegt. „Schema theory can explain nearly any set of findings, which constitute both a strength and a weakness of the theory" (1984, 388).

Die Rolle des schon Bekannten und Geläufigen für das Verstehen der neuen Information ist für die Zweitspracherwerbsforschung sowie für didaktische Fragen im Fremdsprachenunterricht von Belang und sollte im Hinblick auf den Einfluss der Muttersprache oder andere schon beherrschten Sprachen nicht unterschätzt werden. Auf Sprache bezogen impliziert *Verstehen* als Prozess generell, dass das Gehörte/Gelesene durch schon geläufige sprachliche, d. h. formale und semantische Strukturmuster und Bausteine erkannt wird. Hier geht es um phonetische Strukturen, um die Kenntnis des Satzbaus, der syntaktischen Strukturen, der Bedeutung der Wörter und die auf die Wirklichkeit bezogenen Bedingungen, die die Verwendung der Wörter und Ausdrücke regeln. Die primäre Identifikationshilfe ist der linguistische Kontext, häufig braucht man aber auch den Situationszusammenhang, z. B. bei Homonymen. Im Satz: *Ich habe endlich eine neue Brücke bekommen* weiß man ohne diesen nicht, ob der Sprecher die Mitteilung als Zahnarztpatient, Teppichkäufer oder Bootsbesitzer gemacht hat. In direkter Interaktion impliziert Verstehen, dass auch Informationen durch Gestik, Mimik, Körperbewegungen erkannt wird.

Was nun den Verständigungsprozess betrifft, so kann summarisch festgestellt werden, dass er bei den Beteiligten, außer den notwendigen verbalen und nonverbalen Mitteln, vor allem von folgenden personenbezogenen Komponenten abhängt. 1) *Individualität*, bedingt u. a. durch Alter, Varianz der Soziobiographie und Erfahrung, 2) *Dynamik,* bedingt u. a. durch partnerbezogene Einstellungsfähigkeit – Empathie, 3) *Motivation* das Gemeinte zu erfassen. Letzteres setzt voraus, dass man sich über die eigene Ausgangssituation im Klaren ist und die Fähigkeit zur Perspektivenübernahme hat. In dieser Beziehung kann man von *kognitiver Kompetenz* sprechen und an die Aussage von Augustinus erinnern: man versteht etwas nur soweit, wie man es gern hat (res tantum cognoscitur diligitur).

Die Probleme, die im *inter*kulturellen Verständigungsprozess festzustellen sind, finden sich häufig auch im *intra*kulturellen. Es ist eine axiomatische Feststellung, dass Verständigung in jeglicher Kommunikation nicht gewährleistet ist, wenn der Sender und der Empfänger von den Normen der von ihnen verwendeten Sprache – phonetische, grammatische, semantische – und von den damit verbundenen Kulturemen sinnverändernd oder sinnblockierend abweichen. Der Sender kann allerdings nie ganz sicher sein, dass der Empfänger die Mitteilung in seinem Sinn auffasst, denn man hat es ja immer mit individuellen Realisierungen der Sprachsysteme zu tun und diese sind weder in ihrer Form noch semantisch identisch. Die Komplexität des Problems zeigt sich aber immer erst auf der konkreten Ebene der Begegnungssituation, auf der mannighafte Missverständnisse schon in *einer* Sprach- und Kulturgemeinschaft nichts Außergewöhnliches sind, geschweige denn in interkultureller Kommunikation. Denn auch unterschiedliche Interaktionsstrukturen und Ausdrucksstile können die Verständigung erschweren. Nicht jeder versteht die Intendierung durch den „Wink mit dem Zaunpfahl" und das „durch die Blume sagen".

Probleme können auch dadurch entstehen, dass der Sender selbst nie alle Vorstellungen ausdrückt, die er dem Empfänger gegenüber zu seinem Thema entwickelt. Es gehört zur Ökonomie der Sprachverwendung, dass der Empfänger dem Gehörten oder Gelesenen stets Ergänzungen zufügen muss. Karl Bühler spricht in diesem Zusammenhang von der konstruktiven oder rekonstruierenden inneren Tätigkeit des Hörers, die man „zum guten Teil *vom Gegenstand selbst*, den man schon kennt oder soweit er durch den Text bereits angelegt und aufgebaut ist, gesteuert werden" lässt (1934, 171). Von der Gabelentz stellt fest: „Wir sagen wohl nie alles, was wir denken, lassen fast immer den verständigen Hörer noch dies und jenes ergänzen" (1901, 360). Dies bestätigt die Tatsache, dass trotz Sprachbeherrschung Missverständnisse vorkommen können, dagegen aber auch Verständigung trotz geringer Sprachkenntnisse.

Schwierigkeiten in interkulturellen Zusammenhängen können auch bei guten Fremdsprachenkenntnissen bei Unkenntnis soziokultureller Zusammenhänge entstehen; das gilt aber auch von Muttersprachlern. Nicht alle verstehen, was gemeint ist, wenn in einer Frage „Karlsruhe das letzte Wort hat". Ferner kann festgestellt werden, dass ein Individuum nicht selten geneigt ist, die Information in einer Zweitsprache nach seiner interaktionalen Kompetenz (Kapitel 2.2.1) in der Muttersprache zu interpretieren, auch wenn er nicht mehr zu den Anfängern gehört.

Die ideale Lage bei mündlicher Verständigung schließt dreierlei ein: Der Empfänger muss verstehen, *was* man sagt (rein akustisch wahrnehmen), *wie* man es sagt (freundlich-feindlich-neutral-ironisch) und zwar durch parasprachliche und nonverbale Signale, und schließlich, *wie* das Gesagte gemeint ist. In der Praxis können alle drei Kategorien Schwierigkeiten bereiten, denn *wie* etwas gemeint ist, kann kulturbedingt erheblich unterschiedlich sein. Ausdrücke wie *ich melde mich* oder *ich komme bald wieder vorbei* gelten keineswegs immer als ein Versprechen; häufig werden sie in einer gewissen Kontakthaltefunktion geäußert. Wer Deutsch als Fremdsprache lernt, nimmt derartige Aussagen, zu denen auch verschiedene Einladungen wie *wir laden Sie bald bei uns ein* oder *Sie müssen uns bald besuchen*, nach unseren Untersuchungen oft jedoch wörtlich, genauso wie Englisch lernende Ausländer den Abschiedsgruß *see you later* und andere formelhafte Ausdrücke.

Es darf jedoch nicht übersehen werden, dass schon die Aufmerksamkeitsbildung und Wahrnehmung vom Gehörten und Gesehenen zu einem Teil kulturbedingt ist. Unsere biologischen und ökologischen Voraussetzungen ebenso wie die Erziehungsnormen und Rollenverteilungen in einer Gesellschaft können, wie Untersuchungen zur sozialen Wahrnehmung zeigen, die Interpretation dessen, was wir hören und sehen, beeinflussen (vgl. Tagiuri 1969 und Kapitel 3.3.3).

Generell bleibt festzuhalten: Erfolgreiche interkulturelle Verständigung setzt voraus, dass man nicht nur mit den kommunikativen Normen und Konventionen der Interaktionssituation vertraut sein muss, sondern auch mit den Wertvorstellungen und Einstellungen des fremdkulturellen Partners.

1.6 Zusammenfassung

Zweitspracherwerb wird gesehen als ein *komplexer interdisziplinärer Forschungsbereich*. Im ersten Kapitel wurde auf Schwerpunkte des Buches erläuternd hingewiesen und eine Reihe von Begriffsbestimmungen vorgenommen. Da der Lernprozess nicht in einem Vakuum stattfindet und beim Lerner durch seine schon beherrschte Sprache oder Sprachen gewisse kulturelle Geprägtheit, soziale und individuelle Verschiedenheiten und Beziehungen vorausgesetzt werden können, wurde in den zwei folgenden Kapiteln verdeutlicht, wie diese aufzufassen und wie Sprachenlernen und -verwenden näher zu erfassen sind. Die vier Komponenten *Sprache, Kultur, Individuum* und *Gesellschaft* standen dabei im Zentrum der Betrachtungen, sowie vier Prinzipien der Sprachanalyse.

Ein historischer Rückblick verband die Erörterungen über Sprachenlernen und Sprachenbeherrschung als *Notwendigkeit* und als *Bereicherung*. Die heutigen mehrdimensionalen Lernziele, Motivation sowie Stellung und Tätigkeit des Individuums in der Gesellschaft führten zur Frage, wie viele und welche Sprachen der Mensch im Zeitalter der europäischen Integration, der Globalisierung der Wirtschaft und der Mobilität auf welchem Niveau zu welchem Zweck braucht.

Ziele des Zweitspracherwerbs sind *Mehrsprachigkeit* und *interkulturelle Verständigung*, sowie *Mehrkulturheit*. Was darunter zu verstehen ist, wurde im letzten Kapitel aus funktionaler Perspektive erörtert, mit kritischer Betrachtung verschiedener Typologisierungen im Bereich der Mehrsprachigkeit. Abschließend wurden Verständigungsfragen im Bereich der *interkulturellen Kommunikation* behandelt. Dies forderte u. a. Einblicke in den komplexen Bereich des *Verstehens*. Ferner waren verständigungsfördernde und -erschwerende Gründe relevant. Es genügt nicht, nur mit den Verwendungsnormen und Konventionen der *Interaktionssituation* vertraut zu sein, auch die Einstellungen und Mentalität des fremdkulturellen Partners können die Kommunikation beeinflussen. Hier hat der Lerner mit erheblichen kulturbedingten Unterschieden zu tun. Mit diesen Fragestellungen wurde eine Überleitung zum Kapitel 2 hergestellt, in dem wir uns mit einigen Grundlagen der Kenntnisse befassen, die es ermöglichen, den Antworten auf die Frage näher zu kommen, *was* ein Individuum erwerben muss, um Sprachen erfolgreich verwenden zu können.

2. Zweitspracherwerb als kulturelles Lernen

Wir haben zuvor (Kapitel 1.3.1) das Prinzip der Kulturalität der Sprache erörtert und auf die Beziehung zwischen Sprache und Kultur hingewiesen. Zieht man ferner die oben festgestellten Funktionen der Sprache als Ausdrucks- und Kommunikationsmittel in Betracht und die Tatsache, dass sie die Lebensäußerungen einer Gruppe oder Gesellschaft widerspiegelt, so wird deutlich, dass man jeglichen Spracherwerb als Kulturerwerb bezeichnen kann, genauer ausgedrückt als *kulturelles* Lernen. Aus dieser Sicht können geläufige Vergleiche und Metaphern für Sprache erweitert werden. Sprache wird seit alters mit Werkzeug verglichen. Schon Platon stellt im Kratylos fest, dass Sprache ein Organum ist, ein Werkzeug, „um einer dem andern etwas mitzuteilen über die Dinge" (Bühler 1934, 24). Wir ergänzen: *Wie* das Werkzeug hantiert werden kann, muss nach kulturbedingten Regeln gelernt werden. Auch ein anderes Bild – Sprache als Schlüssel zur Welt – wird durch eine Ergänzung deutlicher. Zwar stimmt die Vorstellung, dass je größer der Schlüsselbund, desto mehr Türen können geöffnet werden, desto mehr zwischenmenschliche Kontakte werden möglich. Allerdings vergisst man dabei gerade bei Fremdsprachenlernen allzu leicht, dass sich hinter jeder Tür ein so glatter Fußboden befinden kann, dass man gleich ausrutscht, wenn man nicht weiß, *wie* man sich zu bewegen hat. Denn die Kultureme und Behavioreme, die unser kommunikatives und somit auch sprachliches Verhalten steuern, sind kulturgeprägt und werden keineswegs einheitlich beherrscht, vgl. das Prinzip der Heterogenität (Kapitel 1.3.4). Wir gehen auf sie in dem nächsten Kapitel ein.

Bei der Beantwortung der Frage, *was* aus der Perspektive des kulturellen Lernens erworben wird (Kapitel 2.2) werden wir feststellen, dass es sich um weit mehr Fähigkeiten handelt als die in der Erst- und Zweitspracherwerbsforschung bevorzugten Untersuchungsbereiche Aussprache, Grammatik und Wortschatz. Unter dem Einfluss von vor allem der generativen Transformationsgrammatiken ist aber Spracherwerb sogar mit Grammatikerwerb gleichgesetzt worden, und grammatische Fragen, z. B. Syntax, werden auch in der Zweitspracherwerbsforschung immer noch bevorzugt thematisiert. Hatte aber schon Hermann Paul Anfang des vorigen Jahrhunderts hervorgehoben, dass Sprachwissenschaft Kulturwissenschaft ist und diese „immer als Gesellschaftswissenschaft" angesehen werden muss (1909, 5ff.), so hat es lange gedauert, bis der Gesichtskreis der relevanten Forschung sich zu erweitern begann.

In der Zweitspracherwerbsdidaktik hat nach dem Zweiten Weltkrieg die Einsicht zugenommen, dass die Lerner Kenntnisse von verschiedenen Aspekten der Zielsprachenkultur haben müssen, u. a. von kulturellen und sozialen Milieus und Verhaltensstilen ihrer Mitglieder; eine Übersicht findet sich bei Zaid (1999, 112ff.). Spricht man bei derartigen Zielsetzungen von *interkulturellem Lernen*, wobei dies aber vom Fremdsprachenlernen getrennt wird, so leuchtet der Erklärungswert dieser Trennung ohne weiteres nicht ein: „Die interkulturelle, landeskundliche Kompetenz scheint sich vielmehr unabhängig von der interlingualen fremdsprachlichen Kompetenz zu entwickeln" (Buttjes 1991, 117), denn gleichzeitig wird festgestellt: „Interkulturelles Lernen bedeutet nicht nur, einen Prozess interkultureller Entwicklungsstufen zu durchlaufen. Interkulturelle Kompetenz bedeutet auch, eine Handlung und Wissen integrierende Identität auszubilden" (ebd.). Das Lernen einer neuen Sprache ist im Prinzip zuerst immer *kulturelles* Lernen, da diese ebenso wie die Erstsprache kulturgeprägt ist. Erst im reflektierendem Kontakt des Eigenen mit dem Fremden durch den Lerner kann es als *interkulturelles* Lernen gesehen werden.

Da es sich beim Erwerb von Sprachen stets um Sprachverwendungsfähigkeit handelt, die nicht nur von individuellen, sondern auch sozialen Faktoren abhängt, ist es wichtig, die dazugehörenden relevanten soziokulturellen Aspekte zu erörtern. Welches diese sind, wird durch die Kulturemtheorie deutlich. Mit einigen ihrer Hauptzüge werden wir uns nun im folgenden Kapitel beschäftigen.

2.1 Kulturemtheoretische Grundlagen

Die Kulturemtheorie verdeutlicht und analysiert das Zusammenwirken von informationstragenden Einheiten in zwischenmenschlicher Kommunikation. Bei der mündlichen Interaktion muss dabei die in der Spracherwerbsforschung häufig übersehene Tatsache berücksichtigt werden, dass Information nicht nur *verbal*, sondern auch durch andere kommunikative Kanäle und Einheiten vermittelt wird, die auf den Inhalt gleichzeitig einwirken können: *parasprachliche*, d. h. die Stimmgebungsqualität und Intonation betreffende, *nonverbale* und *extraverbale*, s. Tabelle, S. 39.

 Für die Informationsvermittlung ist festgestellt worden, dass jegliches Verhalten in Gegenwart eines Mitmenschen kommunikativ ist (Watzlawick et al. 1967, 4, vgl. Hymes 1967, 18). Für die sprachliche Interaktion gilt, dass sie in einem Situationskontext eingebettet ist, in dem auch eine Reihe von anderen kulturgeprägten Verhaltensweisen gelten – wie man sich bewegt, wie man sitzt, sich kleidet, um nur einige zu nennen, die personenbezogene Information geben können. Aus diesem Komplex heraus, der auch Normen, Einstellungen und Werte einer Gesellschaft als Bestandteile ihrer Kommunikationskultur widerspiegelt, lassen sich spezielle soziokulturelle Verhaltensweisen einem Mitmenschen gegenüber feststellen und mit Hilfe des in der Kulturemtheorie aufgestellten Kulturemmodells analysieren (Oksaar 1979a, 1984c,1988a, vgl. Luchtenberg 1999, 11f., Mikkola 2001, 100ff.). Dieses Modell geht von der Voraussetzung aus, dass sich partnergerichtete kommunikative Verhaltenskomponenten mehr oder weniger unterscheiden lassen: *dass* man sich grüßt, anredet, bedankt, entschuldigt, um etwas bittet, seine Gefühle zeigt oder nicht, schweigt, dass es Tabuthemen gibt, um nur einige hervorzuheben. Diese Verhaltensweisen fasse ich unter *Kultureme* zusammen (Oksaar 1979a, 395f., 40lf.). Kultureme sind abstrakte Einheiten des sozialen Kontaktes, die in verschiedenen kommunikativen Akten durch *Behavioreme* realisiert werden, bedingt u. a. durch alters-, geschlechts-, beziehungs- und statusspezifische Faktoren.[4]

KULTUREM

BEHAVIOREME

ausführende (wie, durch welche Mittel)

regulierende (wann, wo, mit wem)

extraverbal
* Zeit
* Raum
* Proximik
  – Abstandszonen
* Soziale Variablen
  – Alter, Geschlecht
  – Rolle, Beruf
  – Status
  – Soziale Beziehung

nonverbal
* Mimik
* Gestik
* Körperhaltung
* Körperbewegung

verbal
* Wörter
* Größere Einheiten

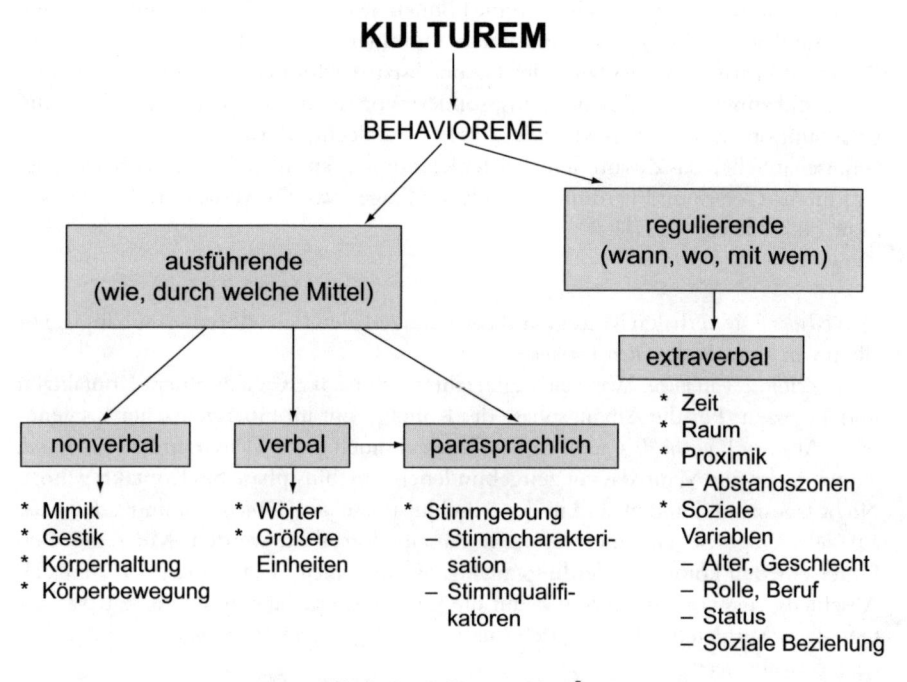

parasprachlich
* Stimmgebung
  – Stimmcharakterisation
  – Stimmqualifikatoren

Tabelle (nach Oksaar 1988a)[5]

Die Tabelle verdeutlicht unterschiedliche Realisierungsmöglichkeiten der Kultureme durch Behavioreme. Diese können allein oder gebündelt vorkommen. Verbale Behavioreme sind jedoch immer mit parasprachlichen verbunden. Sie umfassen alles, was man mit der Stimme tun kann, das heißt: *was* man sagt, tritt nie ohne Signale des *Wie* der Stimme auf. Zusammen geben das *Was* und das *Wie* dem Empfänger in einem gemeinsamen Kulturkreis zu erkennen, ob es sich um eine freundliche Bitte, eine neutrale oder zweifelnde Zustimmung, oder einen Widerspruch handelt. Hier gibt es erhebliche kulturbedingte Unterschiede. Parasprachliche Mittel können aber auch selbständig funktionieren. Kleinkinder verstehen, d. h. reagieren beim Erst-

---

4. Die Termini *Kulturem* und *Behaviorem* werden abweichend von Pike, K., Language in relation to a unified theory of the structure of human behaviour. The Hague 1967, verwendet.
5. Siehe Oksaar (1988a), 27ff., 32f., 42f., 45f., 47f. und die da angegebene Literatur.

spracherwerb auf verschiedene Stimmqualitäten früher als auf Wörter (Oksaar 1987a, 62f.).

Behavioreme ermöglichen in erster Linie eine Antwort auf die Frage *wie?*, *durch welche Mittel?* Von der Ganzheitsperspektive des kommunikativen Aktes aus gesehen können dabei auch die Fragen *wann?*, *wo?*, *in welcher Beziehung?* beantwortet werden. Man kann daher zwischen zwei Behavioremtypen unterscheiden: *ausführende* Behavioreme und *regulierende*. Zu den ersteren gehören die verbalen, parasprachlichen und nonverbalen Behavioreme, zu den letzteren die extraverbalen. Die extraverbalen Einheiten als regulierende Behavioreme können, je nach Art der Kultureme in einem kommunikativen Akt häufig funktionale Dominanz haben. Denn nicht nur Zeit, Raum und Proxemik (Abstand [der Gesprächspartner] im Raum) entscheiden über die Ausführungsart des Behaviorems, sondern vor allem auch soziale Variablen und beziehungsspezifische Aspekte wie Alter, Geschlecht, Berufshierarchie u. a. Wir veranschaulichen das Zusammenspiel der Komponenten anhand der Realisierung des Kulturems *Grüßen* und verbinden es mit der Frage, was ein Ausländer, der Deutsch lernt, zu berücksichtigen hat.

1) *Verbales.* Die verbalen Mitteln sind von extraverbalen Behavioremen abhängig, vor allem von *Zeit* und *sozialen Variablen.*

a) *Zeitliche Variablen.* Was man sagt, richtet sich nach zwei Zeittypen: Kontaktzeit und Tageszeit. Für die Anfangsphase des Kontakts gilt im Hochdeutschen als genereller Ausdruck *guten Tag*, je nach der Tageszeit auch *guten Morgen* und *guten Abend*, jedoch nicht *gute Nacht*, das zur zeitgebundenen Abschlussphase des Kontakts gehört. Nicht tageszeitgebunden sind in der Abschlussphase *auf Wiedersehen* und *tschüss*, das auf dem Wege ist, ein überregionaler Abschiedsgruß zu werden. Mit regionalen Unterschieden kommen allerdings auch *guten Tag, guten Morgen* und *guten Abend* als Abschiedsgruss vor. Außerdem kennt die Umgangssprache eine Reihe von Varianten. Zum Vergleich: Das Englische hat unter den tageszeitbedingten Ausdrücken auch *good afternoon*.

b) *Soziale Variablen.* Die Wahl der Grußausdrucks hängt, wie erwähnt, auch vom Alter und der Rolle des Hörers ab, sowie von der sozialen Beziehung zwischen dem Sprecher und dem Hörer. Was unter Freunden als *Tag, grüß Dich* oder *Hallo* üblich ist, würde als Normabweichung beim Gruß des Chefs gelten. Dieselben sozialen Variablen bestimmen auch den Umfang und die Struktur des Grußes. Im Deutschen gehört in der Regel die Anrede dazu: *Guten Tag, Max; Frau Müller; Herr Konsul Meyer*. Zum Vergleich: Im Französischen kann der Name, nicht aber der soziale Markör wegfallen: *bonjour, monsieur*. In den skandinavischen Sprachen ist die Anrede beim Gruß nicht üblich.

c) *Parasprachliches.* Die Stimmqualität und die Sprechweise signalisieren die Einstellung gegenüber dem Hörer, die Ausdrucksfunktion des Zeichens kann auch im Sinne von Karl Bühler (1934, 28f.) durch diese Mittel deutlich werden und die persönliche Haltung des Sprechers ausdrücken.

2) *Nonverbales.* Zum Gruß gehört in Deutschland häufig auch ein Händedruck, im Gegensatz zu skandinavischen Verhaltensweisen. Der Augenkontakt ist obligatorisch. Auch hier sind, wie wir sehen werden, extraverbale Behavioreme wirksam. Der

Handkuss ist z. B. geschlechtsspezifisch, der Bruderkuss und die Begrüßungsumarmung dagegen nicht.

3) *Extraverbales*. *Soziale* und *zeitliche* Variablen regeln bei verbalen und nonverbalen Behavioremen die Frage: Wer grüßt zuerst? Im deutschen Kulturkreis grüßt beim verbalen Grüßen in der Regel der Jüngere den Älteren, der Herr die Dame, der in der Hierarchie Niedrigere den Höherstehenden. Beim Händedruck ist es gewöhnlich umgekehrt. Bedingungen des Raumes und der Kontaktzeit können die Regeln, die den verbalen Gruß regulieren, allerdings auch entkräften, da es Situationen gibt, in denen die Frage berechtigt ist: Wer sollte wann und wo immer zuerst grüßen? Es ist der Hinzukommende, sei es zu einer Gruppe von Bekannten, oder in das Wartezimmer des Arztes. Der Raum spielt aber eine entscheidende Rolle: in Schweden wird im letzten Fall nicht gegrüßt. Auch die Proxemik ist maßgebend: Wie nahe darf man einander kommen, resp. wie weit voneinander soll man beim Gruß sein? Hier sind kulturbedingte Verhaltensweisen sehr unterschiedlich.

Schon diese grobe Strukturierung der Realisierung des Kulturems *Grüßen* verdeutlicht die Vielfalt der Einheiten, die zu beachten sind. Erwirbt man sie als Muttersprachler, so hat man beim Zweitspracherwerb schon linguistische und kommunikative Fähigkeiten. Diese können den Lernprozess beeinflussen, u. a. durch linguistische und situationale Interferenzen, auf die wir in Kapitel 4.4.1 eingehen werden. Der Deutsch lernende Ausländer muss lernen, diese zu vermeiden. Er muss aber auch lernen angemessen zu reagieren, wenn man ihn grüßt.

Das Kuturemmodell hat bei der Erforschung kulturspezifischer Verhaltensweisen den Vorteil, dass es neben rein sprachlichen und für die mündliche Kommunikation wichtigen parasprachlichen und nonverbalen Mitteln auch diejenigen soziokulturelleren Regeln einbezieht, die eine angemessene Sprachverwendung erst ermöglichen. Die Kenntnis der Itureme und ihre Realisierungsmöglichkeiten sind Voraussetzungen für *kommunikative Kohärenz*, die inhaltliche Zusammengehörigkeit der sinnbildenden Einheiten der Mitteilung. Die grundlegende Beobachtungs- und Analyseeinheit des Kulturemmodells ist der *kommunikative Akt*. In diesem realisiert sich die *interaktionale Kompetenz* (Kapitel 2.2.1) der am Diskurs Beteiligten.

Der *kommunikative Akt* umfasst den gesamten Aktionsrahmen, in dem die Sprachhandlung stattfindet. Er integriert verbale, parasprachliche, nonverbale und extraverbale Verhaltenssysteme. Er ist eingebettet in die Situation, in der extraverbale Einheiten wirksam sind und sich sprecher- und hörerspezifische Intensionen und Erwartungen entfalten. Zu den wichtigsten Elementen des kommunikativen Aktes gehören:

1) Partner/Auditorium
2) Thema/Themen
3) Verbale Elemente
4) Parasprachliche Elemente
5) Nonverbale (kinesische) Elemente
6) Extraverbale Elemente
7) Gesamtheit der affektiven Verhaltensmerkmale

Im kommunikativen Akt können gewisse seiner Elemente funktionale Dominanz haben – reichen die verbalen Einheiten nicht aus, werden zusätzliche parasprachliche und/oder nonverbale verwendet.

2.2 Was wird erworben?

Was man beim Erwerb von Sprachen lernt, ist schon in früheren Kapiteln angeklungen. Es lässt sich in groben Zügen wie folgt umreißen: Man lernt, vorwiegend durch lexikalische Mittel, die Wirklichkeit zu erfassen und zu gliedern und erwirbt auch Fähigkeiten, Sprache als Ausdrucks- und Kommunikationsmittel zu verwenden, gemäß der jeweiligen soziokulturellen Verhaltensregeln. Dies geschieht bei der Erstsprache zusammen mit der primären Sozialisation im Vorschulalter, und zwar durch Steuerung erwachsener Bezugspersonen und älterer Kinder. Bei später erworbenen Sprachen verläuft dieser Prozess unter veränderten Bedingungen und prinzipiell nicht in gleicher Weise. Schon eine flüchtige Bekanntschaft mit einer anderen Sprache zeigt, dass die Ausdrucksweisen und die semantischen Strukturen, die man in der Erstsprache verwendet, nicht die einzig möglichen sind. Wir werden den Umstand, dass sich die Wirklichkeit durch verschiedene Sprachen nicht im gleichen Fokus, sondern in mehr oder weniger unterschiedlicher Weise präsentiert, im Zusammenhang mit der Betrachtung der Sprachverwendungskompetenzen im nächsten Kapitel näher beleuchten.

2.2.1 Kommunikative und interaktionale Kompetenz

Seit Hymes (1967), einem der prominenten Vertreter der Ethnographie der Kommunikation, den Begriff *kommunikative Kompetenz* in der soziolinguistischen Forschung thematisierte, ist der Begriff weit verbreitet, ohne jedoch jeweils genauer bestimmt zu werden. Hymes forderte die Forschung auf „to describe the communicative competence that enables a member of the community to know when to speak and when to remain silent, which code to use, when, where and to whom, etc." (1967, 13). Für Hymes ist kommunikative Kompetenz die Fähigkeit, die es den Mitgliedern einer Gesellschaft ermöglicht, Sprache zu verwenden und die Verwendung der Sprache zu interpretieren.

Über die *kommunikative Kompetenz* ist in Oksaar (1987a, 138-141) ausführlich gehandelt worden, u. a. mit der kritischen Betrachtung der Kompetenz-Performanz Dichotomie und der Begründung, warum diese scharfe Trennung zwischen Sprachfähigkeit und Sprachverwendung, wie sie in der Linguistik seit de Saussure üblich ist, für die Spracherwerbsforschung nicht aufrechtzuerhalten ist. Es wurde auch dargelegt, warum das bisherige Konzept der kommunikativen Kompetenz zu allgemein ist und einer Differenzierung bedarf, die vor allem die verschiedenen Arten der mündlichen Fähigkeiten einbezieht.

Die mündliche Kommunikation umfasst in einer direkten Interaktion ja nicht nur die oben erörterten verbalen und nichtverbalen *aktionalen* Komponenten, sondern auch *nichtaktionale*, da man auch durch Schweigen kommunizieren kann. Es hat sich deshalb als angebracht erwiesen, den Begriff *interaktionale Kompetenz* einzuführen.

Interaktionale Kompetenz ist die Fähigkeit einer Person in Interaktionssituationen verbale, parasprachliche und nonverbale kommunikative Handlungen zu vollziehen und zu interpretieren gemäß den soziokulturellen und soziopsychologischen Regeln einer Gruppe oder einer Gesellschaft, unter Beachtung der extraverbalen Behavioreme (vgl. Oksaar 1979a, 395). Beim Zweitspracherwerb kann die Verbindung der einzelnen Komponenten den Einfluss der Erstsprachenkultur zeigen. Lernt ein Japaner Deutsch und drückt verbal eine traurige Nachricht aus, nonverbal aber mit einem Lächeln, wie im Japanischen, so haben wir es mit einer situationalen Interferenz zu tun(s. S. 142). Indem die interaktionale Kompetenz nonverbale und parasprachliche Komponenten mit einbezieht und die mögliche Gleichzeitigkeit der Komponenten explizit macht, verbindet und konkretisiert sie andere Kompetenzbegriffe wie *kulturelle* und *pragmatische* Kompetenz oder *grammatische* und *soziolinguistische* Kompetenz, mit der u. a. Canale/Swain (1980, 8ff., 27f.) operieren. Die *interaktionale Kompetenz* wird realisiert im vorher erwähnten kommunikativen Akt (Oksaar 1979a, 393f., 1987a, 65ff., Lewandowski 1990, 564f.). Im Gegensatz zum sprecherorientierten sprechakttheoretischen Modell ist der kommunikative Akt sprecher- *und* hörerorientiert und ermöglicht eine genauere Analyse empirischer Dialoge. Sprechakte sind ein Teil der kommunikativen Akte.

In kommunikativen Akten kommt zum Vorschein, inwieweit die Beteiligten fähig sind, grammatikalische und akzeptable Äußerungen zu bilden und zu verstehen sowie Situationen zu beurteilen, in denen diese angebracht sind. Hat der Lerner die Intention des Sprechers und die Funktion des Gehörten verstanden? Der Satz *es zieht* kann z. B. in der Darstellungs-, Ausdrucks- oder Appellfunktion (Bühler 1934, 24-30) ausgedrückt worden sein. *Why don't you go out?* ist keineswegs eine Frage, sondern ein Appell. Beim Erstspracherwerb werden verschiedene Funktionen erst nach und nach erworben, wobei das Kind mit der Zeit auch lernt, dass es nicht nur situative Normen, sondern auch Varianzmöglichkeiten gibt. Beim Zweitspracherwerb ist diese Erfahrung aber schon gemacht.

Wir haben in Kapitel 2.2 festgestellt, dass man beim Spracherwerb zwar die Wirklichkeit zu erfassen lernt, dass dies aber durch unterschiedliche Sprachen in vielen Bereichen nicht aus gleichen Perspektiven geschieht. Hinter dieser Erkenntnis liegt die vor allem seit Wilhelm von Humboldt bekannte und vieldiskutierte Frage der schon erwähnten Weltansicht, die jede Sprache dem Menschen vermittelt (vgl. S. 24). Für von Humboldt sind mehrere Sprachen „nicht ebenso viele Bezeichnungen einer Sache; es sind verschiedene Ansichten derselben" (1907, 602). Die Verschiedenheit von Sprachen ist „nicht eine von Schällen und Zeichen, sondern eine Verschiedenheit der Weltansicht selbst" (1907, 27). Ein Deutscher der Schwedisch lernt, wird beispielsweise erfahren, dass im Schwedischen als *blomma* das zusammengefasst wird, was er auf deutsch durch die Wörter *Blume* und *Blüte* trennt; vgl. frz. *fleur*, russ. *tsvetok*. Was er aber unter *spielen* versteht, unterscheidet der Schwede durch *spela* und *leka*. Aufschlussreich ist die Feststellung von Humboldts, dass man beim Erwerb einer fremden Sprache „immer, mehr oder weniger, seine eigene Welt-, ja seine eigene Sprachansicht hinüberträgt" (1907, 434). Hier ist schon, abstrakt, der Einfluss des Sprach- und Kulturkontakts angedeutet worden, auf den wir in Kapitel 4.4.4 eingehen werden. Auf die Frage der Weltansicht werden wir im Zusammenhang mit den Erörterungen über Sprache und Denken und der Sapir-Whorf-Hypothese in den Kapiteln 3.3.2 und 3.3.3 ausführlicher zurückkommen.

Bei der Frage, *was* beim Sprachenerwerb gelernt wird, ist es ergiebig, diese auch aus der Perspektive der sprachlichen und kulturellen Varianz zu betrachten. Diese Perspektive verbindet, wie wir im folgenden Abschnitt sehen werden, das *Was* mit anderen Fragen im Lernprozess, u. a. mit dem *Wer* und dem *Wo*.

Dimensionen der Variation

Auf der Makroebene der Betrachtung können zunächst zwei Dimensionen unterschieden werden: Die *soziale Dimension* der *linguistischen Variation* und die *linguistische Dimension* der *sozialen Variation*. Sie strukturieren jegliche Art von Sprachverwendung und weisen beim Zweitspracherwerb auf Wege hin, die im Lernprozess auch komplexe Zusammenhänge sowie stilistische Wirkungen und Bewertungen verdeutlichen.

1) Auf der sozialen Dimension der die bekannte Lasswellsche Kette[6] in einer erweiterten Fassung auf der Sprecherseite eine zentrale Stellung ein: *Wer sagt was zu wem, wie, wann, wo, warum* und *mit welchen Resultat?* Variablen wie Alter, Soziobiographie des Lerners, u. a. Ausbildung, Beruf, Ort und Art des Lernens sowie Gründe des Zweitspracherwerbs spielen bei der Variation eine Rolle, ebenso wie die Muttersprache.

2) Auf der linguistischen Dimension der sozialen Variation lässt sich die Dynamik der Hörerseite erfassen: *Wer versteht was, wie, wann, von wem Gehörtes, wo, warum* und *mit welchem Resultat?* Da hier die oben erwähnten sozialen Variablen die Sphäre bestimmen, aus welcher der Hörer nicht nur denotative, sondern auch konnotative Inhaltselemente erhält, kann dies das Verstehen beeinflussen (vgl. Heterogenität, Kapitel 1.3.4).

Da die Interaktionsbeiträge gewöhnlich behavioremgesteuert sind, ist es angebracht, die zwei Dimensionen modellhaft als Kern für zwei weitere anzusehen, die sich als Kulturemrealisierungen aus Behavioremen ergeben. Diese Dimensionen sind die *soziale Dimension* der *Behavioremvariation* und die *Behavioremdimension* der *sozialen Variation*. Die soziale Dimension im Bereich der Behavioreme wird bestimmt durch die Fragenkette: *Wer verhält sich wie, wann, wo, wem gegenüber, warum* und *mit welchem Resultat?* Auf der Behavioremdimension dominiert entsprechend die Interpretationsfrage: *Wer versteht wessen Verhalten wie, wann, wo, warum* und *mit welchem Resultat?* Stellt ein Fremder den Einheimischen in Skandinavien persönliche Fragen, z. B. über ihr Einkommen oder ihr Alter, so wird dies gewöhnlich als ein Verstoß gegen Tabu-Normen aufgefasst und die Person als unhöflich angesehen. Dieselben Fragen gelten bei Sprechern südeuropäischer und zahlreicher asiatischer Sprachen jedoch nicht als Tabu.

---

6. Lasswell, H. D., The structure and function of communication in society. In: Bryson, L. (Hg.) The communication of ideas. New York 1964, 37–51.

Normatives und rationales Ausdrucksmodell

Die „grammatische Korrektheit" und „kommunikative Adäquatheit" gehören zu den zentralen Zielen im Zweitspracherwerb. Grammatische Lehrmittel in vielen Sprachen richten sich aber nach der geschriebenen Sprache, es gibt auch im Deutschen keine Grammatik der Sprechsprache, der gesprochenen Sprache. In einem anderen Zusammenhang (Oksaar 1979a, 396f.) habe ich gezeigt, in welcher Weise sich bei der gesprochenen Sprache situationsbedingte Verwendungsweisen entwickeln, die auch im rein verbalen Bereich mit denen der geschriebenen Sprache nicht übereinstimmen. Es ist daher angebracht, zwischen einem *normativen* und einem *rationalen* Ausdrucksmodell zu unterscheiden.

1) Im *normativen* Modell lassen sich alle Verwendungsweisen zusammenfassen, die auf den zweigliedrigen, Subjekt und Prädikat umfassenden Satztyp zurückgehen:

(1) A: Wer kommt? – B: Herr Müller kommt.
(2) A: Wo ist Max? – B: Max/Er ist im Garten.

In Unterrichtssituationen wird stets dieses Modell angestrebt, um der Forderung der normativen Grammatik – man sollte sich in vollständigen Sätzen ausdrücken – zu genügen.

2) Im *rationalen* Modell lassen sich Verwendungsweisen zusammenfassen, die von dem zweigliedrigen Typus abweichen. Die verbalen Einheiten können zu verschiedenen Wortarten gehören:

(1) A: Wer kommt? – B: Ein Mann.
(2) A: Was tut Herr Müller? – B: Schwimmt.
(3) A: Wie ist das Wetter? – B: Gut.
(4) A: Wie ist er gefahren? – B: Zu schnell.
(5) A: Hat Peter das getan? – B: Ja.
(6) A: Wer hat gerufen? – B: Er (deiktisch – mit Zeigebewegung).

Im normativen Modell kann die Wiederholung dessen, worauf sich die Frage bezieht, als Redundanz aufgefasst werden. Redundanz kann allerdings verschiedene Funktionen haben, u. a. als „Nachdenkplattform" bei der Formulierung weiterer Ausdrücke.

Im rationalen Modell bildet die Antwort zusammen mit der Frage eine rationale Form-Inhalt Einheit, indem der Sprecher B alles, was ihm und dem Sprecher A bekannt ist, nicht ausdrückt. Das *Thema* wird nicht wiederholt, das *Rhema* wird formuliert. Verbales und Nonverbales können auch zusammen das Rhema bilden: A: Kommst Du mit? – B: (nickt). Zur Thema-Rhema-Frage bei Transfers, eine selten beachtete, jedoch wichtige Komponente in der Zweitspracherwerbsforschung vgl. S. 138. Da stellen wir auch die auf Transfertypen basierende Varianten dieser Modelle da.

Aus diesen Beispielen wird deutlich, dass die Rationalität der Sprachverwendung als eigene Größe beachtet werden sollte. Es sind zweifelsohne Rationalität und Zweckmäßigkeit maßgebend, wenn besondere Ausdrucksweisen zwischen Kollegen in gleichen Berufsbereichen üblich sind. Wenn dem Kellner mitgeteilt wird: *Die Suppe sitzt am Tisch drei,* oder ein Arzt im Krankenhaus der Schwester sagt: *Die*

Hepatitis in neun kommt nach zwölf, so sind das Beispiele dafür, dass Menschen in verschiedenen soziokulturellen Kontexten effektiv kommunizieren wollen und sich auch geeignete Mittel dafür schaffen. Der Zweitspracherwerber muss auch diese Aspekte der Sprachverwendung kennen lernen, besonders wenn er im Lande der Zweitsprache arbeitet, da derartige Soziolekte in verschiedenen Berufen vorkommen.

Bei vielen Interaktionen, in denen auch die Situationshilfe die Verständigung begünstigt, scheint das rationale Modell als pragmatische Norm zu gelten. Karl Bühler (1934, 155) weist auf die „praktisch ausreichende Rede" hin, die sich in der Äußerung „einen schwarzen" im Kaffee zum Kellner oder in „gerade aus" in der Straßenbahn manifestiert. Man kann dies aber auch umgekehrt sehen: in einer Reihe von Situationen ist die Verwendung des normativen Modells, d. h. eines vollständigen Satzes negativ redundant und kann unter Umständen sogar störend oder pedantisch wirken. Beispielsweise, wenn man beim Einsteigen in einen Bus dem Fahrer seinen Fahrkartenwunsch mit einem ausführlichen ritualisierten „Guten Tag, ich hätte gerne eine Fahrkarte nach..." einleitet, oder wenn man dem Arzt auf seine Frage und Zeigedeutung: „Haben Sie hier Schmerzen?" antwortet, „Ja, Herr Doktor, ich habe hier Schmerzen". Die Frage liegt nahe, ob es nicht genüge, in derartigen Zusammenhängen auf die Gricesche Maxime „be relevant" hinzuweisen.[7] Das genügt aber generell nicht, wenn man sich im fremden, noch nicht ganz durchsichtigen soziokulturellen Rahmen befindet und das Relevanzprinzip von anderen Prinzipien, wie z. B. dem Höflichkeitsprinzip, noch nicht unterscheidet.

Wir haben festgestellt, dass die Satzgestaltung nach dem normativen Modell vom Standpunkt der kommunikativen Adäquatheit aus nicht das einzig Erstrebenswerte zu sein braucht. Dieser Tatsache muss beim Zweitspracherwerb Rechnung getragen werden, da gewöhnlich nur das normative Modell didaktisiert wird.

Kongruenzen

Zum kulturellen Lernen gehören auch vier Kongruenzen. Wir haben gesehen, dass unterschiedliche Informationsträger im kommunikativen Akt gleichzeitig wirksam sein können. Um die Verständlichkeit zu gewährleisten, sind verschiedene Kongruenzen zu berücksichtigen. In den sprachwissenschaftlichen Handbüchern werden unter Kongruenz traditionell aber nur zwei Kongruenzen angegeben – die *grammatische* und die *semantische* (vgl. Lewandowski 1990, 581 f.). In Interaktionssituationen wird aber deutlich, dass es auch weitere Kongruenzen gibt, die beachtet werden müssen. Es sind die *pragmatische* und die *semiotische* Kongruenz (Oksaar 1979a, 395). Diese können primärer sein als die grammatische und die semantische Kongruenz, da man ja schon durch andere semiotische Mittel kommuniziert, ehe man einige Wörter gesagt hat, z. B. mit dem Blick, der Mimik und der Körperhaltung. Die *pragmatische* Kongruenz fordert, dass die Verwendung verbaler Mittel mit den gleichzeitigen parasprachlichen und nonverbalen Einheiten gleichläufig sein muss. Sagt man in nordeuropäischen Kulturkreisen „Nein" und nickt gleichzeitig, d. h. drückt durch

---

7. Grice, H. P., Logic and conversation. In: Cole, P./Morgan, J. L. (Hg.), Syntax and semantics, Vol. III, Speech acts. New York 1975, 45.

das Nicken als „Ja" das Gegenteil aus, ist die notwendige pragmatische Kongruenz gebrochen.

Die *semiotische Kongruenz* bezieht sich auf die Übereinstimmung der Sprechhandlung mit extraverbalen Behavioremen: den Verhaltensweisen in bezug auf Zeit, Raum, Proxemik und soziale Beziehung. Verstöße gegen die pragmatische und die semiotische Kongruenz berühren die persönlichen Beziehungen zwischen den Gesprächspartnern in der Regel mehr als grammatische oder semantische, was auch in den Abschnitten von Kapitel 4.4.4 deutlich wird.

Sphärendistribution

Für die gesamten Bereiche, die mit der mündlichen und schriftlichen Sprachverwendung zu tun haben, lässt sich ein übergreifendes Modell skizzieren, das für verschiedene Sprachgemeinschaften zutrifft. Das makrostrukturelle Distributionsmodell umfasst vier Kommunikationssphären, die sich nach den Beziehungen zwischen den Beteiligten unterscheiden:

(1) *Die intime Späre.* In dieser kommunizieren Leute, die einander sehr nahe sind.
(2) *Die persönliche Sphäre.* Hier redet man mit Vertrauten, guten Freunden, Verwandten.
(3) *Die soziale Sphäre.* Sie ist die normale Konversationssphäre mit Kollegen und Bekannten.
(4) *Die öffentliche Sphäre.* Hierzu gehört jegliche Kommunikation mit Unbekannten, Kommunikation in und mit Institutionen, z. B. Verwaltung, Gericht, Kirche.

Ein derartiges Schema sollte nicht als starrer Rahmen angesehen werden. Auf der Mikroebene gibt es Übergänge zwischen den Sphären, aber auch ganz feste Normen dafür, *wem* man etwas *wie* sagt. Beim Erwerb fremder Sprachen muss der Lerner stets mit kulturspezifischen Unterschieden bei der Sphärendistribution rechnen. Was als Thema in einigen Kulturen nur zur persönlichen Sphäre gehört, kann in anderen auch in der sozialen vorkommen.

2.3 Zusammenfassung

In diesem Kapitel wurde auf *kulturemtheoretischer* Grundlage gezeigt, was unter *kulturellem* Lernen, mit mündlicher und schriftlicher Sprachverwendungsfähigkeit als Ziel, zu verstehen ist, und verdeutlicht, wie *kulturelles* und *interkulturelles* Lernen zusammenhängen. Es umfasst stets die Fähigkeit, verbale, parasprachliche, nonverbale und extraverbale Handlungen zu vollziehen und zu interpretieren, gemäß der soziokulturellen Regeln und Normen der Gruppe oder der Gesellschaft. Egal, ob es sich um die Erst- oder Zweitsprache handelt, Sprachverwendungsfähigkeit umfasst weit mehr als die Beherrschung der Aussprache, der Lexik und der Grammatik. Dies wurde anhand des Kuluremmodells verdeutlicht. *Kultureme*, d. h. abstrakte soziokulturelle

Verhaltensweisen Mitmenschen gegenüber, werden durch unterschiedliche *Behavioreme* realisiert. Als Beispiel wurde das Kulturem *Grüßen* erläutert.

Bei weiteren Erörterungen im Bereich des Komplexes, *was* auf dem Weg zur Sprachbeherrschung gelernt wird, wurde u. a. dargelegt, warum die Unterscheidung zwischen *kommunikativer* und *interaktionaler Kompetenz* für die Analysen relevant ist. Ferner wurde an Beispielen erläutert, wie der Erwerb einer neuen Sprache auch mit der Frage der Weltansicht, auf die wir in Kapitel 3 zurückkommen, zusammenhängen kann.

Was erworben wird, muss auch aus der Perspektive der sprachlichen und der kulturellen Varianz beachtet werden. Dies geschieht auf der Makroebene durch zwei Dimensionen der Variation: die *soziale Dimension* der *linguistischen Variation* und die *linguistische Dimension* der *sozialen Variation*. Entsprechend wurde die *soziale Dimension* der *Behavioremvariation* und die *Behavioremdimension* der *sozialen Variation* dargestellt und erläutert.

Im weiteren wurden das *normative* und das *rationale Ausdrucksmodell* präsentiert, in deren Rahmen sowohl Fragen der Redundanz als auch die Rationalität bei der Verwendung zur Sprache kamen. Es zeigte sich, dass die Satzgestaltung nach dem normativen Modell, die im Fremdsprachenunterricht gewöhnlich didaktisiert wird, für den Lerner nicht das einzige Ziel zu sein braucht. Anschließend wurden zwei neue Kongruenzen erläutert, die der Lerner zusammen mit der üblichen *grammatischen* und *semantischen* Kongruenz zu beachten hat, da sie die Satzgestaltung in der Interaktion steuern. Es sind die *pragmatische* und die *semiotische Kongruenz*. Abschließend wurde anhand des makrostrukturellen *Distributionsmodells* von vier Kommunikationssphären erläutert, wie unterschiedliche Beziehungen der Menschen mit unterschiedlichen Kommunikationskonventionen verbunden sein können. Es sind die *intime, persönliche, soziale* und *öffentliche* Sphäre. Der Lerner muss beim Erwerb einer neuen Sprache stets mit verschiedenen und von seiner Muttersprache abweichenden Sphärendistributionen rechnen. Was thematisch in einer Sprachgemeinschaft z. B. zur persönlichen Sphäre gehört, kann in einer anderen in der sozialen vorkommen.

3. Rahmenbedingungen für den Zweitspracherwerb

3.1 Neurophysiologische Voraussetzungen

Die neurophysiologischen Voraussetzungen der menschlichen Sprachentwicklung sind seit den 1960er Jahren Gegenstand eingehender Diskussionen gewesen. Zu den zentralen Fragen gehört u. a., ob beim Zweitspracherwerb und bei Mehrsprachigkeit dieselben oder unterschiedlichen neuronalen Mechanismen in Anspruch genommen werden wie beim Erstspracherwerb. Mit ihr verbunden ist die auch heute noch kontrovers geführte Diskussion über die Lateralisierung, d. h. funktionalen Hemisphärenspezialisierung der Sprachfunktionen im Gehirn (Kapitel 3.1.1). Ehe wir uns mit diesem Problemkomplex befassen, ist ein etwas weiterer Blick auf die Zusammenhänge zwischen Sprache und Gehirnaktivität sowie ihre Untersuchungsmöglichkeiten angebracht. Diese haben sich, seit 1990 in den USA die „Dekade des Gehirns" startete und das erste Dezennium von 2000 von deutschen Neurowissenschaftlern zum „Jahrzehnt des menschlichen Gehirns" erklärt wurde, erheblich erweitert.

Die Frage nach dem biologischen Ursprung der Sprache sowie der Repräsentation der sprachlichen Aktivitäten im Gehirn hat Forscher verschiedener Disziplinen der Lebens- und Geisteswissenschaften beschäftigt – Neurologen, vor allem Neurophysiologen, Neuropsychologen, Neurolinguisten, aber auch Philosophen, Linguisten und Psychologen. Im Zusammenhang mit der Erforschung von Sprachstörungen war diese Frage schon in der Antike aktuell, ebenso wie bei der Frage nach dem Sitz der geistigen Fähigkeiten und des Denkens. Für Aristoteles war es das Herz, für Platon das Gehirn. Aber erst seit der 2. Hälfte des 19. Jhs., seit Brocas Entdeckung der asymmetrischen Organisation der beiden Gehirnhälften 1861, hat sich die Medizin eingehender mit der funktionalen Organisation und Lateralisation des Gehirns beschäftigt. Die sich seit den 1970er Jahren entwickelnde Neurolinguistik, die sich mit der Beziehung zwischen den Strukturen und Prozessen des Gehirns, zwischen der Sprachkenntnis und dem Sprachverhalten beschäftigt, hat ihre Wurzeln in der Hirnpathologie und Aphasieforschung; Ausführungen zu ihrer klinischen und linguistischen Konzeption finden sich neuerdings bei Obler/Gjerlow (1999, vgl. das Handbuch von Stemmer/Whitaker 1998). Über die Geschichte und Fragestellungen der Aphasieforschung orientiert König-Linek (1995, 6ff., vgl. Deegener 1978, 90ff.).

Während Erkenntnisse über Sprachfunktionen im Gehirn lange Zeit nur durch Untersuchungen von Sprachstörungen gewonnen werden konnten, ist es seit einigen Dezennien möglich, auch verschiedene Funktionsweisen des gesunden Gehirns festzustellen. Seit etwa den 1980er Jahren haben sich neue apparative Techniken eröffnet. Mit bildgebenden und akustischen Verfahren können Untersuchungen von Funktionsweisen des gesunden Gehirns vorgenommen werden.[8] Sie ermöglichen es z. B. Ort, Intensität und Dauer der Aktivität der Gehirnareale zu registrieren. Wie auf einer Landkarte kann verzeichnet werden, welche Hirnstrukturen z. B. beim Sprechen und Hören der Muttersprache und der Zweitsprache aktiviert werden. Detaillierte Erörterungen dieser Verfahren finden sich bei Poeck (1995, 94ff.) und Sucharowski (1996, 48ff., vgl. Lamb 1999 und Indefrey/Levelt 2000). Frühere Methoden der visuellen und akustischen Wahrnehmung erörtert Deegener (1978, Kapitel V).

Vor über 40 Jahren stellten die Neurologen Penfield/Roberts (1959, 207) zur genaueren Lokalisierung der Sprachfähigkeit folgendes fest: „Es wird als eine *Sprachhypothese* vorgeschlagen, daß die Funktion aller drei kortikalen Sprachzentren (d. h. des Brocaschen, Wernickeschen und des supplementären motorischen Sprachzentrums) des Menschen durch Verbindung jedes dieser Zentren mit Teilen des Thalamus koordiniert werden und daß mittels dieser Schaltung Sprache irgendwie hervorgebracht wird" (zit. nach Lenneberg 1972, 83, zu Forschungen in den 1970er Jahren s. Oksaar 1987a, 73ff.).

Die seit Broca bekannten Hypothesen, daß zur linken Gehirnhälfte das hauptsächliche Sprachenzentrum, zur rechten die Vorstellung des Raumes gehört, sind bei Experimenten mit Epileptikern, denen zur Linderung ihres Anfallsleidens die beiden Gehirnhälften getrennt worden sind (Split-Brain-Verfahren) bestätigt worden (Gazzaniga 1970, Deegener 1978, 53ff., 90ff., Poeck 1995, 98, Pinker 1999, 244ff.). Allerdings gibt es auch Anzeichen dafür, da die rechte Hemisphäre Funktionen, die mit der Sprache verbunden sind, übernehmen kann, wie u. a. aus den ausführlichen Erörterungen der sprachlichen Leistungen der rechten Hemisphäre bei Deegener (1978, 105-111) hervorgeht.

Forschungsergebnisse der letzten 20 Jahre im Bereich der zerebralen Repräsentation körperbezogener (somatischer) Befunde haben gezeigt, dass die starre Zentren-Lehre, die z. B. dem Bewegen der Finger eine entsprechende Repräsentation in der Hirnrinde zuwies, in der bisherigen Art nicht aufrecht erhalten werden kann.

Neue Konzepte wie multiple Repräsentation von Funktionen, Netzwerkstrukturen oder parallele Informationsverarbeitung in verteilten neuronalen Strukturen prägen die modelltheoretischen Überlegungen für die Beschreibung somatischer Funktionen. Daraus ließe sich schließen, dass eine angemessene Beschreibung geistiger Vorgänge im menschlichen Gehirn nach der Zentrenlehre noch weniger möglich sei (Poeck 1995, 92). Aus verschiedenen Befunden kann geschlossen werden, dass aphasische Syndrome „nicht eigentlich die strukturelle und topographische Organisation von Sprache im menschlichen Gehirn widerspiegeln, sondern vielmehr

---

8. Magneten-Zephalographie, Magnet-Resonanz-Tomographie, Positronen-Emissions-Tomographie (PET) und Kernspin-Tomographie ermöglichen es, die Aktivität des Gehirns – Durchblutung und Stoffwechsel – bildlich darzustellen. Mit der Elektronen-Zephalographie (EEG) ist es möglich, die Hirnarbeit auch zu belauschen (vgl. Cattell 2000, Kapitel 10).

die Gefäßversorgung der Sprachregion" (Poeck 1995, 93ff.). Die mit neueren Beobachtungstechniken am gesunden Gehirn gewonnenen Daten sind, was die Aktivierung der beiden Hemisphären bei sprachlichen Aufgaben betrifft, nicht einheitlich. Laut Poeck sprechen deshalb alle Befunde „für eine Netzwerk-Organisation des Gehirns mit je nach Aufgabe wechselnder, dynamischer Verschaltung... Vermutlich sind im Gehirn nicht Eigenschaften abgespeichert, sondern Prozesse repräsentiert" (1995, 98, vgl. hierzu unten S. 68). Neueren Messmethoden zufolge sind Sprache und Sprechen „not regulated in a single part of the brain" (Lieberman 1997, 23), vgl. 3.1.1.

Es kommt somit auch immer auf die Interpretation der Befunde an, wobei nicht vergessen werden darf, dass Daten noch keine Erkenntnisse, sondern lediglich Beschreibungen sind. Außerdem muss die Tatsache berücksichtigt werden, dass die verschiedenen sprachlichen Fähigkeiten, die in Testsituationen erforscht werden, z. B. Sprechen, Schreiben, Lesen, Verstehen, mit nichtsprachlichen Faktoren verbunden sind: mit motorischen, auditiven und visuellen Faktoren. Es ist fraglich, ob da die mentalen Einheiten genauer ausgefiltert werden können; die meisten Untersuchungen werden nur anhand des Wortschatzes durchgeführt. Einen weitreichenden Überblick über Versuche, die neuronalen Grundlagen der sprachlichen Phänomene festzustellen gibt Fromkin (1997, vgl. Friederici 1996, Sucharowski 1996, 48ff.). Neuere Befunde finden sich auch bei Obler/Gjerlow (1999) und im Sammelband von Gazzaniga (2000).

Nachdem wir in groben Zügen auf den Untersuchungsbereich der Lokalisierung sprachlicher Fähigkeiten im Gehirn und die Schwierigkeiten ihrer Bestimmung hingewiesen haben, steht eines fest: die Unsicherheit bei der Beantwortung der Frage, was denn konkret in diesem Prozess vor sich geht, nimmt zu, je genauer die neuronalen Prozesse erfasst werden. Aber biologische Prozesse sind nicht mentale Prozesse, auch wenn diese gleichzeitig gemessen werden können.

3.1.1 Zur Lateralisierung der Sprachfunktionen

Bei der Erforschung der Beziehungen zwischen Sprache und funktionaler Hemisphärenasymmetrie ist die oben erwähnte Frage, ob beim Zweitspracherwerb und bei der Mehrsprachigkeit dieselben neuronalen Grundmechanismen wirksam werden wie beim Erstspracherwerb, oder unterschiedliche, für die Zweitspracherwerbsforschung von besonderem Interesse. Trotz zahlreicher Untersuchungen, die sich in den letzten Dezennien mit dieser Frage vor allem im Hinblick auf die Repräsentation der Sprachfunktionen in den Hemisphären befasst haben, herrscht Uneinigkeit. Die Diskussion hat sich insbesondere seit der Untersuchung von Albert/Obler (1978) intensiviert. In ihrer Arbeit „The bilingual brain" stellen sie anhand von 108 Fallbeschreibungen einen Unterschied fest: bei Mehrsprachigen ist nicht nur die linke, sondern auch die rechte Hemisphäre bei Sprachfunktionen beteiligt. Diese spielt auch bei Erwachsenen, die eine zweite Sprache erwerben, eine besondere Rolle. Die Kritik dieser weit verbreiteten Arbeit wirft ihr jedoch unzureichende Methodik und Widersprüchlichkeit vor. Mendelsohn (1988, 284) stuft sie in ihrer ausführlichen kritischen Übersicht der einschlägigen Literatur als spekulativ ein. Die mögliche Rolle der rechten Hemisphäre beim Zweitspracherwerb erörtert u. a. Seliger (1982),

Schneiderman/Wesche (1986) untersuchen ihren Einfluss auf „language aptitude" (zu dieser s. Kapitel 4.4.2).

Genesee prüfte eine Reihe von Untersuchungen mit Bilingualen nach den Variablen Alter, Sprachniveau und Art des Lernens und stellt fest, dass der Faktor Alter und Lernart bei der Aktivierung der rechten Hemisphäre(RH) eine maßgebende Rolle spielt: „there may be greater RH involvement in language processing in bilinguals who aquire their SL late relative to their first language and in bilinguals who learn it in informal context" (1982, 316 ff., 321). Er findet auch, dass der relative Grad der Zweitsprachbeherrschung dabei eine geringe Rolle zu spielen scheint. Allerdings müsste die schon erwähnte Tatsache berücksichtigt werden, nämlich dass die Untersuchungen auf begrenztem Material, auf lexikalischen Einheiten beruhen. Untersuchungen mit komplizierten Strukturen sind selten.

Zu einer gegenteiligen Ansicht gelangt Kinsbourne anhand auf empirischen Forschungen basierender Literatur. Er stellt fest, dass dieselben Areale des Gehirns bei jedem Spracherwerb beteiligt sind. Er hebt zur Plastizität des Gehirns folgendes hervor: „The welldocumented greater plasticity of the immature than the mature brain relates to the ability to compensate for structural loss of brain tissue; it has not been shown to affect the functioning of the brain while it is intact" (1981, 56).

Schon Penfield/Roberts (1959, 253) haben bei verschieden Fällen von Aphasie festgestellt, dass diese sowohl bei Ein- als auch bei Mehrsprachigen überwiegend gleicher Art sind. Allerdings können aber die wenigen bisher bekannten Fälle, in denen Patienten die erstgelernte Sprache verloren und die zweite behalten haben, für die Existenz gewisser Separation sprechen. Zur Diskussion und Kritik der Forschung siehe auch Walters/Zatorre (1978), Galloway (1982) und Mendelsohn (1988) mit weiterführender Literatur. Die unterschiedlichen und häufig widersprüchlichen Befunde erörtert Paradis (1985, 11f., vgl. 1992, 536).

Auch für die heutige Forschungslage trifft die Feststellung von Mendelsohn zu: „clinical and experimental data provide at present no unequivocal evidence that lateralization in bilinguals is ‚exceptional' in any way" (1988, 284). Auch König-Linek, die die kontrovers geführte Diskussion über Lateralisierung bei Mehrsprachigen in kritischer Betrachtung zusammenfasst, kommt zum Schluss, dass die bisherigen Forschungsergebnisse keine eindeutigen Hinweise geliefert haben für die Annahme, „dass die rechte Hemisphäre bei Mehrsprachigen in irgendeiner Weise anders an Sprachfunktionen beteiligt ist, als sie dies auch bei Einsprachigen ist" (1995, 327). Zu kritisieren seien bei vielen Untersuchungen vor allem methodische Unzulänglichkeiten. Wegen der möglichen Varianten, die die Lateralisierung beeinflussen können, ergeben sich Schwierigkeiten die Ergebnisse mit der Variable Mehrsprachigkeit zu korrelieren.

Kritische Periode Hypothese

Bei der Frage der Lateralisierung der Sprachfunktionen sowie der manuell-motorischen Funktion (Händigkeit) ist ein Aspekt in den letzten Dezennien häufig erörtert worden: es handelt sich um die Zeitspanne, in der die Lateralisierung stattfindet. Sie ist als die *kritische Periode* bekannt geworden.

Wie oben erwähnt, sind die wichtigsten Sprachfunktionen bei Einsprachigen hauptsächlich in der linken Hemisphäre lokalisiert. Diese Dominanz ist zwar genetisch bedingt, aber nicht von der Geburt an gegeben, da am Anfang beide Hemisphären die Sprachfunktionen übernehmen. Wenn ein Kind in den ersten zwei Lebensjahren eine schwere Schädigung der linken Hirnhälfte hat, so kann sich in seiner rechten Hirnhälfte durchaus ein recht gutes Sprachvermögen entwickeln, sowohl expressives als auch rezeptives (Poeck 1995, 95). Die Lateralisierung geschieht während einer Periode, über die sich die Forscher nicht einig sind (Oksaar 1987a, 74f.). Die Frage, die in diesem Zusammenhang die Zweitspracherwerbsforschung interessiert hat, ist: Gibt es eine Altersgrenze, eine kritische Periode für erfolgreiches Fremdsprachenlernen? Sie ist jedoch viel zu pauschal gestellt, wenn man bedenkt, wie komplex Spracherwerb ist.

Penfield/Roberts (1959), die das Konzept der kritischen Periode, die in der Ethologie z. B. bei den Verhaltensweisen bei Vögeln und Hunden festgestellt worden ist, auf den Fremdspracherwerb appliziert haben, bejahen ihre Existenz. Sie heben hervor, dass es nach der Pubertät große Schwierigkeiten gebe, eine zweite Sprache zu erwerben. Lenneberg (1972, 189f.) stellt anhand ausführlichen Materials über Reifungsvorgänge im Gehirn und auch bei Aphasien fest, dass Spracherwerb schwierig sein würde, wenn die Lateralisierung abgeschlossen ist. Er meint dabei Sprachentwicklung überhaupt, also die Erstsprache, erwähnt aber auch Zweitsprachen und setzt eine kritische Periode an, die sich etwa ab zwei Jahren bis zur Pubertät im zwölften Lebensjahr erstreckt.

Die Hypothese der kritischen Periode ist nicht ohne Widerspruch geblieben. Nach einigen Forschern ist die Lateralisierung viel früher, schon bei oder gleich nach der Geburt oder im Vorschulalter abgeschlossen (ausführlicher darüber bei Geschwind 1979, vgl. Lamendella 1977, Deegener 1978, Studdert-Kennedy 1983 und Dunaif-Hattis 1984). Nach der Analyse der von Lenneberg benutzten Daten findet Krashen (1973, 64f.), dass die Lateralisierung schon etwa im Alter von fünf Jahren abgeschlossen ist, obwohl der Funktionstransfer bis zur Pubertät fortlaufen kann. Wichtig ist auch die Feststellung von Kinsbourne (1981, 57), dass die Plastizität eines nicht gereiften Gehirns gegenüber dem gereiften nicht im Kausalzusammenhang mit dem Spracherwerb steht.

Eine Reihe von Forschern, wie Ekstrand (1979), Kinsbourne (1981), Walsh/Diller (1981), Holmstrand (1982), Hakuta (1986, 137ff.) und Flege (1987), heben hervor – gestützt auf verschiedene datenbasierte Argumente, dass die Fähigkeit Sprachen zu erwerben an keine kritische Periode gebunden ist (vgl. auch McLaughlin 1985, Vogel 1990, 124 und Jacobs/Schumann 1992). Die Diskussion geht weiter, verschiedene Argumente für und gegen die kritische Periode finden sich im Sammelband von Birdsong (1999), ausführliche Übersichten der Diskussionen kommen auch bei de Groot/Kroll (1997) und Larsen-Freeman (1997) vor.

Ohne uns weiterhin in die Diskussionen zu vertiefen, kann folgendes festgestellt werden: Die widersprüchlichen Beurteilungen der kritischen Periode hängen mit der Uneinigkeit der Frage des Lateralisierungsprozesses zusammen. Ein überzeugendes Argument gegen die Pubertät als oberste Grenze der kritischen Periode hat sich durch den vielerörterten Fall Genie in Los Angeles ergeben, die 1970, im Alter von 14 Jahren erst anfing, ihre Muttersprache Englisch zu lernen und Fortschritte machte, obwohl sie während der kritischen Periode im Sinne Lennebergs keine Sprache gehört hatte (Curtiss 1977, McLaughlin 1984, 50f.). Man spricht daher auch von einer starken und einer schwachen Version der Hypothese Lennebergs. Laut der starken Version ist es nicht möglich, die Erstsprache nach der Pubertät im natürlichen Lernkontext zu erwerben, laut der schwachen ist ein *normaler* Spracherwerb nicht möglich (vgl. Curtiss 1977). Cattell, der sich ausführlicher mit dem Spracherwerb von Genie befasst, stellt fest, dass man Genie kaum zu der Kategorie zählen kann, die Sprache erworben haben und bestimmt nicht zu denen, „who have acquired it naturally and fully... she's an unclear case" (2000, 199).

Was die Fähigkeit betrifft, Fremdsprachen zu lernen, ist dies für Lenneberg (1972, 177, 217) auch nach der Pubertät möglich, jedoch mit zwei auffallenden Unterschieden: Aussprache mit „native-like competence" ist auch beim „bewussten Lernen" nicht mehr der Normalfall, und auch die Leichtigkeit, mit der man vor der Pubertät allein durch das Leben in einem Lande die Sprache erwerben kann, scheint verlorenzugehen. Auf diesen Fragenkomplex kommen wir ausführlicher in Kapitel 3.2 zu sprechen. Was die Aussprache betrifft, so lassen sich diese Feststellungen vielfach schon aus der alltäglichen Praxis, vor allem mit Migranten, bestätigen. Vor der Pubertät ist die Aussprache der Fremdsprache mehr der Aussprache der Einheimischen ähnlich als nach dieser Zeit (vgl. auch Asher/Garcia 1969). Allerdings sind die Ursachen, wie wir in Kapitel 3.2.1 sehen werden, keineswegs allein die von Lenneberg erörterten. Weitgehend relativiert müssen auch die, auf physiologische Faktoren bauenden Aussagen, denen zufolge es „overwhelming evidence" gebe „that there is a physiologically determined critical period for the acquisition of native like pronunciation" (Lightbown 1985, 176). Vorsichtiger drückt sich McLaughlin auf der Basis einschlägiger Literatur aus: „Probably there is a critical period for neuromuscular patterns in speech, after which time it becomes more and more difficult to acquire a new language without accent" (1984, 58, vgl. Tharp/Burns 1989, 245).

Statt der kritischen Periode sollte man laut Oyama (1976) in bezug auf die phonologische Entwicklung von einer *sensitiven Periode* des Zweitspracherwerbs sprechen; er stützt sich auf seine Untersuchung von 60 italienischen Einwanderern in den USA. Eine Modifizierung der kritischen Periode als sensitive Periode findet sich, vor allem in bezug auf phonetisch-phonologische Einheiten, bei Lamendella (1977) sowie Tharp/Burns (1989).

Was andere sprachliche Fertigkeiten als phonetisch-phonologische betrifft, so ist es unsicher, ob man von kritischen Perioden reden kann. Es ist auch nicht angebracht, ohne weiteres davon auszugehen, dass der Zweitspracherwerb durch den Faktor *Alter* so eingeschränkt ist, wie es Penfield/Roberts und Lenneberg geltend machen (vgl. Harley 1986). Beobachtungen des Zweitspracherwerbs bei Migranten zeigen, dass unter denen, die in jungen Jahren ausgewandert sind, keineswegs immer interferenzfreie Sprachbeherrschung und akzentfreie Aussprache festzustellen sind. Dagegen beherrschen viele, die erst als Erwachsene den ersten Kontakt mit der neuen Sprache haben, diese Sprache gut und können auch eine „native-like" Aussprache erreichen. Neufeld (1980) beschreibt ein Experiment mit kanadischen Erwachsenen, in dem diese die japanische und chinesische Aussprache ganz oder nahezu akzentfrei lernten, allerdings bei besonderer Motivation. Aus Fervers Untersuchung erwachsener französischer Deutschlerner geht hervor, dass auch nach der Pubertät „noch eine native-speaker-gleiche Performanz aufgebaut werden kann" (1983, 204). Lainio (1989, 346f.) stellt anhand seiner Untersuchung finnischer Migranten in Schweden fest, dass das Alter bei der Aneignung verschiedener sprachlicher Varianten der Umgebung keine Rolle spielt. Hakuta (1986, 152), der Kapitel 6 seiner Arbeit der Frage widmet, wie Erwachsene die Zweitsprache lernen, findet keine kritische Periode (vgl. hierzu auch Ekstrand 1979, Holmstrand 1982, Dietrich et al. 1995 und de Groot/Kroll 1997).

Auch unser Projekt mit estnischen Migranten bestätigt diese Feststellungen. Es zeigt mit aller Deutlichkeit, dass für Erwachsene soziopsychologische Faktoren wie Motivation und Prestige eine maßgebende Rolle beim Zweitspracherwerb spielen können. So lernten zwei fließend, aber mit Akzent Englisch sprechende Männer (35 und 41 Jahre alt) in den USA es in vier Wochen nahezu akzentfrei zu sprechen, um eine Filmrolle zu erhalten. Auf die Verbindung Akzent und Identität gehen wir im Kapitel 3.2.1 näher ein.

Gibt es ein optimales Alter für den Zweitspracherwerb?

Die Diskussion der kritischen Periode des Spracherwerbs ist, wie wir gesehen haben, im Zusammenhang mit dem Erstspracherwerb entstanden. Ihre Erweiterung auf den Zweitspracherwerb beeinflusst die auch heute kontrovers diskutierte Frage, ob es einen besonders günstigen Altersabschnitt, ein sog. *optimales Alter* (optimal age) für den Zweitspracherwerb gibt. Da sein Ziel ja gewöhnlich die Fähigkeit zur interkulturelle Kommunikation ist, hat diese Frage auch eine große bildungspolitische Relevanz, vor allem für den Beginn mit der ersten Fremdsprache im schulischen Unterricht. Aber nicht nur da, auch für den Zweitspracherwerb im Vorschulalter ist sie bedeutsam. Die Unsicherheit in dieser Frage führt dazu, dass Eltern häufig die Möglichkeit nicht wahrnehmen, Kinder schon im Vorschulalter mit mehr als einer Sprache aufwachsen zu lassen, weil dies noch heute nicht selten als ungünstig angesehen wird. Man stützt sich, in Unkenntnis der relevanten Forschungsresultate auf unbewiesene Theorien, wonach erst die Beherrschung *einer* Sprache, der Muttersprache, für die Entwicklung des Kindes wichtig sei. Wir haben Anlass, auf diesen Fragenkomplex noch in mehreren Zusammenhängen einzugehen, u. a. im nächsten Kapitel.

Für den frühen Anfang des Fremdsprachenlernens sprach man sich schon in den 1950er Jahren aus. Auf der Tagung der Modern Language Association (MLA) „Childhood and Second Language Learning" 1956 wurde festgestellt: „The optimum age for *beginning* the continuous learning of a second language seems to fall within the span of ages four through eight ... In this early period, the brain seems to have the greatest plasticity and specialized capacity needed for acquiring speech" (zit. nach Holmstrand 1982, 45, vgl. Unesco 1965). Es gibt jedoch zahlreiche Fälle, in denen Kinder in viel früherem Alter eine oder mehrere Zweitsprachen erfolgreich erworben haben, wie u. a. auch aus Elwert (1973, Kap. 1), Oksaar (1984a, 246ff.) und Taeschner (1983) hervorgeht.

Auch wenn es, wie u. a. Ekstrand (1979, 4f.), feststellt, kritische Stimmen gegen die Plastizitätstheorie gibt, die auf Penfield/Roberts (1959) zurückgeht, so ist die Ansicht, was den scheinbar mühelosen Erwerb von Zweitsprachen im Kleinkindalter betrifft, durch die Alltagserfahrung vielfach bestätigt worden (vgl. schon Vildomec 1963, 31ff.). Auf jüngere Schulkinder bezogen stellt H. H. Stern fest: „It is widely regarded as a common sense psychological truth that children have an uncanny gift for language acquisition which it could be foolish to waste, especially as it seems to be lost in the adult life". Er findet beim Kind nicht nur spezielle imitative Fähigkeiten, sondern auch „greater flexibility, greater spontaneity and fewer inhibitions than the adolescent or adult" (1967, 11, vgl. Walsh/Diller 1981).

Für den frühen Anfang einer Zweitsprache in der Schule spricht sich schon vor zwanzig Jahren Holmstrand (1982, 79) aus. Er weist anhand großangelegter Untersuchungen in Schweden u. a. auf die kulturellen Vorteile hin, wenn Englisch von der ersten Grundschulklasse an unterrichtet wird, da dadurch eine monokulturelle ethnische Sehweise unterbrochen werden kann. Dies könnte zur Entstehung von positiven Attitüden zu anderen Kulturen und Völkern beitragen und sich als ein signifikantes Element in den Internationalisierungsbemühungen geltend machen. (Zu den kulturellen Faktoren s. auch Snow/Hoefnagel-Höhle 1978, McLaughlin 1985.)

Allerdings darf bei dieser Frage der Einfluss der Bildungspolitik nicht vergessen werden. Spolsky stellt fest: „Educational systems usually arrive first at a decision of optimal learning age on political or economical grounds and then seek educational justification for their decisions" (1989, 91). Die Sprachenpolitik der einzelnen Länder spielt bei Fragen des Fremdsprachenunterrichts eine entscheidende Rolle, und sie richtet sich auch heute nicht immer nach wissenschaftlichen Ergebnissen.

Die Antwort auf die Frage, ob es ein optimales Alter für den Zweitspracherwerb gibt, lässt sich nach Durchsicht von 254 Veröffentlichungen generell weder mit einem Ja noch einem Nein beantworten. Zu groß ist die Unvereinbarkeit ihrer Forschungsmethoden. Auch die unterschiedlichen Lebensbedingungen bei Kindern und bei den Erwachsenen sind schwer vergleichbar. Es stellt sich aber auch heraus, dass die Frage differenzierter gestellt werden muss, z. B.: In welcher Hinsicht ist ein gewisser Altersabschnitt, etwa das Vorschulalter, günstig? Oder: Gibt es ein günstiges Alter für den Erwerb bestimmter Sprachfertigkeiten? Denn die Fähigkeit, Fremdsprachen zu erwerben hängt nicht nur davon ab, was erworben wird und wie, sondern auch von Alter, Entwicklungsstand und Erfahrung des Lernenden, auch mit anderen Fremdsprachen, sowie von verschiedenen anderen soziopsychologischen und soziokulturellen Faktoren, auf die wir in Kapitel 3.2 zu sprechen kommen. Zunächst befassen wir uns aber mit der Frage des frühen Zweitspracherwerbs.

Zum frühen Zweitspracherwerb

Es scheint, wie verschiedene Autoren seit den 1950er Jahren hervorheben, dass die zweite Sprache im Vorschulalter schneller und leichter – da im wahrsten Sinne des Wortes spielend – erworben und kommunikativ eingesetzt werden kann, als wenn sie erst im Schulalter folgt (vgl. die ausführlichen Erörterungen u. a. bei Vildomec 1963, 30ff., Holmstrand 1982, 46ff., McLaughlin 1984, 217f. und Oksaar 1989a, 313ff.). Es ist daher wichtig, den Argumenten nachzugehen, die für das Vorschulalter als eine günstige Zeit des Zweitspracherwerbs geltend gemacht werden.

Es herrscht Einigkeit darüber, dass die sensumotorisch bedingten Aspekte der Sprache, z. B. Aussprache und Intonation, desto besser sein können, je früher man mit der zweiten Sprache anfängt (s. hierzu Titone 1979, Holmstrand 1982, McLaughlin 1984). Asher/Garcia (1969, 340) stellen anhand von Tests mit 71 kubanischen Einwanderern fest, dass sich die beste Möglichkeit zur „near-native sound production" bei Kindern im Alter zwischen ein und sechs Jahren ergab. Dies wird generell als ein wichtiger Vorzug beim Sprachenlernen angesehen, da die Aussprache in vielen Gesellschaften als Hauptkriterium der Sprachfertigkeit gilt (Bordie 1971, 556). Laut Vildomec (1963, 39) bringt der frühe Erwerb einer Zweitsprache nicht nur Vorteile für die Aussprache, sondern auch für idiomatische Ausdrucksweisen.

Obwohl wenig systematische Untersuchungen vorliegen, findet man wiederholt folgende Feststellungen zugunsten des frühen Zweitspracherwerbs: kleine Kinder besitzen bessere Fähigkeiten zur Imitation als die Schulkinder, größere kognitive Flexibilität und Spontaneität, sie haben weniger Hemmungen (Gorosch 1958, BenZeev 1977, Titone 1979 und Lambert 1980, 5f.). Diese Behauptungen sind bis heute nicht widerlegt. Schon William Stern (1967, 64f.) und Penfield/Roberts (1959) weisen auf die imitative Fähigkeit im Kindesalter hin, die nach der Pubertät abnimmt. Fathman (1975, 249) setzt diese Grenze bei etwa 10 Jahren an, Tharp/Burns (1989, 244) schon bei 4 Jahren. Die Relevanz der Imitation beim Spracherwerb erörtern auch Ekstrand (1978, 14f.) und Speidel (1989, 151ff.).

Die Rolle der Imitation gehört aber schon beim Erstspracherwerb zu den häufig vernachlässigten und kontrovers erörterten Fragen, zu deren Klärung sowohl weitere Einzeluntersuchungen als auch genauere Begriffsbestimmungen notwendig sind. Die Schwierigkeiten liegen u. a. darin, dass es keine einheitliche Definition für *Imitation* gibt und dass *Imitation* und *Repetition* häufig als Synonyme verwendet werden. Wie aus den verschiedenen Ansichten vor allem aus den 1970er Jahren hervorgeht, die in Oksaar (1987a, 148-153) ausführlicher erörtert werden, darf ihre Rolle aber keineswegs pauschal unterschätzt werden. Imitation beim Erwerb von Sprachen ist ein komplexer Prozess. Sie ist immer verbunden mit eigener Aktivität des Lernenden, die man auch als kreativ ansehen kann, da sie auch mit Selektion verbunden ist. Mit Recht ist die Frage, ob man imitativ oder kreativ lernt, als Scheinproblem anzusehen. Für Roman Jakobson „bedarf jede Nachahmung eine Auslese und somit eines schöpferischen Abweichens vom Modell" (1972, 8). Festzuhalten bleibt: Nicht jeder kreative sprachliche Akt ist Imitation, jede Imitation ist aber kreativ. Wie schon Polanyi feststellt, ermöglichen Imitationsprozesse „eine Abkürzung des individuellen Versuchslernens" (1958, 85).

Im Zweitspracherwerb kommt der Imitation im phonetischen Bereich eine zentrale Rolle zu. Es steht auch fest, dass sich der Lerner durch Imitation stets gewisse Sprechweisen aneignen kann (Wong Fillmore 1976). Aus der Erstspracherwerbsforschung wissen wir, dass es wechselnde Phasen gibt von Imitation und eigenwilligen Bildungen. Schneider weist auf Analoges im schulischen Zweitspracherwerb bei 10 bis 14-jährigen hin: gute Imitationsfähigkeit sei besonders in den Anfangsphasen festzustellen, sie nimmt jedoch mit der Dauer des Lernprozesses nicht unbedingt zu, später können sogar im phonetischen Bereich „die Störungen und Regelwidrigkeiten generell zunehmen" (1982, 151, 276).

Die Tatsache, dass spontane Imitationen auch verschiedene kommunikative, z. B. phatische Funktionen haben können, oder emphatische Übereinstimmung mit dem

Gesprächspartner ausdrücken, ist in der Zweitspracherwerbsforschung kaum beachtet worden.

Ein weiterer wichtiger Faktorenkomplex ist die oben kurz erwähnte kognitive Flexibilität und Spontaneität des Vorschulkindes. Penfield/Roberts (1959) sprechen in diesem Zusammenhang ganz allgemein von den intuitiven Fähigkeiten des Kleinkindes. Diese können allerdings differenziert werden. Folgende Faktoren und Motive können hervorgehoben werden:

(1) Bis zum Schulalter hat das Kind es allgemein leichter, spontan mit seiner Umgebung Kontakt zu bekommen, Fehler und Abweichungen von der sprachlichen Umgebung bereiten ihm noch keine Komplikationen. Das Kind reflektiert in der Regel kaum über seine Fehler und die der anderen, obwohl es andere verbessern kann (Wieczerkowski 1978, Francescato 1981).

(2) Bis ca 10 Jahren hat es eine „naive" Sprachauffassung, das Fremde wird aber viel bewusster erlebt. Auch sprachliche Abweichungen, Fehler und Schwierigkeiten in einer fremden Sprache werden in und nach diesem Alter viel deutlicher wahrgenommen. Denn das Kind ist selbstkritischer und nun auch ein erfahrener Muttersprachler mit bewussten und unbewussten Forderungen auf kommunikative Fertigkeiten. Diese gelten dann auch gegenüber den Fremdsprachen. Will das Kind in diesen das gleiche Niveau erreichen wie in der Muttersprache, muss es in kürzerer Zeit mehr lernen als jüngere Kinder (Wieczerkowski 1978, 23). Allerdings muss berücksichtigt werden, dass das Kind dann auch in seiner kognitiven, emotionalen und sozialen Entwicklung reifer ist.

Diese Tatsachen müssen beachtet werden, weil nicht selten argumentiert wird, dass man mit der zweiten Sprache erst dann anfangen sollte, wenn sich die Muttersprache „stabilisiert" hätte, da die neue Sprache auf diese einwirken könnte. Mit Beispielen des frühen Erwerbs von mehreren Sprachen in Afrika und Indien weist H. H. Stern (1967, 16) auf die Schwächen derartiger Argumentation hin (vgl. Ekstrand 1979, 39ff., Holmstrand 1982, 77). Gegen diesen Standpunkt spricht auch die Möglichkeit, dass die muttersprachlichen Interferenzen zunehmen können, je später man mit der Fremdsprache anfängt.

Die schon in den 1960er Jahren hervorgehobenen Faktoren *Zeit* und *Umstände* scheinen die Vorstellung von der besonderen Leichtigkeit des Vorschulkindes, Sprachen zu lernen, erweckt haben. Das heißt: jüngere Kinder haben mehr Zeit als ältere und wenn sie in natürlichen Alltagssituationen entsprechend betreut werden, sind gute Resultate zu erwarten (H. H. Stern 1967, 11f., Bordie 1971, 555, Natorp 1976, 61, McLaughlin 1985, 24). In dieser Diskussion darf aber die nachweislich große Lernkapazität des Vorschulkindes nicht unerwähnt bleiben. Die Verhaltensforschung stellt die besondere Bedeutung des Vorschulalters für die Beeinflussbarkeit der „sprachgebundenen Intelligenz" fest (Natorp 1976). Das Vorschulalter ist die wichtigste Altersspanne zur intellektuellen und sozial-emotionellen Förderung. Die geistige Entwicklung, die ein Kind im Vorschulalter durchmacht, gehört laut William Stern, dem Pionier der modernen Kindersprachenforschung, zu seinen größten Fortschritten. Schon in den drei ersten Lebensjahren ist eine Entwicklung festzustellen, „deren Umfang und Tragweite kaum geringer ist als die Entwicklung der ganzen folgenden Lebenszeit", (1914, 5f.). Auch das Harvard Pre-School-Project, die

Langzeituntersuchung von White et al. (1979), hebt die große Rolle der ersten drei Jahre für die Entwicklung der sozialen und intellektuellen Kompetenz des Kindes hervor.

Ein selten angeführtes, aber wichtiges Argument für den frühen Erwerb von mehr als einer Sprache ist ihre mögliche positive Wirkung auf einander und auf die kognitive Entwicklung des Kindes. Stern/Stern stellen fest, „dass die Abweichung verschiedener Sprachen von einander in Wortbedeutung, Syntax, Phraseologie und Grammatik ... einen mächtigen Anstoß zu eigenen Denkakten und Tätigkeiten des Vergleichens und Unterscheidens, des sich Rechenschaftgebens über Umfang und Begrenzung der Begriffe, des Verstehens feiner Schattierungen der Wortbedeutungen usw. gebe" (1928, 29). Sie führen weiter an, dass aus diesem Grund viele Sprachpädagogen der Ansicht seien, „daß die Abweichungen der Sprachen voneinander und damit auch das Erlernen von Fremdsprachen nicht zu einer seelischen Hemmung, sondern eher zu einer seelischen Förderung führe und daß das Verständnis der Muttersprache gerade erst durch die Fremdsprache und die Verschiedenheit beider Sprachen herbeigeführt werde" (ebd.).

Diese, auch von der deutschen Forschung lange nicht beachteten Feststellungen, die in dieselbe Richtung hinweisen, wie die von Quintilian und Goethe (S. 22), werden durch eine Reihe von amerikanischen und europäischen Untersuchungen aus den 1960er und 70er Jahren konkretisiert, auf die Andersson (1981, 3–30) im Kapitel „Children as early learners" hinweist. Sie zeigen, dass das Vorschulkind mühelos nicht nur mehr als eine Sprache sprechen lernen kann, sondern auch lesen und schreiben, wenn ihm die entsprechenden Stimuli und das Interesse der Erwachsenen oder älteren Kinder zuteil wird. Mehrsprachiges Lesen- und Schreibenlernen im Vorschulalter ist im größeren Rahmen erstmals durch das Hamburger Projekt von Oksaar untersucht worden. Von den 20 zweisprachig (deutsch-schwedisch, und estnisch-schwedisch) aufwachsenden Kindern des Projekts konnten 65 % im Alter von 4–5 Jahren in beiden Sprachen mehr oder weniger lesen und auch schreiben (Oksaar 1983c).

Welche Wirkung hat der frühe schulische Fremdsprachenunterricht auf die Muttersprache? Darüber weiß man noch wenig. Wo ihre Beziehung zur Muttersprache thematisiert worden ist, hat man positive Resultate. Holmstrand (1982, 79) hebt hervor, dass durch die frühe Einführung von Englisch in der Grundschule auch die Muttersprache Schwedisch stimuliert werden kann. In Kanada, Katalonien und Finnland hat man gute Erfahrungen mit dem frühen Anfang der Fremdsprachen gemacht, sowohl im Kindergarten als auch in der Schule. Verschiedenen Tests zufolge hat der frühe Fremdsprachenunterricht keinen ungünstigen Einfluss auf die Muttersprache gehabt (s. die Artikel in Laurén1994).

Zum Faktor „Steigendes Alter"

Wir haben festgestellt, dass es eine Reihe von Argumenten gibt, die für die „je früher desto besser"-Richtung des Zweitspracherwerbs sprechen. Es gibt aber auch Untersuchungen mit älteren Kindern und Erwachsehen, aus denen hervorgeht, dass der Zweitspracherwerb mit steigendem Alter erfolgreicher werden kann, so beispielsweise Snow/Hoefnagel-Höhle (1978) mit Holländisch lernenden englischen

Muttersprachlern und U. Bühler (1972) mit Französisch lernenden schweizer Schülern (vgl. Laurén 1994).

Nach der Auswertung der Altersvergleiche bei 40 Untersuchungen des Zweitspracherwerbs findet Ekstrand (1979, 19ff.), dass 23 bei den Älteren bessere Resultate feststellen, 10 bei den Jüngeren und dass 7 widerspruchsvoll waren. Holmstrand (1982, 54ff.) erörtert eine Reihe von weiteren Untersuchungen, aus denen hervorgeht, das die Fähigkeit, eine zweite Sprache zu erwerben mit dem Alter steigen kann und dass ältere Kinder morphologische und syntaktische Strukturen schneller als jüngere erwerben. Er stellt aber fest, dass es bei den meisten sehr schwer ist, den Altersfaktor herauszufiltern, da man z. B. bei Migrantenstudien mit sehr heterogenen Daten zu tun hat, wobei auch ungewiss bleibt, welche anderen sprachlichen Einflüsse wirksam sein könnten. Beim Zweitspracherwerb in der Schule sind die Untersuchungen kaum vergleichbar. Die Bedingungen für die verschiedenen Altersgruppen sind nicht immer gleich: „the usual complications are that either the younger pupils received more instructions, or at the secondary stage they were mixed in classes with beginners, which ruined the continuity and consistency of their tuition" (Holmstrand 1982, 63). Dieser Fall aus Schweden zeigt, welche Wirkung aus der Unterrichtsstruktur hervorgehen kann. Zu dem hier angesprochenen Fragenkomplex finden sich Literaturübersichten u. a. bei McLaughlin (1984, 68ff.) und Spolsky (1989, 95f.), neuerdings bei Lightbown (2000, 448ff.).

Als eine methodische Schwäche ist bei vielen Untersuchungen zu verzeichnen, dass nicht selten Unvergleichbares verglichen wird: der Zweitspracherwerb des Vorschulkindes oder Schulanfängers, der auch in der Muttersprache nur die gesprochene Sprache beherrscht, wird verglichen mit dem Zweitspracherwerb von älteren Kindern und Erwachsenen, die in der Schule schon die Fähigkeiten Lesen und Schreiben gelernt haben. Man muss berücksichtigen, dass Kinder in verschiedenen Altersstufen unterschiedliche kognitive Fähigkeiten haben.

Bei den meisten Untersuchungen fällt auf, dass gerade dieser zentrale, einflussreiche Fragekomplex kaum berücksichtigt worden ist: kognitive Entwicklung, kognitive Reife und Erfahrung, die auch die Erwerbstrategien des Lerners beeinflussen können. Faktoren wie Erklärungen und nicht nur Verbesserungen der Fehler sind bei älteren Lernern von Bedeutung. Der kognitiven Reife, verstanden als Funktion des Lern- und Erfahrungsalters ist es zuzuschreiben, wenn bei älteren Kindern und Erwachsenen festgestellt wird, dass sie schneller und erfolgreicher lernen als jüngere; Erörterungen mit Literaturübersicht finden sich bei Vogel (1990, 130f.). Derartigen Feststellungen liegen Tests zugrunde, in denen es sich um syntaktische Fragen handelt. Testerfahrungen sind aber bei jüngeren Kindern stets geringer als bei älteren. Die Tests betreffen meistens Einzelelemente und nicht kommunikative Einheiten, deren Beherrschung beim Vorschulkind gerade die Leichtigkeit des Erwerbs ausmacht.

Aus dem Dargelegten geht hervor, dass ein biologischer Faktor wie das Alter als Einflussursache beim Zweitspracherwerb allein nicht aussagekräftig sein kann. Es sind stets auch andere, vor allem soziale und psychologische Faktoren mit unterschiedlicher Intensität wirksam, ferner auch gesellschaftspolitische (s. dazu auch Kapitel 5). Daher müssen die Bedingungen und Umstände, unter denen die Zweitsprache erworben wird, ebenso in die Betrachtung einbezogen werden.

Zweitspracherwerb wird von vielen Forschern als ein sowohl variabler als auch kreativer Prozess angesehen, der auf individuumbezogenen und sozialen, gruppenbezogenen Faktoren beruht (Hatch 1978, Spolsky 1989). Die Effektivität des Lernens hängt von den Lernbedingungen ab. Da jedes Alter Vor- und Nachteile haben kann, sollte man laut H. H. Stern nicht nach dem optimalen Alter fragen, sondern: „How can one create an environment in which effective language learning can occur?" (1976, 271). Als erstrebenswert werden vor allem die Möglichkeiten gesehen, in verschiedenen Situationen mit der Sprache in Kontakt zu kommen, sie zu hören und sie, auch als Anfänger, zu sprechen zu versuchen, nach dem bekannten Prinzip „learning by doing" (Cummins/Swain 1986, 205f.). Sowohl für Kinder als auch für Erwachsene gilt dabei laut Rogers das Lernprinzip „strong motivation and plenty of activity. The differences are ones of emphasis rather than fundamental principles" (1973, 52). Mit diesen Feststellungen, die auch heute ihre Geltung behalten, haben wir schon einige von den Faktoren berührt, auf die wir nun näher eingehen werden.

3.2 Soziopsychologische Voraussetzungen

Unter soziopsychologischen Voraussetzungen fassen wir soziale und psychologische Faktoren zusammen, die den Zweitspracherwerb beeinflussen können. Ihre Vielzahl hängt primär mit Unterschieden zwischen den Lernern, ihren Lebensbedingungen und ihren Lernfeldern zusammen. Die forschungsrelevante Frage ist daher: *wer* erwirbt *welche* Sprache *wie, wo, wann,* bei *welcher Erstsprache,* unter welchen *gesellschafts-* und *bildungspolitischen* Bedingungen und mit welchem *Resultat?* Da die Antworten auf diesen Fragenkomplex von den Persönlichkeitsmerkmalen und der Soziobiographie der Lerner abhängen, ist auch mit großer Varianz der Wirkung der einzelnen Faktoren zu rechnen.

3.2.1 Komplexe Variablensysteme

Bereits Haugen (1956), von Weiss (1959) und Elwert (1973) weisen auf den Zusammenhang des Lernerfolgs mit den besonderen sozialen und kulturellen Bezugssystemen des Lerners hin. In der nachfolgenden Zeit hat es verschiedene Differenzierungen der Perspektiven gegeben. In der einschlägigen Literatur wird dabei gewöhnlich zwischen *sprachlichen, individuellen* und *sozialen* Variablen unterschieden. Zu den *sprachlichen* Variablen gehören vor allem die möglichen Einwirkungen von der Erstsprache (Kapitel 4.4.4) und direkte und indirekte Kontakte mit schon erworbenen Sprachen. Die *individuellen* Variablen umfassen u. a. Alter, Persönlichkeitsmerkmale, Motivation, Sprachlerneignung, Identität. Auch Attitüden der eigenen und der neuen Sprache, Kultur und Sprachträgern gegenüber gehören hierher, sowie verschiedene affektive Faktoren wie Selbstvertrauen, Angst, Hemmungen, um nur einige hervorzuheben. Unter den *sozialen* Variablen sind die Kontakte mit den Sprachträgern im In- und Ausland, der gesellschaftliche Status der Sprache, der soziale Status und die ethnische Zugehörigkeit des Lerners, sowie seine Familienverhältnisse zu erwähnen. Bei Minderheiten und Migranten sind soziale Netzwerke mit eigenen Landsleuten sowie mit der Mehrheitsbevölkerung hervorzuheben, bei Migranten auch Einreisealter und Verweildauer im Lande (vgl. die Übersichten bei Wieczerkowski 1973, Hatch 1978, Naiman et al. 1978, Aytemiz 1990 und Broeder/Extra 1998).

Wir haben es stets mit Variablenkomplexen zu tun, in denen die Dominanz von gewissen Einheiten je nach den Lebensumständen des Lerners hervortreten kann (zu weiteren Erörterungen s. Spolsky 1989, 154f.). Die Vergleichbarkeit der Resultate der verschiedenen Untersuchungen ist, wie auch bei den in Kapitel 3.1.1 erörterten, schwierig, da nicht nur die Untersuchungsmethoden, sondern auch die sprachlichen, individuellen und sozialen Variablen unterschiedlich sind. Auch muss man stets von Faktorenkomplexen ausgehen und diese sind individuell verschieden. Lernerfolg in der Schule hat andere Variablen als außerhalb, obwohl es auch Gemeinsamkeiten gibt. Informaler Erwerb wird aber in einer Reihe von Arbeiten mit formalem Erwerb in der Schule verglichen (Spolsky 1989, 158f., Kuhs 1989, 12).

Bei der Vielfalt der Faktoren fehlt es nicht an Versuchen, diese zu klassifizieren. Schumann (1986, 380f.) präsentiert eine Taxonomie von 9 Gruppen mit insgesamt 50 Faktoren, die den Zweitspracherwerb beeinflussen können, ohne jedoch auf die Art ihrer Interdependenzen einzugehen. Um die Interdependenzmöglichkeiten geht es dagegen in Spolskys (1989) großangelegter Analyse von 74 interaktiven Voraussetzungen und Bedingungen des Zweitspracherwerbs. Auch hier, ebenso wie bei Schumann (1986) und Ellis (1985), bleibt es aber bei der Erörterung der aufgelisteten Bedingungen, ihre Bestimmungsart und Auswahl wird vielfach nicht begründet.

Bei aller Kritik der Untersuchungen in diesem Bereich, aus der hervorgeht, dass noch viele Einzeluntersuchungen notwendig sind, um genauere Wirkungsarten der Faktoren und ihre Interdependenzen festzustellen, ist man sich im allgemeinen darüber einig, dass die Faktoren *Motivation* und *Attitüden* einen entscheidenden Einfluss auf den Zweitspracherwerb haben können. Wir gehen auf diese nun etwas ausführlicher ein.

Motivation und Attitüden

Unter *Motivation* werden generell alle Faktoren verstanden, die die Entscheidungen und Handlungen eines Individuums beeinflussen. *Attitüden* sind Einstellungen verschiedenen Objekten, Situationen und Tätigkeiten gegenüber (Heckhausen 1980, Montada 1982).

Wie schon aus eingehenden Diskussionen der 1950er und 60er Jahre hervorgeht, wird beim Zweitspracherwerb das Motivationssystem bei älteren Kindern und Erwachsenen durch sehr unterschiedliche Faktoren beeinflusst. Es sind u. a. einerseits die soziale Stellung der zweiten Sprache und ihre Verwendbarkeit als Kommunikationsmittel, die Einstellung des Lerners zu dieser Sprache und ihren Sprechern, andererseits aber auch kulturelle, politische, wirtschaftliche und religiöse Bedingungen. Bei jüngeren Kindern spielen die positive Einstellung der Eltern, älterer Geschwister sowie der Umgebung – Freunde, Schule – der Sprache gegenüber eine maßgebende Rolle (Übersichten zu diesem Fragenkomplex finden sich bei Wieczerkowski 1978,

Escobedo 1978 und Spolsky 1989). Auf die Motivationsforschung im Zweitspracherwerb gehen Crookes/Schmidt (1991) ausführlich ein. Dörnyei (2001) und die Beiträge in Dörnyei/Schmidt (2001) befassen sich u. a. mit neueren Ansätzen.

Die Psychologen Gardner und Lambert haben seit Ende der 1950er Jahre versucht, in faktoranalytischen Untersuchungen mit Französisch als Zweitsprache lernenden Kanadiern den Zusammenhang von Motivation und Attitüden zu ergründen. Für Gardner sind Attitüden die Quelle der Motivation. Er stellt fest: „attitude measures account for a significant and meaningful proposition in second language achievements" (1985, 50). Motivation umfasst für ihn vier Aspekte: ein Ziel, zielstrebiges Verhalten, den Wunsch, das Ziel zu erreichen und positive Attitüden gegenüber der Aktivität in Frage (ebd.).

Gardner/Lambert (1972) unterscheiden zwischen *integrativer* und *instrumentaler* Motivation, verwenden aber auch statt *Motivation* die Termini *orientation* und *reason*. *Integrative* Motivation weist auf das Ziel des Lerners hin, sich mit der Zweitsprachengruppe zu identifizieren, die *instrumentale* Motivation ist mehr praktisch und pragmatisch ausgerichtet. Diese Einteilung wird von Gardner et al. modifiziert: „Integrative reasons are defined as those which indicate an interest in learning the language in order to meet and communicate with members of the second language community. Instrumental reasons refer to those reasons which stress the pragmatic aspects of learning the second language, without any particular interest in communicating with the second language community" (1977, 44); die Einteilung befindet sich auch in Gardner (1991).

Diese häufig zitierte Zweiteilung, die empirisch auf einer begrenzten schulischen Unterlage – Französischlerner – aufbaut, ist aus diesen und auch anderen methodischen Gründen kritisiert worden, u. a. weil sich die Dichotomie *integrativ – instrumental* nicht immer aufrechterhalten lässt. Gardners Gegenargumente heben die Rolle der integrativen Motivation erneut hervor, vgl. neuerdings (2001), weisen aber auch auf die Vielfalt der möglichen anderen Faktoren im Zweitspracherwerb hin. Die Feststellung, dass Fortschritte in einer zweiten Sprache durch ein integratives Motiv begünstigt seien, bedeute laut Gardner noch nicht, dass dies der einzige Grund sei. „Undoubtedly many factors operate in the development of second language proficiency. This is only one – but it and language aptitude are the only two individual differences which have been well documented to date as being implicated in the language learning" (1985, 83). Wir kommen auf die Sprachlerneignung (language aptitude) in Kapitel 4.4.2 zurück.

Aus verschiedenen Untersuchungen kann laut Gardner (1985, 106) geschlossen werden, dass steigende Motivation und positive Attitüden zum erfolgreichen Lernen führen, andererseits führt aber die Tatsache, dass man die Sprache einer Gruppe lernt, nicht zu verbesserten Attitüden dieser Gruppe gegenüber. Dieser Aspekt ist jedoch komplexer. Auch negative Attitüden können zu erfolgreichem Lernen führen. Die Sprache des Gegners zu lernen, ist in kriegsführenden Staaten und während des Kalten Krieges sogar mit bestimmten Berufen verbunden gewesen. Es kann auch von einer ethnopolitisch-nationalen Motivation gesprochen werden: ältere estnische Migranten in den USA und in Schweden, die Estnisch wenig, oder gar nicht mehr aktiv verwendeten, fingen an es zu verbessern oder wiederzubeleben, nachdem Estland 1991 wieder selbständig geworden war. Jüngere, die es nie oder nur wenig gelernt hatten, zeigten zunehmende Lernbereitschaft. Motivierend wirkte natürlich auch die freie Kontaktmöglichkeit mit Land und Leuten.

Die Wirkung der soziopsychologischen Faktoren lässt sich besonders deutlich, wie auch dieses Beispiel zeigt, bei Migranten und Minderheiten beobachten. Es fällt auf, dass es in diesem Bereich im Vergleich zu linguistischen und pädagogisch-didaktischen Arbeiten relativ wenig Untersuchungen gibt (s. Beebe/Zuengler 1983, Clahsen et. al. 1983, Hess-Lüttich 1987, 138ff., 151ff. sowie neuerdings die Artikel in Extra/Verhoeven 1999, vgl. McLaughlin 1984 und 1985).

Ein Gesichtspunkt, der bei der Frage der Motivation, Fremdsprachen zu lernen, kaum beachtet worden wird, ist die Attitüde gegenüber der Muttersprache bei Migranten. Aus unseren Untersuchungen geht hervor, dass bei erwachsenen estnischen Migranten die Ausgeglichenheit mit ihrer Lage und die positive Einstellung zur Muttersprache auch positiv mit ihrer Motivation Englisch resp. Schwedisch zu beherrschen korreliert (Oksaar 1984, 256). Auf diese Beziehung kommen wir im Zusammenhang mit Integrationsfragen in Kapitel 5.2.1 zurück.

Akzent und ethnische Identität

Wie oben (S. 57) festgestellt, herrscht in der einschlägigen Forschung Einigkeit darüber, dass der fremde Akzent bei Erwachsenen viel häufiger festzustellen ist als bei Kindern. Wie lässt sich das erklären? Da die neurophysiologischen Erklärungen nicht ausreichen, habe ich eine psychologische vorgeschlagen (Oksaar 1979b, 56f.). Die Behauptung, dass man nach der Pubertät eine neue Sprache nicht oder kaum akzentfrei erwerben *kann,* lässt sich durch folgende Feststellung ersetzen: es handelt sich nicht um ein *Nicht-Können,* sondern eher um ein bewusstes oder unbewusstes *Nicht-Wollen.* Vieles bei der Entwicklung des Menschen spricht dafür: während der Pubertät werden die Persönlichkeit sowie die persönliche und soziale Identität des Individuums geformt, und Sprache ist, wie wir festgestellt haben, ein wichtiger Faktor dabei. Die Aussprache scheint eine der grundlegenden Variablen in diesem Bereich zu sein (vgl. dazu auch Holmstrand 1982, 50).

Aus einer Reihe von Untersuchungen wissen wir, dass sich Affekte und Einstellungen auf die Aussprache der Zweitsprache auswirken können, sowohl bei Lernern als auch bei Mehrsprachigen (Flege 1987). Die Mehrzahl (78 %) der erwachsenen Esten in unserem Projekt in Schweden gibt an, nicht sich selbst zu sein, oder sich als Schauspieler zu fühlen, wenn sie die im Erwachsenenalter gelernte Sprache Schwedisch, die sie alle gut beherrschten, akzentfrei, d. h. so wie die Einheimischen in ihrer täglichen Umgebung, sprechen würden. Bei vielen von ihnen ist Akzent ein ethnolinguistischer Identitätsmarker. Flege hebt hervor: „maintaining a foreign accent might help the L2 learner perserve his or her ethnic identity in a community where L2 is the dominant language" (1987, 169). McLaughlin stellt bei mexikanisch-amerikanischen Kindern Akzent als „a mark of ethnic pride" fest (1985, 188ff.).

Wiederum aus einer etwas anderen Perspektive kann dieser Fragenkomplex in Estland, einem ehemals lange okkupierten Land, gesehen werden. Mir ist wiederholt aufgefallen, dass eine Reihe von älteren Esten in der Hauptstadt Tallinn (mit 50 % russischen Einwohnern) auch heute noch das in den jungen Jahren gelernte aufgezwungene und über 50 Jahre verwendete Russisch mit deutlichem estnischen Akzent sprechen. Dagegen fällt ihr Akzent bei später erworbenen Sprachen wie Deutsch, Englisch und Finnisch erheblich weniger auf. Akzent als *Idential,* d. h. als Element der Identität, könnte hier, wie aus Gesprächen mit ihnen hervorgeht, mit gewissen Protestfaktoren gekoppelt sein. Weitere Untersuchungen sind notwendig.

Schon aus diesen Feststellungen dürfte deutlich geworden sein, dass die häufig vorkommende Beurteilung der Sprachenbeherrschung anhand des Akzents als einzigem Indikator nicht zuverlässig sein kann. Diejenigen, die eine Sprache mit einem fremden Akzent sprechen, können ausgezeichnete Kompetenzen besitzen, z. B. einen viel reicheren Wortschatz als der durchschnittliche Muttersprachler zur Verfügung haben. Die Aussprache kann mit einer Erkennungsmarke verglichen werden, die eine Identifikation des Individuums auf der sozialen Dimension der linguistischen Variation ermöglicht. Über seine Sprachenbeherrschung kann sie wenig aussagen.

Andererseits darf diese Rolle des Akzents, gesehen aus der soziopsychologischen Sicht, nicht unterschätzt werden. Akzent ist eines der primären Signale der Herkunft und der Fixierung auf der Skala *wir* – *nicht wir*, das *Eigene* – das *Fremde*, mit positiven und negativen Einschätzung, was schon oben (S. 17) angedeutet wurde. Amerikanischer Akzent wurde beispielsweise in Schweden der 1960er Jahre vielfach pejorativ angesehen, heute nicht.

Dieses Kapitel abschließend stellen wir fest, dass die soziopsychologischen Faktoren des Zweitspracherwerbs ein weites Forschungsfeld bieten; sie sind noch nicht erschöpfend untersucht worden und erfordern weitere Studien, insbesondere in der heutigen Zeit der vielfältigen gesellschaftlichen Strömungen. Auf einige kommen wir in Kapitel 5 zu sprechen.

3.3 Sprache und Kognition

Bei unseren Erörterungen der Funktionen der Sprache in Kapitel 1.2 haben wir auch ihre Rolle bei den Denk- und Erkenntnisprozessen des Individuums erwähnt und somit auf einen Aspekt in den Beziehungen zwischen Sprache und Kognition hingewiesen. Für den komplexen Bereich *Kognition* hat sich die Forschung seit je interessiert, seit Anfang des 20. Jhs. u. a. im Zusammenhang mit dem menschlichen Denken sowie mit der sprachlichen und kognitiven Entwicklung. Durch die Pionierarbeit von Clara und William Stern „Kindersprache" (1928 [1907]) sind in diesem Bereich neue Wege auch für Erst- und Zweitspracherwerbsforschung eröffnet worden. Wir werden auf die Beziehung zwischen Sprache und Denken in Kapitel 3.3.2 eingehen, wenden uns nun aber im nächsten Kapitel zuerst, wenn auch schematisch, der Kognitionsforschung zu, deren Entwicklung auch für die Zweiterwerbsforschung nicht ohne Einfluss geblieben ist.

3.3.1 Zur Kognitionsforschung

Kognition als ein zentraler Begriff der Psychologie umfasst die geistigen Fähigkeiten des Menschen: „Unter dem Oberbegriff Kognition fasst man alle psychischen Vorgänge zusammen, die das Erkennen aufbauen: Wahrnehmen, Vorstellen, Erinnern, Lernen, Denken, Bewußtsein" (Pongratz 1973, 68). Seit den 1950er und 60er Jahren hat sich in den USA ein neuer, strukturell und funktionell begründeter Ansatz der Psychologie entwickelt – *Kognitionspsychologie*. Ihre von dem dominierenden Behaviorismus losgelöste Entwicklung weist vielfach Verbindungen und Zusammenarbeit mit anderen Wissenschaften auf, die sich mit Prozessen des menschlichen Wissenserwerbs, Verhaltens und Handelns befassen, z. B. Neurologie, Philosophie, Anthropologie, Linguistik, aber auch Informatik und künstliche Intelligenz.

Beeinflusst vor allem durch die Belange der künstlichen Intelligenz, u. a. mit dem Bedarf an automatischer Übersetzung und effektiver Informationsübermittlung, ergab sich aus dieser Zusammenarbeit die fächerübergreifende Forschungsrichtung *Kognitionswissenschaft* (cognitive science). Ihr Gegenstandsbereich umfasst die perzeptiven und kommunikativen Prozesse wie Wahrnehmung, Denken, Problemlösen, Gedächtnis und Sprache (Varela 1990, 25f., Münch 1992, 8ff., Sucharowski 1996, 7ff.). Vor diesem Hintergrund wird menschliches Verhalten als ein komplexes System mentaler Strukturen gesehen (vgl. die Artikel in Gazzaniga 2000). Als abstrakte Wissensstruktur liegt *Kognition* auch dem Spracherwerb, Sprechen, der Sprachbeherrschung und der Sprachverarbeitung zugrunde.

Dies ist allerdings, gesehen aus der Tradition der europäischen Geistes- und Kulturwissenschaften, keineswegs neu. Die Fragenkomplexe, deren Wurzeln in die antike griechische Philosophie zurückreichen und auch die monistische und dualistische Debatte der Geist-Körper/Leib-Seele-Problematik berührten, haben Jahrhunderte hindurch die Wissenschaften beschäftigt, die sich mit dem Verhältnis von Geist und Materie, mit dem menschlichen Geist (mind) und dem Mensch-Welt-Problem befasst haben (ausführliche Erörterungen zu diesen Fragen finden sich bei H. Gardner 1989). Roth/Prinz (1996) diskutieren u. a. das Verhältnis von Kognition, Gehirn und Bewusstsein (s. auch Varela 1990, Friederici 1996, Obler/Gjerlow 1999).

Einen Einblick in Kognition als Problemfeld der Sprachwissenschaft vermitteln Sucharowski (1996) und der Sammelband von Janssen/Redeker (1999), zu erwähnen sind auch die Zeitschriften Sprache & Kognition, Cognitive Linguistics und Bilingualism, Language and Cognition.

Neu sind in dieser Entwicklung die Ziele, differenzierter als früher vorzugehen, um menschliche Wissensaktivitäten zu erforschen und zu erklären (Wertsch 1998). Bei der Sprachverwendung z. B. die Mechanismen der Produktion und der Rezeption. Viele neue Zugänge sind in diesem Bereich durch Computersimulationen möglich geworden.

Varela sieht den großen Wandel durch die Kognitionsforschung in der Tatsache, dass nun zum ersten Mal die Naturwissenschaft „die Untersuchung des Erkennens und Wissens auf allen ihren Ebenen für zulässig erklärt" (1990, 16). Diese gehörten bisher zu den traditionellen Gebieten der Psychologie und der Erkenntnistheorie. Er ist aber kritisch der Richtung des Kognitivismus gegenüber, die sich in den 1950er Jahren am Massachusetts Institute of Technology in den USA entwickelte, insbesondere wegen ihrer Dominanzansprüche. Man gewinne aus den Arbeiten dieser Tradition den Eindruck, dass es keine anderen Ansätze und kreativen Denkmodelle gebe als das Computermodell und dass es in der Forschung vor diesem Modell „nichts beachtenswertes gibt, was man – auch in überarbeiteter Form – weiter nutzen könnte" (1990, 19). Wichtige Grundlagen der Kognitionswissenschaft hat die europäische Forschung aber schon lange vorzuweisen, man betrachte nur die Resultate der Denkpsychologie der Würzburger Schule, die Phänomenologie von Husserl und Merleau-Ponty sowie die genetische Erkenntnistheorie von Piaget (s. zu dieser 3.3.2). Wichtige Beiträge zur Begrifflichkeit wurden geleistet. *Intentionalität* wurde z. B. „von kontinentaleuropäischen Denkern schon in den vierziger Jahren klar bestimmt, ist aber von der herrschenden Kognitionswissenschaft bis 1980 ignoriert worden" (Varela 1990, 20).

Was in den USA als ein völlig neues Paradigma und als kognitionswissenschaftliche Revolution gesehen wird, hat für die kontinentaleuropäische Forschung „eine gewisse Renaissance der Beschäftigung des inneren Kerns psychischen Geschehens" gebracht (Dörner 1976,112). Man denke auch an die introspektive Psychologie des 19. Jhs. Das Neue hat aber auch heute mit dem alten, für die Psychologie immer schon kritischen methodologischen Problem zu tun: mit der Überprüfbarkeit der Validität der Resultate. Da Hypothesen über innere Prozesse keine unmittelbare Prüfung zulassen, würde man sich durch neue Hypothesen helfen (Dörner 1976, 113). Die alten Probleme werden dadurch aber kaum gelöst. Seit den 1970er Jahren sind etliche Versuche gemacht worden, Kognitionswissenschaft genauer zu bestimmen. Bei H. Gardner (1989) findet sich eine ausführliche Darstellung ihrer Geschichte, Ziele und Methoden und eine Übersicht über ihre verschiedenen Richtungen. Hier seien nun vor allem Aspekte berührt, die uns mit dem Kapitel Sprache und Denken (3.3.2) verbinden und mit der in (Kapitel 4.3.3) erörterten, immer noch kontrovers geführten Diskussion der Frage, ob der Zeitspracherwerb in gleicher Weise verläuft wie der Erstspracherwerb oder nicht.

H. Gardner hebt hervor, dass man über die kognitive Aktivität des Menschen nur sprechen kann, indem man von „mentaler Repräsentation"[9] ausgeht und sie auf einer Ebene analysiert, „die von der biologischen oder neurologischen einerseits sowie von der soziologischen oder kulturellen andererseits völlig getrennt ist" (1989, 18). Wie dies überhaupt möglich sein könnte, darauf geht er nicht ein. Laut H. Gardner (1989, 50f.) sei es auch schwierig, Einigkeit darüber zu erzielen, in welchen Formen man die Repräsentationsebene, also alles, was zwischen Input und Output liegt, sehen sollte, ebenso darüber, ob man auf der Ebene mentaler Repräsentation von Strukturen und Prozessen sprechen kann. Eine ausführliche Erörterung der kontrovers geführten Diskussion im Zusammenhang mit Versuchen, neurophysiologische Erklärungen für kognitive Vorgänge zu geben, findet sich bei Pechmann/Engelkamp (1992).

Wenn wir aber davon ausgehen, dass jeglicher Spracherwerb zwar kognitive, aber gleichzeitig handlungsbezogene und soziokulturelle Aktivität ist, wie vor allem die Schule Wygotskis geltend macht (Kapitel 3.3.2), so würde die Analyse der oben erwähnten Ebene äußerst aussageschwach sein. Es ergibt sich auch die grundsätzliche Frage, wie kognitive Prozesse beim Sprechen von gleichzeitigen artikulatorischen Aktivitäten isoliert werden könnten.

---

9. Mit *mentaler Repräsentation* wird u. a. die Abbildung oder Speicherung der Außenwelt im Gedächtnis gemeint. Johnson-Laird (1983) unterscheidet verschiedene Typen von mentaler Repräsentation.

Ein weiteres Grundsatzproblem, das noch auf Lösungen wartet, ist die Tatsache, dass die Kognitionswissenschaft, wie H. Gardner (1989, 54f.) feststellt, die für die menschliche Erfahrung zentralen Faktoren wie Affekt, Kontext, Kultur und Geschichte, also auch emotionale und motivationale Prozesse, ausklammert. Auch im neuen Millennium sieht man kaum zufriedenstellende Lösungen dieses Problems.

Die Terminologie der Kognitionsforschung ist nicht problemfrei. Es sei, wie H. Gardner hervorhebt, für wissenschaftliche Zwecke notwendig, das kognitive Handeln des Menschen „in Begriffen Symbol, Schema, Vorstellung, Idee und anderen Formen mentaler Repräsentation zu beschreiben" (1989, 400). Bei der Vielfalt der Termini, die auch *Skripts, Schemata, Rahmen, Vorstellungsbilder, mentale Modelle* u. a. einschließt, sieht er jedoch die Gefahr, dass Schlagworte und unscharfe Begriffe statt klarer Formulierungen verwendet werden (vgl. hierzu auch de Beaugrande 1997, 417). Schon mit dem *Schemabegriff* hat sich eine Reihe von Varianten verbunden (Tannen 1979). Die neuere Forschung scheint allerdings nicht zur Kenntnis zu nehmen, dass sich sowohl der Terminus als auch der Schema-Begriff, worauf wir oben (S. 33) im Zusammenhang mit Bartlett und der Verstehensforschung aufmerksam gemacht haben, schon bei Kant befinden und dass Karl Bühler (1934, 251ff.) schon 1907 ein schemageprägtes Wahrnehmungsmodell auf die Sprache appliziert hat.

In der Kognitionsforschung wird die Frage nach der Organisation von kognitiven Funktionen häufig verbunden mit der Frage, ob das Gehirn und der Computer nach denselben Prinzipien arbeiten, oder nicht (vgl. zur Computerarchitektonik des Gehirns Lieberman 1997, 23). Die Überzeugung von Johnson-Laird (1996), es ließen sich weitgehende Analogien zwischen „klugen Maschinen (Computern und Robotern)" und dem menschlichen Geist (mind) erfolgreich durchführen und Prozesse wie Sehen, Lernen, Denken, Erinnern in Einzeloperationen maschinell realisieren, ist bis heute noch nicht Wirklichkeit geworden.

Auch ist die Metapher „künstliche Intelligenz" missweisend, da durch sie das Gehirn als ein Computer angesehen wird. Dadurch wird die große Flexibilität der mentalen Prozesse eliminiert, da Computer nicht nach denselben Algorithmen arbeiten wie biologische Systeme. Ein Computer erkennt noch keinen Witz und keine Ironie; diese zeugen aber gerade von der schnellen kreativen Analogie und assoziativen Denken des Menschen. „Die Funktionsweise des Gehirns gleicht eben nicht der eines herkömmlichen Computers, der Merkmale lokal speichert und einen Input durch Vergleich von Merkmalen identifiziert" (Poeck 1995, 98). Auch Lieberman (1997, 23) hebt hervor, dass das Gehirn, obwohl es diskrete neuroanatomische Strukturen hat, gänzlich verschieden von einem Computer ist. Pinker verdeutlicht ebenso, warum das Gehirn mit einem digitalen Computer nicht verglichen werden kann:„in the brain the system is likely to be a web of integrated blobs out along a wide swath of cortex" (1999, 243).

Daher wird die metaphorische Darstellung von kognitiven Modellen nicht länger als angemessen angesehen. Die Computermetapher ist auch aus dem Grunde missweisend, da es ja biologisch keine Trennung zwischen Software und Hardware gibt. Warum weisen wir denn wiederholt auf diese Frage hin? Weil sie einen nicht unerheblichen Einfluss auf die linguistische Theoriebildung ausgeübt hat. Jetzt spricht man, wie oben (S. 51) angedeutet, eher von neuronalen Netzwerken.

Eine wichtige Rolle spielt bei derartigen Überlegungen der hauptsächlich aus dem Kognitivismus hervorgegangene *Konnektivismus,* nach dem das Gehirn als neuronale Netzwerke gesehen wird, die auf dem Prinzip der Selbstorganisation und der spontanen Ordnungsbildung beruhen (Varela 1990, 58ff., vgl. Loritz 1991, 299f., Pechmann/Engelkamp 1992, 54, zur Kritik auch Cook 1999, 270). Die Vertreter des Konnektivismus versuchen somit kognitive Prozesse durch das dynamische Zusammenwirken von vielen einfach aufgebauten vernetzten Einheiten zu erklären. Auch hier gibt es verschiedenen Schulen, von neueren Modellen seien *developmental connectionism* (Elman et al. 1996) und *constrained connectionism* (Regier 1996) erwähnt; letztere gehört mehr in die nativistische Kategorie (Kapitel 4.1.1) als die erstere. Beide führen die in den 1980er Jahren herrschenden Ansätze weiter, die vor allem mit den Namen Rumelhart und McClelland verknüpft sind.

Modularität – Holismus

Wie die geistigen Funktionen des Gehirns organisiert und lokalisiert sind, wird in der Kognitionswissenschaft u. a. von zwei Ansätzen aus diskutiert, und zwar kontrovers – *Modularität* und *Holismus*. Wie erscheint Sprache? Nach der *Modularitätshypothese* wird angenommen, dass die geistigen Funktionen aus einzelnen *Modulen,* d. h. verschiedene Funktionen wahrnehmenden, mit einander agierenden Subsystemen bestehen (Fodor 1983). Die neuronale Organisation der menschlichen Sprachfähigkeit wird demzufolge als unabhängig von anderen kognitiven Fähigkeiten gesehen: Sprache erscheint als spezifisches Subsystem, als ein eigenständiges Modul (ausführlichere Erörterungen dazu finden sich bei Sucharowsky 1996, 158ff. und Fromkin 1997).

Modularität liegt auch Chomskys Vorstellungen vom Gehirn und von der Sprachfähigkeit des Menschen zugrunde: „The initial state of the language faculty consists of a collection of subsystems, or modules as they are called, each of which is based on certain very general principles" (1987, 2). Wir haben es zu tun mit einzelnen Teilsystemen, zu denen er u. a. die Syntax zählt. Für Chomsky und die generative Sprachtheorie, die auch einer Reihe von Zweitspracherwerbsuntersuchungen zugrunde liegt (Kapitel 4), ist Sprache „a computational system, a rule system of some sort", das durch universelle Kombinationsmechanismen bestimmt ist (1987, 67). Die Modularitätsansätze der Entwicklungspsychologie haben jedoch Schwierigkeiten, die Mechanismen verschiedener Veränderungen bei mentaler Entwicklung zu erklären, wie u. a. aus den ausführlichen Erörterungen in Toomela (2000) und Karmiloff-Smith (1994) hervorgeht.

Der *holistischen* Hypothese zufolge wird das sprachliche Wissenssystem von den allgemeinen Kognitionsprinzipien aus erklärt und nicht als ein von anderen kognitiven Fähigkeiten unabhängiges Subsystem aufgefasst (Lakoff 1987, Langacker 1988). Aber schon die europäische Spracherwerbsforschung und die Entwicklungspsychologie haben seit Anfang des 20. Jhs. gezeigt – u. a. sehr deutlich durch die Arbeit von Clara und William Stern –, dass Sprachfähigkeit und allgemeine kognitive Fähigkeiten aufs engste miteinander verknüpft sind (zu den zentraleren Forschungsansätzen unterschiedlicher Schulen s. Zlatev 1997 und neuerdings Toomela 2000). Auf die russische Schule von Wygotski und Lurija sowie der Schweizer Schule von Piaget gehen wir im nächsten Kapitel ein.

Natürlich muss bei derartigen Dichotomisierungen, wie wir hier besprochen haben, der Umfang des Begriffes *Kognition* berücksichtigt werden, insbesondere wenn nach dem Verhältnis zwischen Sprache und Kognition von ihrer Ursprungsperspektive aus gefragt wird. Auf Grund der Beobachtungen, dass alle Lebewesen, je nach Spezies, auf bestimmte Merkmalskombinationen ihrer Umwelt reagieren, stellt Lenneberg fest: „Es ist evident, dass die kognitive Funktion ein grundlegenderer und früherer Prozess ist als die Sprache und dass die Abhängigkeitsbeziehung der Sprache von der Kognition unvergleichlich viel stärker ist als die umgekehrte Beziehung" (1972, 458). Lenneberg geht von Wahrnehmungsvorgängen aus, Kognition umfasst jedoch, wie erwähnt, auch eine Reihe von anderen psychischen Prozessen.

Die hier erörterten Zusammenhänge werden uns auch in den nächsten Kapiteln in der einen oder anderen Weise begleiten. Festgehalten werden sollte, dass man in der kognitiven Linguistik den modularen Ansatz zu bevorzugen scheint (Friederici 1996, Sucharowski 1996, 158). Die Diskussion ist aber noch nicht abgeschlossen und die Modularitätshypothese noch nicht plausibel verifiziert worden (zu ihrer Kritik s. Ingendahl 1999, 28).

Die Erkenntnisse, die die verschiedenen Richtungen der Kognitionsforschung über die menschliche Sprachfähigkeit und Sprachbeherrschung vermitteln, sind nicht ohne Einfluss auf die Theoriebildung und die Untersuchungsmethodik der Erst- und Zweitspracherforschung geblieben. Dabei kommt es zu unterschiedlichen Schulen (Kapitel 4). Aus der Sicht des holistischen kognitiven Ansatzes ist z. B. eine eigenständige formale Komponente, die der generativen Sprachtheorie zugrunde liegt, für die Erklärung sprachlicher Phänomene ungeeignet (Langacker 1988, Sucharowski 1996, 161, Zlatev 1997, 211f.).

Die mentalistische Schule Chomskys (Kapitel 4.1.1) operiert mit der Annahme eines universal angeborenen Spracherwerbsmechanismus – LAD (Language Acquisition Device). Er wird von Chomsky in einer von zahlreichen Kritikern als dogmatisch angesehener Weise dargelegt: „Als Vorbedingung für die Spracherlernung muss es (das Kind) 1. eine linguistische Theorie besitzen, die die Form der Grammatik einer möglichen menschlichen Sprache spezifiziert, 2. eine Strategie ausbilden, um eine Grammatik der passenden Form auszuwählen, die sich mit den primären sprachlichen Daten verträgt" (1969, 41, vgl. 1981). Dem Kind wird also „eine angeborene Theorie" struktureller Beschreibungen zugeschrieben. Schon Olmstedt weist in seiner ausführlichen, jedoch wenig beachteten Kritik dieses Konzepts u. a. darauf hin, dass das sprechenlernende Kind mit dem Computer verglichen wird: „The child seems to be viewed as if he were a computer judging the grammaticalness of sentences, instead of an immature dependent human trying to survive" (1971, 20).

Man kann hier auch kritisch feststellen, dass der von Chomsky postulierte Prozess des Spracherwerbs direkt mit einer weiteren hypothetischen Komponente verbunden wird: mit den linguistischen Universalien. Dem Kinde wird die intuitive Kenntnis dieser Universalien zugeschrieben, (Chomsky 1969, 43). Trotz ausführlicher Kritik und eingehender Erörterung der Gegenargumente (u. a. in Oksaar 1975 und 1987a, 37f., 144f., 205, 231, Piaget, Putnam und Mehler in Piatelli-Palmarini 1980, Schneider 1982, 132f., 167, van Valin 1991 und Zlatev 1997, 28-38) hält Chomsky an seinen Konzepten fest. Das zeigt sich z. B. bei der Universal Grammar (UG) Theorie, die als Grundlage bei Untersuchungen des Zweitspracherwerbs verwendet wird (Kapitel 4). Die Feststellung von Jacobs/ Schumann ist auch heute gültig: „at present ... there is no neurobiological evidence to support the existence of a distinct LAD or UG" (1992, 286, vgl. Altmann 2000).

Es ist wichtig festzustellen, dass sich Chomskys Vorbilder für sein Modell – Computer – mit der Zeit weiterentwickelt haben, das Grundprinzip seines modularen Modells aber nicht. Während viele Neurophysiologen und Kognitionswissenschaftler längst nicht mehr das Gehirn als biologische Entsprechung des digitalen Computers ansehen, scheint Chomskys Modell laut Liebermann auf Computer basiert zu sein, die am Massachusetts Institute of Technology (MIT) in den 1950er Jahren entwickelt wurden, „they are made up of discrete devices that accomplish specific tasks" (1997, 23).

Die Fragenkomplexe, die wir hier nur exemplarisch behandelt haben, sind sicherlich komplizierter als die Modelle der Kognitionswissenschaft, die Münch folgenderweise umreißt: „das Gehirn wird als informationsverarbeitendes System betrachtet, den Geist (*mind*) versucht man mit Hilfe von Computermodellen zu erklären" (1992, 7). Aber wie? Will man nämlich erklären, was Geist ist, dann ergibt sich, wie u. a. schon der Molekularbiologe Stent feststellt, das Problem „how to account for mental states (such as feelings, beliefs and desires) in terms of brain states (such as electrical activity patterns) in the network of cerebral nerve cells" (1990, 61f.). Eine Antwort würde notgedrungen in einer Erklärung münden, die psychologische Theorien über mentale Phänomene zu neurobiologischen Theorien der Hirnphänomene reduzieren würde. Stent zweifelt daran, dass dies in der Praxis überhaupt möglich sein könnte: „The reason for this caveat is that the brain belongs to a class of phenomena, whose very complexity limits the extent to which theories designed to explain then can be successfully reduced by theories designed to express less complex phenomena" (1990, 63, vgl. die Erörterungen in Pechmann/Engelkamp 1992, 62f.). Die Suche nach Möglichkeiten und neuen Wegen geht aber weiter, wie aus dem Versuch von Edelman/Tononi (2002), die Entstehung von Bewusstsein zu erklären, hervorgeht.

Es bleibt die Frage nach dem Verhältnis von Gehirn und Geist. Der Neurobiologe Heinze betont neuerdings, dass die neurobiologische Kompetenz hinsichtlich geisteswissenschaftlicher Fragestellungen begrenzt ist. „Die Fortschritte der Kognitionsforschung implizieren keineswegs, dass ein Paradigmenwechsel stattgefunden hätte, der das Verhältnis von biologischen und geistigen Strukturen neu ordnen und bewerten würde. Der Neurobiologe untersucht ja nicht die Beschaffenheit und Logik geistiger Strukturen, sondern er präzisiert bestimmte Bedingungen, unter denen diese Strukturen repräsentiert und erfahrbar werden" (FAZ 9.7.2001, S. 48).

3.3.2 Sprache und Denken

Wir haben in Kapitel 1 von verschiedenen Perspektiven aus erörtert, was unter *Sprache* zu verstehen ist und auf ihre Funktionen hingewiesen. Auf ihre Verbindung mit *Denken,* die ja auch für den Zweitspracherwerb und bei Mehrsprachigkeit relevant ist, werden wir in diesem und im nächsten Kapitel eingehen. Zuerst werden jedoch einige allgemeine Grundlagen der Verbindung von Sprache und Denken erörtert.

Was ist Denken? Denken wird in der kognitiven Psychologie als „ein Operieren mit im Gedächtnis repräsentierten Strukturen" angesehen (Lewandowski 1990, 874). Seine Verbindung mit den sozialen, affektiven und linguistischen Faktoren wird in Edelmans Bewusstseinstheorie hervorgehoben: „Thinking is a skill woven from experience of the world, from parallel levels and channels and conceptual life". Es ist gebunden an soziale und kulturelle Werte. „The acquisition of this skill requires more than experience with things; it requires social, affective and linguistic interactions" (1989, 174).

Fortschritte der Neurophysiologie und der Kognitionswissenschaft haben die Diskussion des Verhältnisses zwischen Sprache und Denken gefördert, aber noch keine Übereinstimmung der Ansichten erzielt. Die alten gegenseitigen Standpunkte der abendländischen Philosophie – „Wie man denkt, so spricht man" – „Wie man spricht, so denkt man", von denen der erste auf Aristoteles zurückgeht und der zweite mit der Wilhelm von Humboldt-Renaissance und der starken Version der Sapir-Whorf Hypothese (Kapitel 3.3.3) wieder aktuell geworden ist, werden weiterhin vertreten (Oksaar 1987a, 79ff., List 1981, 174f., Pederson/Levinson 1998). Die Komplexität dieser Beziehung wird u. a. im Sammelband von Carruthers/ Boucher (1998) deutlich.

Eine der zentralen Fragen ist es gewesen, ob Denken ohne Sprache überhaupt möglich ist. Vor rund 100 Jahren wurde Vertretern der Ansicht, dass Denken ohne Sprache nicht möglich ist, mit Argumenten entgegnet, die sich auf das Verhalten von Taubstummen und Aphasikern stützten, u. a. von prominenten Psychologen wie Francis Galton und Georg Romanes. Schon ein einziger Fall kann aufschlussreich sein. Ein Gehirngeschädigter, der nicht mehr sprechen und bei schriftlicher Kommunikation keine grammatisch korrekten Sätze formulieren konnte, erzielte bei nichtverbalen Intelligenztests, z. B. beim Erkennen von Kausalzusammenhängen, hervorragende Resultate, wie R. Varley/M. Siegal in Current Biology 10, 2000, 723 feststellen. Auch heute wird allgemein akzeptiert, „dass es nichtsprachliche Formen des Denkens gibt, aber dass das Denken ohne Sprache beschränkt ist" (Lawton 1970, 63).

Vorsprachliche Denkakte bei Babys im Alter von 7 und 10 Monaten sind experimentell schon von Karl Bühler und William Stern nachgewiesen worden. Bühler (1930, 88) spricht in diesem Zusammenhang vom Werkzeugdenken, William Stern (1967, 60f.) von der praktischen Intelligenz. Ihre Pionierleistungen werden aber in Übersichtsarbeiten meistens übergangen. Nach wie vor gilt es, von Anfang an die zentrale Rolle der sozialen Interaktion des Kindes mit seiner Umgebung zu berücksichtigen und das kognitive Verhalten in bezug auf seine sozialen Kontakte und kommunikativen Möglichkeiten zu beobachten. Sprache und Denken bedingen einander – aber wie, das ist eine auch heute noch nicht hinreichend geklärte Frage. Bereits Sapir, der darauf ausführlich eingeht, spricht von ihrer Gegenseitigkeit als einem komplexen Prozess, in dem das Instrument das Produkt hervorbringt und das Produkt das Instrument verfeinert: „the concept does not attain to individual and independent life until it has found a distinctive linguistic embodiment" (1921, 17). Wittgenstein wiederum sieht die Beziehung aus einer anderen Perspektive: „Was wir nicht denken können, das können wir nicht denken; wir können also auch nicht sagen, was wir nicht denken können" (1963, 90).

Auf einen zentralen Aspekt dieser Problematik weist der Harvarder Psychologe Miller hin: „Thinking is never more precise than the language it uses. Even if it is, the additional precision is lost as soon as we try to communicate the thought to somebody else" (1963, 72). Methodische Schwierigkeiten bei der Beschäftigung mit dieser Frage zeigen sich schon dadurch, dass wir, wenn wir über Denken sprechen, über etwas Aussagen machen, das nicht linear ist; beim Reden und Schreiben können wir aber nur linear verfahren.

Nach diesen einleitenden Erörterungen werden wir nun aus der umfangreichen Literatur zu diesem Thema einige zentrale Positionen von zwei entgegengesetzten Richtungen etwas genauer betrachten: der Genfer Schule von Piaget und der Moskauer Schule von Wygotski.

In seinen Arbeiten versucht Piaget eine in vier Stadien aufeinander aufbauende Entwicklung von Kognitionsleistungen aufzuzeigen (s. die umfangreichen Erörterungen bei Oksaar 1987a, 85ff.). Sprachentwicklung wird in einer das Denken begleitenden Rolle gesehen, stets auch als Resultat der intellektuellen Entwicklung. Denken ist in seinem Modell das Primäre: „die Sprachfunktion begrenzt sich in einer tiefgreifenden Transformation des Denkens" (1968, 102). Die intellektuelle Entwicklung gehört zum adaptiven Verhalten, das die Anpassung an die Umwelt ermöglicht und fördert. Laut Piaget (1968, 111) ist das Verhalten ein Resultat zweier Prozesse: *Assimilation*, d. h. Einordnung der Umweltdaten einer gegebenen Situation in frühere Muster, und *Akkommodation*, d. h. Anpassung dieser Muster an die gegenwärtige Situation. Assimilation und Akkommodation sind Bestandteile aller intellektueller Handlungen, gleichgültig auf welcher Entwicklungsebene sie vorkommen. Das Gleichgewicht dieser Prozesse – *Äquilibration* – resultiert in neuen Verhaltensweisen. Von Interesse ist, dass schon James Mark Baldwin (1896) die Dynamik der Entwicklung durch die Begriffe Assimilation und Akkommodation erklärt hat und auch die aktive, konstruktive Rolle des Kindes in Piagets theoretischem System vorweggenommen hat.

Was die genauere Funktion der Sprache im kognitiven Entwicklungsprozess betrifft, so tritt sie bei Piaget nicht ganz deutlich hervor. Zwar wird die wichtige Rolle, die Sprache bei den abstrakten Operationen (ab 11 – 12 Jahren) einnimmt, keineswegs verneint, aber nicht als entscheidend angesehen. Allgemeine Aussagen über die egozentrische Sprache (ab 2 bis 6 – 7 Jahren), schließen ein, dass das Denken in diesem Stadium egozentrisch, zentriert, statisch und irreversibel ist. Im Hinblick auf sein Stadium der konkreten Operationen (ab 7 bis 11 – 12 Jahren) erfährt man zwar, dass das Kind mit einem Symbolgebrauch operiert, der auf vergangene, gegenwärtige und zukünftige Situationen gerichtet ist, jedoch nichts Näheres darüber, welche Funktionen Sprache im konkreten Denken haben kann. Bei Lewis (1970, 235f.) finden wir eine Reihe Beispiele dafür, wie die Sprache den Fortschritt der Kinder im konkreten Denken fördern kann, z. B. bei Klassifikation der Gegenstände, bei Multiplikationen, bei Reihung und bei Erinnerung an frühere Situationen.

Auffallend bei Piagets Modell ist, dass dem Kind in einer relativ langen Periode, bis zum Alter von 6 – 7 Jahren, ein sehr hohes Maß von egozentrischem Denken und egozentrischer Sprache zugeschrieben wird. Diese Art des Sprechens ist nicht sozial, bezieht sich nicht auf den Hörer, sondern wird verwendet, um eigenen Vorstellungen und Affekten Ausdruck zu geben. Einer Untersuchung von Piaget (1972, 70) zufolge bestand etwa die Hälfte der spontanen Sprache der Kinder aus egozentrischen Äußerungen.

Dass es egozentrische Sprache gibt, wird auch von den Kritikern des Piagetschen Modells nicht bestritten, ihr großer Anteil ist aber vielfach widerlegt worden. Untersuchungen von Kinderdialogen und Varianz der kindlichen Sprache sowie ihrer argumentativen Fähigkeiten haben gezeigt, dass kleine Kinder sprachlich sehr wohl hörerbezogen reagieren können (Oksaar1987a, 84f., 92f.).

Piagets Standpunkte, auch bezüglich des Egozentrismus, werden ohne Berücksichtigung der Kritik auch von Übersichtswerken übernommen (so u. a. von Szagun 1980, 242f.und im Sammelband von Inhelder et al. 1987). Die von Wygotski vertretene sozialorientierte Richtung wird häufig nicht beachtet, obwohl Piaget selbst in der Egozentrismusfrage die Kritik von Wygotski akzeptiert hat, wie Lawton (1970, 67) feststellt. Stern/Stern (1928, 147f.) heben hervor, dass nicht nur das Alter, sondern auch die Umweltbedingungen die Untersuchungswerte beeinflusst haben. Der Befund sei über den Rahmen des Genfer Kinderheimmilieus, wo Piaget seine Daten erhob, nicht zu verallgemeinern.

Als methodische Konsequenz aus derartigen Befunden erfolgt die Notwendigkeit, Piagets Entwicklungsstadien – wenn man überhaupt Stadien ansetzt – anhand erweiterten Daten neu zu durchdenken. Wir kommen weiter unten auf diese Frage zurück, die vor allem das präoperationale Stadium betrifft.

Wir sind an einem der Piaget-Schule entgegengesetzten Pol der Betrachtung von Sprache und Denken angelangt. Während Piaget, wie wir festgestellt haben, weniger an der Sprache als an der kognitiven Entwicklung interessiert war, hat die sowjetrussische Psychologie schon seit langem die Sprachentwicklung und Spracherwerbsprozesse im Zusammenhang mit der Gesamtdynamik des Kindes gesehen, d. h. mit der aktiven Kommunikation des Kindes mit seiner Umgebung, mit seiner kognitiven Entwicklung und Handlungsbeziehungen. Dies geht vor allem aus den Arbeiten von Lurija (1930) und Wygotski (1969) hervor.

Für Wygotski, der zusammen mit Lurija zu den wichtigsten Kritikern der Ansichten Piagets gehört, ist die Sprache des Kindes von Anfang an sozial und hat eine zentrale Funktion in seiner intellektuellen Entwicklung. Mit zahlreichen Beispielen beleuchtet er, dass und wie der Weg der sprachlichen und gedanklichen Entwicklung vom Sozialen zum Individuellen geht (1969, 316f.). Er betont, dass Wissen zuerst interpersonal, zwischen den Menschen, entsteht und erst dann intrapersonal.

Obwohl Gedanke und Wort von Anfang an nicht miteinander verbunden sind und die Beziehung sich während der Entwicklung verändert, ist es laut Wygotski (1969, 291ff.) falsch, Denken und Sprechen als zwei parallel laufende, voneinander unabhängige Kräfte anzusehen. Man muss von der Einheit des „sprachlichen Denkens" ausgehen. Bei diesem Gedankengang beruft er sich auch auf Stern/Stern (1928, 190f.).

Ohne weiter auf die Einzelheiten seines Modells einzugehen, halten wir fest, dass für Wygotski die kognitive Entwicklung eine soziale Entwicklung ist, in welcher der Sprache eine zentrale Funktion zukommt. Dieses Prinzip ist auch für den Zweitspracherwerb zu beachten. Wygotski unterscheidet zwischen der inneren und der äußeren Sprache: die innere hilft beim Denken, die äußere bei der sozialen Kommunikation. Er hat berühmte Vorgänger, z. B. Baldwin (1896). „Baldwin's emphasis on the dialectic person-society relationship also may be considered a forerunner of the dialectical perspective later developed by Vygotsky" (Valsiner 1989, 51).

Die Tradition von Wygotskis Ansätzen wird auch mit pädagogischen Zielen weitergeführt (Lurija/Judowitsch 1970, 44ff.). Die Tätigkeitstheorie von Leontjev (1974, Kap. 3) beschäftigt sich, bezugnehmend auf Galjperins Theorie der geistigen Handlungen, u. a. mit dem Denken in der Fremdsprache; über die nachfolgenden sowjetrussischen Forschungen orientiert Valsiner (1987).

Bei den hier erörterten theoretischen Standpunkten sowohl von Piaget als auch von der Wygotski-Schule kann festgestellt werden, dass die rein linguistischen Aspekte bei ihren Untersuchungen vernachlässigt worden sind, da ihre systematische Analyse nicht im Vordergrund der Fragestellungen stand. Eine detailliertere Berücksichtigung der Sprache findet sich dagegen in den Arbeiten von Sinclair und anderen Forschern der Genfer psycholinguistischen Schule, in denen versucht wird, Verbindungen von Piagets kognitiven Entwicklungsstadien und Sprachentwicklung festzustellen (Inhelder et al. 1987). Schon Lawton (1970, 75) hat angeregt, dass viele Versuche zusammen mit einer genaueren Sprachanalyse wiederholt werden sollten.

Methodisch ist jedoch zu fordern, dass Beobachtungen in natürlichen Situationen die gezielt durchgeführten Versuche ergänzen müssten. Problemlösungen, die z. B. bei Wortnot aktiviert werden, lassen sich im realen Leben als Gegensatz zu experimentellen Situationen viel wirklichkeitsnaher erfassen. Es ist nicht zu rechtfertigen, dass viele treffende Beobachtungen in natürlichen Situationen, auch beim Zweitspracherwerb, als anekdotisch abgetan werden, während den einzelnen Reaktionen in einer unnatürlichen Experimentsituation volle Aussagekraft zugemessen wird.

Gerade in natürlichen Situationen können Beobachtungen und Feststellungen gemacht werden, die andere Perspektiven als in experimentellen eröffnen. Aus unseren Untersuchungen geht hervor, dass die Stadieneinteilung Piagets, insbesondere was das Alter von 2 bis 6 – 7 Jahren – sein präoperationales Stadium – betrifft, revidiert werden muss. Wir haben schon vorher auf die Kritik gegen das Konzept der egozentrischen Sprache in diesem Stadium hingewiesen. Diese Zeitspanne sollte nicht als ein einziges Stadium gesehen werden, da hier schon rein sprachlich unterschiedliche Entwicklungsprozesse festzustellen sind. Beim Erwerb einer zweiten Sprache können sich wiederum Unterschiede ergeben. Es zeigt sich aber auch, dass der Zweitspracherwerb bei Vorschulkindern schon früh ein Sprachbewusstsein erzeugt, das analytische und abstrahierende Fähigkeiten voraussetzt. Durch ihre Fragen und Kommentare wird deutlich, dass sie nicht nur ein Gefühl für verschiedene Sprachen entwickeln, sie können auch vergleichen. Einige Beispiele:

Wenn das schwedische Kind Anna (3; 10), seit einem Jahr in einem deutschen Kindergarten in Hamburg, beim Spielen mit Puppen spontan berichtet, dass sie auf deutsch immer *Großmutter* sagt, aber auf schwedisch *mormor* und *farmor*, so zeugt das von einer beträchtlichen analytischen und kontrastiven Fähigkeit. Im Schwedischen muss man stets nach der Mutter- und Vaterseite unterscheiden *mormor/farmor*, eine Entsprechung zu Großmutter gibt es nicht. Kinder zwischen 4 und 5 Jahren stellen sogar Fragen über grammatische Unterschiede. Wenn das Estnisch und Schwedisch sprechende Kind Sven (4; 3), der nach 4 Monaten in Hamburg auch gute Deutschkenntnisse hatte, auf estnisch fragt, warum es im Deutschen *mir* und *mich* gibt und im Schwedischen nur *mig*, so kann man aus derartigen Fällen nicht nur schließen, dass

Kinder über Phänomene reflektieren und Themen anschneiden, die bei einsprachig aufwachsenden Kindern nicht vorkommen. Man sieht, dass sie auch zu abstrakten Operationen in einem Alter fähig sind, die nach Piagets Entwicklungsstadien erst viel später, im Alter von 7 bis 11 – 12 Jahren anzutreffen sind (Oksaar 1984a, 251, vgl. Toomela 2000). Aus neueren Untersuchungen mit verschiedenen Problemlösungsaufgaben, z. B. raumbezogene Perspektivenbestimmungen, Unterscheidung von mentalen Phänomenen von physischen Objekten u. a., geht hervor, dass 3 – 7 Jährige bei Aufgaben erfolgreich waren, deren Lösung im Alter unter 7 Jahren als nicht möglich angesehen worden war (Toomela 2000, 27f.).

Wir haben auf die Notwendigkeit einer Revision von Piagets Entwicklungsstadien hingewiesen. Sie ist auch deshalb erforderlich, weil Sprache, wie erwähnt, in den Untersuchungen von Piaget nicht im Vordergrund stand, Befunde aus der Sprachbeherrschung aber Aufschlüsse über die kognitive Entwicklung geben und Sprache diese auch beeinflussen kann. Diese Forderung enthält auch eine Stütze in der oben (S. 59) erwähnten Entwicklung der lesen- und schreibenbezogenen Leistungen der Vorschulkinder. Bei der Diskussion der kognitiven Entwicklung werden diese aber kaum berücksichtigt. Gegen ein Stadienmodell bei der Untersuchung kognitiver Entwicklung wendet sich u. a. Brainerd (1993). Toomelas (2000) kritische Besprechung schließt auch andere Stadientheorien ein.

Aus dem Dargelegten geht u. a. hervor, dass Zweitspracherwerb das Denken stimulieren kann. Es dürfte aber ebenso deutlich geworden sein, dass anhand der hier besprochenen theoretischen Positionen keine endgültigen Aussagen über das Verhältnis zwischen Sprache und Denken gemacht werden können, obwohl bei den unterschiedlichen Ansätzen gewisse Annäherungen festzustellen sind (vgl. die Sammelbände von Demetriou 1988 und Burri 1997). Weitere Perspektiven eröffnen sich allerdings durch den kulturanthropologischen Ansatz, der allgemein als die Sapir-Whorf Hypothese über den Einfluss der Sprache auf das Denken bekannt geworden ist. Diese Hypothese, die für den Zweitspracherwerb von besonderem Interesse ist, wird seit den 1950er Jahren, kontrovers und nicht immer emotionsfrei, diskutiert. In den 1980er und 90er Jahren ist diesem Fragenkomplex gegenüber ein zunehmend sachlicheres Interesse festzustellen. Wir wenden uns nun dieser Hypothese zu.

3.3.3 Zur Sapir-Whorf Hypothese

Wenn man eine zweite, dritte oder vierte Sprache erwirbt, sieht man dann die Welt durch diese anders als durch die Muttersprache? Oder sind die unterschiedliche Lexik und Grammatik verschiedener Sprachen nur unterschiedliche Hüllen von bei allen Menschen in gleicher Weise ablaufenden geistigen Prozessen? Letzteres macht die psycholinguistische Richtung geltend, die Konzeptualisierung als sprachenabhängig und universal auffasst (vgl. oben Kapitel 3.3.1).

Nach dem Prinzip der linguistischen Relativität, allgemein bekannt als eine Variante der Sapir-Whorf Hypothese, ist allerdings ersteres der Fall.

Die Hypothese, auch als These, Theorie oder Prinzip referiert, wird seit Eduard Sapir und dessen Schüler Benjamin Lee Whorf von zwei Perspektiven aus gesehen, einer stärkeren, radikaleren, die als *linguistischer Determinismus* bekannt ist, und einer schwächeren, der *linguistischen Relativität*. Die Hypothese steht in der Denktradition von Hamann, Herder, Fichte, in Italien Vico, und geht vor allem auf Wilhelm von Humboldt zurück, vgl. oben S. 43, wo wir auf sein Weltansicht-Konzept eingegangen sind. Wie der Begriff noch zu Verstehen ist, beleuchtet er wie folgt: „... und da auf die Sprache in derselben Nation eine gleichartige Subjektivität einwirkt, so liegt in jeder Sprache eine eigentümliche Weltansicht ... Der Mensch lebt mit den Gegenständen hauptsächlich, ja, da Empfinden und Handeln in ihm von seinen Vorstellungen abhängen, sogar ausschließlich so, wie die Sprache sie ihm zuführt" (1907, 60). Die jeweilige Weltansicht übt danach einen entscheidenden Einfluss auf die Art des Denkens und die gefühlsmäßigen Verhaltensweisen des Menschen aus. Weisgerber (1962) spricht vom sprachlichen „Weltbild", das jede Sprache ihren Trägern vermittelt, Whorf (1956) von „world view".

Für Sapir (1921, 12ff.) ist Sprache mit dem Erkenntnisprozess eng verbunden. Als ein aktiver Faktor bestimmt und gestaltet sie unsere Art der Wahrnehmung der Welt. Da die Sprachsysteme nicht gleich sind, ist diese Wahrnehmung für die Mitglieder verschiedener Sprachgemeinschaften unterschiedlich. Die These Sapirs wurde von Whorf (1956) auf der Grundlage seiner Untersuchungen der Sprache der Hopi-Indianer weiterentwickelt und in bezug auf die Rolle der Sprache im Denkprozess schärfer formuliert. Weniger bekannt ist eine weitere, die dritte Hypothese, die im Sinne von Johann Gottfried Herder „champions ethno-linguistic diversity for the benefit of pan-human creativity, problem solving and mutual cross-cultural acceptance" (Fishman 1982, 1). Diese Hypothese ist für uns im Zusammenhang mit den in Kapitel 5 erörterten gesellschaftspolitischen Aspekten des Zweitspracherwerbs relevant, hier befassen wir uns mit der Hypothese des linguistischen Determinismus und der Relativität. Prägt die Sprache das Denken? Ist diese Frage gerechtfertigt?

Whorf betont, dass die Mitglieder verschiedener Sprachgemeinschaften die Wirklichkeit durch die Aussagemöglichkeiten der Grammatik und des Lexikons ihrer jeweiligen Sprache analysieren und interpretieren. Ihr Denken wird durch die Sprache gelenkt: „The background linguistic system (in other words the grammar) of each language is not merely a reproducing instrument for voicing ideas, but rather it itself the shaper of ideas, the program and guide for the individual's mental activity, for his analysis of impressions, for his synthesis of his mental stock in trade" (1956, 212). Whorf spricht in dieser Beziehung stets von einem „linguistic relativity principle", in bezug auf Gedanken jedoch auch von „our linguistically determined thought" (1956, 154). Was die Beziehung zur Kultur angeht, so fragt er, was zuerst war, die sprachlichen Muster oder die kulturellen Normen und gibt als Antwort: „In main they have grown up together, constantly influencing each other."

Kategorischer als Sapir hebt Whorf die Rolle der Grammatik beim Konstruieren eines bestimmten, von anderen Sprachen abweichenden Weltbildes hervor. Die unterschiedlichen Grammatiken führen die Menschen zu unterschiedlichen Typen von Beobachtungen und Bewertungen äußerlich ähnlicher Beobachtungen und daher sind die Beobachter „not equivilant as observers but must arrive at somewhat different views of the world" (1956, 221). Der Angehörige der jeweiligen Sprachgemeinschaft ist sich laut Whorf dessen nicht bewusst, in welcher idiomatischer Weise er spricht und denkt: „the forms of a person's thoughts are controlled by inexorable laws of patterns of which he is unconscious" (1956, 252).

Der radikalen, deterministisch orientierten Interpretation des Whorfschen Prinzips zufolge prägt also die Sprache unsere Auffassung der Wirklichkeit in der Weise, dass sie bestimmt, was man überhaupt denken kann. Die schwächere Version macht geltend, dass Sprache zwar die Art und Weise beeinflusst, wie wir gewöhnlich denken, aber wir sind keine Gefangenen der Sprache.

Die Ansichten Whorfs sind vielfach kritisiert worden, da ihre empirische Überprüfung keine eindeutigen Resultate gegeben hat und seine Terminologie häufig vage ist (s. die Diskussionen in Hoijer 1954, 216–279). Die radikalere Version der Hypothese, der linguistische Determinismus, wird überwiegend abgelehnt, denn bei einer vollständigen Gebundenheit des Denkens an die Sprache wäre es ja schwer zu verstehen, wie etwas Neues überhaupt ausgedrückt werden könnte (Church 1971, 140).

Wenn im Deutschen eine Besitzbeziehung durch *ich habe ein Haus* und im Estnischen *mul on maja* „bei mir ist Haus" ausgedrückt wird, kann daraus noch nicht geschlossen werden, dass es sich um gänzlich unterschiedliche Besitzkonzeptionen handelt. Auch die Tatsache, dass im Englischen und Schwedischen die Pronomina *he – she*, resp. *han – hon* verwendet werden, und es im Finnischen und Estnischen für die 3. Person Sing. nur ein Pronomen *hän* resp. *tema* (unbetont *ta*) gibt, besagt noch nicht, dass man in diesen Sprachen nicht oder weniger zwischen Männern und Frauen unterscheidet.

Whorf selbst hat allerdings keineswegs eindeutig behauptet, dass das Denken durch sprachliche Kategorien eingeengt wird. Vielmehr gibt er zu bedenken, dass die Gedanken zwar sprachabhängig sind, aber dass man nahezu frei sein kann, wenn man über viele und verschiedene Sprachen verfügt (1956, 213f.). Dieser Aspekt als Vorteil der Mehrsprachigkeit ist in den Diskussionen gänzlich unbeachtet geblieben. Wichtig ist auch seine Feststellung in bezug auf die unterschiedliche Verwendung von Sprachen im Netzwerk von Kultur und Verhalten. „Concepts of ‚time' and ‚matter' are not given in substantially the same form by experience to all men but depend upon the nature of language or languages through the use of which they have been developed." Er betont, dass sie nicht so sehr von grammatischen Systemen wie Tempus oder Substantive anhängen, als von „the ways of analyzing and reporting experience which have become fixed in the languages as integrated ‚fashions of speaking' and which cut across the typical grammatical classifications" (1956, 158). Dies richtet unsere Aufmerksamkeit auch auf stilistische Fragen, die jeder Lerner einer Fremdsprache beachten muss.

Andererseits können Fragen der linguistischen Relativität, d. h. Unterschiede in der sprachlichen Strukturierung der Welt, aber nicht ohne weiteres als trivial abgewiesen werden. Vor allem im lexikalischen Bereich stellen wir unterschiedliche begriffliche Strukturierungen nicht nur bei Sprachen verschiedener Sprachfamilien, sondern auch zwischen nahe verwandten Sprachen fest. Sie stellen unterschiedliche Perspektiven dar, von denen aus man die Wirklichkeit in einem bestimmten *Sektor* erfassen kann. Gewisse Verwandtschaftsbezeichnungen werden im Deutschen und Englischen durch *ein* Wort ausgedrückt *Großmutter – Großvater; Tante – Onkel*, resp. *grandmother – grandfather; aunt – uncle*. Im Schwedischen aber entsprechen jedem von diesen *zwei* Wörter: *mormor, farmor – morfar, farfar; moster, faster – morbror, farbror*. Durch die deutschen und englischen Wörter wird zwischen den väterlichen und mütterlichen Verwandtschaftsbeziehungen nicht unterschieden. Sie vermitteln keine Information darüber, von welcher Seite der Eltern die bestimmte Beziehung besteht. Das Strukturierungsprinzip ist das Generationssystem. Die schwedischen Wörter dagegen bringen nur feinere Differenzierungen zum Ausdruck, keine allgemeine; stets wird angegeben, ob die Beziehung mütterlicher- oder väterlicherseits besteht. Das Strukturierungsprinzip ist der unmittelbare Stammbaum. In Situationen, in denen nur die Generationsfolge aktuell ist, gibt man somit mehr Information als notwendig. Ein weiteres Beispiel: was das Deutsche mit dem Verb *spielen* und das Englische mit *play* umfasst, wird im Schwedischen mit deutlich abgegrenzten Verwendungsmöglichkeiten durch die Verben *spela* und *leka* unterschieden (vgl. S. 43). Im Bereich der Abstrakta erscheint die Wortbedingtheit der Gedanken noch deutlicher, da die direkt wahrnehmbare Wirklichkeit fehlt. Was im Deutschen als *Gewissen* und *Bewusstsein,* im Schwedischen resp. als *samvete* und *medvetande* dargelegt ist, wird im Französischen als *conscience* zusammengefasst.

Bei dieser Diskussion ist es notwendig festzuhalten, dass es verschiedene Arten der Sprachbedingtheit geben kann. Es gibt ja auch *innersprachliche* linguistische Relativität. Die mit den Wörtern verbundenen Konnotationen können auf unsere Auffassungen und auch auf unsere Art zu handeln einwirken. Sie schaffen Einstellungsperspektiven, auf die ausführlicher in Oksaar (1976a, 97ff.) eingegangen wird.

Vieles, was an Whorf kritisiert worden ist, wird seit den 1980er Jahren differenzierter und anhand weiterer Untersuchungen anders gesehen, wie aus den ausführlichen Erörterungen in Lucy (1992, 1996 und 1997), sowie Lee (1996) und im Sammelband von Gumperz/Levinson (1996) hervorgeht. Die sog. „Neo-Whorfian movement" fragt, was unter „world-view" zu verstehen ist und fordert eine verfeinerte Betrachtung der Universalien – ihre globale Charakterisierung muss nicht nur auf ihre Verschiedenheiten geprüft werden, sondern auch auf ihre aktuellen Verwendungsweisen (Gumperz/Levinson 1996). Der Begriff *Universalie* wird in der Zweitspracherwerbsforschung kritiklos global verwendet.

Das Interesse für die linguistische Relativität hängt u. a. mit wachsender Interdisziplinarität und Paradigmenentwicklung in der Linguistik zusammen. Vor 20 Jahren stellt Fishman fest: „the rise (or return) during the past decade, of ethnography, holism, linguistics of intent, and anthropology of meaning has resulted in a new view of Whorf's work" (1982, 4). Das gilt auch für die heutige Zeit im Bereich der interkulturellen Verständigung und für jeglichen Spracherwerb.

In einer großangelegten kontrastiven Untersuchung räumlicher Begriffe in 13 Sprachgemeinschaften (insgesamt 10 Sprachfamilien), u. a. Japanisch, Holländisch, Tamil, Maya und austronesische Sprachen, zeigen Pederson et al. (1998, 585), dass das räumliche Denken durchaus von der jeweiligen Sprache bestimmt werden kann. Sie stellten anhand verschiedener Tests und empirischer Belege fest, dass die uns so selbstverständlichen Kategorien wie *rechts* und *links, vor* und *hinter* keine universalen räumlichen Bezugsrahmen sind. Die sprachlichen Unterschiede bedingen die Wahrnehmung räumlicher Beziehungen. Obwohl die Befunde nicht generalisierbar sind, weisen die Autoren die geltende Position der kognitiven Linguistik und des Universalismus in diesem Bereich entschieden zurück und betonen, dass die Sprachenvielfalt alles andere als nur ein Oberflächenphänomen ist. Sie stellen fest, dass die scheinbar grundlegenden räumlichen Beziehungen kulturbedingt variabel sind und von Menschen verschiedener Gruppen unterschiedlich kategorisiert werden.

Neben derartigen Untersuchungen – wir haben exemplarisch eine vorgestellt – brauchen wir aber weitere, vor allem anhand der aktuellen Sprachverwendung bei der Produktion verschiedener alltagssprachlicher und auch fachbezogener Texte. Bei der Sprachverwendung werden ja nicht nur sprachstrukturelle Faktoren, sondern auch, wie wir in Kapitel 2.1 gesehen haben, kulturbedingte Verwendungsweisen aktiviert. Ferner sollte man bei der Diskussion der linguistischen Relativität auch soziolinguistische Aspekte, z. B. Fragen sozial signifikanter linguistischer Variation und den Einfluss sozialer Strukturen und sozialer Veränderungen auf die Sprache und die Verhaltensnormen einbeziehen. Es ist auch nicht von der Hand zu weisen, dass Sprache unser Verhalten beeinflussen kann; dies geschieht aber meistens auf der Wortebene. Systematische Untersuchungen von Mehrsprachigen dürften in dieser Beziehung, wie bisher schon die spärlichen Selbstzeugnisse zeigen, aufschlussreich sein. Haugen (1987, 140ff.) erörtert verschiedene Fälle und stellt unterschiedliche Weltansichten sowie Anpassung an unterschiedliche sprachlich und sozial bedingte Verhaltensweisen fest. Im Hinblick auf unterschiedliche Weltansichten und Mehrsprachigkeit weist schon Georg von der Gabelentz auf ihre Vorteile für das Denken hin: „. . . und der Verstand muss an Vielseitigkeit und Objektivität gewinnen, wenn er gewohnt ist, die Dinge in verschiedenen Sprachen zu durchdenken". Er stellt fest, dass Mehrsprachigkeit das Denken „erweitert und vertieft" (1901, 70).

Die Verhaltenslenkende „Macht der Wörter" zeigt sich sehr deutlich beim Erstspracherwerb. Ein Beleg unter vielen aus dem Hamburger Korpus mag dies verdeutlichen: Stephanie (4; 1) steckt die aus der Wäsche gekommenen Taschentücher in alle möglichen Taschen im Kleiderschrank. Auf die Frage der Mutter, warum sie das tut, antwortet sie: „Taschentücher müssen in die Taschen" (Oksaar 1987a, 102).

Die Ausführlichkeit bei der Erörterung der Fragen der linguistischen Relativität hatte ihren Grund in der Tatsache, dass diese die Zweitspracherwerbsforschung vielfach angeht, in dieser aber, wie wir bei der Erörterung der Theorien, Modelle und Methoden des Zweitspracherwerbs im Kapitel 4 sehen werden, noch nicht gebührend berücksichtigt worden ist.

3.4 Zusammenfassung

In diesem Kapitel wurden die Rahmenbedingungen für den Zweitspracherwerb umrissen, angefangen mit den *neurophysiologischen Voraussetzungen*. Zu den kontrovers diskutierten Themen gehören hier die Lokalisierung der Sprachfähigkeit im Gehirn, die Frage, ob beim Zweitspracherwerb dieselben neuronalen Grundmechanismen wirksam sind wie beim Erstspracherwerb und die Lateralisation der Sprachfunktionen. Letzteres hängt mit der ausführlich erörterten zentralen Frage zusammen, ob es eine *kritische Periode* für den Zweitspracherwerb gibt, nach der erfolgreiches Fremdsprachenlernen nicht mehr möglich ist. Die These, dass die Pubertät diese Grenze bildet, wird in der einschlägigen Literatur relativiert. Allerdings ist die Fähigkeit, Sprachen im Erwachsenenalter zu erwerben, nicht mit derselben Spontaneität und Leichtigkeit verbunden wie bei Kleinkindern, auch erreichen viele nach der Pubertät nicht ohne weiteres die Aussprache, die vor dieser Zeit mehr „native-like" ist. Dies fordert besondere Motivation. Das Kapitel *Gibt es ein optimales Alter für den Zweitspracherwerb* befasste sich mit der auch heute kontrovers diskutierten Frage, ob es ein besonders günstiges Alter für den Fremdsprachenerwerb gibt. Sie konnte generell weder mit einem Ja noch mit einem Nein beantwortet werden und mündete in differenziertere Fragestellungen, u. a. in welcher Hinsicht ein gewisser Altersabschnitt, z. B. Vorschulalter, günstig sein kann. Diese Frage wurde im Kapitel *Zum frühen Zweitspracherwerb* ausführlich erörtert. Eine Reihe von Faktoren und Motiven wurden angeführt, die dafür sprechen, mit der zweiten Sprache so früh wie möglich anzufangen. Auch gilt das Vorschulalter als wichtigste Altersspanne zur intellektuellen und sozial-emotionaler Förderung. Beim Faktor *Steigendes Alter* zeigten sich mögliche Vorteile den Jüngeren gegenüber, es spielen aber zunehmend auch andere, psychologische und soziale Faktoren mit, die das Alter allein als Einflussgrund nicht aussagekräftig machen.

Soziopsychologische Voraussetzungen wurden eingeleitet mit der näheren Bestimmung der forschungsrelevanten Fragen, die auch gesellschaftsbezogene und bildungspolitische Aspekte berühren. Im Kapitel *Komplexe Variablensysteme* wurde der Frage nachgegangen, mit welchen Variablenkomplexen der Lernerfolg zusammenhängen kann. Ausführlicher wurden *Motivation* und *Attitüden* behandelt. Fokussiert man bei diesen im Prozess des Zweitspracherwerbs auch auf Migranten und Minderheiten, so ergeben sich neue Gesichtspunkte, sowohl bei der Verbindung von Motivation und Attitüden als auch gegenüber der Muttersprache. Im Kapitel *Akzent und ethnische Identität* wurde nach den Gründen gefragt, warum fremder Akzent bei Erwachsenen viel häufiger als bei Kindern vorkommt. Vieles spricht dafür, dass es sich nicht, wie angenommen, um ein Nicht-Können, sondern um ein bewusstes oder unbewusstes Nicht-Wollen handeln kann, da Akzent auch ein *ethnolinguistischer Identitätsmarkör* ist.

Sprache und Kognition begann mit einer Betrachtung der Entwicklung der *Kognitionsforschung,* einiger Grundsatzfragen und begrifflicher Probleme. Die zwei Ansätze *Modularität* und *Holismus* wurden einander gegenübergestellt. Ersteres sieht Sprachfähigkeit als ein von anderen kognitiven Fähigkeiten unabhängiges Modul, eine Sicht, die von der kognitiven Linguistik und der generativen Grammatik vertreten wird, während Holismus sprachliche Wissenssysteme von den allgemeinen Kognitionsprinzipien aus beleuchtet. Die unterschiedlichen Richtungen haben u. a. die Theorie und die Untersuchungsmethodik der Zweitspracherwerbsforschung beeinflusst. Der eingehenden kritischen Diskussion der mentalistischen Schule Chomskys und seiner universalen Grammatik, deren Einfluss auch in Kapitel 4 sichtbar wird, schloss sich die keine Einigkeit zeigende Diskussion des Verhältnisses von *Gehirn* und *Geist* (mind) an. Sie entzieht sich auch heute einer direkten Antwort, trotz der Versuche der kognitiven Linguistik, die „neuronalen und mentalen Grundlagen der Sprache" zu beleuchten. Anschließend wurde das Verhältnis von *Sprache* und *Denken* ausführlich erörtert und zwei entgegengesetzte Positionen – von Piaget und von Wygotski – dargestellt. Mit empirischen Daten, auch von Lesen und Schreiben im Vorschulalter, wurde die Forderung, das bekannte Stadienmodell von

Piaget zu revidieren, untermauert. Obwohl verschiedene Ansätze gewisse Annäherungen der beiden erwähnten Positionen zeigen, können zur Zeit keine endgültigen Aussagen über das Verhältnis von Sprache und Denken gemacht werden. Aus den Erörterungen geht allerdings hervor, dass Zweitspracherwerb Denken stimulieren kann.

Die Diskussion der *Sapir-Whorf Hypothese* mit ihren zwei Varianten, die von dem Einfluss der Sprache auf das Denken ausgehen, ergab, dass der *linguistische Determinismus* überwiegend abgelehnt wird, dass aber neueren Untersuchungen zufolge die *linguistische Relativität* nicht ohne weiteres abzuweisen ist. Der Fremdsprachenlerner muss damit rechnen, dass neue Sprachen auch neue Perspektiven auf die Welt ermitteln. Daher fordern Neo-Whorfianer auch genauere Untersuchung der Universalien. Die allgemein vernachlässigten Fragen sozial signifikanter linguistischen Variation und der Einfluss sozialer Strukturen müssten in die weiteren Forschungen einbezogen werden. Im nun folgenden Kapitel werden wir Anlass haben eine Reihe in diesem Kapitel erörterten Fragen wieder aufzugreifen.

4. Theorien, Modelle und Methoden des Zweitspracherwerbs

4.1 Grundlagen der Betrachtung

Beim heutigen Stand der Forschung gibt es keine allgemein akzeptierte Spracherwerbstheorie, sowohl was den Erst- und Zweitspracherwerb als auch den Erwerb weiterer Sprachen betrifft. Hatte noch Spolsky (1989) gehofft, durch Aufstellung und ausführliche Analyse von 74 Bedingungen und Faktoren eine übergreifende generelle Zweitspracherwerbstheorie liefern zu können, so ergab dies noch keine zusammenhängende Theorie. Denn von einer Theorie darf erwartet werden, dass sie die Beziehungen von gewissen Phänomenen erklärt und diese nicht nur beschreibend feststellt. Allerdings eröffnete seine Darstellung einen breiteren Ausblick auf mögliche Faktoren im Zweitspracherwerb als die von Ellis (1986)und McLaughlin (1987). Berücksichtigt man die Tatsache, dass kognitive, emotive, soziale und sprachliche Faktoren beim Erwerb von Zweitsprachen miteinander im Zusammenhang stehen, so kann dieser komplexe Bereich kaum durch eine Theorie allein erläutert werden. Diese wäre durch ihren Reduktionismus, ihre Abstraktheit oder Einseitigkeit äußerst erklärungsschwach.

Stark generalisierende Feststellungen kommen jedoch häufig vor, z. B. auf der Grundlage eines der zwei erkenntnistheoretisch gegensätzlichen Ansätzen, dem *behavioristischen (empiristischen)* und *nativistischen (mentalistischen, rationalistischen)* Ansatz. Beide haben ihre Wurzeln in der aus der griechischen Philosophie bekannten phýsei-thései-Debatte über die Entstehung der Sprache. Der platonischen Auffassung nach ist die Sprache *phýsei,* d. h. von Natur aus entstanden, der aristotelischen Ansicht nach ist diese *thései,* d. h. durch Festlegung des Menschen geschehen. Um die Entwicklungstendenzen und den gegenwärtigen Stand der Zweitspracherwerbsforschung besser zu verstehen, ist es angebracht, zunächst auf diese Richtungen etwas genauer einzugehen, um so mehr als schon vor hundert Jahren mit begründeten Argumenten, jedoch vergebens, nach der notwendigen Konvergenz der beiden Ansätze verlangt worden ist.

4.1.1 Behaviorismus – Nativismus

Die strukturalistisch-behavioristische Forschungsrichtung nahm bis in die 1960er Jahre eine dominierende und prägende Stellung in der Spracherwerbs- und Sprachlehrforschung ein und bildet den theoretischen Hintergrund der Kontrastivhypothese (Kapitel 4.3.1.). Der auf Watson in den 1920er Jahren zurückgehende klassische oder reaktive *Behaviorismus* sieht beim Lernen eine Verknüpfung von einem Stimulus mit einem Respons durch Konditionieren. Nur das Verhalten ist beobachtbar: die Reize der Außenwelt wirken auf den Organismus und diese Wirkung, nicht interne, mentale Faktoren, steht für die behavioristische Lerntheorie bei jeglicher Art von Lernen im Fokus. Hierher gehören u. a. die Konditionierungstheorien mit ihren von Skinner (1957) und Mowrer (1960) vorgenommenen Modifikationen. Das verbale Verhalten wird immer als stimulus-kontrolliert angesehen: auf ein Signal folgt eine bestimmte Reaktion. Eine Verhaltensweise wird nach dem Prinzip *Versuch* und *Irrtum* (trial and error) dann gelernt, wenn sie eine *Verstärkung,* ein Reinforcement zur Folge hat. Diese Grundposition ist in den Forschungsansätzen zu finden, in denen Personenmerkmale und Entwicklungsänderungen direkt, ohne Annahmen über mentale Voraussetzungen, auf Umwelteinflüsse zurückgeführt werden (Montada 1982, 26).

Die Kritik dieser Richtung hebt u. a. hervor, dass es nicht ausreicht, Verhalten nur durch dessen beobachtbaren Teile zu erklären. Es ist auch schwer zu beweisen, dass durch Versuch und Irrtum eine Verhaltensweise erfolgt, die zur Belohnung führt (ausführlicher dazu bei Hörmann 1976, 22f.).

Wenn allerdings in neueren Handbüchern und Übersichtsarbeiten zum Spracherwerb festgestellt wird, dass Behaviorismus in den 1960er Jahren abgelöst worden sei, oder dass „Paradigmawechsel vom Behaviorismus zum Kognitivismus" in Psychologie und Linguistik stattgefunden habe (Kasper 1991, 392), so ist das ohne nähere Erläuterungen missweisend. Denn eine dominierende Richtung wird von einer anderen wenn überhaupt, in so relativ kurzer Zeit nie vollständig aufgegeben oder ersetzt, auch wenn es sehr wohl gewisse Paradigma*verschiebungen* geben kann. Spolsky betont, dass es Psychologen gibt, „who have tried not to abandon but, in the traditional way of all good paradigms, to patch up old models by seeing what they can incorporate of the new" (1989, 7).[10]

Cattell stellt fest, „„Behaviorismus continues to be practiced and continues to be to the present day" (2000, 64). Wie ist nun so eine Diskrepanz zu erklären? Der Beurteilungsfehler mag darin liegen, dass der Behaviorismus, vor allem nach Chomskys (1959) Kritik von Skinners „Verbal Behavior" (1957), als eine Ganzheit gesehen wurde, als ob es sich um ein homogenes Gebilde handelte. Dem ist keineswegs so. Deshalb muss gefragt werden, um welche Art Behaviorismus es sich handelt. Wenn auch der klassische, radikale Behaviorismus vielfach abgelehnt wurde, hat es doch seit den 1950er Jahren Erweiterungen von diesem auf äußerliche Wahrnehmung basierenden Konzept gegeben. Diese berücksichtigen auch Inneres, Nicht-Sichtbares. Dies geschah vor allem durch Mediationstheorien: statt der Zweierfolge *Reiz-Reaktion* wird die Dreierfolge *Reiz-Organismus-Reaktion* beachtet. Durch intervenierende Variablen wie Bewusstsein, Vorstellung, Wille und Erleben wird die mechanistische Sehweise des Verhaltens geändert (Osgood 1957, eine ausführliche Übersicht über die Mediationstheorien gibt Hörmann 1970, 183-206).

---

10. Vgl. auch Fervers: „Der Behaviorismus ist bis heute der einzige Versuch einer allgemeingültigen und in sich geschlossenen Lerntheorie geblieben" (1983, 45).

Der Grundgedanke dieser sog. Vermittlungstheorien ist, dass es immer einen Zusammenhang gibt zwischen unserem Verhalten und dem, was uns umgibt. Die nachfolgende Forschung hat die Annäherungsmöglichkeiten zwischen den radikal behavioristischen und kognitivistischen, auch nativistischen Standpunkten lange kaum beachtet, geschweige denn thematisiert. Gewisse Bemühungen sind aber neuerdings durch die *Neobehaviorismus*-Richtung wieder bemerkbar geworden. Diese wendet sich gegen die gegenwärtige Lage der Erforschung mentaler Fragen in der experimentellen Psychologie und unterstreicht die Notwendigkeit eines neuen theoretischen Behaviorismus, der sich erfolgreich mit Fragen der „inner states", u. a. Bewusstsein, befassen kann (Staddon 2000).

Es muss hervorgehoben werden, dass Skinner, einer der einflussreichsten Vertreter des Behaviorismus, keineswegs nur dem klassischen Behaviorismus verpflichtet war, wie vor allem Chomskys (1959) oben erwähnte Kritik seiner Arbeit geltend macht. Diese umfangreiche, aber gleichzeitig punktuelle Kritik hat in der Spracherwerbsforschung die Zurückweisung von Skinners weitläufigen Ansätzen entschieden beeinflusst. Skinner sieht aber menschliches Verhalten keineswegs nur als Reaktionen auf isolierte Reize an. Bei seiner Unterscheidung zwischen Antwortverhalten und Wirkverhalten führen beispielsweise gerade die letzteren in eine allgemeinere Betrachtung der Verhaltensweisen im täglichen Leben und damit zusammenhängende Verstärkung – auch durch Erfolgerlebnisse und „social feedback" ein. Die Tatsache, dass Chomskys Kritik von Skinner nicht in allen Punkten gerechtfertigt ist, wird in der einschlägigen Literatur vielfach übersehen, obwohl die Unhaltbarkeit zahlreicher Kritikpunkte schon bei Richelle (1976) und Kloep (1985) sowie neuerdings von Joseph et al. (2001, 116ff.) erörtert wird.

Wissenschaftsgeschichtlich ist es nicht uninteressant festzustellen, dass der Behaviorismus selbst als zentraler Faktor einer Paradigmaverschiebung in der Psychologie angesehen werden kann. Er trat als Gegenpol gegen die bis in die 1920er Jahre dominierenden, auf Freud zurückgehenden introspektiven Ansätze auf, da diese als nicht objektiv angesehen wurden. Man war bemüht, auch Sprache und Sprachverwendung auf einer objektiveren Grundlage zu beschreiben, was u. a. die didaktischen Aspekte des Fremdsprachenunterrichts nicht negativ beeinflusst hat (Schneider 1982, 59f.). In der Gegenwart schlägt der Pendel um, in die Richtung zurück zu mentalistischen Modellen, in denen Introspektion wieder als ein methodischer Schritt anerkannt wird (vgl. die Aufsätze in Færch/Kasper 1987). Allerdings ist aber erst durch die Kombination von äußeren und inneren Faktoren, wie wir in Kapitel 4.1.2 sehen werden, eine wirklichkeitsnähere Betrachtung gegeben.

Obwohl die Stellung des klassischen Behaviorismus, wie erwähnt, generell verblasst gewesen ist, sind einige seiner Konzepte, basierend auf Skinners funktionaler Analyse, aktuell geblieben. Nicht nur Pädagogen wissen, wie wichtig Verstärkung ist. Die Verstärkung, das Feedback, spielt ja gerade bei der Interaktion zwischen Lernenden und denen, die die Sprache schon beherrschen, eine entscheidende Rolle (Hatch 1978, Krashen 1981, Andersen 1981). Viele Fragen, die mit den Reaktionen des Sprechers/Hörers in der Interaktion zusammenhängen, gehen auf Skinner (1959) zurück, ebenso die Interaktion als soziale Verstärkung beim Spracherwerb (vgl. Kloep 1985). Staats weist darauf hin, dass schon alltägliche Konversation stimuluskontrolliert ist, d. h. „people respond in large part under the control of the partner's utterances as well as his facial expressions" (1968, 157).

Während es sich beim *Behaviorismus* insgesamt um den Erwerb von Habits handelt, wird der Spracherwerb von den Anhängern des *Nativismus* als Entfaltung angeborener linguistischer Fähigkeiten angesehen. Eine besondere Vertiefung hat diese Richtung durch Chomsky, Lenneberg und McNeill erhalten. Wir haben ihre Grundlagen schon im Zusammenhang mit der Kognitionsforschung erörtert (Kapitel 3.3.1) und gehen hier auf einige weitere Punkte ein. Die Annahmen, dass ein Mensch über eine angeborene linguistische Theorie verfügt, d. h. dass grammatische Basisregeln angeboren sind, und dass sich diese Theorie in den linguistischen Universalien manifestiert, werden von der Chomsky Schule bis heute, trotz vielseitiger Kritik, vielfach noch als gesicherte Voraussetzungen des Erstspracherwerbs angesehen. Die angeborenen Prinzipien konstituieren die Universale Grammatik (UG) (zur Kritik s. Toulmin 1971, List 1981, 111, Batory 1981, 39ff., Joseph et al. 2001, 174f.).

Da nun auch zahlreiche Anhänger des Nativismus ohne nähere Begründung die Prinzipien der Universalen Grammatik für den Zweitspracherwerb geltend machen (ausführlicher dazu bei McLaughlin 1987, 96ff., Sharwood Smith 1994), ist es angebracht, ergänzend zu den auf S. 70 angeführten Gegenargumenten einige weitere hervorzuheben.

Niemand würde es wohl strittig machen, dass zum jeglichen Spracherwerb nicht nur das *Was,* also das Formale und das Inhaltliche, sondern auch das *Wie,* die Verwendung, das Funktionale gehört. Chomskys LAD (Language Acquisition Device) isoliert aber den Spracherwerb von anderen Erkenntnisbereichen und von der für den Spracherwerb notwenigen soziokulturellen Umgebung der Sprachverwendung (Oksaar 1975, 723, zur Problematik universalistischer Erklärungsansätze vgl. auch v. Stutterheim 1986, 10ff. und Cook 1999, 275). Seit Toulmins (1971) ausführlicher Kritik hat sich die Lage aber kaum geändert, wie aus Cattell (2000, 71, 75ff.) hervorgeht. Toulmin stellt u. a. fest, dass Chomsky sein Spracherwerbsapparat biologisch nicht hat verifizieren können. Die Fähigkeit, Sprache zu entwickeln, zu lernen und zu verwenden, müsse verstanden werden als ein Resultat „not so much of a single unitary capacity, as of a unique pattern of interrelated capacities (in the plural), all of whose components are present in the required constellations only in the case of human beings" (1971, 372ff.).

Als Argument für den Alleineinfluss der angeborenen grammatischen Basisrelationen, heute als angeborene Prinzipien und Parameter bezeichnet, wird angeführt, dass Kinder ja relativ schnell und gleichförmig eine sprachliche Kompetenz entwickeln, obwohl sie durch die von ihrer Umgebung gesprochenen Sprache aber nur unvollkommenes Sprachmaterial empfangen. Dieses bringe zwar den Spracherwerbsmechanismus in Gang, beeinflusse aber die Art und Weise seines Funktionierens nicht (Chomsky 1969, 14, 51).

Diese Behauptung ist nicht haltbar. Sie ist als Konsequenz des Chomskyschen idealen Sprecher/Hörer-Modells zu sehen, das jegliche Variation im Sprachgebrauch unberücksichtigt lässt. Zahlreiche empirische Befunde zeigen dagegen, dass die mit Kindern gesprochene Sprache ein spezielles Register ist, gekennzeichnet durch typische, dem Kinde angepasste Muster. Es wird langsamer gesprochen, die Artikulation ist deutlicher als in der Sprache mit Erwachsenen und es werden einfache syntaktische Konstruktionen verwendet. Schon Brown/Bellugi weisen ausdrücklich darauf hin, da in Kind ein „simplified, repetitive ... and idealized dialect" hört (1964, 136). Als Grundlage liegt dem Kind somit in der Regel nicht irgendwelche beliebige Erwachsenensprache vor, sondern eine ganz bestimmte Variante, deren Struktur den Schluss nahe legt, dass sie den Kindern den Lernprozess erleichtern kann. (Für eine ausführlichere Analyse dieses, auch als *Ammensprache, Kindersprache,* engl. *baby talk, parental speech, motherese* bekannten Registers (Oksaar 1987a, 124-129, 239f., Penzinger 1985, 84ff., Cattell 2000, 105ff.). Ihre Existenz, die es beim Zweitspracherwerb generell nicht gibt, ist ein wichtiger Faktor bei der Frage der Vergleichbarkeit des Erst- und Zweitspracherwerbs (s. zu dieser Kapitel 4.3.3). Auch vom Stand der heutigen Forschung her hat folgende Feststellung ihre Gültigkeit nicht verloren: Aus der Tatsache allein, dass ein Kind zu einer bestimmten Zeit über einen Regelmechanismus verfügt, kann weder geschlossen werden, dass es mit diesem Mechanismus geboren worden ist, noch dass es ihn nur durch Konditionierung erworben hat (Peizer/Olmstedt 1969, 61). Dies führt uns nun zur Frage der Konvergenz.

4.1.2 Konvergenz

Es ist bemerkenswert, dass in der einschlägigen Spracherwerbsliteratur, vor allem auch im Bereich der Zweitspracherwerbsforschung, der schon seit langem bekannte dritte Ansatz, die *Konvergenz* von Stern (1914) kaum beachtet worden ist, obwohl auch die englische Übersetzung seines Werkes schon 1963 vorlag. Diejenigen, die an der nativistischen These festhalten, berücksichtigen nicht, dass die Frage der spezienspezifischen menschlichen Sprachfähigkeit von der Frage der Sozialisation, der Enkulturalisation und der kognitiven Entwicklung nicht zu trennen ist. Sie berücksichtigen aber auch nicht die wichtigen Zusammenhänge zwischen kognitiven Prozessen und Situationskontexten beim Spracherwerb (Schneider 1982, 167, Zlatev 1997, 4f., 334). Für den Zweitspracherwerb sind diese Aspekte generell und auch bei der kontrovers diskutierten Frage des Zusammenhangs zwischen Erst- und Zweitspracherwerb relevant.

In seiner „Psychologie der frühen Kindheit" (1914) stellt William Stern die Konvergenztheorie dar. Er sieht nicht nur die seelische Entwicklung als „das Ergebnis einer Konvergenz innerer Angelegenheiten mit äußeren Entwicklungsbedingungen" (1967, 26f.), sondern auch die Sprachentwicklung. Er fasst diese auf als „Konvergenzprodukt zwischen den fortwährend auf das Kind eindringenden Sprachäußerungen seiner Umgebung und seinen inneren Sprachbedürfnissen und -fähigkeiten" (1967, 123). Methodisch hebt er folgendes hervor: „Bei keiner Funktion oder Eigenschaft dürfte man fragen: ,Stammt sie von außen oder von innen', sondern ,*Was* an ihr stammt von außen und *was* von innen?'; denn stets wirkt beides in ihrem Zustandekommen mit, nur jeweils mit verschiedenen Anteilen" (1967, 26f.).

Es gibt weitere Ansätze in dieser Richtung. Erwähnenswert ist der frühe Versuch von Gagné in „The conditions of learning" (1965), die behavioristischen und kognitivistischen Lerntheorien zu verbinden, sowie die Erörterung der Notwendigkeit, die Theorien von Chomsky und Skinner zu integrieren. Dies könnte geschehen „by requiring Chomsky to abandon strong nativist claims and Skinnerians to accept that language is rulegoverned" (Loritz 1991, 301). Auch Carrolls (1981) „unified theory of language learning", die sich auch auf Zweitspracherwerb bezieht, ist bestrebt, behavioristische Aspekte weiterzuentwickeln und in eine kognitive Theorie einzubinden.

In den letzten Dezennien finden wir einige Gemeinsamkeiten mit Sterns Modell auch in den *interaktionistischen* Ansätzen in den USA. Sie sehen den Spracherwerb als das Resultat der Interaktion zwischen der sprachlichen Umgebung des Lerners und seinen mentalen Fähigkeiten. „The interactionist view sees language development as the result, both of input factors and of innate mechanisms" (Ellis 1986, 129). Ellis stellt auch fest: „The learner's processing mechanisms both determine and are determined by the nature of the input" (1986, 129). Aus interaktionistischer Sicht stehen nicht so sehr die sprachlichen Ausdrücke des Lerners im Fokus, sondern der Diskurs, den dieser und die Gesprächspartner gemeinsam gestalten (vgl. die Diskussion in Davies et al. 1984, 220ff. und Hatch 1978). „The acquisition of a language arises from the circumstances of use and communicative interaction". Mit dieser Feststellung Tomlins (1990, 161) wird auch der funktionale Aspekt dieser Richtung deutlich. Wir erinnern auch an Wygotskis Standpunkt, dass Spracherwerb von Anfang an sozial ist, und an die Tatsache, dass die europäische Forschung die Interaktion im Erwerbsprozess stets als maßgebend betrachte hat. „Der Spracherwerb wird gefördert durch Kommunikation – wobei die Rolle der Dialoge als sehr wichtig angesehen wird – ... und ist mit gleichzeitigen visuellen, auditiven und kinemischen Komponenten verbunden" (Oksaar 1975, 728).

Nicht das Entweder-Oder-Prinzip, sondern das Sowohl-als-auch-Prinzip verspricht einen wirklichkeitsnäheren Ausgangspunkt für die Hypothesenbildung im Bereich des *Wie* im Zweitspracherwerb zu sein. Bis jetzt gibt es hier immer noch zu wenig systematische empirische Grundlagenforschung.

Aus dem Dargelegten geht hervor, dass unterschiedliche Schulen die jeweiligen Forschungsresultate anderer Richtungen häufig nicht zur Kenntnis nehmen, oder Schwierigkeiten haben, ihre Bedeutsamkeit zu beurteilen (Gass/Schachter 1989, 1). De Beaugrandes (1997, 286ff.) Auseinandersetzung mit den Dominanzansprüchen und der Kritikignorierung der mentalistischen Richtung gibt ein anschauliches Bild von der Lage. Er plädiert für Theorien, die es ermöglichen, Sprache in ihrem authentischen kognitiven und sozialen Kontext zu sehen, und umreißt in 10 Punkten die Kennzeichen derartiger Verfahren.

Die forschungskritische Feststellung Fishmans: „there is an obvious danger for methodologically different traditions to be ideologically disinclined to reach each other" (1982, 3), trifft auch für verschiedene Bereiche der heutigen Zweitspracherwerbsforschung zu. Dies zeigt sich bei der Erörterung des Forschungsstandes im nächsten Kapitel, ebenso wie in der Tendenz, bei der Entwicklung neuer Theorien, wie McLaughlin feststellt, die schon existierenden zu übergehen, obwohl „progress in science requires taking into account the achievements of one's predecessors. Even scientific revolutions preserve some continuity with the old order of things" (1987, 11).

4.2 Zum Forschungsstand

4.2.1 Heterogenität der Ansätze

Seit den 1950er Jahren ist die Zweitspracherwerbsforschung – die heute ein sehr heterogener Bereich ist – zunehmend durch eine kaum übersehbare Menge von Veröffentlichungen gekennzeichnet. Insbesondere in den letzten 30 Jahren ist eine große Anzahl von Aufsätzen und Monographien erschienen, in denen Theorien, Modelle und Hypothesen des Zweitspracherwerbs entwickelt worden sind. Generell fällt dabei, vor allem in der angelsächsischen Literatur, die Uneinigkeit in grundlegenden Terminologiefragen auf: was für einige noch Hypothese ist, gilt bei anderen schon als Theorie (Spolsky 1989, 2). Als Oberbegriff für Hypothesen und Modelle erscheint *Theorie* bei McLaughlin (1987). Die Verwendung von *Modell* ist ebenso nicht einheitlich. Chao stellt über 30 unterschiedliche Verwendungsweisen fest (Lewandowski 1990, 717).

Wenn somit Anfang der 1990er Jahre etwa zwischen 40 und 60 Theorien des Zweitspracherwerbs festgestellt worden sind – Larsen-Freeman/Long (1991, 227) sprechen von 40, Long (1993, 225) von 40–60 Theorien, so liegt die hohe Zahl in der variierenden Terminologie begründet, die auch Hypothesen, Modelle u. dgl. einschließt (vgl. Crookes 1992). Die Problematik ist augenscheinlich: es geht um die Frage, in welcher Weise man bei einer Menge von stets wachsenden Detailkenntnissen, gewonnen durch unterschiedliche Quellen und Methoden, ihre Kohärenz als bestimmenden Faktor von sprachlichen Prozessen feststellen kann. Sie hat bis jetzt keine eindeutige und befriedigende Antwort erhalten.

Ist die Vielheit der Theorien ein Vorteil oder ein Nachteil für die Zweitspracherwerbsforschung? Diese und weitere Fragen, u. a. verschiedene Forderungen an Theorien, werden von Ellis (1986), McLaughlin (1987) und Mitchell/Myles (1998), sowie in der Spezialnummer „Theory Construction in SLA" (Applied Linguistics 14, 1993) ausführlich erörtert. Auf unterschiedliche Typen bisheriger Ansätze, ihre Quellen und Bewertung geht vor allem Long (1993, 225ff.) ein (vgl. Sharwood Smith 1994, Gass 1997). Kennzeichnend für die Diskussion sind die Einsicht und die Forderung, dass eine Theorie des Zweitspracherwerbs schon per definitionem eine Theorie der Veränderung und der Entwicklung sein muss.

Mehrere komplementäre Theorien, die in unterschiedlichen Domänen operierend Erklärungen ermöglichen, könnten nur dann fruchtbar sein, wenn die Komplementarität kohärent ist (Beretta 1991, zit. in Long 1993, 228); rivalisierende Theorien seien dann „gut", wenn nach Synthesen gesucht wird. Dies ist in der Zweitspracherwerbsforschung jedoch kaum der Fall gewesen. Die Validierung und Vergleichbarkeit der Daten und ihrer Bearbeitung, die den Theorien und Modellen zugrunde liegen, sind mit erheblichen Schwierigkeiten verbunden. Die wissenschaftsideologische Position der Forscher und die Zielgruppen ihrer Veröffentlichungen spielen dabei eine nicht geringe Rolle. Die Bestrebungen, universale Aussagen zu machen, geschehen notgedrungen auf Kosten wichtiger individueller und gruppenspezifischer Unterschiede. Die damit verbundene Problematik wird auch bei der Didaktisierung der Resultate für den Fremdsprachenunterricht deutlich. Eine zentrale methodische Frage müsste daher bei Theoriebildung stets beachtet werden: welche individuellen Faktoren und Komponenten dürfen auf welcher Theoretisierungsebene bei welcher Fragestellung nicht übersehen werden, wenn eine Theorie aussagekräftig sein will.

Es dürfte deutlich geworden sein, dass es uns in diesem Abschnitt nicht darum gehen kann, eine umfassende Darstellung auch nur der zentraleren Theorien oder Modelle zu geben. Vielmehr geht es uns darum, vor allem unterschiedliche Richtungen und zentrale Thematisierungen zu analysieren, kritisch zu würdigen und weiterführende Möglichkeiten zu erörtern. Vorweggenommen sei die Feststellung, dass Zweitspracherwerbsforschung neue Ansätze und Modelle braucht, die der intra- und interkulturellen Kommunikation in heterogenen Gesellschaften Rechnung tragen. Die Kulturbedingtheit der Sprache und die soziokulturellen Bedingungen ihrer Verwendung bilden dabei wichtige Ausgangspunkte.

Schon ein kurzer Blick in die Geschichte der Zweitspracherwerbsforschung verdeutlicht einige Ursachen der unterschiedlichen Entwicklungsrichtungen. Am Anfang der neueren Zweitspracherwerbsforschung standen Anregungen, die auf Charles Fries „Teaching and learning English as a foreign Language" (1945) zurückgehen. Es waren vor allem angewandte Linguisten mit pädagogischer Erfahrung – Lado, Nemser, Corder, Selinker –, die seit den 1960er Jahren durch ihre Forschungen neue Erkenntnisse für die an der traditionellen Grammatik ausgerichteten Unterrichtspraxis erhofften und Konzepte wie *Kontrastivität, Fehleranalyse, Variabilität der Lernersprache* operationalisierten. So ist z. B. die *Kontrastivhypothese,* die davon ausgeht, dass die schon erworbene Sprache einen Einfluss beim Lernen einer neuen ausüben kann, für den Fremdsprachenunterricht eine Zeitlang leitend gewesen. Wir befassen uns mit dieser Hypothese und der Kontrastivität in Kapitel 4.3.1. Die heute wiedergewonnene Stellung kontrastiver Überlegungen hängt einerseits mit der Widerlegung der *Identitätshypothese* zusammen, die sie in den 1970er Jahren im Misskredit gebracht hat (Kapitel 4.3.2), andererseits aber auch mit der Entwicklung der kontrastiven Linguistik als Teildisziplin der *Kontaktlinguistik,* zusammen mit ihren Teilbereichen wie *Interferenzlinguistik* (Tesch 1978) und *Fehlerlinguistik* (Svartvik 1973, Cherubim 1980).

Die weitere Entwicklung führte dazu, dass durch Untersuchungen der *Lernersprache* mit ihrer Variation ein weiterer Erkenntnisbereich im Studium der menschlichen Sprache und ihrer Verwendung sowie für die linguistische Theorie eröffnet wurde. Leider wurde die umfangreichere, Sprache und Kultur umfassende Perspektive, die für Lado in seiner „Linguistics across cultures" (1957) beim Fremdsprachenerwerb wichtig war, damals nicht weiter thematisiert. Die sprachpädagogische Verankerung hat sich aber bis heute erhalten, nicht wenige Übersichtsarbeiten gehen mehr oder weniger auch auf die Didaktisierung der Resultate ein.

Die theoretischen und methodischen Ansätze der Zweitspracherwerbsforschung orientieren sich zunehmend an den jeweils dominierenden linguistischen, psychologischen und philosophischen Schulen (vgl. Tarone et al. 1994). Generell lassen sich heute zwei Hauptrichtungen der Studien unterscheiden: kontextgebundene empirische Arbeiten und abstraktere, vorwiegend auf der universalen Grammatik beruhende Untersuchungen. Die Methodendiskussion bewegt sich daher auch um die Frage der Deduktion und Induktion bei der Theoriebildung (Lightbown 1984, 251, Ellis 1986, 249f., McLaughlin 1987, 9).

Die *induktive* Methode führt von den Einzelfällen zum Allgemeinen und umfasst schematisch gesehen folgende Schritte: Beobachtung – Aussagen über das Beobachtete (sog. Protokollaussagen) – Hypothesen – Gesetz – Theorie. Die *deduktive* Methode verfährt in umgekehrter Richtung: Aus einer Theorie werden Gesetze abgeleitet, die zu weiteren spezielleren Aussagen führen. Die beiden methodischen Schritte, auch als „research – then – theory" und „theory – then – research" bekannt, müssen den jeweiligen Fragestellungen angepasst werden; in der Forschungspraxis gibt es aber keine derartig strikte Dichotomie. Dies geht auch aus der Forschung des Erstspracherwerbs hervor (vgl. Oksaar 1987a, 39f.).

Kennzeichnend für die Forschungslage ist in groben Zügen folgendes:

1) Die Theorie oder Hypothesendiskussion hat in den letzten Dezennien viele Einzelheiten im Rahmen der Grammatik erforscht und erörtert, allerdings überwiegend beim Erwerb von Englisch und Französisch. Statt sich allen Aspekten der Sprache zuzuwenden, die der Lerner braucht, liegt der Schwerpunkt der Untersuchungen auch in den frühen 1990er Jahren auf Morphologie und Syntax, trotz zunehmender pragmatischer Orientierung und Beschäftigung mit der Entwicklung kommunikativer Fähigkeiten (zu einem Überblick dieser Studien s. Kasper/Rose 1999 und Kasper 2001). Im Fokus war die Form, bei Vernachlässigung ihrer Funktion und der Variation, die sich in der Sprache der Lernenden durch die wechselnde Form-Funktion Beziehung offenbart. Dieser Tatbestand ist schon in den 1980er Jahren vielfach kritisiert worden, insbesondere wegen der Konzentration auf den Erwerb von isolierten formbezogenen grammatischen Einheiten wie Negation, Interrogation, Plural-S und bestimmter und unbestimmter Artikel. Es wird auch bemängelt, dass man über Phonologie- und Wortschatzerwerb zu wenig weiß (Ellis 1986, 5, Hüllen 1987, 326, Gass 1997).

2) Der seit den 1970er Jahren eingeleitete Weg von produktionsorientierter Betrachtung zur Prozessorientierung in der Zweitspracherwerbsforschung und die Schwerpunktverschiebung auf die Lernerperspektive (Kapitel 4.4.2), haben das Feld zwar erweitert, gleichzeitig aber auch die Problematik des Erklärungsrahmens. Denn es gibt zwar viele deskriptive Daten, aber häufig keine Einmütigkeit bei der Frage ihrer Interpretation.

„It will take time and much research slowly to eliminate inappropriate explanations. It is also possible that a single phenomenon is the result of more than one cause" (Ellis 1986, 287). In diese Richtung zielt auch die Feststellung, dass Zweitspracherwerb „may currently be said to be by no means adequately understood or described, or modelled, either in Europe or anywhere else" (Dechert 1990, 1). Nach jahrzehntelanger intensiver Forschung gibt es laut Dechert keine zufriedenstellenden Antworten auf viele wichtige Fragen, sogar nicht einmal die Rolle der Erstsprache in dem Zweitspracherwerb.

Die Methoden- und Themenvielfalt zeigt sich in Zeitschriften wie Language Learning, TESOL Quarterly, Studies in Second Language Acquisition, Annual Review of Applied Linguistics, Applied Linguistics, International Review of Applied Linguistics in Language Teaching (IRAL), Interlanguage Studies Bulletin und Applied Psycholinguistics, um nur einige zu nennen. Ebenso in Sammelbänden, von denen nicht wenige auf Vorträge in Symposien und Tagungen zurückgehen, u. a.

Rutherford (1984b) „Language Universals and Second Language Acquisition", Davies et al. (1984) „Interlanguage" und Dechert (1990) „Current Trends in European Second Language Acquisition Research". Dieser Band verdient Erwähnung nicht nur als die Veröffentlichung des ersten Workshops dieser Art und dieses Umfangs in den USA, sondern auch, weil in den Beiträgen, vom Lerner-Lexikon bis zu Sprach- und Kulturkontakten, auch erstmals die ihnen zugrundeliegenden Projekte erläutert werden. „It stands for a rich tradition, which ... has not been described in detail nor even been fully perceived in the international SLA literature" (Dechert 1990, 1).

Da Zweitspracherwerb kein monolithischer Prozess ist, muss damit gerechnet werden, dass unterschiedliche Aspekte einer Sprache nicht in gleicher Weise erworben werden – z. B. die Aussprache im Russischen anders als das Aspektsystem – und daher nicht mit gleicher Methodik erfasst werden können (Tarone et al. 1994, Ellis 1994, Gass 1997). Dabei müssen auch unterschiedliche Erwerbssituationen, schulische und außerschulische, sowie unterschiedliche Altersstufen berücksichtigt werden. Durch von einander abweichende Untersuchungsmethoden und Datenerhebungsarten wiederum – beispielsweise von grammatischen Beurteilungstests und Diktaten über Bilderbeschreibungen bis Nacherzählungen – gelangt man gewöhnlich zu unterschiedlichen Resultaten.

Die Feststellung der jeweiligen Erklärungsreichweite der verschiedenen methodischen Ansätze ist jedoch problematisch und gegenwärtig wohl auch wegen der zu unübersichtlichen Forschungslage kaum durchführbar. Ein ernsthaftes Problem ist somit die Zuverlässigkeit der Ergebnisse, sowohl bei Vergleichen als auch bei Übernahme von Resultaten anderer Autoren. Dies geschieht ja meistens ohne Prüfung ihrer Daten, es fehlt der Zugang und es fehlen häufig auch Kriterien der Überprüfbarkeit. Nicht selten werden derartige Resultate aus Tests mit unterschiedlichen Datenbasen als Bestätigung für die eigenen Feststellungen herangezogen. Wir haben Anlass, im Zusammenhang mit der Identitätshypothese in Kapitel 4.3.2 darauf noch näher einzugehen. In den 1990er Jahren mehren sich wegen der hier geschilderten Lage die kritischen Diskussionen über Validität der Ergebnisse und der methodischen Verfahrensweisen (de Beaugrande 1997, Sheen 1999, Rampton 1999).

Ein weiteres methodisches Problem entsteht durch die grundlegende Frage: Wann, unter welchen Bedingungen, nach welchen Kriterien gilt eine sprachliche Einheit als erworben? Aus den Untersuchungen geht häufig nicht hervor, welches Kriterium zugrunde gelegt worden ist. Wenn dies geschieht, z. B. anhand von Prozentsätzen der korrekten Vorkommenshäufigkeit, so ist die Entscheidung für ihre Festsetzung nicht nachvollziehbar. Dieser Umstand ist bei der Erstspracherwerbsforschung schon früh kritisiert worden. Exemplarisch sei auf Cazdens willkürliche Festsetzung des Erworben-Kriteriums bei grammatischen Morphemen hingewiesen. In einer ihrer Publikationen (1968) war das Kriterium 90 % der korrekten Verwendung in obligatorischen Kontexten in drei zweiwöchentlichen aufeinanderfolgenden Samples, in einer späteren (1975) genügten ihr 80%. (Clahsen et al. 1983, 96, vgl. Hakuta 1974, 154). Beim Zweitspracherwerb setzt Schumann (1978) das Kriterium bei Hilfsverben in obligatorischen Kontexten auf 90 % an. E. Klein stellt fest: „Bei Wode (1981) gilt eine Struktur bei ihrem zweiten Vorkommen als erworben. Dass dies eine arbiträre, kaum zu rechtfertigende Entscheidung ist, bedarf keiner Erläuterung" (1987, 33).

Hier geht es also um die Kritik der willkürlichen Bestimmbarkeit des Lernerfolgs. Dass dieser mit Sicherheit nicht voraussagbar ist, werden wir im nächsten Kapitel sehen. Der methodische Fehler bei den erwähnten zahlenbezogenen Festlegungen liegt ferner darin, dass man *Lernen* mit *Zielsprachenproduktion* gleichgesetzt hat. Der Lerner kann aber sehr wohl eine Form erworben haben, die der Zielsprache nicht ähnlich ist (Hakuta 1974, 154). Es handelt sich ja auch um den zu wenig beachteten Regelerwerb und Verwendungserwerb – das eine schließt das andere nicht ohne weiteres ein. Man kann Fehler machen und die Regeln trotzdem beherrschen, und umgekehrt, richtige Ausdrücke benutzen, ohne die Regeln zu kennen. Letzteres ist beim Erwerb der Zweitsprache durch Interaktion mit Einheimischen und durch Print-Voice- und Bildmedia beim Selbststudium häufig der Fall. Die Einheimischen kennen die Regeln ihrer Muttersprache auch nicht in dem Maße, dass sie ihre elaborierte Rede erklären können. Ferner kann festgestellt werden, dass die Beurteilung der gesprochenen Sprache des Lerners anhand schriftsprachlicher Regeln geschieht, die nicht immer gleich sind, vgl. das rationale Ausdrucksmodell in Kapitel 2.2.1.

Als letztes Beispiel für unterschiedliche Einteilungen sei auf die oben (S. 15) behandelte Frage hingewiesen, von welchem Alter an man bei Vorschulkindern statt von *simultanem Erwerb* zweier Sprachen von *Zweitspracherwerb* reden sollte.

Das eben Erörterte, in dem es uns vor allem darum ging, auf einer Makroebene der Betrachtung die Heterogenität der Forschungslage und ihre kritische Würdigung in groben Zügen zu skizzieren, bietet verschiedene Anknüpfungspunkte zur theorie- und methodenbezogener Vertiefung. Insbesondere bei individuums- und prozessbezogenen Ansätzen gibt es eine Reihe von Fragen und Erkenntnissen, die weitere Thematisierung und Operationalisierung erfordern. Wir werden auf diese in späteren Kapiteln ausführlicher eingehen und neue Perspektiven erörtern, auch von der in Kapitel 2 vertieften Sicht aus, dass Zweitspracherwerb als kulturelles Lernen stets auch *Kulturemerwerb* ist. Auf einen Umstand, der die Methodik der Betrachtung der Entwicklungsprozesse des Zweitspracherwerbs betrifft, gehen wir aber schon im nächsten Kapitel ein.

Nichtlineare Systeme

Die Tatsache, dass Zweitspracherwerb meistens nicht linear fortschreitet, sondern durch nicht voraussagbare Fort- und Rückschritte gekennzeichnet ist, also als ein dynamischer, komplexer, nichtlinearer Prozess erscheint, widerspiegelt sich fast gar nicht in ihrer Theorie- und Modellbildung. Der Erwerb wird, mit wenigen Ausnahmen, als ein linearer Prozess verstanden, bei Erklärungen wird, wie aus Einzeluntersuchungen hervorgeht, überwiegend in reduktionistischer Art verfahren, mit fehlendem Blick auf das Ganze. In den syntaxdominierten Darlegungen von Phänomenen wie Erwerbssequenzen (s. S. 105) kommt ihre Komplexität nicht zum Tragen, da Erläuterungen in Form von relativ einfachen Zusammenhängen erfolgen. Komplexe Variablen werden pauschal betrachtet, so bei der Identitätshypothese (Kapitel 4.3.2) und einigen Erklärungen zur Interlanguage.

Auf diese Diskrepanz ist man hauptsächlich seit den 1990er Jahren aufmerksam geworden, wesentlich inspiriert durch die naturwissenschaftlichen Theorien komplexer, nichtlinearer dynamischer Systeme. Zu denen gehört auch die Chaostheorie (Gleick 1986, Briggs/Peat 1993, Cohen/Stewart 1997). Diese Theorie besagt, dass auch bei einfachsten, nach deterministischen Gesetzen funktionierenden nichtlinearen Systemen Voraussagen ihres Verhaltens äußerst schwierig sind. Stabilität wechselt mit Chaos. Während bei linearen Systemen Ursachen und Wirkungen proportional sind, können bei nichtlinearen Systemen kleine Ursachen überproportional große Wirkungen hervorrufen (Kreuzer 1996, 151).

Die Chaostheorie, die ihren Ursprung in der Physik hat, mit Wurzeln schon in der Antike, geht von der Erkenntnis aus, dass unvorhersehbare Systeme möglich sind. Sie widerlegt die *Art* der Voraussagbarkeit, die man in der Physik auf der Grundlage von Newtons Gesetzen machen konnte. Praktisch alle Systeme der Wirklichkeit gehorchen nichtlinearen Gesetzen. Deshalb gibt es häufig Situationen, „bei denen leichte Störungen über regelmäßiges und unregelmäßiges Verhalten entscheiden" (Kreuzer 1996, 146). Die kleinsten Unterschiede zwischen zwei Anfangsbedingungen können bei nachfolgenden Ereignissen zu gänzlich unterschiedlichen Ergebnissen führen und das scheinbar Zufällige könnte gesetzmäßige Ursachen haben. Ein wichtiger Faktor dieser Theorie ist die Erkenntnis, dass das Ganze mehr ist als die Summe seiner Teile (vgl. das Prinzip in Kapitel 1.3.2). Zu den zentralen Begriffen der Theorie gehören *Attraktor* und *Fraktal*. Der Attraktor bildet in einem dynamischen Prozess oder System einen Anziehungspunkt mit gewisser Stabilität, das Fraktal ermöglicht die Wiederholung selbstähnlicher Prozesse auf verschiedenen Ebenen. Ein linguistisches Attraktormodell findet sich bei Cooper (1999), der auch Techniken ihrer Feststellung erörtert.

Was könnte sich nun aus den Erkenntnissen der nichtlinearen Dynamik für die Zweitspracherwerbsforschung ergeben? Wir stellen die Frage aus interdisziplinärer Perspektive, bei aller Beachtung der naturwissenschaftlichen Verankerung der Chaostheorie und der prinzipiellen Unübertragbarkeit ihrer Experimente und Modelle, da jeglicher Spracherwerb ein dynamischer und äußerst komplexer Prozess ist. Zweifelsohne ist es angebracht, entgegen der üblichen Art, Zweitspracherwerb aus der Perspektive der dynamischen, komplexen nichlinearen Systemen zu betrachten. Schon aus methodologischen Gründen: „It is my hope that learning about the dynamics of complex nonlinear systems will discourage reductionist explanations in matters of concern to second language acquisition researchers" (Larsen-Freeman 1997, 142). Denn Sprache ist komplex, gebildet durch zahlreiche unterschiedliche Subsysteme, von der Phonologie bis zur Pragmatik, die voreinander abhängig sind.

Der Erwerb einer Sprache ist, wie wir betont haben, kein linearer Prozess. Es gibt eine Art wellenförmige Dynamik, die gegen eine linear fortschreitende Entwicklung in den verschiedenen Bereichen der Sprache spricht. Das lässt sich z. B. bei regelmäßigen und unregelmäßigen Verben beobachten: dem eventuell korrekten Anfang folgt nicht selten eine Art Chaos mit unvorhersehbaren Abweichungen, jedoch nach dem Prinzip, dass sich Chaos und Ordnung abwechseln. Ausführliche Erläuterungen zu derartigen Fällen beim Zweitspracherwerb und der Möglichkeiten, die die Chaostheorie zur Beleuchtung des Fremdsprachenlernens beitragen könnte, finden sich bei Larsen-Freeman (1997). Aus ihrer auf einschlägige Forschungsliteratur aufbauenden Diskussionen dieser Möglichkeiten gehen sowohl die Gefahr der Überbewertung der Chaostheorie als auch ihre Vorzüge hervor.

Aus der Perspektive der komplexen nichtlinearen Systeme ergeben sich veränderte Sehweisen auf grundlegende kontroverse Erklärungsmechanismen der Sprachtheorie, wie z. B. auf die bekannten Dichotomien *langue – parole, Kompetenz – Performanz*. Sie werden ohne scharfe Grenzen gesehen und zwar als einander einschließend und ergänzend. Dies gilt auch für die Kontroverse „between innatists and constructivists over what must be hardcored in the brain and what must be present in the environment" (Larsen-Freeman 1997, 152). Wir können feststellen, dass William Stern mit seiner Konvergenz (Kapitel 4.1.2), von diesen Überlegungen schon vieles vorweggenommen hat, auch durch seine Forderung, dass der Widerstreit zwischen Nativismus und Behaviorismus durch eine Veränderung der ganzen Fragestellung überwunden werden muss.

Ebenso wichtig ist es, über das *Lernen,* und seine bisherigen Definitionen nachzudenken, weil es so wenig Langzeituntersuchungen im Bereich des Zweitspracherwerbs gibt. Vor dem Hintergrund der chaostheoretischen Überlegungen kann die schon oben (S. 92) erörterte Feststellung, wann etwas gelernt ist, ebenso nicht so einfach geschehen, wie es die meisten Untersuchungen durch Pre-Tests und Pro-Tests oder rein willkürlich tun (Larsen-Freeman 1997, 155). Da beim Spracherwerb mehrere Subsysteme ein System bilden, hängt der Lernerfolg, wie in Kapitel 3 hingewiesen, von vielen unterschiedlichen Faktoren ab, vom Feedback des Lehrers und der sozialen Umgebung bis zur verschiedenen Interaktionsmöglichkeiten mit Muttersprachlern. Er ist aber nicht exakter voraussagbar. Larsen-Freeman (1997, 155) vergleicht die Lage mit Kieselsteinen und Erdrutsch, um zu manifestieren, dass es nicht möglich ist, genauer zu bestimmen, wann und aus welchem Anlass der Lernerfolg eintritt. Viele Kieselsteine rollen bergab bevor ein Erdrutsch stattfindet; aber welche Kiesel diesen wann, wo, unter welchen Umständen auslösen, ist nicht festzustellen.

Diese Perspektive hebt die Relevanz der Details wegen ihrer möglichen großen Wirkungen hervor, ohne das Ganze, was es auch jeweils sei mag, aus dem Fokus zu verlieren. Sie kann auch die Notwendigkeit unterstreichen, individuelle Unterschiede beim Spracherwerb und den *Idiolekt* des Lerners mehr zu berücksichtigen. Um den Zweitspracherwerb zu verstehen, genügt es aber nicht, stets neue Taxonomien der Lernercharakteristik aufzustellen, wie bei Spolsky (1989), denn sie wirken zusammen, und es ist nicht möglich, das Ergebnis ihrer Kombination vorauszusagen. In komplexen nichtlinearen Systemen entsteht das Verhalten des Ganzen, wie gesagt, durch das Zusammenwirken der Einzelteile. Diese kann man natürlich analysieren und ihre Existenz kann wichtig sein, das sagt aber nichts über ihre Zusammenarbeit aus (Larsen-Freeman 1997, 157f.).

Letzten Endes haben wir es zutun mit dem auf S. 21 erörterten *Idiolekt* des Lerners. Idiolekte sind nicht identisch und nicht statisch. Das Repertoire des Lerners ist beim Erwerb von Sprachen in Veränderung, und die Forschungsaktivitäten sollten die Details mehr als früher beachten, ohne den Blick auf das Ganze zu verlieren. Die Chaostheorie, von der Zweitspracherwerbsforschung kritisch erkundet, könnte eine fokuserweiternde Hilfe zur Beurteilung der bisherigen Resultate sowie weiterer Planungen und Analysemodelle sein. Prinzipielles ist ja auch schon früher bekannt gewesen, z. B. durch gestalttheoretische Prinzipien, jedoch ist es kaum operationalisiert worden.

Bei der Heterogenität der Ansätze, in die sich auch die Überlegungen dieses Kapitels einreihen, kann man bei aller Verschiedenheit folgendes feststellen. Sie zentrieren um zwei Pole – *Sprachsystem* und *Individuum*. Im folgenden werden wir zunächst einige zentrale Ansätze in der Richtung vom Sprachsystem zum Individuum behandeln und anschließend die individuumzentrierten. Sie haben nicht nur die Methodik der Zweitspracherwerbsforschung beeinflusst, sondern auch Curricula, Fremdsprachendidaktik und Lehrmaterialien.

4.3 Von sprachsystemzentrierten Ansätzen zu individuumzentrierten Modellen

Bei den Erörterungen der Heterogenität der Ansätze in Kapitel 4.2.1 haben wir festgestellt, dass sich ihre Entwicklung und die Betrachtungsschwerpunkte zunehmend auch dem Lerner und seinen sprachlichen Verhaltensweisen zugewandt haben. Die hier festgestellte sprachsystem- und individuumbezogene Polarisierung lässt sich aus einer anderen Perspektive etwas differenzierter sehen. Sie sollte nicht als eine feste Grenzziehung verstanden werden, sondern eher als ein komplexes komplementäres Gebilde mit Übergangszonen und einer jeweiligen *Zentrum-Peripherie-Beziehung*. Die Einteilung kann auch als eine *Figur-Grund-Relation* aufgefasst werden. Die Entwicklung und heutige Stellung der kontrastiven Analyse bietet ein anschauliches Beispiel dafür. Handelt es sich um Kontrastierung von morphosyntaktischen Einheiten, so steht gewöhnlich die Ebene des Sprachsystems im Vordergrund, bei Behavioremen jedoch das Verhalten des Individuums, wobei die andere Ebene je nach der Fragestellung mehr oder weniger präsent ist.

4.3.1 Kontrastive Analysen

Sprachliche und andere kommunikative Einheiten bauen auf Kontraste auf, in der Zweitspracherwerbsforschung ist das Kontrastprinzip u. a. durch die Kontrastivhypothese (S. 98) thematisiert worden. Ihren methodischen Rahmen bilden *kontrastive Analysen*. Da diese trotz Kritik bis heute in einer oder anderen Form ihre Funktion in der Zweitspracherwerbsforschung bewährt haben und vor allem seit den 1990er Jahren mit erweiterten Fragestellungen, die auch kontrastive Kulturemforschung einschließen, wieder mehr berücksichtigt werden, ist es angebracht, kurz auf ihre Grundlagen einzugehen.

Den Hintergrund der kontrastiven Analysen in der Zweitspracherwerbsforschung bilden die *kontrastive Linguistik* und die *behavioristischen Lerntheorien*. Zu den letzten finden wir ausführliche Darstellungen bei Skinner (1957, 52-80). Das Prinzip der Kontrastivität und die vergleichende Konfrontation lexikalischer, semantischer und grammatischer Strukturen wurde auch schon von der historisch-vergleichenden Sprachwissenschaft operationalisiert. Die kontrastive Linguistik, auch als *kontrastive Grammatik* bekannt, hat aber andere Ziele. Sie ist primär nicht diachronisch angelegt und befasst sich in erster Linie mit synchronischen Strukturvergleichen in den Ge-

genwartsprachen. So finden wir schon vor 100 Jahren, bei Baudouian de Courtenay 1902, und in der Prager linguistischen Schule der 1920er Jahre systematische Kontrastierungen sprachlicher Erscheinungen. Diese Richtung ist aber erst in den 1940er und 50er Jahren durch den amerikanischen Strukturalismus intensiviert worden.

Die ersten auf struktureller Beschreibungstechnik fußenden kontrastiven Analysen waren hauptsächlich am Fremdsprachenunterricht orientiert. Sie sind vorwiegend mit den Namen Fries (1945) und Lado (1957) verknüpft und mit der Serie der „Contrastive Structure Studies", die in den 1960er Jahren vom Center for Applied Linguistics in Washington herausgegeben wurde. Mit dem Englischen kontrastiert wurden die Phonologie und die Grammatik der wichtigsten Fremdsprachen in den USA – Spanisch, Italienisch, Deutsch und Französisch. Das theoretische Modell kontrastiver Analysen sieht vor, durch Vergleiche äquivalenter Subsysteme Ähnlichkeiten und Verschiedenheiten zwischen Sprachen und Dialekten festzustellen. In der Praxis jedoch ist größeres Interesse den Unterschieden zuteil geworden.

Die neueren kontrastiven Analysen haben als Ziel, durch Gegenüberstellung auf allen sprachlichen Strukturebenen – phonetisch-phonologischen, morphologischen, syntaktischen und semantischen sowie pragmatischen, insbesondere kuturembezogenen – nicht nur Grundlagen für Unterrichtszwecke zu schaffen, sondern auch für die Sprachtypologie und die Universalienfrage, ebenso wie für die theoretische und praktische Seite der Übersetzung (zur Geschichte der kontrastiven Linguistik s. Rein 1983, vgl. James 1980, Kühlwein 1990).

Die Entwicklung der kontrastiven Analysen kann zusammengefasst werden mit der Feststellung: „Die ‚traditionelle' kontrastive Analyse setzte bei den statisch-strukturellen bzw. systemgegebenen Kontrasten und Gemeinsamkeiten an; die kommunikativ-pragmatisch orientierte geht von den kommunikativen Faktoren eines Textes aus und berücksichtigt relevante pragmatisch-situative Erscheinungen" (Lewandowski 1990, 602). Sie befasst sich auch mit Rhetorik (s. den Sammelband von Purves 1988).

Nicht alle methodischen Schwierigkeiten sind dabei aber einheitlich gelöst. Es leuchtet ohne weiteres ein, dass es ohne eine gründliche Kenntnis nicht nur der Strukturen, sondern auch der Verwendungsweisen der beiden Sprachen nicht möglich ist, festzustellen, was ähnlich und was unterschiedlich ist. Die in Kapitel 2.1 erörterte interaktiv orientierte Kuluremtheorie führt uns hier etwas weiter. Sie ermöglicht im Bereich der kontrastiven textgebundenen Kuluremforschung auch eine umfangreichere kontrastive Analyse der Behavioreme als die bisherige kontrastive Pragmatik. Denn sie verbindet nicht nur Ausdrucksarten verschiedener Kommunikationsebenen miteinander, z. B. verbale und nonverbale, sondern berücksichtigt auch die Interaktionsweisen der Gesprächpartner und das Thema.

Zu den aktuellen Fragen gehört nach wie vor die folgende: Wie macht man vergleichbare Subsysteme, z. B. im Inhaltsbereich, ausfindig, wenn es für ihre Beschreibung auch in *einer* Sprache noch keine zuverlässigen Vorarbeiten gibt? Die *Komponentenanalyse,* die die Entwicklung der generativen und interpretativen Semantik beeinflusst hat, ist nur auf der denotativen Ebene wirksam. Der Inhalt einer Aussage hängt aber außer von denotativen Komponenten auch von *Konnotationen* ab. Eine ergiebige Methodendiskussion der kontrastiven Semantik lässt aber immer noch auf sich warten, obwohl ihre Notwendigkeit vor einigen Dezennien hervorgehoben worden ist. Bis jetzt gehört die semantische Differenzial- oder die Polaritätsprofilmethode immer noch zu den effektiveren Mitteln für Konnotationsforschung; in der kontrastiven Linguistik ist sie aber wenig bekannt. Ausführlich dazu bei Oksaar (1976a), die diese Methode für Kontrastierungen deutscher und schwedischer semantischer Strukturen anwendet und zeigt, wie Interferenzen auf fremdsprachlicher Konnotationsebene durch muttersprachlichen Einfluss bei Mehrsprachigen entstehen können.

Generell problematisch sind Kontrastierungen, wenn gewisse Einheiten oder ihr Fehlen sprachspezifisch sind. So gibt es im Finnischen, Estnischen und Russischen keinen Artikel, die Schwierigkeiten bei Muttersprachlern dieser Sprachen sind anderer Art, wenn sie Englisch als Zweitsprache lernen als bei deutschen Muttersprachlern. Was im Estnischen zur Morphologie gehört, gehört im Deutschen schon in den Bereich der Syntax : estn. *lauale* – dt. *auf den Tisch*.

Eine weitere Schwierigkeit kann sich ergeben, wenn das betreffende System in einer der Sprachen oder in beiden im Schwanken ist (s. S. 104). Die Schwierigkeit, vergleichbare Subsysteme ausfindig zu machen, zeigt sich noch deutlicher auf der kommunikativ-funktionalen Ebene der Sprachverwendung, da dies die genaue Beschreibung der im Kommunikationsprozess funktionierenden Elemente und Strukturebenen voraussetzt. Das Problem des *Tertium comparationis*, d. h. der übereinzelsprachlichen Bezugsgröße, ist ebenso vielschichtig und wird kontrovers diskutiert (Oksaar 1970, 83f., James 1980, 169, Schneider 1982, 45f., Chesterman 1991, 162ff.).

Ohne uns weiter in die Einzelheiten der Problematik der kontrastiven Linguistik zu vertiefen, sei festgehalten, dass es keine Einigkeit darüber gibt, welches linguistische Modell sich am besten für Kontrastierungen eignet. Für die Realisierung ihrer Aufgaben werden Methoden mit unterschiedlicher Reichweite verwendet, von der traditionellen Grammatik bis zur generativen Transformationsgrammatik, der Stratifikationsgrammatik, der Dependenzgrammatik, der Kasusgrammatik und Universalgrammatik (für eine Übersicht s. Cho Lee 1981, 3ff., James 1980, 54ff. und 1990, 206, vgl. Fisiak 1991).

Die didaktisch orientierten kontrastiven Untersuchungen haben sich seit den 1970er Jahren zunehmend auf das sprachliche Verhalten des Zweitspracherwerbers und auf sein Sprachsystem konzentriert, in den 1980 Jahren auch auf sein kommunikatives Verhalten. Allerdings werden die für die mündliche Interaktion wichtigen parasprachlichen und nonverbalen Einheiten kaum berücksichtigt. Sie sind aber nicht in allen Sprachgemeinschaften gleich und können den Inhalt eines Ausdrucks beeinflussen (Oksaar 1998, 15). Was die kontrastive Analyse betrifft, so ist sie als eine spezifische Operationalisierung in bezug auf Zweitspracherwerbsforschung als *Kontrastivhypothese* bekannt.

Kontrastivhypothese

Die *Kontrastivhypothese* geht auf Fries (1945, 9) zurück, der einen sorgfältigen Vergleich der Zielsprache mit der parallelen Beschreibung der Muttersprache des Lerners fordert, um effektive Unterrichtsmaterialien zu erhalten. Die Grundthese legt Lado (1957, VII) in seiner einflussreichen Arbeit „Linguistics across cultures" dar. Er geht von der Annahme aus, dass es mit Hilfe der Konzepte *Ähnlichkeit* und *Verschiedenheit* möglich ist, Lernschwierigkeiten bereitende und diese erleichternde Strukturen vorauszusagen und zu beschreiben. Ähnliche Strukturen sind laut Lado (1957, 59) leicht zu lernen, weil sie transferiert werden und in der Fremdsprache zufriedenstellend funktionieren können. Unterschiedliche Strukturen bereiten aber Schwierigkeiten, weil sie, wenn transferiert, in der Fremdsprache nicht zufriedenstellend funktionieren werden und deshalb verändert werden müssen.

Vor Lado stellt schon Weinreich (1953, 1) fest, dass je größer die Verschiedenheit zwischen den Systemen ist, d. h. je mehr es in den betreffenden Sprachen einander ausschließende Formen und Strukturschemata gibt, desto größer sind die Lernschwierigkeiten und die Interferenzmöglichkeiten. Wenn auch derartige generelle Schwierigkeitshierarchien heute keine Gültigkeit mehr haben, da Schwierigkeiten auch bei ähnlichen Strukturen auftreten, so ist eine differenzierte Perspektive durchaus von Interesse, vor allem, wenn bei Interferenzen auch der Lerner im Fokus ist und gefragt wird, in welchem Kontext bei welchem Lerner die Schwierigkeiten auftauchen. Dies betrifft bei Verschiedenheiten die Teilsysteme und ihre Domänen: welche sind für Lerner welcher Muttersprachen problematisch? Für einen Deutschen oder Engländer und andere Muttersprachler indogermanischer Sprachen, die Estnisch und Finnisch lernen, zwei Sprachen, in denen das Pronomen der dritten Person nicht differenziert ist, dürfte z. B. estn. *ta* „er, sie", „he, she" weniger problematisch zu lernen sein als einem Esten die persönlichen Pronomina im Deutschen und Englischen. Wenn überhaupt derartige Prognosen gemacht werden, müsste dies durch kontrastierende *Sinnbereiche* geschehen.

Wenig beachtet ist, dass bereits Lado die heute nicht mehr angezweifelte Neigung des Lerners zum Transfer hervorhebt und dass er darin „the major source of difficulty or ease in learning the structure of the foreign language" sieht (1957, 59), jedoch nicht die einzige. Er sah auch die Notwendigkeit für kulturelle Kontrastierungen und weist auf die Schwierigkeit hin, Kulturen zu vergleichen. „We know so little about the structure of our own culture, let alone of the foreign one. And how can you compare cultures anyway?" (1957, 7).

Die rege Forschungstätigkeit nach Lados Publikation resultierte in zwei Varianten der Hypothese, die beide auf Transferenzprozessen der grundsprachlichen Einheiten in die Zielsprache aufbauen. Die ursprüngliche, sog. starke Variante, ist im Sinne von Weinreich und Lado. Sie geht davon aus, dass der Strukturvergleich zwischen Grund- und Zielsprache Prognosen über lernersprachliches Verhalten ermöglicht. Bei Strukturübereinstimmung führt der sog. *positive Transfer* zur korrekten zielsprachlichen Äußerung und zur Lernerleichterung. Bei Strukturunterschieden entstehen *negative Transfer,* d. h. *Interferenzen,* also fehlerhafte Äußerungen und Lernschwierigkeiten.

Die Kritik der starken Version hebt u. a. hervor, dass die Gleichung Strukturübereinstimmung = korrekte Äußerung und Strukturunterschied = fehlerhafte Äußerung empirischer Überprüfung nicht standgehalten hat. Der methodisch schwerwiegende Fehler dieser Hypothese sei die Gleichsetzung von linguistischen Strukturunterschieden mit psychologisch bedingten Prozessen wie *Transfer/Interferenz,* verbunden mit dem Versuch, aus diesen Lernschwierigkeit bzw. Lernerleichterung vorauszusagen. Ferner ist empirisch bewiesen worden, dass nicht nur Kontraste zwischen Erst- und Zweitsprache zu Lernschwierigkeiten führen, sondern auch Kontrastmangel

(Vildomec 1963, 18, Juhász 1970, 92f.) Ausführliche Erörterungen der Kritik und Gegenargumente finden sich bei Schneider (1982, 45-54, für zusammenfassende Übersichten sei auf Bausch/Kasper 1979, 6ff., Knapp-Potthoff/Knapp 1982, 29ff. und James 1990, 206f. verwiesen).

Die schwächere Variante, entstanden nach der Kritik der starken Version, macht keine Voraussagen von Fehlern, sondern hebt die Möglichkeit ihrer nachträglichen Erklärung durch inter- und intralinguale Transfers/Interferenzen hervor. Ihr theoretischer Rahmen ist zwar begrenzt, da Lernprobleme und Fehler ja nicht nur durch den Einfluss der Erstsprache entstehen und Schwierigkeiten nicht nur durch Fehler erkennbar sind (Fervers 1983, 38f.). Nach wie vor bildet die schwache Version jedoch eine brauchbare Komponente in Untersuchung des Zweitspracherwerbs (Juhász 1970, James 1980, 190ff.). Es besteht aber kein Anlass zwischen negativem und positivem *Transfer* zu unterscheiden und *Interferenz* als ein Negativum zu sehen. Wir gehen in unseren Betrachtungen in Kapitel 4.4.4 von ihrer ursprünglichen, auf Weinreich zurückgehenden Bedeutung der *Interferenz* aus, deren Kern „Abweichung" ist, ohne jegliche Bewertung. Hinzuzufügen bleibt, dass die Kenntnis der Prinzipien der zuvor erörterten Chaostheorie die Diskussion der Voraussagbarkeit von „leicht" und „schwierig" im Zweitspracherwerbsprozess auf eine andere Ebene hätte bringen können.

Dies gilt auch für Vertreter eines anderen Konzepts der Voraussagbarkeit der Lernerschwierigkeiten und der möglichen Transfers, das Eckman (1977) mit seiner *Markiertheitshypothese* (markedness differencial hypothesis) als Revision von Lados Kontrastivhypothese vorschlägt. Der Markiertheitshypothese zufolge sind die Einheiten in der Zielsprache, die mehr markiert sind als die der Ausgangssprache, schwieriger zu erwerben als die, die nicht mehr markiert sind. Unmarkierte Einheiten werden eher in die Zielsprache transferiert als markierte.

Insbesondere in den 1980er Jahren ist das Markiertheitskonzept als eine Erklärungsmöglichkeit des Zweitspracherwerbs diskutiert worden, wie u. a. aus dem Sammelband von Eckman et al. (1984) hervorgeht. Rutherford (1982), der in seiner Literaturübersicht den Trend feststellt, Markiertheit aus der Sicht des Transfers zu sehen, betrachtet Markiertheit dagegen aus der Erwerbsperspektive: unmarkierte Einheiten werden vor den markierten gelernt. Gair (1988) wiederum sieht in seiner kritischen Übersicht die Markiertheitsforschung vom Standpunkt der Universal Grammar. Bei nicht wenigen Veröffentlichungen fällt jedoch auf, dass von Markiertheit als von einer festen Größe ausgegangen und nicht angegeben wird, welche Relation im jeweiligen Fall feststellbar ist.

Was aber wird unter *Markiertheit* verstanden? Das Konzept der *Markiertheit – Unmarkiertheit* ist in den 1920er Jahren von der Prager Schule zuerst auf die Phonologie appliziert und später vor allem von Roman Jakobson in die Morphologie und Syntax übertragen worden. Jakobson stellt fest: „The general meaning of a marked category states the presence of a certain property A; the general meaning of the corresponding unmarked category states nothing of the presence of A and is used chiefly but not exclusively to indicate the absence of A" (1957, 5). Eckman stellt die Relation folgenderweise fest: „A phenomenon A in some language is more marked than B if the presence of A in a language implies the presence of B; but the presence of B does *not* imply the presence of A" (1977, 320).

Aus beiden Versionen geht jedoch hervor, dass die Feststellung der Markiertheitsrelationen nicht problemlos ist und keine generellen Erklärungsmöglichkeiten für den Zweitspracherwerb bietet, abgesehen davon, dass sie für Einzelfälle zutreffen kann (vgl. Spolsky 1989, 123). In unserem Korpus kommen nicht wenige Fälle vor, in denen markierte Einheiten zuerst erworben wurden. Ein Beispiel: Sven lernte die korrekte Aussprache von schw. *dillkött* [dilt|ət], bevor er [t|] in anderen Wörtern beherrschte. Der Grund: *dillkött* ist die Bezeichnung seiner Lieblingsspeise. Auch andere Belege lassen die Erklärung zu, dass das, was gefällt, notwendig oder wünschenswert ist, zuerst gelernt wird. Auch für die Markiertheitshypothese gilt daher dasselbe wie für Lados Ähnlichkeitshypothese – sie hat keine Allgemeingültigkeit.

Wir kommen auf die kontrastive Analyse als Methode zurück. Heute steht außer Zweifel fest, dass die kontrastive Analyse mit dem Konzept des Transfers und der Interferenz, auf deren Definitionen wir weiter unten näher eingehen, neben anderen Methoden ein wichtiger Ansatz ist, verschiedene Beziehungen zwischen der Erst- und der Zweitsprache im Lernprozess festzustellen. Dass kontrastive Ansätze in der Zweitspracherwerbsforschung wegen des Faktors der Unvorhersagbarkeit des Lernerfolgs generell in Misskredit gerieten, steht im Zusammenhang mit dem Einfluss der nativistischen Richtung des Spracherwerbs und der Identitätshypothese, die wir in Kapitel 4.3.2 behandeln werden. Die Entwicklung der kontrastiven Analysen schließt heute, wie schon angedeutet, auch kontrastive Pragmatik, Rhetorik, Kulturemforschung und Diskursforschung ein. Man kann durchaus auch von einer Revitalisierung der auf Zweitspracherwerb bezogenen kontrastiven Analysen sprechen (vgl. James 1990). Aufschlussreich sind z. B. lexikalische Analysen, die über Systemkontraste hinaus kulturübergreifend kontrastieren und neue Möglichkeiten zu gewisser Art Vorhersage im Lernprozess eröffnen (vgl. Kühlwein 1990). Eine vielseitige Übersicht über verschiedene Aspekte der kontrastiven Analyse, Fehleranalyse und verwandten Fragen ergibt sich aus den Artikeln in Robinett/Schachter (1983).

Die im letzten Dezennium zunehmende Forderung nach einem kommunikativfunktionalen Ansatz bei kontrastiven Analysen ist allerdings nicht neu, wie aus Krzeszowski (1972) und Oksaar (1972 b) hervorgeht. Der kommunikationsorientierte kontrastive Ansatz ermöglicht Kontaktphänomene, z. B. situationale Interferenzen und Behavioremumschaltungen, die weiter unten zur Sprache kommen, genauer zu erfassen. So wie die kontrastive Semantik ohne Kontrastierung der Konnotationen nicht voll aussagekräftig ist, hat eine Kontrastierung der kommunikativen Verhaltensweisen ohne die Analyse von Kulturemrealisierungen wenig Aussagekraft. Wir brauchen Kontrastierungen von soziokulturellen Verhaltensweisen der Primärkultur mit denen der Zielsprachenkultur und Sensibilisierung zum Erkennen ihrer Unterschiede und Gemeinsamkeiten in verschiedenen kommunikativen Situationen. Sie können Missverständnisse zu vermeiden helfen und haben für den Lerner im gewissen Sinne Voraussagecharakter. Transfer und verschiedene Interferenztypen, wie z. B. Lehnprägungen, können allerdings differenzierter als durch die kontrastive Analyse betrachtet werden, u. a. unter dem Aspekt der *Kreativität*. Das führt uns nun zunächst zur *Fehleranalyse,* in der die Performanz der Lernenden im Vordergrund steht. Reflektiert der Lerner über seine Fehler, so können diese zu den Faktoren gehören, durch welche er einen Kontrastierungsprozess initiiert, mit positiven Einwirkungen in bezug auf metalinguistisches Wissen in beiden Sprachen. Die Tatsache, dass jemand, der eine neue Sprache lernt, über diese und ihre Verbindung mit der Muttersprache reflektiert, ist bis jetzt nicht gebührend beachtet worden. Unsere Untersuchungen durch teilnehmende Beobachtung zeigen, dass dies am deutlichsten hervortritt, wenn Unterschiede vom Lernenden spontan thematisiert werden, z. B. als Frage oder Kommentar. Wir kommen auf diese Frage im Zusammenhang mit einem anderen wenig beachteten Bereich, dem *Sprachbewusstsein* des Lerners, zurück (Kapitel 4.4.2).

Fehleranalyse

Didaktische Überlegungen und die Kritik der starken Version der Kontrastivhypothese haben in den 1960er und 70er Jahren zu einer Perspektivenerweiterung geführt: zur *Fehleranalyse* als einem übergreifenden Untersuchungsfeld der sprachlichen Abweichungen. Die zunehmende Orientierung am „realen Sprecher/Hörer", empirische Methoden – Performanzanalyse – und Variantenlinguistik haben diese Entwicklung begünstigt. In dieser wird u. a. die kontrastive Analyse nicht mehr für Voraussagen, d. h. als prognostische Methode herangezogen, sondern zur Erklärung von Fehlern in der Zielsprache. Dabei geht es in erster Linie nicht um die Bewertung der Abweichungen im pädagogischen Sinn, es geht also nicht um Fehlergewichtungen, sondern um ihre Stellung und Funktion im sprachlichen Handeln. Die kontrastive Analyse wird zur notwendigen Ergänzung der eigenständigen Fehleranalyse, die nicht nur nach „typischen" Fehlern fragt, sondern auch daran interessiert ist, warum, wie und wo sie entstehen.

Dies geht aus den Vorträgen des 1972 erstmals der Fehleranalyse gewidmeten internationalen Symposiums in Lund, Schweden, hervor. Die Fehleranalyse sollte aber auch von einer noch weiteren Perspektive aus gesehen werden, betont Svartvik (1973, 8) in der Einleitung des Tagungsbandes. Obwohl sie der natürliche Ausgangspunkt sein sollte, sei es für die endgültige Analyse wichtig, die ganze zielsprachliche Performanz des Lerners einzuschließen und nicht nur Abweichungen. Statt „error analysis" schlägt er „performance analysis" als eine angemessene Bezeichnung vor.

Diese Anregung ist weiterhin aktuell geblieben. Fehler sollten beim Fremdsprachenerwerb nicht getrennt von der jeweiligen Lernersprache analysiert werden, sondern im Verhältnis zu dieser (Raabe 1980, 67, Berschoff in Nickel/Nehls 1982, 5ff.). Die drei zur Fremdsprachendidaktik gehörenden Aspekte *Fehlerbeschreibung*, *Fehlerbewertung* und *Fehlertherapie* können dadurch in einen weiteren Wirkungsrahmen gebracht werden, der die Spracherwerbsprozesse näher beleuchtet.

Ziele, Methoden und Resultate der Fehleranalyse werden in einer Reihe von Einzel- und Sammelbänden erörtert. Das Untersuchungsmaterial stammt überwiegend von Informanten, die die Sprache in der Schule lernen oder gelernt haben, und es handelt sich um schriftliche Daten, z. B. Tests, Examensarbeiten u. dgl. Geht es um nichtschulischen Erwerb, ergeben sich jedoch nicht selten andere Typen von Abweichungen (Rieck 1989, 46f.). Unter den ausführlicheren Darstellungen der Fehleranalyse mit weiterführender Literatur verweisen wir auf die Aufsätze in Cherubim (1980), auf Raabe (1980) und James (1998). Schneider (1982, 106ff.) analysiert Fehlerursachen, Fehlertypologien stellt Lewandowski (1990, 298) auf.

Was aber ist ein Fehler, wenn es sich um Sprache handelt? „Als sprachlicher Fehler gilt eine Abweichung von geltenden Normen, ein Verstoß gegen sprachliche Richtigkeit, Regelhaftigkeit und Angemessenheit, eine Form, die zu Mißverständnissen und Kommunikationsschwierigkeiten führt oder führen kann" (Lewandowski 1990, 297). Lewandowski fügt jedoch hinzu, dass es sich von der Perspektive des Lerners her nicht um Fehler handeln kann, sondern „eher um das Wechselspiel von Assimilation und Akkommodation" im Sinne Piagets, denn das Individuum lernt durch Fehler.

Fehler können somit als ein konstruktives Element im Spracherwerbsprozess angesehen werden; diese Sichtweise ergänzt „das traditionelle Verständnis des Fehlers durch ein stärker lernerorientiertes, das den Fehler als Indikator für sprachpsychologische Prozesse sieht" (Fervers 1983, 7). Es handelt sich weniger um einen Verstoß gegen verschiedene Normen als vielmehr um jeweilige Resultate „individueller Regelbildungsprozesse". Schon für Corder (1967, 163 und 1981) ist der Fehler ein notwendiger Faktor der sprachlichen Entwicklung, u. a. ein Beweis für kreative Sprachverwendung des Lerners. Es ist allerdings fraglich, ob seine Unterscheidung zwischen *Kompetenzfehlern* (errors) und *Performanzfehlern* (mistakes) haltbar ist. Denn erstens bleibt unklar, was mit diesen Begriffen genauer gemeint wird, und zweitens ermöglichen die Fehlerdaten, die ja aus der Performanz stammen, keine derartige eindeutige Unterscheidung (vgl. zur Kritik auch Schneider 1982, 87, Fervers 1983, 86ff., Vogel 1990, 18ff.). Auf Schwierigkeiten, Fehler in der Performanz zu identifizieren und zu definieren, geht auch Lennon ein. Sein Ausgangspunkt ist die Sprachverwendung des Muttersprachlers. Als Fehler sieht er die linguistische Form oder Kombination der Formen an, „which, in the same context and under similar conditions of production, would, in all likelihood, not be produced by the speakers' native speaker counterparts" (1991, 182). Letzteres könnte aber gegenwärtig, bezogen auf die geschriebene Sprache, kaum für die deutsche Rechtschreibung gelten, da nach der Rechtschreibereform zahlreiche Muttersprachler kritisch dazu stehen.

Es muss ferner berücksichtigt werden, dass die Kompetenz des Muttersprachlers nicht statisch ist. Wir werden auf diese Frage im Zusammenhang mit der Lernersprache zurückkommen, stellen aber schon jetzt fest, dass er eine varietätenreiche Kompetenz haben kann (vgl. Dittmar 1997, 183ff.). Der Muttersprachler verfügt gewöhnlich über gewisse *diatopische* (regionale), *diastratische* (gruppen- und schichtenspezifische) und *diaphasische* (soziolektale) Varietäten, die je nach Situationen verwendet werden. Zwar kommt beim Lerner dieser Sprache eine derartige Vielfalt nicht vor, er hat aber ebenso eine gewisse variable Kompetenz, die sich vor allem bei intraindividueller Varianz der Fehler bemerkbar macht. Ein und derselbe Lerner bildet z. B., wie aus den Belegen (S. 116) hervorgeht, korrekte und nichtkorrekte Formen bei gleichen grammatischen Einheiten (vgl. auch Fervers 1983, 90).

Weiterhin kann festgestellt werden, dass nicht nur der komplexe Fehlerbegriff problematisch ist, sondern auch der Umstand, dass die Beurteilung der Fehler häufig umfangreichere Textdaten einzelner Lerner fordert. Ein einziger Satz *Du bist mein Feind,* der formal fehlerfrei ist, genügt nicht, wenn eigentlich „Freund" gemeint ist.

In der einschlägigen Literatur wird seit Corder (1967) die Notwendigkeit nicht nur einer linguistisch orientierten Fehleranalyse hervorgehoben, sondern auch einer psychologischen (vgl. Cherubim 1980, Nickel/Nehls 1982). Schneider stellt jedoch fest, dass letzteres zwar betont wird, aber die Ansätze zur Fehlerkunde scheinen sich „größtenteils an einen traditionellen linguistischen Beschreibungsapparat zu klammern. Die psychologische Komponente interveniert punktuell und ist ... keiner kohärenten und explizit gemachter Theorie verpflichtet" (1982, 81).

Spricht man von Fehlern als Abweichungen von der Zielsprache, muss man sich darüber im klaren sein, was damit gemeint ist: Abweichungen von welcher Art oder Varietät der Zielsprache. Beim Hinweis auf den Muttersprachler wird nicht deutlich, ob sein gesamter Idiolekt mit oben erwähnten Varianten oder die Hochsprache/Standardsprache gemeint ist. Sagt ein Hamburger *ich gehe bei meine Großmutter,* oder ein Berliner *ich lerne dir Deutsch,* so markiert er seine städtisch-regionale Zugehörigkeit. Sagt der Lerner dasselbe, u. a. weil viele Fremde derartige Urbanolekte zuerst lernen, wenn sie im Lande arbeiten, ist das für die Muttersprachler meistens ein fehlerhafter Satz. Auch bei Muttersprachler kommen Fehler vor. Bereits Henri Frei macht 1929 in seiner „Grammaire de fautes" darauf aufmerksam, dass sie aus verschiedenen sprachpsychologischen Grundbedürfnissen entstehen (Fervers 1983, 7). Sie können u. a. durch Stress und durch „slips of the tongue" verursacht sein (Richards 1975).

Bei der Fehlerdiskussion wird der Umstand kaum thematisiert, dass sowohl im muttersprachlichen als auch zielsprachlichen System gewisse Schwankungen bzw. Veränderungen des Usus vorkommen (vgl. das Prinzip der Dynamik und Variation, Kapitel 1.3.3). Duden-Wörterbuch der Zweifelsfälle bringt für das Deutsche zahlreiche derartige Fälle. Wer heute Deutsch als Fremdsprache lernt, kann im direkten Kontakt sowie durch die Medien nicht wenigen Transfers aus dem Englischen begegnen. Im morphologischen Bereich fällt die Erweiterung vom Geltungsbereich des Femininsuffixes *-in* auf. Heute sind Formen, die vor einigen Jahren nicht belegbar waren wie *Kapitänin, Soldatin,* schon weit verbreitet. Sagt aber ein Lerner *Gästin* oder *Mitgliedin,* wird er in einer oder anderen Weise darauf hingewiesen, dass man „so nicht sagt". Er ist dem Muttersprachler aber im Gebrauch der Analogie nur einen Schritt voraus mit seinem „Fehler", denn auch die vorher erwähnten Formen sind Resultate desselben Prozesses, ebenso wie die wenig übliche Bildung *Bossin,* die schriftlich belegt ist: *Für die Bossin spielen Geschlecht und Alter im Job keine Rolle* (Dresdner Wirtschaftsmagazin 1, 2002, 6).

Wie wir gesehen haben, hat die Fehleranalyse in den letzten Dezennien eine deutliche Perspektivenerweiterung erfahren: von der Sprachsystemorientiertheit zur Individuumszentriertheit und der Analyse der Lernersprache, auf die wir in Kapitel 4.4.1 ausführlicher eingehen werden. Aus einer ganz anderen Perspektive wird Zweitspracherwerb durch die *Identitätshypothese* dargestellt. Wir kommen im folgenden zu ihren grundlegenden Positionen.

4.3.2 Identitätshypothese

Die *Identitätshypothese,* entstanden als Gegenstück zur *Kontrastivhypothese,* geht davon aus, dass der Erwerb der Zweitsprache im Prinzip dem Erstspracherwerb gleich ist, es gibt einen „natural order". Ihren theoretischen Hintergrund bildet der Nativismus (Kapitel 4.1.1). Sie richtet sich gegen das behavioristische Postulat des Lernens als „habit formation" und hat als Ziel, den Lernprozess als einen von interner Gesetzmäßigkeit gesteuerten aktiven und kreativen Prozess zu erklären. Die Identitätshypothese geht auf Corder (1967) zurück, sie wurde aber vor allem durch Dulay/Burt und durch Krashens Untersuchungen verbreitet.

Dulay/Burt (1974) untersuchten mit dem Bilingual-Syntax-Measure-Test den Erwerb von englischen grammatischen Morphemen bei 5 bis 8jährigen chinesischen und spanischen Kindern. Trotz der unterschiedlichen Erstsprachen ergab sich eine fast völlige Übereinstimmung bei der Erwerbsfolge der Morpheme. Daraus wurde geschlossen: 1) Es sind die universalen kognitiven Mechanismen, mit denen der Lerner die zweisprachigen Daten verarbeitet, es werden also angeborene mentale Strukturen wirksam gemacht, 2) Erst- und Zweitspracherwerb sind isomorph, d. h. es gibt dieselbe Reihenfolge des Erwerbs der Einheiten in der Zweitsprache wie bei derselben Sprache als Erstsprache, 3) Es gibt keine Einwirkung von der Erstsprache auf den Zweitspracherwerb, Transfers/Interferenzen kommen nicht vor. Fehler (developmental errors) sind durch die Struktur der Zweitsprache bedingt (Dulay/Burt 1974, 52).

Insbesondere in den 1970er Jahren wurden nicht wenige weitere Untersuchungen, sog. „morpheme order studies", durchgeführt, die mit verschiedenen Testverfahren bei Kindern und Erwachsenen Sequenzen morphosyntaktischer Einheiten in der Zweitsprache feststellten (für einen Überblick s. Fervers 1983, 46ff. und Larsen-Freeman/Long 1991, 62ff., 88–92). Sie hatten forschungs- und lehrpraxisbeeinflussende Konsequenzen. Diese ergaben sich z. B. durch Aussagen wie „Learners' first languages are no longer believed to interfere with their attempt to acquire a second language grammar, and language teachers no longer need to create special grammar lessons for students for each background" (Dulay et al. 1982, 5). Transfer- und Interferenzforschung sowie kontrastive Analysen beim Zweitspracherwerb wurden dadurch voreilig in Misskredit gebracht. Es ist angebracht, in derartigen Zusammenhängen an Kellermans (1984, 121) Warnung vor ungeprüfte Voraussagen im Zweitspracherwerb zu erinnern, ebenso an die Tatsache, dass die Vertreter der Indetitätshypothese Forschungsresultate, die für den Einfluss der Erstsprache im Zweitspracherwerbsprozess sprechen, nicht beachtet haben (s. hierzu neuerdings Sheen 1999, vgl. Block 1996, de Beaugrande 1997).

Schon früh wurden Zweifel an den Resultaten der Forschungen im Zusammenhang mit der Identitätshypothese laut, es wurde auf schwerwiegende Defizite in der Untersuchungsmethodik und bei den Tests hingewiesen, sowie die Annahme universaler Spracherwerbsprozesse als Grundposition der Hypothese kritisiert. So wenden sich u. a. Bates et al. (1988, 4f.) anhand verschiedener Forschungsergebnisse gegen die „universal patterns of language acquisition", aus denen auch hervorgeht, dass das, was biologisch ist, noch nicht universal zu sein braucht und umgekehrt. Auch die Feststellung, dass der Zweitspracherwerb im Bereich der Morphosyntax unabhängig von der Erstsprache und vom Alter des Lernenden in universaler invarianter Folge verläuft, hält der Prüfung nicht stand: bei keiner der Untersuchungen konnte der Einfluss der Erstsprache in Form von Interferenzen ausgeschlossen werden; ausführliche Erörterungen dazu finden sich bei Fervers (1983, 56ff., zur Kritik vgl. auch Schachter 1988, 219ff. und Vogel 1990, 17, 80).

Wie wir oben (S. 101) festgestellt haben, und in Kapitel 4.4.4 detaillierter sehen werden, sind Interferenzen beim Zweitspracherwerb nicht wegzudenken. Dies gilt auch für die Frage der Erwerbssequenzen. Wenn ein Este, der Deutsch oder Englisch lernt, *ich nicht will* bzw. *I not want* sagt, kann er das estnische *ma ei (taha)* einfach transferiert haben, unabhängig von irgendeiner Erwerbssequenz. Dies ist umso realistischer, als Wort für Wort Übersetzungen sowie Phrasentransfers aus dem Estnischen auch in anderen Bereichen zu belegen sind. Fehler beim Zweitspracherwerb sind daher keineswegs nur durch die Struktur der Zweitsprache bedingt, wie die Identitätshypothese es geltend macht.

Zu den methodischen Defiziten der Untersuchungen gehört, dass Variation bei verschiedenen Lernern nicht beachtet (Ellis 1986, 213), oder als unwichtig eingestuft wird. Ferner ist nicht zu rechtfertigen, dass Resultate von Querschnitt- und Längsschnittuntersuchungen verglichen werden (Rosansky 1976). Auch ist es nicht vertretbar, dass Erwerbssequenzen einzelner grammatischer Einheiten im Englischen, gewonnen auf Grundlage teilweise sehr begrenzter Daten, generalisierend für die Morphologie und Syntax des Zweitspracherwerbs postuliert werden.

Treffend hierzu sei exemplarisch auf die ausführliche Kritik von Wodes Studie des Negationserwerbs im Englischen als Zweitsprache von Knapp-Potthoff/Knapp (1982, 87-92) hingewiesen, die u. a. feststellen, dass der Spracherwerb von ihm letztlich „wie bei Chomsky allein und unabhängig von sprachexternen Variablen durch die linguistischen Universalien des LAD erklärt" wird (ebd. 92). Klein weist darauf hin, dass es oft nicht hilfreich sei, „auf die Entwicklung einzelner leicht betrachtbarer Strukturen – etwa die Entwicklung der Negation – einzugehen, solange man nicht geklärt hat, wie die Negation ... in der Zielsprache (und auch in der Ausgangssprache) funktioniert" (1984, 120).

Anhand der vorliegenden Daten ist es voreilig, von Erwerbssequenzen, -stufen, -stadien beim Zweitspracherwerb und von ihrem universalen Charakter zu sprechen. Auch im Erstspracherwerb kann, wie schon Stern/Stern (1928, 59f.) gezeigt haben, von einer gradlinigen Entwicklung nicht die Rede sein. Kinder verwenden nicht selten neben neu erworbenen Formen, Syntagmen und Strukturen auch diejenige, die zu einer überwundenen Entwicklungsstufe gehören. Im Lichte der Kritik, die auch auf gravierende methodische Fehler bei der Datenbehandlung hinweist (Bausch/Königs 1983, 322, Hüllen 1987, 325f.) schlagen einige Forscher vor, von einer Identitätshypothese auszugehen, die nur auf der Grundlage der Erwerbsuniversalien aufbaut; es ist die sog. schwache Version. Auch diese wird kritisch betrachtet; ausführlichere Übersichten über die Diskussionen der Identitätshypothese und ihrer Kritik finden sich u. a. bei Bausch/Kasper (1979, 9ff.), Fervers (1983, 55ff.), McLaughlin (1987, 32f., 67f.) und Vogel (1990, 16ff.). Diese Autoren gehen auch auf das weit verbreitete *Monitor-Modell* ein, das Krashen im Rahmen der Identitätshypothese darlegt (Zusammenfassungen 1981, 1982).

In diesem Modell unterscheidet Krashen, bezogen auf Morpheme, strikt zwischen *Erwerben* und *Lernen* einer Sprache, eine Dichotomie, auf deren Problematik wir in Kapitel 1.1.1 hingewiesen haben. Krashen geht von folgendem aus: Während *Erwerben* in ungesteuerter Umgebung für Kinder und Erwachsene ungeachtet ihrer Erstsprache unbewusst in festen invarianten Entwicklungssequenzen gleichartig verläuft und ein kreativer Konstruktionsprozess ist, umfasst *Lernen* die Internalisierung explizit formulierter Regeln. Laut Krashen wird das durch unterrichtsgesteuerte, also durch Lernprozesse erhaltene Regelwissen im Gedächtnis gespeichert und bildet einen *Monitor*, einen Informations- und Kontrollmechanismus, der dem Lerner bei der Fremdsprachenverwendung verfügbar ist. Der Lerner geht damit bewusst um, erinnert sich z. B. an die Regeln zur Überprüfung seines sprachlichen Verhaltens.

Dieses Modell greift auf das lange bekannte Phänomen des Unterschieds von *Sprachwissen* und *Sprachkönnen* zurück (vgl. Sprachbewusstsein in Kapitel 4.4.3), verfehlt aber eine wissenschaftliche Operationalisierung dieses Tatbestandes. Empirisch lässt sich vom Resultat der Sprachproduktion aus nämlich nicht feststellen, wie eine Lerneräußerung erworben ist. Dasselbe gilt von der Trennung von Kreativität und bewussten Handlungen. Vor allem hat die ausführliche Diskussion und Kritik des Monitor-Modells, die wir bei McLaughlin (1987, 19-58) finden, gezeigt, warum es sich nicht zur Erklärung des Zweitspracherwerbs eignet. Es erübrigt sich, weiter auf die Einzelheiten einzugehen, da die Komponenten des Modells, die Erwerben-Lernen-Hypothese, die Monitor-Hypothese, die Erwerbssequenz-Hypothese, die Input-Hypothese u. a. sowie ihre Verankerung in früheren Arbeiten von McLaughlin eingehend besprochen werden und auch bei Knapp-Potthoff/Knapp (1982, 97ff.), Ellis (1986, 261ff.), Decco (1996, 113ff.) und de Beaugrande (1997, 113ff.), um nur einige Autoren zu nennen, ausführlich zur Sprache kommen. Aus der Kritik der Identitätshypothese kann man schließen, dass, wenn unbewiesene Hypothesen als Tatsachen dargestellt werden, dies nicht nur Nachteile für die Forschung, sondern auch für die Praxis verursacht, da vieles daraus didaktisiert wird (Ellis 1997).

Auf methodische Unsicherheit bei der Handhabung der Materie ist es vielfach zurückzuführen, dass es beim Zweitspracherwerb entgegengesetzte Meinungen gibt bei der Beantwortung von Fragen in bezug auf die Erwerbssequenzen und die Ähnlichkeit mit dem Erstspracherwerb. Schon aus diesem Grund entsteht die Frage, ob ein Vergleich zwischen Zweit- und Erstspracherwerb ohne genauere Detailuntersuchungen, wie es bei der Identitätshypothese der Fall ist, prinzipiell überhaupt möglich ist. Denn er kann leicht auf eine Ebene münden, die als „Äpfel mit Birnen vergleichen" bekannt ist. Je abstrakter die Darstellung, desto ähnlichere Resultate können entstehen. Die Frage der Vergleichbarkeit des Zweit- und Erstspracherwerbs verdient eine etwas grundsätzlichere Betrachtung, als es die Vertreter der Identitätshypothese, auch die der schwachen Version, getan haben. Wir beschäftigen uns damit im folgenden Kapitel.

4.3.3 Zur Vergleichbarkeit des Zweit- und Erstspracherwerbs

Der Zweitspracherwerb ist, besonders seit der zunehmenden Erstspracherwerbsforschung, in zahlreichen Veröffentlichungen mit dem Erstspracherwerb verglichen und mit diesem als „analog", „paralell", „ähnlich" verlaufend eingestuft worden. Was bei einer derartigen Beurteilung alles dazugehört, bleibt allerdings unsicher. Diese Charakterisierung und generalisierende Feststellungen, die hervorheben, dass der Erwerb von sprachlichen Einheiten und Regeln in derselben Reihenfolge fortschreitet wie beim Erstspracherwerb, zeugen vom Einfluss des nativistischen Modells, da angenommen wird, dass die grundlegenden Prozesse beim Erst- und Zweitspracherwerb gleich sind. Man beruft sich dabei auf kognitive Universalien und modulspezifische Annahmen von linguistischem Wissen sowie Chomskys oben

(S. 70) erwähnten LAD (vgl. die Literaturübersicht bei Schachter 1988, 219ff. und Knapp-Potthoff/Knapp 1982, 76ff.).

Sind die Erwerbsprozesse wirklich ähnlich oder gleich? Wenn wir vom nächstliegenden Faktor in diesem Prozess, dem lernenden Individuum, ausgehen, so leuchtet es ohne weiteres ein, dass ein grundlegender Unterschied schon darin besteht, dass ein Kind bei der Erstsprache ohne jegliche sprachliche Erfahrung anfängt. Es muss das Sprach- und Sprechvermögen erst lernen, d. h. auch die Fähigkeit, die im *Sprechen* verankert ist, während dies beim Zweitspracherwerb schon vorhanden ist. Das Kind macht dabei die *erste* Erfahrung mit der Strukturierung der umgebenden Welt durch eine Sprache und mit der Sprachverwendung, es erwirbt zusammen mit den sprachlichen Mitteln auch stets neue Denkkategorien (vgl. Kapitel 3.3.2). Beim Zweitspracherwerb lernen aber Kinder und Erwachsene neue sprachliche Ausdrucksmöglichkeiten für gedanklich vertraute Sphären. Ein Schwede, der Deutsch lernt, verwendet deutsche Wörter und Sätze vielfach bei *Aktivitäten* und *Tätigkeiten,* die er zusammen mit dem Erwerb der Erstsprache gelernt hat, er braucht aber diese Aktivitäten nicht mehr neu zu lernen, auch wenn die Ausdrucksstrukturen in den beiden Sprachen sich nicht decken. Er hat durch die muttersprachliche Sozialisation auch gelernt, sich kommunikativ zu verhalten. Diese Erfahrungen, die beim Erstspracherwerb anfangs nicht zur Verfügung standen, sind bei der Aneignung der Zweitsprache schon wirksam.

Prinzipiell kann Zweitspracherwerb deshalb nicht in gleicher Weise wie Erstspracherwerb verlaufen, weil die Grundlagen und Voraussetzungen für beide zu unterschiedlich sind, u. a. die kognitive Entwicklung. Diese Tatsache wird schon von Ernst Cassirer hervorgehoben:

„In a latter and more advanced state of our conscious life we can never repeat the process which led to our first entrance to human speech. In the freshness, in the agility and elasticity of early childhood this process had a quite different meaning... We are no longer in the mental condition of the child who for the first time approaches a conception of the objective world" (1944, 147).

Bei der Ähnlichkeits- und Gleichheitsfrage des Erst- und Zweitspracherwerbs ist es laut Cook (1977) methodisch wichtig, Gemeinsamkeiten und Unterschiede in verschiedenen Bereichen zu suchen. Wenn man Erst- und Zweitspracherwerb als ähnliche Prozesse ansieht, so müssen gleichzeitig die unterschiedlichen Faktoren gewichtet werden, z. B. die Erwerbssituation und das Alter. Ferner müssen psychologische Faktoren wie das Gedächtnis, die kognitive Entwicklung und emotive Aspekte berücksichtigt werden.

Anhand einer Reihe von Experimenten mit Englisch als Zweitsprache kommt Cook zur Schlussfolgerung, dass das Erlernen der Zweitsprache dem Erstspracherwerb nur dann ähnlich ist, wenn sprachunabhängige mentale Prozesse nicht berücksichtigt werden. Wie man aber diese ausschließen könnte, wird nicht plausibel gemacht. Cook (1977, 17) stellt fest, dass je mehr das Lernen von allgemeinen kognitiven Prozessen abhängig ist, desto größer ist der Unterschied zwischen dem Erst- und Zweitspracherwerb. Auch Politzer (1974, 7, 12) hebt die Unterschiede der kognitiven Erfahrungen in den Erwerbsprozessen hervor und fordert eine differenziertere Vorgangsweise bei Untersuchungen (vgl. Schneider 1982, 192ff.).

Derartige Forderungen weisen auf die Notwendigkeit der methodischen Schärfung auch auf der Ebene von etwas konkreteren Feststellungen hin. Ein Beispiel: Wenn beim Erst- und Zweitspracherwerb die Strategien *Simplifikation* und *Übergeneralisierung* als „ähnlich" angesehen werden, da sie bei allen Spracherwerbern „regardless of language background, age and acquisition context" (McLaughlin 1981, 26) vorkommen, so müssen die Unterschiede in den Strategiebereichen ebenso deutlich gemacht werden. Dazu kann schon die Verwendungsfrequenz gehören und diese kann durch den Einfluss der Erstsprache bedingt sein.

Schon aus diesen Feststellungen lässt sich schließen, dass es realistisch ist von der prinzipiellen Unterschiedlichkeit beim Erst- und Zweitspracherwerb auszugehen, da der Lerner der Zweitsprache auf grundlegende, durch den Erstspracherwerb erlangte Erfahrungen und Fähigkeiten aufbaut; die erste Erfahrungswelt vermittelt stets die Muttersprache. Wir fassen die Hauptargumente zusammen:

1) Beim Erstspracherwerb lernt man das komplexe Phänomen *Sprache*, ebenso die *Sprechfähigkeit*, beim Zweitspracherwerb *eine* bestimmte Sprache. Was bedeutet das? Beim Erstspracherwerb hat man keine Vorkenntnisse von der Sprache und von der Welt. Das in Kapitel 3.3.3 erwähnte Strukturieren der Welt ist komplex: man lernt Aktivitäten, Tätigkeiten, Reaktionen und Situationen als Basiskenntnisse, als eine Art technische Fertigkeiten mit dem und durch den Umgang mit der Sprache. Diese Erfahrungen setzt man auch beim Erwerb einer weiteren Sprache ein, man hat sie aber schon erworben. Ferner: alles früher Gelernte kann das zukünftige Lernen und Verhalten beeinflussen, positiv oder negativ.

2) Erstspracherwerb ist eine existenzielle Notwendigkeit, um die elementaren Bedürfnisse des Lebens zu meistern. Dies geschieht jedoch nur durch Bezugspersonen, durch soziale Kontakte, nicht von allein und immer zuerst als gesprochene Sprache. Zweitspracherwerb kann aus vielerlei Gründen geschehen (vgl. Kapitel 1.4), und zuerst nicht nur durch die gesprochene Form, und durch soziale Kontakte. Ein nicht ungewöhnlicher Weg ist das Selbststudium.

3) Beim Erstspracherwerb gibt es keinen Unterschied, welche Sprache das Kind in etwa gleicher Zeit und mit etwa gleicher Mühe erwirbt. Beim Zweitspracherwerb sind besonders Erwachsene nicht in derselben Lage. „It is a truism that a Spanish speaker has more difficulty learning English than she does learning French, and that a Dutch speaker has less. This fact presents what seems to be an insurmountable barrier to the ‚back to UG' position" (Schachter 1988, 225).

4) Die Funktion der Sprache als Werkzeug, auch ihre diskursrelevante Funktion und Verwendung, hat der Lerner einer Zweitsprache, je nach Alter, schon beim Erstspracherwerb gelernt. Er hat stets einen Vorsprung der Erfahrung.

Ohne weiter auf die Unterschiede einzugehen – auch in neueren Arbeiten ist das Interesse für sie bemerkbar (Jiang 2000) – sei zur Ähnlichkeits- und Gleichheitsfrage noch folgende methodische Feststellung hervorgehoben. Bickerton weist darauf hin, dass auch wenn gezeigt werden könnte, dass Erst- und Zweitspracherwerber gewisse Einheiten und Elemente in einer identischen Folge erwerben, berechtigt dies noch nicht, daraus zu schließen, dass „paths of acquisition in both cases were identical or that the overall acquisition process was steered by the same set of principles" (1984, 151). Schachter erörtert vier Faktorenbereiche, die den Zweitspracherwerb von dem

Erstspracherwerb unterscheiden: „completeness, equipotentiality, previous knowledge, fossilization" und kommt zum Schluss, dass die zugrundeliegenden Prozesse nicht gleich sein können (1988, 223f.).

Wir haben gesehen, dass die fundamentalen Grundlagen, die den Erstspracherwerb ermöglichen und beim Zweitspracherwerb wirksam sind, gegen die Annahme einer „gleichen Gesetzmäßigkeit" der Entwicklung sprechen. Es bleibt aber weiterhin ein wichtiges Anliegen, die Verbindungen zwischen den beiden Spracherwerbsprozessen differenzierter zu erforschen, um auch einen Orientierungsrahmen für Theoretiker und Praktiker zu geben. Die frühen Phasen des Erstspracherwerbs sind dafür noch keineswegs ausreichend untersucht worden, und auch beim Zweitspracherwerb sind experimentelle Punktuntersuchungen weitaus häufiger als Langzeitstudien.

Arbeiten, die Erwerbsprozesse auf empirischer Basis untersuchen, ohne von vornherein dogmatisch einem theoretischen Rahmen verpflichtet zu sein, sind aus zweierlei Gründen von Interesse. Individuelle Verschiedenheiten und Gemeinsamkeiten kommen in derartigen Studien besser zur Geltung und können Möglichkeiten für neue Hypothesen eröffnen. Individuelle Variation im Zweitspracherwerb wird uns auch weiterhin beschäftigen, jedoch in einem etwas breiteren Rahmen. Denn nach allem, was wir hier und in früheren Kapiteln über den Spracherwerb und die Sprachverwendung generell und über den Zweitspracherwerb speziell festgestellt haben, wird augenscheinlich, dass die Ansprüche, den Zweitspracherwerb zu erläutern, ohne lernerindividuelle, soziale und situationsbezogene Faktoren einerseits und sprachenspezifische andererseits zu berücksichtigen vielfach realitätsfern bleiben.

4.4 Individuumzentrierte Ansätze

Wir haben in Kapitel 2 einige zentrale Fragen der Spracherwerbsforschung und kulturemtheoretische Grundlagen des Zweitspracherwerbs erörtert. Dabei wurde u. a. festgestellt, dass die Analyse des Zweitspracherwerbs mit dem sprachlich handelnden Menschen, dem Lerner, ansetzen sollte – als Individuum und als Gruppenmitglied. *Individuumszentrierte* Ansätze sind erforderlich, wenn nicht nur *produktbezogen* registrierend der Frage nachgegangen soll, was im jeweiligen Untersuchungsbereich vorliegt, sondern auch *prozessbezogen* Bedingungsfaktoren verschiedener Kommunikationssituationen sowie Entwicklungstendenzen des Lerneridiolekts erklärt werden sollen.

Verdeutlicht heißt das: Individuumszentrierte Ansätze ermöglichen es, verschiedene sprachenbezogene Fragen, u. a. auch jegliche Art von Spracherwerb in einem größeren Rahmen zu sehen als die sprachenzentrierten, bei denen im Bereich der Zweitspracherwerbsforschung strukturalistische, formbezogene, grammatische Betrachtungen überwiegen. Vor allem ermöglichen sie, durch die integrierende Methode, die Beziehung zwischen dem Lerner, seinem kommunikativen Repertoire und den Kommunikationsprozessen im jeweiligen soziokulturellen Rahmen in die Betrachtung einzubeziehen. Auch Mehrsprachigkeit und verschiedene Sprachkontaktphänomene lassen sich von diesem Ansatz aus vorteilhaft analysieren und erklären (Oksaar 1983a, 20f.).

Der individuumszentrierte Ansatz beleuchtet z. B. auch mit welchen Mitteln man kommunikative Ziele erreichen kann. Lerner können nicht selten schon mit wenigen verbalen und nonverbalen Einheiten sowie mit Hilfe des Situationskontextes diese erreichen. Gerade bei Anfängern kommt es vor, dass sie auch mit Hilfe von „Händen und Füßen", also mit nonverbalen Mitteln versuchen ihre Anliegen darzulegen.

4.4.1 Integrativmodell

Das wachsende Interesse an dem Lerner und seinem Zweitspracherwerbsprozess hat auch die Suche nach geeigneten Untersuchungsmethoden und -modellen aktiviert. Schwierigkeiten ergeben sich allerdings dadurch, dass in den zahlreichen Untersuchungen der Lernersprache zwar die verschiedenen Verfahrensweisen des Lerners z. B. Transfer, Übergeneralisierung, kreative Prägungen durch beschreibende Modelle erfasst werden, die Integrierung der Befunde in ein Modell, das auch ihre gegenseitigen Beziehungen beleuchtet, aber kaum stattgefunden hat. Ferner muss hervorgehoben werden, dass die häufig verwendeten experimentellen Methoden kontextgebundene Sprachverwendung sowie linguistische und soziale Variation schwerlich erfassen können.

Die in Kapitel 2.1 erörterte *Kulturemtheorie* bietet eine Möglichkeit diese Lücke zu füllen. Durch ihr individuumzentriertes kommunikative Komponenten integrierendes Modell lässt sich in der Lernersprache das Wirken und das Zusammenspiel der unterschiedlichen Komponenten feststellen. Derartige Untersuchungen erfordern jedoch neue Methoden. Denn die zwei bedeutenden soziolinguistischen Ansätze, die für die Erfassung der Dynamik und Variation der Lernersprache zunächst in Frage kommen könnten, reichen jeder für sich dafür nicht aus. Der *korrelationale* Ansatz, vertreten durch Labov und Bernstein, verwendet exakte Methoden und korreliert eine Reihe von spezifischen linguistischen und sozialen Variablen wie Aussprache, syntaktische Faktoren, Alter und Schichtenzugehörigkeit. Seine Reichweite ist aber dadurch begrenzt, dass viele Beziehungen, die sich aus der Situation ergeben können, unbeachtet bleiben. Beispielsweise ein differenziertes Beziehungsnetz zwischen Interferenztypen und sozialer Beziehung zwischen den Kommunikationspartnern (vgl. S. 138f.).

Hier können die Prinzipien des *interaktionalen* Ansatzes behilflich sein, deren Hauptvertreter Hymes und Gumperz sind. Die Methode geht von der Beobachtung von natürlichen Kommunikationssituationen aus und ermöglicht durch ihre distinktiven Einheiten, die in Komponenten wie Kode, Teilnehmer, Thema, Situation analysiert werden können, die Feststellung außersprachlicher Faktoren der linguistischen Variation, die man mit dem anderen Ansatz nicht findet. Dieser Ansatz hat zwar einen breiteren Rahmen, arbeitet aber nicht mit so exakten Methoden und seine Komponenten sind, vor allem für Mikroanalysen, zu weitmaschig.

Durch die Weiterentwicklung dieser Ansätze zu einer *interkorrelationalen* Methode (Oksaar 1977, 112f., 1988a, 23ff.), mit dem in Kapitel 2.1 erläuterten *kommunikativen Akt* als Beobachtungs- und Analyseeinheit, ergibt sich eine Möglichkeit, den Lernervarietäten näher zu kommen. Diese Methode verbindet nicht nur die erwähnten zwei Ansätze. Sie erweitert sie auch durch eine individuumbezogenen psycholinguistische und soziokulturelle Komponente, die u. a. die Sprecher/Hörer-Rollen berücksichtigt. Wir wenden uns nun dem Lerner, der Lernersprachen und ihrer Verwendung zu. Aus der Perspektive des Sprach- und Kulturkontakts beleuchten wir diese Thematik auch in Kapitel 4.4.4.

4.4.2 Lerner, Lerneridiolekte und Lernersprachen

In der Kritik der kontrastiven Analysen wurde hervorgehoben, dass es viele Voraussagen darüber gibt, was der Lerner beim Zweitspracherwerb zu tun hat, oder tun wird, dass man aber zu wenig weiß, was er tatsächlich tut. Mit dem zunehmenden Fokus auf den Lerner stellten sich auch erneut Fragen ein, warum die Voraussagemöglichkeiten seiner Interferenzen durch kontrastive Analysen der Sprachen begrenzter sind als man anfangs erhofft hatte. Der Grund hängt u. a. mit der Tatsache zusammen, dass jemand, der eine Fremdsprache lernt, gewöhnlich nicht in den Strukturen seiner Erstsprache stecken bleibt, sondern zwischen der Ausgangs- und Zielsprache verschiedene „approximate systems" entwickelt (Nemser 1969). Diese können auch stabilisiert werden, was als Fossilisierung bekannt ist. Ebenso können die Lerner eine Art „learners' pidgin" entwickeln, was wir weiter unten erörtern werden.

In den 1970er Jahren hat sich die Aufmerksamkeit zunehmend auf derartige Systeme gerichtet. Sie sind unter verschiedenen Bezeichnungen bekannt und haben unterschiedliche begriffliche Reichweiten: *interlanguage, approximate systems, transitional competence, idiosyncratic dialect, language learner language*. In deutschen Publikationen werden außer *Interlanguage* auch *Interimsprache, Lernersprache, Lernervarietät, Interimlekt, Lernerlekt* verwendet. Die einzelnen Begriffe haben unterschiedliche theoretische Verankerung, woraus Differenzen in Detailfragen herrühren (Bausch/Kasper 1979, 15ff., Knapp-Potthoff/Knapp 1982, 50ff., Möhle/Raupach 1983, 3, Dittmar 1997, 240f.). Wir verwenden *Lernersprache, Interlanguage* und *Interimsprache* als Synonyme. Als Hypothese ist die Lernersprache allgemein als *Interlanguagehypothese* bekannt, auf die wir im nächsten Kapitel eingehen. Vorausgeschickt sei, dass die meisten ihrer Untersuchungen auf den schulischen Erwerb der Zweitsprache aufbauen, wobei die Lernersprache überwiegend von einem formbezogenen strukturalistischen Standpunkt aus betrachtet wird. Es ist der Verdienst der Untersuchungen nichtschulischer Erwerbsprozesse erwachsener Lerner, dass neue, vor allem funktionale Aspekte, verbunden mit diskursbezogenen Analysen, in die Lernersprachenforschung gekommen sind. Exemplarisch sei auf Untersuchungen im Rahmen des European Science Foundation Projekte hingewiesen, z. B. Dietrich et al. (1995). Um Lernersprachen gerecht zu werden, müssten aber zunehmend soziokulturelle und ethnische sowie politische Aspekte bei ihren Analysen berücksichtigt werden. Dies gilt besonders von Arbeitsmigranten und Minderheiten, wie wir in Kapitel 5 sehen werden.

Interlanguagehypothese

Der Terminus *Interlanguage,* geprägt in bezug auf Pidgins, ist von Selinker (1969, 1972) auf den Zweitspracherwerbsprozess appliziert worden. Die Sprache des Lerners wird gesehen als ein eigenständiges System, das sich allmählich, zielgerichtet, als ein kreativer Prozess auf die Normen und Regeln der Zweitsprache hin entwickelt. „The speech of a learner ... is structurally organized, manifesting the order and cohesiveness of a system, although one frequently changing with atypical rapidity and subject to radical reorganization through the massive intrusion of new elements as learning proceeds" (Nemser 1969, 4).

Trotz Unterschiede im Einzelheiten herrscht Übereinstimmung bei folgenden Hauptpunkten der Hypothese:

1) Die Interlanguage ist ein eigenständiges sprachliches (Übergangs)System, das ein Lerner beim Erwerb einer Zweitsprache bildet,
2) Sie hat Züge von der Erst- und Zweitsprache, gegebenenfalls auch von weiteren Sprachen, sowie von denen unabhängige sprachliche Einheiten,
3) Wie alle Sprachen ist sie dynamisch, charakteristisch für sie ist ihre gleichzeitige Systemhaftigkeit und Variabilität. Letzteres bedeutet, dass korrekte und abweichende Einheiten nebeneinander zur Verfügung stehen.

Im Konzept der Lernersprache werden die ungrammatischen Äußerungen in der Zielsprache und abweichenden lexikalischen Elemente nicht als störende Abweichungen gesehen, sondern als Teil der eigenen Systeme (Nemser 1969, Selinker 1972, vgl. Davies et al. 1984).

Die *Interlanguagehypothese* kann in einer Art Mittelposition zwischen der Kontrastivhypothese und der Identitätshypothese angesehen werden. Sie erkennt die Rolle des Transfers aus der Erstsprache an, ihr liegen aber auch kognitive Spracherwerbstheorien zugrunde: ihr theoretischer Hintergrund verbindet Aspekte behavioristischer und kognitiver Theorien (s. zu letzteren auch McLaughlin 1987, 134ff.). Aus der Sicht der Chaostheorie betont Larsen-Freeman, dass die Lernersprache gesehen werden muss als „the evolving grammar of the learner adapting to an evolving target grammar, not as one of a set of successive approximations to a steady-state grammar" (1997, 159).

Außer der Frage der Eigenständigkeit der Lernersprache hat sich die Diskussion hauptsächlich auf drei Schwerpunkte konzentriert: Auf ihr *linguistisches System,* auf den *Lernprozess* bei ihrem Aufbau und auf den *Kommunikationsprozess* bei ihrer Verwendung. Die mit ihnen verbundenen Probleme sind noch keineswegs gelöst. Die Schwierigkeiten werden vor allem verursacht durch die Tatsache, dass die Lernersprache sowohl variabel als auch stabil und systematisch zugleich angesehen wird, und dass man es mit einem Kontinuum zu tun hat (Tarone et al. 1976, 97f., vgl. Tarone 1979, 1982, Richards/Kennedy 1977, Mißler 1999). Wie hängen aber Variabilität und Systemhaftigkeit zusammen? Wie ist das Kontinuum zu verstehen? Probleme entstehen auch dadurch, dass wir es mit heterogenen Lerneridiolekten zu tun haben; das Verhalten in der Lernersprache kann von Lerner zu Lerner unterschiedlich sein, aber auch bei ein und demselben, je nach Themenbereich und Situation, variieren. Wir betrachten nun einige zentrale Diskussionspunkte etwas näher und weisen für ausführlichere Erörterungen auf Davies et al. (1984), Ellis (1985) und Mißler (1999) hin.

Während die Lernersprache für Corder (1967, 1978) sowie Selinker (1969, 1972) vorwiegend auf der Produktebene zu untersuchen ist, auch wenn Selinker Transferprozesse und Strategien einbezieht, wird die Aufmerksamkeit in den letzten Dezennien, wie oben erwähnt, zunehmend auf Prozesse gerichtet. Dabei wird stets auch Systemhaftigkeit hervorgehoben, allerdings nicht einvernehmlich. Selinker et al., die Lernersprache durch vier Merkmale charakterisieren, „mutual intelligibility, systematicity, stability, backsliding" (1975, 141), sehen Systemhaftigkeit nur in bezug auf Lernstrategien an (vgl. Möhle/Raupach 1983, 13).

Was aber bedeutet es genauer, wenn man von der Systemhaftigkeit der Lernersprache spricht? Zwar hat man betont, dass auch die Variabilität systematisch sei, das schließt aber für einige Forscher nicht aus, dass sie teilweise auch nichtsystematisch und als freie Variation gelten kann (s. die Diskussion bei Tarone 1988). Auf diesen Fragenkomplex geht neuerdings Ellis, ausgehend von Labovs Konzept der systematischen Variation und früheren Diskussionen, ausführlich ein. Er weist der immer noch kontrovers diskutierten freien Variation, die er als „the behavioural manifestation of the lexical networks" ansieht (1999, 460), eine zentrale Rolle im Zweitspracherwerb zu: „... free variation is evidence of item learning ... which cannot be ignored if we are to describe and explain how learners ultimately develop their interlanguages" (1999, 476). Für Ellis (1999, 469) entsteht freie Variation, wenn Lerner alternative lexikalische Mittel für die Enkodierung von Bedeutungen erwerben, für die sie schon kommunikative Mittel haben. Er belegt freie Variation in folgenden Sätzen eines Englisch lernenden portugiesischen Schülers: Während eines Bingospiels sagte dieser in Minutenabstand einem anderen Schüler zuerst *No look my card* und dann *Don't look my card*. Diese Beispiele sind in den Diskussionen über freie Variation viel erörtert worden (Ellis 1999, 464f., vgl. 1986, 84f.).

Die Frage müsste aber gestellt werden, ob es bei diesen Äußerungen nicht auch, durch prosodische Einheiten, konnotative, oder sogar denotative Unterschiede geben könnte. Ersteres würde bei einer stärkeren Betonung von *no* der Fall sein, zweiteres bei einer kurzen Pause zwischen *no* und *look*. Gerade bei der Frage der Variation muss genauer auf die Details geachtet werden. Tench (1996) analysiert 20 Untersuchungen im Bereich der Phonologie der Lernersprache nach verschiedenen Gesichtspunkten und stellt erhebliche Unterschiede im experimentellen Verfahren und bei den Materialien fest. Auffallend ist, dass nur 3 von 20 Langzeituntersuchungen sind (mit geringer – 1, 2 und 5 Informantenzahl), obwohl diese für die Lernersprache, da sie ein Phänomen in fortwährender Entwicklung ist, relevant sind.

In Selinkers (1972, 215) vorher erwähnten Modell nehmen die Begriffe *Prozess* und *Strategie* eine zentrale Rolle ein. Lernersprache ist für ihn durch fünf psycholinguistische Prozesse gekennzeichnet: „1) language transfer, 2) transfer of training, 3) strategies of second language learning, 4) strategies of second language communication, 5) overgeneralization of target material" (1972, 215). Bei diesen Prozessen geht es u. a. nicht mehr um die Frage, ob Transfer aus der Erstsprache stattfindet, sondern um die Bedingungen, die ihn begünstigen oder verhindern. Der Übungstransfer (transfer of training) kann z. B. durch verschiedene Übungen und Lehrmaterialien entstehen. Allerdings steht laut Selinker (1974, 34) noch nicht fest, wie diese Prozesse auseinanderzuhalten sind und welche Wirkungen sie im einzelnen haben. Die Diskussion verschiedener Möglichkeiten hat die Forschung bis heute aktiviert.

Was ist nun unter *Strategien* zu verstehen? Bei Strategien handelt es sich generell um verschiedene Arten von Entscheidungen, die in Problemlösungssituationen zu treffen sind. Unter Strategien des Zweitspracherwerbs werden von einigen Forschern mentale Regelbildungsprozesse verstanden, die dem Lerner ermöglichen, mit den ihm zur Verfügung stehenden Daten Hypothesen über das fremdsprachliche System zu bilden und zu überprüfen (zu einem Überblick s. Tarone et al. 1976, 99ff.). Auf die Unterscheidung zwischen *Strategiewissen* und *Strategiegebrauch* geht Grotjahn (1997) ein. Für den Begriff *Lernstrategie* gibt es keine einheitliche Definition. Mißler fasst Lernstrategie auf als „von Lernern zielgerichtet eingesetzte Verfahren zur Optimierung von Lernprozessen" (1999, 2) und gibt in ihrer Untersuchung der Entwicklung von Fremdsprachenlernstrategien einen gründlichen Überblick über nicht wenige, vorwiegend mit Tests durchgeführte Untersuchungen.

Es gibt zahlreiche Klassifizierungsansätze, die kontrovers diskutiert werden. Oxford (1990, 17ff.) unterscheidet zwischen 10 direkten Strategien – Gedächtnisstrategien – und 9 metakognitiven Strategien zur Koordinierung des Lernprozesses. Wegen fehlender Priorisierung für das Lernen und überlappender Subkategorien wird dies als problematisch angesehen, siehe O'Malley et al. (1990, 103f.), die selbst nicht weniger als 27 Strategien auflisten. Für die gegenwärtige Lage stellt Mißler fest, dass unterschiedliche Definitionsansätze und Abgrenzungskriterien zahlreiche Klassifikationen zur Folge haben, was ihre Vergleichbarkeit erschwert. Generell kann festgehalten werden: „Lernstrategien sind in ein komplexes Geflecht von Einflussfaktoren, demographischen Variablen, Persönlichkeitsvariablen, kognitiven, motivationalen und affektiven Variablen sowie Merkmalen der Lernsituation eingebettet" (Mißler 1999, 189). Statt *Lern*strategie spricht man zunehmend auch von *Lerner*strategie.

Aus einer etwas konkreteren Sicht ergibt sich, dass verschiedene Autoren *Simplifizierung* als eine maßgebende Strategie ansehen (Richards 1975, Fervers 1983, Cohen 1998). Was die in zahlreichen Veröffentlichungen behandelten *Kommunikationsstrategien* betrifft, so kann man davon ausgehen, dass sie die Bestrebungen des Lerners umfassen, Lücken in seinen Sprachkenntnissen zu überwinden und mit verschiedenen Mitteln zu versuchen, die Kommunikation weiterzuführen bzw. seiner Rolle in der Kommunikation gerecht zu werden (vgl. hierzu die Balancetheorie, S. 148). Ein Beispiel:

Sven (2; 2) kommt in ein dunkles Zimmer, will Licht haben. Anscheinend kennt er den (estnischen) Ausdruck nicht, denn er zögert, nachdem er nach seiner Mutter gerufen hat, mit der er immer Estnisch spricht, und sagt: *pime ära,* wörtl. „dunkel nicht" (*ära* ist estn. Negationswort). Svens Ausdruck ist eine kreative Bildung, kommt weder im Estnischen noch im Schwedischen, Svens damals weiteren Sprache vor, und weist auf einen negierten Gegensatz des Gewünschten hin!

Zu den mehr als ein Dutzend Kommunikationsstrategien gehören *Themenvermeidung, Kodeumschaltung, Entlehnungen, Paraphrasen unbekannter Lexeme,* und *neue Wortprägungen* (zu einer Typologie s. Bausch/Kasper 1979, 17ff., Ellis 1986, 184ff., vgl., Bialystock 1990, Firth/Wagner 1997, Cohen 1998, Mißler 1999). In ihrer Übersicht über Definitionen und Taxonomien der Kommunikationsstrategien stellen Dörnyei/Scott (1997) 41 Typen fest, davon sind aber nur 9 hörerbezogen, der Rest fokussiert auf den Sprecher.

Bei der Vielzahl der Klassifikationsversuche fällt auf, dass die Überbrückung soziokultureller, zur Sozialkompetenz gehörenden kommunikativen Aspekte hier kaum thematisiert werden. Wir werden diesen Fragenkomplex im Zusammenhang mit situationalen Interferenzen weiter unten behandeln. Auch ist die Verwendung nonverbaler und parasprachlicher Einheiten im Bereich der Kommunikationsstrategien noch nicht näher untersucht worden. Bei dieser Strategie muss in Betracht gezogen werden, dass es individuelle Variation bei den Präferenzen einer gewissen Strategie gibt, dass diese aber durch den Einfluss und Reaktionen der Kommunikationspartner bestimmt werden kann.

Selinkers Modell hat, wie schon aus diesen Erörterungen hervorgeht, der nachfolgenden Forschung viele Anregungen gegeben, aber auch Kritik und lebhafte Diskussionen hervorgerufen, u. a. wegen der Vagheit einzelner Begriffe. So werden *Prozess* und *Strategie* nicht selten diffus oder gar nicht definiert. Methodisch unsicher ist nach wie vor die Möglichkeit, zwischen den verschiedenen Strategien wie *Kommunikations-*, *Produktions-* und *Rezeptionsstrategien* zu unterscheiden. Kontrovers wird auch die Frage erörtert, in welcher Weise Strategien mit Fragen des Sprachbewusstseins zusammengehören. Die meisten Strategien scheinen allgemeinkommunikativ zu sein und kommen auch bei Muttersprachlern vor, z. B. wenn Gesprächsthemen und Situationen neu sind (für übersichtlichere Darstellungen verweisen wir auf Færch/Kasper 1986, XVff., Davies et al. 1984, Teil 2, Bialystok 1990, vgl. neuerdings Kaplan 1998 und Mißler 1999).

Dass man schwerlich zwischen einzelnen Strategien unterscheiden kann, geht auch aus unseren Korpora hervor. Folgende Szene bietet ein Beispiel:

Sven (4; 5), der seit dem Alter (3; 11) in Hamburg lebt, zu Hause Estnisch und Schwedisch spricht, Deutsch von anderen Kindern und von Erwachsenen gelernt hat und auch durch Radio und Fernsehen hört, erzählt deutschen Bekannten seiner Eltern von einer Reise:

Wir hatten auch unser Auto *mitgenemt* (... nonverbale Zeichen signalisieren Zögern) ... *genimmt* ... (Mimik und Intonation zeugen von Unsicherheit und Überlegung zugleich; kurze Pause, einige Zuhörer lächeln) ... *genommt*. Eine Zuhörerin sagt: *genommen*. Sven schweigt, ist ernst und wendet sich weg.

Schon früher verwendet Sven (3; 4) aber auch richtige Formen der starken Partizipien, z. B. beim Spielen mit seinen Teddys: Sind sie *gekommen?* (Er lässt einen Teddy dem anderen etwas sagen.)

Kommentar: Svens Verhalten zeugt von einem gewissen Sprachbewusstsein, er drückt Unsicherheit durch nonverbale Mittel und Intonation aus und wählt eine neue Option; die Reaktion der Zuhörer – Lächeln – bewirkt eine weitere Variante, deren Stamm mit der Norm übereinstimmt. Insgesamt haben wir es mit einer Einheit von Strategien zu tun, die man als Ausprobier- und Korrekturstrategien sehen könnte.

Was ferner das methodische Vorgehen der Lernersprachenforschung angeht, so ist für einige Autoren die Analysemethode „strict error analysis" (Corder 1973, 36, vgl. 1981), für andere wiederum die Anwendung funktionaler, sozialer und psychologischer Faktoren für die Erkundung der Gründe, die den Lerner von den Regeln und Normen der Zielsprache entfernen und zu einer beschränkten Sprachverwendung führen (Schumann 1978, vgl. den Bericht über Syntax von Rutherford 1984a und Ellis 1994), oder, um eine weitere Perspektive anzuführen, Techniken der Konversationsanalyse (zu einem Überblick s. Wagner 1996). Was die Strukturanalysen betrifft, so wird überwiegend kritisiert, dass sämtliche externe Faktoren häufig ausgeschlossen werden und dass eine zu schmale Datenbasis bei experimentellen Aufgaben vorliegt. Das gilt auch für gewisse Strategien. Rampton stellt fest: „communicative strategy research has frequently focused on collaborative performance of pupils and undergraduates in narrowly defined experimental tasks" (1991, 238, vgl., 1999). Vor dem Hintergrund seiner Untersuchungen mit u. a. Panjabi lernenden Teenagers nichtenglischer Herkunft in England schlägt Rampton neue Perspektiven für Varietätenuntersuchungen vor, nämlich ihre Verbindung mit unterschiedlichen sozialen Gruppen, Ideologien und sozialer Umgebung.

Dieses Kapitel abschließend kann hervorgehoben werden, dass die zahlreichen Veröffentlichungen im Bereich der Interlanguagehypothese diese überwiegend von einem strukturalistischen Standpunkt aus betrachtet haben, obwohl seit den 1980er Jahren auch pragmatikorientierte Ansätze vorliegen (vgl. den Sammelband von Kasper/Blum-Kulka 1993). Methodisch ist aber die programmatische Aussage von Corder noch keineswegs eingelöst: „... we can locate learners along the continuum of change or development" (1978, 74), auch wenn man mit variablen Regeln und Implikationsskalen arbeitet (Kapitel 4.2.1). Der Lerner variiert sein sprachliches Verhalten je nach den Aufgaben und der persönlichen Disponiertheit in jeweiligen Situationen, es fehlen aber Langzeituntersuchungen über derartige Variation (zur Diskussion hierzu s. Tarone 1983; vgl. Selinker 1992). Neue Ansätze, die von der funktionalen und onomasiologischen Perspektive ausgehen, sind ebenso notwendig. Die Richtung „function -to-form" Analyse ermöglicht einen erweiterten Blick auf die Entwicklung der Lernersprache, ebenso wie differenziertere Systemanalysen. Dietrich et al. stellen in ihrer Untersuchung des Erwerbs der Temporalität im Deutschen bei erwachsenen Migranten z. B. zweierlei Systemhaftigkeit in ihrer Lernersprache fest: „at each point, the learner's language is not just a random accumulation of individual forms but a system in its own right – a learner variety which exhibits a number of distinct organisational regularities. This is the second systematicity" (1995, 261). Was die beiden Systeme ausmacht, hängt von einer Reihe von kausalen Faktoren ab: „general cognitive principles, the characteristic of source and target language, individual and social learning conditions and others".

Fossilisierung und Pidginisierung

Fossilisierung. Auch fortgeschrittene Lerner können zurückfallen auf ein früheres, überwundenes Niveau ihrer Lernersprache, z. B. in Stresssituationen und bei Müdigkeit. Ein derartiger morphosyntaktischer oder lexikalischer Rückfall (backsliding) ist vorübergehender Natur und zeugt von wechselnder Dynamik des Lernprozesses in verschiedenen Teilbereichen. Eine gewisse Art von Entwicklungsstillgang ist als *Fossilisierung* bekannt, worunter eine längere Zeit dauernde oder bleibende Verfestigung einer lernersprachlichen Norm verstanden wird, z. B. der Gerbrauch von Infinitivformen: *du sagen, ich fahren.*

Fossilisierung umfasst somit linguistische Einheiten, Regeln und Subsysteme, welche die Lerner in ihren Lernersprachen zu behalten geneigt sind „relative to a particular TL (target language) no matter what the age of the learner or amount of explanation and instruction he receives in the TL" (Selinker 1972, 215.). Fossilisierung wird durch die Kommunikationsbedürfnisse begünstigt: kann das Ziel mit vorhandenen Mitteln erreicht werden, erübrigt sich die Weiterentwicklung. Dies ist insbesondere der Fall, wenn auch Einheimische eine muttersprachliche Variante des als *foreigner talk* bekannten Registers Ausländern, vor allem Gastarbeitern gegenüber aus verschiedenen Gründen verwenden, von Vereinfachung bis Verhöhnung. Sätze wie „Was Du können arbeiten? ... Du können arbeiten mit Hand? ... Du wollen arbeiten in Fabrik? Groß Fabrik? ... Gut, wir Arbeit für Dich suchen", geäußert von einem Angestellten des Arbeitsamts im Gespräch mit einem Vietnamesen, zeugen vom Gebrauch eines derartigen vereinfachten Registers (Oksaar 1996b, 214). Andererseits muss berücksichtigt werden, dass Muttersprachler im Gespräch mit Ausländern ihre Sprechweisen und Wortwahl nicht selten modifizieren und variieren (vgl. Gass/Varonis 1985).

Als Gründe der Fossilisierung werden auch fehlender Wunsch zur Akkulturation, soziale Distanz in der Kommunikationsgemeinschaft (Schumann 1978, 68, 97) und fehlende Lernmöglichkeiten (Bickerton 1975) angesehen. Allerdings scheinen diese Gründe allein nicht ausschlaggebend zu sein, da Fossilisierung auch in Situationen vorkommt, in denen sich viele Lernmöglichkeiten ergeben (Jiang 2000, 54). Es ist daher wahrscheinlich, dass die Gründe eher mit der allgemeinen Unfähigkeit der Lerner zu tun haben, die ihnen durch den Input verfügbare Information zu verwerten, als mit dem Input selbst (Ellis 1994, 604). Auch können sie je nach Bereich unterschiedlich sein; bei Jiang (2000) finden sich Erörterungen von lexikalischen Fossilisierungen, Lardiere (1998) analysiert morphosyntaktische. Im Bereich der Phonetik und Phonologie geht der sog. fremde Akzent auf Fossilisierung zurück; einige Gründe haben wir im Zusammenhang mit der kritischen Periode Hypothese in Kapitel 3.1.1. erörtert. Akzenttypische Fossilisierung kommt weitaus häufiger vor als morphosyntaktische, es handelt sich u. a. um Stabilisierung der Artikulationsgewohnheiten, deren Grund in den muttersprachlichen Hörgewohnheiten liegen kann. Lindner stellt fest: „... im späteren Leben sind nicht nur die Sprech-, sondern auch die Hör*gewohnheiten* schon so stark verfestigt, dass bestimmte Grundeigentümlichkeiten der Muttersprache erhalten bleiben und die Fremdsprache dann nicht akzentfrei beherrscht wird" (1977, 26). Er weist aber auch darauf hin, dass das nichts mit der guten und fließenden Beherrschung der Fremdsprache zu tun hat, sondern nur mit besonderen Feinheiten der Aussprache einzelner Laute und Lautverbindungen, sowie mit der Intonation. Artikulationsgewohnheiten werden aus der Muttersprache übernommen und nicht mehr überwunden. Eine andere Erklärung des Akzents geht allerdings auf psychologische Gründe zurück, die wir oben (S. 64) festgestellt haben.

Da Fossilisierung mit allen Aspekten des Zweitspracherwerbs zusammenhängt, u. a. auch mit dem Transfer, ist ein zunehmendes Interesse dem Phänomen gegenüber festzustellen, gleichzeitig ergeben sich aber auch unterschiedliche Beurteilungsansätze. Zur heutigen Lage stellt Nakuma fest: „What these various accounts of fossilization show is that the phenomenon is not yet well understood, both in terms of what it is and how it comes about" (1998, 250). Selinker/Lakshamanan heben folgende notwendige Untersuchungsbereiche hervor. Erstens, frühes Vorkommen der Fossilisierung bei sehr begrenztem Input und zweitens „backsliding studies which show that it is difficult, if not impossible, to eradicate a certain IL (interlanguage) phenomenon" (1992, 212). Sie stellen ferner fest, dass gewisse linguistische Strukturen, und nicht andere, auch bei einem nicht begrenzten Input eine Tendenz zur Fossilisierung zeigen. Um weiterzukommen, braucht man Langzeituntersuchungen mit denselben Individuen und detaillierte Analysen von Phänomenen der Lernersprache, die sich mit der Zeit ändern, aber auch von denen, die stabil bleiben.

Pidginisierung. Gewisse Erscheinungen der Lernersprache, die bei Fossilisierung feststellbar sind, wie Fehlen von Artikeln, Kopula und Tempusmorphemen, Reduzierung der lexikalischen Elemente, Wortstellung als Ersatz von Flexionsendungen, haben Ähnlichkeiten mit Pidgin-Sprachen. Der Terminus *Pidgin* geht auf Reinecke zurück, der ihn 1935 in bezug auf einen hawaiischen Kode verwendet. Pidgins sind zweckbestimmte Behelfsprachen (makeshift languages), die zu allen Zeiten überall entstehen können, wenn beispielsweise durch Kolonisationen, Handelsbeziehungen und Arbeitssituationen Angehörige verschiedener Sprachgemeinschaften mit einander in Kontakt treten. Charakteristisch für diese Sprachen sind ein beschränkter Wortschatz, drastisch reduzierte linguistische Strukturen und der Umstand, dass sie keine Muttersprachen sind. Werden sie zur Muttersprache einer Bevölkerung, so hat man es mit einer Kreolsprache zu tun. Pidgin ist die erste Phase einer derartigen Entwicklung. „Me Tarzan, you Jane" ist laut Hall (1953, 151) der Prototyp einer Pidginsituation: die Ausdrucksmittel sind nur für ganz beschränkte Kommunikationszwecke angebracht. (Eine Übersicht über die wichtigeren Pidgin und Kreolsprachen sowie frühere Untersuchungen findet sich bei Bartens 1996, vgl. Sebba 1997.)

Eine Kreolsprache kann sich auch ohne Pidgin entwickeln. Bartens (1996, 9) hebt allerdings hervor, dass die traditionelle Unterscheidung in Pidgins und Kreols als Zweitsprachen resp. Erst/Muttersprachen wissenschaftlich nicht begründet werden kann. Es handelt sich eher um fließende als abrupte Übergänge. Die spracherwerbstheoretische Perspektive der Pidginisierung und Kreolisierung hat Sprachwissenschaftler, wie aus den Übersichten bei Hellinger (1985, 92ff.) und Bartens (1996, 69ff.) hervorgeht, seit mehreren Dezennien interessiert. Die früheren Ansichten, dass Pidgins und Kreols einfache „Mischmaschsprachen" sind, ohne eigene klargegliederte Strukturen, sind widerlegt worden. Sie sind „genuine in their own right, not just macaronic blends or interlingual corruptions of standard languages" (DeCamp 1971, 15).

Es herrscht allerdings noch keine Einigkeit darüber, welche Sprachkontaktresultate in der Form von funktional beschränkten Varietäten zu Pidgins gehören. Man ist sich auch nicht darüber einig, ob das *Gastarbeiter/Fremdarbeiterdeutsch* als Pidgin zu bezeichnen ist. Der Terminus Pidgin ist in den letzten Dezennien mehrdeutig geworden, mit der Folge, dass in der Pidgindebatte zwischen klassischem Pidgin und einem Pidgin im weitesten Sinne unterschieden wird (de Jong 1986, 89ff.). Zur Pidgindeutsch-Hypothese stellt de Jong anhand einschlägiger Untersuchungen fest, dass man zwar von einem „Fremdarbeiterpidgin" sprechen kann, dieser sei aber kein klassischer Pidgin, sondern „ein Bündel von mehr oder weniger pidginisierten Varietäten". Der Unterschied zwischen den klassischen Pidgins und Fremdarbeiterpidgins liegt in der Art der sozialen Isolation und ihrer graduellen Verschiedenheit sowie im „Zugang zu den kommunikativen Ressourcen der herrschenden Gruppe in den jeweiligen Gesellschaften" (1986, 121, 303). In der Pidgindiskussion wird die Rolle der sozialen Aspekten beim Sprachenerwerb von neuen Perspektiven aus deutlich. Sie zeigt auch, wie sich verschiedene Betrachtungsweisen eröffnen, wenn der Erwerbsprozess aus der Sicht von Pidginisierung und Kreolisierung erörtert wird. Unterschiedliche Standpunkte zur Beziehung zwischen diesen und dem Zweitspracherwerb finden sich u. a. in dem von Andersen herausgegebenen Tagungsband „Pidginization and creolization as language acquisition" (1983). Frühe Stadien der Pidginisierung haben gemeinsame Züge mit anderen simplifizierten Registern wie z. B. mit dem vorher erwähnten „foreigner talk".

Auf Grundlage der Übereinstimmung einer Reihe von Merkmalen in frühen Stadien des Zweitspracherwerbs mit Pidginsprachen, z. B. unmarkierte Verbformen, stark eingeschränktes Lexikon, sieht Schumann diese Stadien als einen Pidginisierungsprozess an. Er untermauert seine Pidginisierunghypothese mit sozial-psychologischen Gründen: „. . . pidginization in second language acquisition can be viewed as initially resulting from cognitive constraints and then persisting due to social and psychologigal constraints". . . „the pidginization hypothesis predicts that where social and psychological distance prevail, we will find pidginization persisting in the speech of second language learners" (1978, 115).

Als empirische Unterlage dienen Schumann Daten von einem 33-jährigen Immigranten Alberto aus Costa Rica, im Zeitraum von 10 Monaten. Er führt die Fossilisierung von dessen Sprache auf ihre begrenzte Verwendungsfunktion zurück. Von den drei von Schumann, im Anschluss an D. Smith erwähnten Funktionen: die *kommunikative* für Informationsübermittlung, die *integrative* für soziale Integration und die *expressive* für psychologische Bedürfnisse, erfüllt Albertos Sprache nur die erste. Soziale Distanz zur Zielsprache Englisch (Mehrheitssprache) und zu ihrer Bevölkerung, verbunden mit psychologischer Distanz, spielen hier eine zentrale Rolle.

Für den nichtschulischen Zweitspracherwerb scheint diese Hypothese, die auch als *Akkulturationsmodell* bekannt ist, auf den ersten Blick einleuchtend zu sein. Die Materialunterlage ist jedoch, wie die Kritik geltend macht, für derartige Schlüsse nicht ausreichend. Nur ein Teil der für Pidginsprachen charakteristischen Merkmale konnten belegt werden, auch können mehrere syntaktische Einheiten auf Transfer zurückgehen. Die Daten berechtigen auch keineswegs die vorgenommene Generalisierung (s. Gilberts Diskussion in Andersen 1981, 207ff., Hellinger 1985, 108ff., Hakuta 1986, 145). Neuere gründlichere Analysen der Daten zeigen außerdem, dass Alberto mit der Zeit Lernerfolge erzielte (Ellis 1999, 467, im Anschluss an Berdan). Die Pidginisierungshypothese Schumanns, auch wenn sie nicht nachprüfbar ist, hat die Aufmerksamkeit wieder auf die von der Forschung vernachlässigten sprachexternen, affektiven und sozialen Variablen des Zweitspracherwerbs gerichtet, sowie auf den nichtschulischen Spracherwerb und auf die Rolle des Transfers.

Die Ausführlichkeit unserer Darlegungen, auch in diesem Kapitel, ist notwendig, da die dynamische Entwicklung der Lernersprachenforschung heute die Literatur aus den früheren Dezennien notgedrungen reduktionistisch behandelt. Bei Tausenden von Veröffentlichungen bleiben auch unsere Thematisierungen eine Auswahl, die aber nicht nur auf Resultate, Diskussionen und Lücken eingeht, sondern auch zu erweiterten Perspektiven und Fragestellungen führen möchte. Dass die Lernersprache individuell verschieden ist, also zu *Lerneridiolekten* gehört – mit ausgeprägten Merkmalen einer beschränkten Varietät bis zu großen Übereinstimmungen mit dem Standard der Regionalvarietäten – ist auf der *Makroebene* hinlänglich bekannt. Auf der *Mikroebene* fehlen aber noch viele Mosaiksteine aus verschiedenen, auch kleineren

Sprachen. Auch ist die Klassifizierung der einzelnen Merkmale und Einheiten ebenso wie die Analyse der Dynamik des Kontinuums im Lernprozess methodisch immer noch problematisch. Einzelfälle mit markanten Unterschieden sind hier aufschlussreicher als voreilige Generalisierungen. Denn sie können oft zur Erhellung von größeren Zusammenhängen beitragen, aber auch neue Untersuchungsfelder öffnen.

Wie folgendes Beispiel zeigt, kann ein Befund zu mehr als einer Kategorie gehören – Transfer und Fossilisierung– außerdem aber auffällig sein, weil es sich um eine bestimmte Konjunktion handelt: dt. *aber* im schwedischen Diskurs. Der Sprecher ist ein 52jähriger Deutscher, der 27 Jahre in Stockholm gelebt hat und Angestellter einer schwedischen Handelsgesellschaft ist. In insgesamt 6 Stunden Gesprächsaufnahmen auf schwedisch, verteilt auf 3 Wochen, kam *aber* in 89 % der insgesamt 39 Fällen vor, in denen die schwedische Konjunktion *men* normgerecht gewesen wäre, *men* dagegen nur in 11 % der Fälle, nämlich bei Themen, die mit seinem Beruf zu tun hatten. Keine anderen Auffälligkeiten, abgesehen vom leichten deutschen Akzent, konnten festgestellt werden. In seinem Deutsch fanden sich dagegen nicht selten schwedische lexikalische Interferenzen. Dieser Fall richtet unsere Aufmerksamkeit auf die Frage der Relation zwischen Lernersprache und Zielsprache, die wir weiter unten behandeln werden.

In der Zweitspracherwerbsforschung sind *Behaviorem*fossilisierungen/ Pidginisierungen kaum thematisiert worden. Ein interessanter Fall in diesem Bereich ist die Distribution der deutschen Anredepronomina *Du* und *Sie* bei einem griechischen Kellner auf Kos (43 Jahr alt, hat 4 Jahre in Hannover gearbeitet), dessen deutsche Kellnersprache ich in einem Hotel mit überwiegend deutschen Urlaubern 3 Wochen lang verfolgen konnte. Seine kurzen Sätze waren grammatisch korrekt, sein Akzent störte die Verständigung kaum, aber er duzte konsequent alle Erwachsenen und siezte Kinder. Diese Verhaltensweise zeugt von der Kenntnis der unterschiedlichen Anrederegeln, gleichzeitig aber von der diametral entgegengesetzten Realisierung ihrer Gebrauchsnorm.

Zur Charakterisierung des erfolgreichen Lerners

Die Tatsache, dass die Menschen ihre Muttersprache in der Regel erfolgreich erwerben, beim Zweitspracherwerb jedoch erhebliche Unterschiede festzustellen sind, hat in den 1970 Jahren die Frage aufgeworfen, welche Eigenschaften den erfolgreichen Lerner charakterisieren. Welche Strategien stehen ihm zur Verfügung und werden von ihm eingesetzt? Dieser Fragenkomplex ist vor allem durch Rubin (1975) und die „good-language-learner" Forschung am Ontario Institute for Studies in Education in Toronto (Naiman et al. 1975 und 1989) bekannt geworden (s. zu dieser Forschungsrichtung O'Malley et al. 1990, Norton/Toohey 2001, vgl. Krashen 1981, 37, der auch kurz auf den „bad language learner" eingeht). Bei den Charakterisierungen muss jedoch in Kauf genommen werden, dass „erfolgreich" und „gut" komplexe und relative Begriffe sind und dass man es mit sehr unterschiedlichen Persönlichkeitsmerkmalen und Erwerbsmöglichkeiten zu tun hat.

Variablen wie *Sprachlerneignung, Sprachlernbegabung* (language aptitude) und *Motivation,* die jahrzehntelang im wissenschaftlichen Fokus gewesen sind, spielen hier eine zentrale Rolle. Forscher wie Carroll, bekannt u. a. durch „Modern language aptitude tests (MLAT)", Lambert und Gardner haben seit den 1950er Jahren bedeutende theoretische und methodologische Beiträge in diesen Bereichen geleistet (vgl. Carroll 1993, Gardner/Lambert 1972, Gardner 1985). Vor allem, was die Datenerhebungsmethoden betrifft, sind sie heute jedoch ergänzungsbedürftig. Die traditionelle sozialpsychologische Fragebogenmethode wird in den 1990er Jahren von Anhängern der diskursiven Sozialpsychologie als unzureichend angesehen. Sie heben die Notwendigkeit hervor, Methoden einzusetzen, die der komplexen Materie mehr gerecht werden, z. B. diskursive Techniken wie Erzählungen und Berichte, alltägliche Konversationen, auch schriftliche Quellen wie Tagebücher und Autobiographien (s. die Diskussion bei Spolsky 2000, 162f.). Auch die lange verpönte Introspektion wird, wie in Kapitel 4.1.1. festgestellt, als hilfreich anerkannt, sie ist aber schon von Rubin (1975, 44f.) beachtet worden.

Das Interesse an dem „erfolgreichen Lerner" hat aber nicht nur theoretische Relevanz, „if we know more about what the ,successful learner' did, we might be able to teach these strategies to poorer learners to enchance their success record" (Rubin 1975, 2). Ehe wir etwas näher darauf eingehen, sei kurz auf die Typisierung der Lerner nach der Art und Weise ihrer Verarbeitung der Zweitsprache hingewiesen.

Die Grundlage ihrer Typisierungsmöglichkeiten hängt wesentlich mit dem Konzept *kognitiver Stil* zusammen. Kognitiver Stil betrifft die für den Lernprozess wesentlichen psychischen Dispositionen und widerspiegelt die Art und Weise, wie unterschiedlich Individuen Information bearbeiten und organisieren. Von den Dimensionen der kognitiven Stile sind für den Zweitspracherwerb vor allem *Feldabhängigkeit* (field dependence) und *Feldunabhängigkeit* (field independence) von Interesse. Sie bezeichnen zwei Pole eines Kontinuums der persönlichkeitsspezifischen Wahrnehmungsmodi und hängen mit der analytischen vs. globalen Informationsverarbeitung zusammen. Ein Lerner ist feldabhängig, wenn er holistisch verfährt, d. h. wenn er ein Feld – visuelles oder auditives – als Ganzes wahrnimmt, ohne die Teile strukturierend zu erkennen. Ein feldunabhängiger Lerner verfährt dagegen analytisch, er nimmt ein Feld so wahr, dass er seine Komponenten und ihre Strukturen vom Ganzen unterscheiden kann.

Mit den Dimensionen *Feldabhängigkeit* – *Feldunabhängigkeit* erhofft man die Wahrnehmungsart einer Person in verschiedenen Situationen zu erfassen (Naiman et al. 1978, Krashen 1981, 34f., Mißler 1999, 163, 188). Der Abhängigkeitsgrad wird durch die Korrelation mit Resultaten in Verstehens- und Imitationstests bestimmt. Allerdings darf nicht vergessen werden, dass Korrelation noch nichts über Kausalität aussagt.

Die Feststellung und Klassifizierung der Lernerfaktoren und die Typisierung der Lerner ist mit erheblichen Schwierigkeiten verbunden, da diese gewöhnlich nicht isoliert auftreten. Allgemein unterscheidet man zwischen affektiven, kognitiven, metakognitiven und sozialen Faktoren. Zu beachten ist dabei, dass „each factor is not a unitary construct, but a complex of features which are manifest in a range of overlapping behaviours" (Ellis 1986, 100, vgl. O'Malley et al. 1990, Mißler 1999). Auf individuelle Unterschiede und Gemeinsamkeiten bei der Frage der Sprachlerneignung geht u. a. der Sammelband von Diller (1981) ein.

Was kennzeichnet nun, etwas genauer betrachtet, den erfolgreichen Lerner? Im einzelnen finden sich über ein Dutzend Faktoren/Strategien. Zu den wichtigeren gehören: 1) Eine starke Motivation, die Sprache zu erwerben, 2) die Fähigkeit, sich nach unterschiedlichen Lernbedingungen und nach der Gruppendynamik in Lernsituationen zu richten, 3) Gelegenheiten zur Sprachverwendung wahrzunehmen, 4) eigene Produktion zu steuern und zu kontrollieren. Konkreter: Der erfolgreiche Lerner hat die Fähigkeit zur Introspektion, macht Vergleiche mit der Erstsprache, ist kommunikativ, reagiert eigenen Fehlern gegenüber positiv, hat auch keine Hemmungen zu raten und Fehler zu machen und fokussiert eher auf den Inhalt als auf die Form (Rubin 1975, H. H. Stern 1975, Naiman et al. 1978, Ellis 1986, 122, O'Malley et al. 1990).

Die Auflistung dieser Faktoren/Strategien/Eigenschaften ergibt einen idealisierten erfolgreichen erwachsenen Lerner, sie sollte aber nicht so verstanden werden, dass sie nicht auch für einen weniger erfolgreichen zutrifft. Bei Erfolgreichen ist aber eine größere Varietät und häufigeres Vorkommen dieser Faktoren festzustellen als bei weniger erfolgreichen Lernern (O'Malley et al. 1990, 222). Ausführlichere Erörterungen der wünschenswerten Eigenschaften für einen idealen Fremdsprachenlerner finden sich auch bei Vogel (1990, 153ff., vgl. Mißler 1999, 114f.). In der Praxis der Forschungsfragen gibt es aber methodische Probleme. Alcon findet, nach der Übersicht der Strategieforschung, dass es keine zuverlässige Methoden dafür gibt, wie man verschiedene Typen der Persönlichkeitsmerkmale und kognitiver Stile feststellen und diese mit Strategien korrelieren könnte (1998, 353).

Letzten Endes spielt auch der soziokulturelle Rahmen des Lerners eine bedeutende Rolle. Interviews mit Erwachsenen zeigten laut Naiman et al. (1978, 34f.), dass diejenigen, die die Sprache im Lande der Zweitsprache erwarben, auch wenn es häufig mit Selbststudium kombiniert war, in der Regel erfolgreich waren. Allerdings geht aus ihren Untersuchungen nicht hervor, wie es sich mit dem Erwerb der kommunikativen Verhaltensweisen verhielt. Foster et al. (2000, 356) weisen auf die Notwendigkeit hin, weitere, psycholinguistisch zuverlässige Einheiten zur Charakterisierung des erfolgreichen Lerners einzusetzen.

Fließende Übergänge: Lernersprache – Zielsprache

Im vorigen Kapitel wurden Faktoren erörtert, die den erfolgreichen Lerner kennzeichnen. Im krassen Gegensatz zu dieser mikrostrukturellen Betrachtungsweise steht die Tatsache, dass die Frage, wann und wie aus dem erfolgreichen Lerner ein die Zielsprache „beherrschendes" Individuum wird, d. h. unter welchen Umständen, nach welchen Kriterien die Lernersprache in die Zielsprache übergeht, wenig thematisiert und nur makrostrukturell behandelt worden ist. Ein Grund mag darin liegen, dass sich die Zweitspracherwerbsforschung viel mehr auf Anfänger und weniger auf Fortgeschrittene konzentriert hat (Spolsky 2000, 159). Auch die „goodlanguage-learner" Forschung ist bei dieser Frage an diesem Aspekt vorbeigegangen, oder hat Erfolg mit Beherrschung gleichgesetzt.

Was muss vorliegen, damit man von einem Lerner sagen kann, dass er die Zweitsprache „kann", „beherrscht" – auch, oder gerade, wenn das Prinzip des lebenslangen Lernens berücksichtigt wird? Derartige Fragen – eine mögliche Antwort haben wir in Kapitel 1.4 erörtert – bringen Forscher nicht selten in Verlegenheit. Sie sind jedoch angebracht, da schon die Bezeichnungen „Sprachen lernen", *Lernersprache, Interims-*

sprache implizieren, dass es ein Ziel gibt – das *Können* der Sprache, die man gerade lernt (vgl. Mehrsprachigkeit, Kapitel 1.5.1). Wie ist aber der Übergang festzustellen und zu erklären?

Das Erwerbsziel „near-native speaker" oder „native-like competence" wird in der einschlägigen Literatur angesprochen, jedoch gibt es keine genauere Erläuterungen, von welcher Art oder wie perfekt diese Kompetenz sein soll. Wie schon früher erwähnt, sind auch Muttersprachler nicht in allen Bereichen ihrer Sprache gänzlich kompetent, sowohl grammatisch, lexikalisch als auch stilistisch. Vildomec (1963, 55) Feststellung, dass keiner seine Muttersprache perfekt beherrscht, gilt auch heute. Vor allem aber ist auch die Frage zu klären, was für eine Art Zielsprache als Maßstab gilt, wenn von dem „native speaker" die Rede ist. Die Verfahrensweisen in verschiedenen Sprachgemeinschaften sind bei Standardisierungsfragen nicht einheitlich. Die Gefahr ist auch groß, dass der Muttersprachler homogenisiert und monolithisiert wird, es sei denn, dass man es mit einem idealisierten Phänomen zu tun hat, was aber der Forschungspraxis nicht weiterhilft, wenn wir es mit realen Lernern zu tun haben. Bei diesen handelt es sich ja stets um eine variable Kompetenz, die in unterschiedlichen sprachlichen und kommunikativen Domänen nicht gleich ist.

Was den Begriff „Zielsprache" betrifft, so betont Larsen-Freeman, dass die Bezeichnung missweisend sei, da es keinen Endpunkt gibt, der richtungsweisend für den Erwerb sein könnte – „the target is always moving" (1997, 151). Diese globale Betrachtungsweise ist allerdings zu abstrakt. Wir haben darauf hingewiesen, dass die Dynamik, je nach sprachlichen Bereichen, zeitbezogen sehr unterschiedlich sein kann. Auf den Terminus *Zielsprache* braucht man deshalb aber nicht zu verzichten. Sein Inhalt muss jedoch als mehrdimensional aufgefasst werden. Es ist daher angebracht, an Hermann Pauls (1909, 34) Feststellung zu erinnern, dass sich im Leben eines Menschen kein Punkt angeben lässt, von dem man sagen könnte, dass jetzt die Spracherlernung abgeschlossen sei. Gehen wir dazu noch von den Prinzipien in Kapitel 1.3 aus, so ist es verständlich, dass auch der Muttersprachler nicht genau definiert werden kann. Von multilingualem Standpunkt aus gesehen – wir haben in Kapitel 1.5.1 verdeutlicht, dass auch Mehrsprachige eine Muttersprache haben – ist die Bestimmung des Muttersprachlers noch problematischer (vgl. Singh 1998).

Die am Anfang des Kapitels gestellte Frage ist somit nicht direkt zu beantworten. Auf einer mittleren Konkretisierungsebene kann man auf die *interaktionale Kompetenz* als Schlüssel zur Beherrschung der Sprache hinweisen, im Sinne der Erörterungen auf S. 43. Schon Bloomfield, der bei Bilingualismus von „native-like control" von zwei Sprachen spricht, stellt fest: „... one cannot define a degree of perfection at which a good foreign speaker becomes a bilingual, the distinction is relative" (1935, 56). Die Relativität ist verständlich, denn sie hängt von den intuitiven Bewertungen der Beurteilern und von den Beurteilungskriterien ab. Im schulischen Rahmen wird anders beurteilt als im Freundes- und Bekanntenkreis. Wir erinnern auch an die Willkür, die z. B. bei der Bestimmung der Beherrschung einer grammatischen Einheit festzustellen ist (S. 92). Jede Grenzziehung zwischen „native-like" und „nicht native-like" ist künstlich, denn es gibt stets themen- und situationsbedingte Varianz.

Aus dieser Perspektive gesehen kommt die Frage in die Nähe der alten Problematik der Begriffsbildung, auf die schon der griechische Philosoph Eubulides von Megara (4. Jh. vor Chr.) aufmerksam machte, als er fragte, wie viele Körner einen Haufen ergeben, genauer gesagt, beim wievielten Korn ein Haufen beginnt. Der Biologe Hassenstein weist darauf hin, dass diese Frage nicht zu beantworten sei, da zwischen den Konzepten ‚Haufen' und ‚Nicht-Haufen' ein fließender Übergang besteht. „Keine Grenzziehung ist objektiv zu begründen; keine, die man trotzdem festlegen wollte, wäre gegen Widerspruch zu verteidigen, jede wäre willkürlich" (1979, 219). In der Biologie und in allen Humanwissenschaften sind fließende Übergänge zwischen unterschiedlichen Phänomenen sehr häufig, vgl. Pflanze und Tier, gesund und krank, sauer und alkalisch. Ohne ausführlicher auf die Darlegungen Hassensteins darüber einzugehen, wie Phänomene mit fließenden Übergängen zu erfassen sind, sei folgendes hervorgehoben: Im Gegensatz zu kategorialen Differenzierungen, also zu Definitionen, bezeichnet er deskriptive Begriffe mit fließenden Grenzen mit dem Terminus *Injunktion,* als „feste Verbindung und zwar zwischen Gegenstandsfeld und Begriff" (1979, 227). Hassensteins Gedankengängen folgend kann man von dem *Übergangsbereich* Lernersprache – Zielsprache als einer Erscheinung sprechen, in der „keine scharfen Grenzen zu erkennen sind, sondern eine fließende Variation zwischen qualitativ unterschiedlichen Polen" (1979, 234).

Projizieren wir diese Überlegungen auf die *Beziehung* Lernersprache – Zielsprache, so können wir die Lernersprache als ein *mehrdimensionales heterogenes Kontinuum* mit fließenden Übergängen in die Zielsprache auffassen. Wie es dabei mit dem Sprachbewusstsein des Lerners steht, werden wir im nächsten Kapitel erkunden.

Was den einzelnen Lerner betrifft, so kann seine Beherrschung der Zielsprache, wie wir schon festgestellt haben, je nach Themen, Situationen und Domänen variieren. Gute Beherrschung der fremden Fachsprache, aber restringierter alltagssprachlicher und behaviorembezogener Kode derselben kann bei einem Individuum nicht selten festgestellt werden. Ein typisches Beispiel sind Wissenschaftler mit nichtenglischer Muttersprache, die in ihren Fachvorträgen sehr gutes Englisch präsentieren, aber häufig hilflos beim alltagssprachlichen Smalltalk sind.

Bei der Frage der Beherrschung der Zweitsprache sind nicht nur lernerbezogene Aspekte, sondern auch die intuitive Beurteilung dieser Beherrschung aus der Sicht der Muttersprachler von Interesse. Exemplarisch sei auf die prosodischen Einheiten hingewiesen. Sind sie dem Zielsprachengebrauch ähnlich, insbesondere Intonation und Sprechtempo, so kommt es laut unserer Beobachtungen vor, dass die morphosyntaktischen Abweichungen leichter, oder ganz übersehen werden.

Nationaltypische Akzente sind in diesem Zusammenhang ebenso von Interesse. Schwedisch in Finnland – Finnlandschwedisch – wird sowohl von Finnlandschweden als auch von Finnen mit einem markanten Akzent gesprochen. Dieser wird da aber keineswegs mit der Sprachkompetenz im Zusammenhang gebracht, die Aussprache signalisiert regionale und soziale Zugehörigkeit. Andererseits wird bei einzelnen Individuen, wie erwähnt, häufig vom Akzent her auf Sprachenbeherrschung geschlossen – je größer jener, desto kleiner diese.

Zu einem wenig thematisierten Fragenkomplex gehört die *Wirkung,* die die gute Beherrschung der Zweitsprache eines Fremden auf den Muttersprachler, außer Fragen der reinen Verständigung, haben kann. Sie eröffnet ein sozialpsychologisches Forschungsfeld, aus der die Perspektive der Muttersprache als das Eigene und ihre Verwendung als gewisses einheimische Recht deutlicher hervorgehen können. *Das Eigene* und *der Fremde* stehen sich gegenüber, je besser dieser die Sprache beherrscht.

Carroll weist in seiner Kritik des übereffektiven Fremdsprachenunterrichts darauf hin, dass „students with perfect native accent startling fluency in speaking, high proficiency in reading and writing, and decided empathy for a foreign culture ... might to some extent be less acceptable in a foreign country than if they exhibited a suitably non-native accent" (zit. nach Christopherson 1973, 11). Bei sehr guter Beherrschung der Fremdsprache kann die Möglichkeit nicht ausgeschlossen werden, dass dies vom Muttersprachler nicht nur positiv gesehen wird.

Es ist auch allgemein anerkannt, dass sich ein Muttersprachler gewisse Freiheiten in der Verwendung seiner Sprache nehmen kann, denn sie ist „seine Sprache". Nimmt sich jemand bei der Zweitsprache dieselben Freiheiten, würde das als unangebracht erscheinen, da es ja nicht seine Sprache ist (Christopherson 1973, 29). Diese Problematik zielt auf Verwendung verschiedener intimer Slangausdrücke, Regionalismen und andere Nichtstandardformen. Auch diese Bereiche des Zweitspracherwerbs erfordern bei all ihrer Komplexität mehr empirische Forschung. Denn hier entstehen gleichzeitig lernerbezogene Fragen, die auch die Identität berühren können. Christophersons Frage zielt u. a. in diese Richtung: „do we, when it comes to the point, want to aim at perfection?" (1973, 11).

4.4.3 Zum Sprachbewusstsein des Lerners

Was weiß der Lerner von der Sprache oder den Sprachen, die er gerade erwirbt, und auch von seiner Muttersprache? Das Wissen davon und von seinem Können bezieht sich offenbar sowohl auf Merkmale, Eigenschaften und Regeln der Sprache als auch auf bestimmte Fertigkeiten in ihrer Handhabung. Es handelt sich nicht nur um die Beherrschung der Regeln auf den verschiedenen Ebenen des Sprachsystems, z. B. Phonologie, Lexis, Morphosyntax, sondern auch auf der Ebene der Sprachverwendung und dass man sich selbst-reflexiv dieser Beherrschung bewusst sein kann. In diesem Sinne spricht man von *Sprachbewusstsein* (language awareness, s. Oksaar 1971, 342f., 1987a, 103ff., 241, Luchtenberg 1999, 107). Sprachbewusstsein ist ein vielschichtiger Begriff der konstruktivistischer Lerntheorie, er zentriert auf Lernerautonomie und bewusste Verarbeitung des Lernerwissens, das mit Erfahrungswissen eines Individuums zusammenhängt. Zu diesem gehören alle Handlungsweisen, von körperlichen Bewegungen bis zum Sprechen von Sprachen und soziales Handeln. Der ungarische Philosoph Polanyi geht ausführlicher auf diese Fragen ein. Er unterscheidet zwischen *focal awareness* und *subsidiary awareness* und erläutert den Umstand, dass unsere Konzentration auf bestimmte Dinge eine unterschwellige Existenz vieler anderen Aspekte mitschwingen lässt (1958, 55f., vgl. Hörmann 1976, 277).

Sprachbewusstsein wird deutlich und äußert sich in den *meta*linguistischen und *meta*kommunikativen Feststellungen des Sprechers in verschiedenen kommunikativen Akten. Dies schließt z. B. die Beurteilung von seinen eigenen sprachlichen Äußerungen und von denen der anderen in der Kommunikation ein. Wir können auch vom *kommunikativen Bewusstsein* reden: es umfasst und verbindet linguistische und pragmatische Aspekte und zeugt vom metalinguistischen und metapragmatischen Wissen. Durch diese entwickelt sich *kulturelles Bewusstsein* und im Hinblick auf Gemeinsamkeiten und Unterschiede in der Sprachverwendung auch *interkulturelles* Bewusstsein. Sprachbewusstsein deckt sich vielfach mit dem ebenso komplexem Begriff *Sprachgefühl,* einem Begriff, der in der Linguistik lange unbeachtet geblieben ist, obwohl schon Lindroth (1937, 5) Klarheit darüber verlangt hat, und es als „ein unumgängliches Mittel der sprachlichen Analyse" ansieht. Sprachgefühl wird als Intuition des Sprechers verstanden, als „das naive bzw. unreflektierte Urteil des *natürlichen* Sprechers über die Richtigkeit des Sprachgebrauchs" (Lewandowski 1990, 1018). Korrektheitsfragen und Verbesserungen, auf die wir weiter unten eingehen, zeugen sowohl vom Sprachgefühl als auch vom Sprachbewusstsein.

Das relativ späte Interesse für diesen Fragenkomplex scheint vielfach mit der Annahme zusammenzuhängen, dass die Sprachverwendung der Muttersprachler automatisch verläuft und das bedeutet, dass das kommunikative Bewusstsein der Sprecher/Hörer minimal sei. Laut Wolfson (1989, 37) sind sie auch nicht fähig, die Regeln ihrer eigenen Sprachverwendung zu beschreiben. Allerdings kann auch das Gegenteil belegt werden, wie Bialystock (1990, 23) auf Grundlage verschiedener Quellen feststellt. Unsere Untersuchungen bestätigen diesen Befund.

In der Spracherwerbsforschung ist Sprachbewusstsein zuerst im Zusammenhang mit der Entwicklung der Sprache und der Sprachen des Vorschulkindes vor allem in den 1970er Jahren thematisiert worden. Zunehmend interessiert man sich auch für ihre Rolle bei der Kommunikations- und Dialogfähigkeit der Kinder. Die Frage, wann das Kind ein Gefühl für sowohl phonetische, morphosyntaktische, lexikalische als auch für interaktionale, genauer gesagt, behaviorembezogene Einheiten und Eigenschaften bekommen hat, gehört zu den zentralen Untersuchungsaufgaben der Pädolinguistik. Dieser Fragenkomplex ist in verschiedenen Sprachen und Kulturkreisen systematisch noch wenig untersucht worden. Aus unserem Korpus geht hervor, dass bei estnischen, schwedischen und deutschen Kindern ein Wissen über gewisse Interaktionsregeln und Behavioreme, insbesondere im Bereich der Höflichkeit, schon um das dritte Jahr vorhanden ist (Oksaar 1983d, 23f.). Mehrsprachig aufwachsende Kinder scheinen ebenso um das dritte Lebensjahr ein Gefühl für mehrere Sprachen und für Sprachunterschiede zu bekommen, was, wie wir weiter unten erfahren werden, aus ihren sprachenbezogenen Fragen hervorgeht.

Seit den 1990 Jahren ist das Konzept des Sprachbewusstseins, seine Bedingungsfaktoren, Erscheinungsweisen und Entwicklungsprozesse auch im Bereich der Muttersprachen- und Fremdsprachendidaktik zunehmend erörtert worden, s. das Themenschwerpunktheft „Language Awareness" von Fremdsprachen Lehren und Lernen (FLuL) 26, 1997. Das didaktische Konzept von *language awareness* wurde in Großbritannien für Grundschulen entwickelt, um Schüler zu bewusster Betrachtung und Reflexion ihrer Muttersprache Englisch zu sensibilisieren und sie für die ihnen fremden Sprachen ihrer Mitschüler zu interessieren. Dadurch hofft man auch interkulturelle Erziehung, Toleranz und Verständnis für Fremde zu fördern.[11] Durch dieses Konzept eröffnet sich wieder das weite Feld der kontrastiven Ansätze, die den Lerner zur Reflexion über linguistische und kulturembezogene Gemeinsamkeiten und Unterschiede führen können.

---

11. Vgl. Center for Information on Language Teaching and Research. Gillian Donmall, Language awareness. London 1985.

Sprachbewusstsein und metasprachliche Reflexionen werden als Faktoren angesehen, die den Zweitspracherwerb erleichtern können, (s. die Übersicht bei Masny 1989, 85ff.). Wie erwähnt, zeigt sich Sprachbewusstsein in verschiedenen Metafähigkeiten. In unseren Korpora finden sich zahlreiche Belege für metalinguistische, metapragmatische und metakulturelle Fähigkeiten. Sie werden jeweils in bezug auf eine sprachliche Erscheinung, oder durch Kontrastierungen, auch mutter- und fremdsprachlicher Einheiten sichtbar, sowie durch Fragen und Korrekturen (vgl. S. 116). Der Lerner initiiert auch sprach- und kulturemkontrastive Gespräche. Wir betrachten einige Beispiele.

*Korrektheitsfragen*n

Christina (4; 6, Schwedisch-Deutsch) fragt ihre Mutter auf schwedisch, warum der Onkel *mor* „Mutter" und nicht *mamma* „Mama"' sagt.

Sven (4; 7, Estnisch-Schwedisch-Deutsch) zu seinem Vater, auf estnisch: Isa, kuidas on õige, vanaema ütles *söö oma piim ära* (kurze Pause, fragende Augen) aga kuidas on õige (zögernde kurze Pause) nii ei oelda? „Vater, wie ist es richtig, Großmutter sagte *iss deine Milch auf*... aber wie ist es richtig... so sagt man nicht?"

Er weiß, dass man Milch trinkt, nicht isst; Großmutters dialektale Variante kannte er nicht.

Selbstkorrekturen von Interferenzen, Erläuterungen (drei erste Sätze auf estnisch)

Herr H. (52, Estnisch-Englisch, in Canberra): Sääl on *rocks ... rokid* „Da sind *rocks ... rokid*". Er korrigiert sich durch den Transfer des englischen Wortes *rock* mit estnischer Pluralendung -*id;* das estn. Wort *kaljud* „Felsen" scheint ihm in dieser Situation zu fehlen.

Herr K. (28, Estnisch-Englisch, in New York): Mina aitasin kaasa seda *fenssi* ... mis see on ... (kurze Pause) *aeda* teha. „Ich half mit, diesen/diese/dieses *fence*... was ist es ... *Zaun* zu machen".

Der Sprecher bildet mit Hilfe der estnischen Kasusendung einen integrierten morphosemantischen Transfer, sucht aber noch weiter nach dem estnischen Wort und findet es schließlich.

Frau M. (51, Estnisch-Englisch, in Adelaide): Siin on sildid väljas, millal need puud on *plan*... (bricht die vorgesehene Form engl. *planted* ab) nohh, *istutatud*. „Hier gibt es Schilder, wann diese Bäume *plan*..., noch, *gepflanzt* sind".

Anders (3; 8, Deutsch-Schwedisch, erklärt ein Bild auf schwedisch): Det här är en *insel*... (kurze Pause) ö. „Das hier ist eine *Insel*... ö". (schw. ö „Insel").

Sven (3; 4, in dem Alter noch Estnisch-Schwedisch, in Stockholm); auf die Frage, wo er sich befindet, auf estnisch: Mina olen siin *knänade*... (kurze Pause) *põlvede* pääl. „Ich bin hier auf den Knien". Das schw. *knä* „Knie" wurde mit der korrekten estnischen Kasusmarkierung verbunden (integrierter morphosemantischer Transfer) und dann durch die richtige estnische Form ersetzt.

Vergleiche

Schon nach 2 Monaten in Hamburg macht Sven (4; 3) häufig Vergleiche zwischen der Aussprache deutscher Wörter.

Auf schwedisch zu seiner Tante: Mamma säger [fɑ:tər], Helmut säger [fɑ:tə]. „Mutter sagt [fɑ:tər], Helmut (sein deutscher Spielgefährte) sagt [fɑ:tə].

Auch folgende auf schwedisch gemachte Feststellung zeugt davon, dass das Kind metalinguistische Beobachtungen vornimmt: Jag säger [ekehárt], han alltid rättar mig [ekehátt] „Ich sage [ekehárt], er (sein deutscher Spielgefährte) verbessert mich immer [ekehátt]" (Sven, 4; 3).

Strategieerläuterung

Sven (6; 0) in bezug auf sein Deutsch, auf estnisch: Kui ma mõnda sõna ei tea, ütlen teistmoodi. „Wenn ich irgendein Wort nicht weiß, sage ich es auf eine andere Weise".

Reflexionen, Segmentierungen

Sven (5; 5, auf estnisch): Kas Islandil on ainult *jää?* „(wörtlich) Hat Island nur *Eis?"* – Mutter: Ei „nein" – Sven: Miks ta on siis Island? „Warum ist es dann Island?" Aus dem Schwedischen weiß er, dass *is* „Eis" ist.

Sven (4; 9) hörte im Rundfunk den Namen *Radzuweit* (im deutschen Satz), kommentiert auf estnisch: *üks ratas liiga kaugel* „ein Rad zu weit".

Sven (6; 2) liest eine deutsche Schulaufgabe einfach durch. Es stellt sich heraus, dass Auswendiglernen vorgesehen war. Sven (zu seiner Mutter, auf estnisch): Aga õpetaja ütles *auswendig!* Kui oleks ilma raamatuta, siis oleks ju *inwendig* olnud! „Aber der Lehrer sagte auswendig! Wäre es ohne Buch gewesen, dann wäre es doch inwendig gewesen!" Diesen Überlegungen liegt seine Reflexion über Deutsch zugrunde, kein Einfluss von seinen anderen Sprachen, Estnisch und Schwedisch.

Der Nachbar unterhält sich mit Sven (7; 0) über Skilaufen und fragt ihn, ob er ein Anfänger sei. Sven, der sehr gut Ski läuft: Ich bin ein *Mittelfänger!* (Lacht)

Wissen um nicht beherrschte Sprachen

Peter (3; 9, Schwedisch-Estnisch) zu seiner Mutter: [pænəmerkən rikonfəːm] det är min engelska, „Pan American reconfirm, das ist mein Englisch".

Großmutter zu Sven (4; 6): *Uno momento,* Sven. Sven antwortet (auf estnisch) Kuule, ma ei ole ju itaallane, „(wörtlich) Hör, ich bin doch kein Italiener" (er ist in Italien gewesen).

Komplex von linguistischem und pragmatischem Bewusstsein

Sven (5; 0) hört seine Mutter *Gesundheit* sagen, als sein deutscher Freund nieste. Er fragt (auf deutsch), was man sagt, wenn er hustet, und fügt hinzu: „Auf schwedisch sagt man *prosit,* wenn jemand niest".

Elsa (3; 11 Estnisch-Deutsch) zu einer Kuh, die sich auf der Weide ihr nicht zuwandte: Miks sa pöörad oma [*svantsi*] minu poole, tule siia, *ütle tere,,* „Warum drehst du deinen *Schwanz* zu mir, komm her, sag *guten Tag".* Das deutsche Wort *Schwanz* erhielt die richtige estnische Kasusendung (integrierter morphosemantischer Transfer).

Diese Beispiele haben folgendes beleuchtet: intra- und intersprachliches Bewusstsein aus unterschiedlichen Perspektiven, Transfers und Interferenzen und den Einfluss von der Zielsprache auf die Muttersprache. Untersuchungen dieses Einflusses sind in der Zweitspracherwerbsforschung selten, da gewöhnlich der Einfluss der Muttersprache, auf den Erwerb der Zielsprache im Zentrum steht. Eine interessante Ausnahme ist die Untersuchung von Kecskes/Papp (2000). Auch Pavlenko/Jarvis (2002) befassen sich mit bidirektionalen Transfers in ihrer Untersuchung des Englischen von Russen, die seit 3–4 Jahren in des USA sind. Die Betrachtungen führen uns nun weiter in den Bereich des Sprach- und Kulturkontakts, die beim Spracherwerb für den Lerner durch die Sprachen, die er verwendet, entsteht.

4.4.4 Sprachkontakt und Kulturkontakt im Lernprozess

Sprach- und Kulturkontakt entsteht, wenn Lerner und Sprachträger außer ihrer Muttersprache auch Kenntnisse in einer oder mehreren Sprachen, Dialekten oder Soziolekten und mit denen verbundenen Behavioremen haben. Diese Kenntnisse können auch minimal sein, schon die Verwendung von Lexemen und Phrasen aus Sprachen, die man kaum beherrscht, setzt einen gewissen, direkten oder indirekten Kontakt voraus. Der Einfluss des Kontakts kann sich als Abweichung von den jeweiligen Konventionen auf allen Ebenen des Sprachsystems und der Sprachverwendung zeigen. Derartige Prozesse und ihre Konsequenzen sind als *Transferenz-* und *Interferenzphänomene* bekannt.

Die Frage des Kontakts zwischen den Sprachen und seine Wirkungen auf die Sprachverwendung einerseits – als Interferenzerscheinungen – und auf die Sprachträger als Individuen und Gruppenmitglieder andererseits hat die Sprachwissenschaft erst nach dem Zweiten Weltkrieg aufgenommen. Dem vielversprechenden Anfang der Sprachkontaktforschung zu Hugo Schuchardts Zeiten um 1880, von deren methodisch neuen Ansatzpunkten Schuchardts bekannte, gegen die herrschende Meinung gerichtete Aussage ein wichtiges Zeugnis ablegt: „Mit mehr Recht als Max Müller gesagt hat: es gibt keine Mischsprache, werden wir sagen können: es gibt keine völlig ungemischte Sprache" (1884, 2), folgte von sprachwissenschaftlicher Seite eine gewisse Stille. Es waren vor allem Psychologen, die sich mit den Fragestellungen der Sprachkontaktfolgen und mit Mehrsprachigkeit beschäftigten.

Zu methodisch und praktisch wichtigen Bestandsaufnahmen kam es in der Sprachkontakt- und Mehrsprachigkeitsforschung allgemein erst durch Haugens (1953, 1956) und Weinreichs (1953) Darstellungen. Sie öffneten einen Weg für allseitige Betrachtungen der Sprach- und Kulturkontaktphänomene. Das rief besonders in den USA und in Kanada eine intensive Forschungstätigkeit hervor, wobei ethnographische, anthropologische, soziologische und psychologische Fragestellungen mit den linguistischen koordiniert wurden, und mit Namen wie Gumperz, Fishman, Hymes, Hasselmo und Mackey verbunden sind, um nur einige hervorzuheben. Die pädagogische Orientierung vor allem durch Lado (vgl. Kapitel 4.3.1) fällt in diese Zeit.

Diese Vielfalt führte aber auch zu einer begrifflichen und terminologischen Variation und zu Polarisierungen, je nach angewandten Zielrichtungen. Unterrichtsbezogene Ziele sehen berechtigterweise Abweichungen von sprachlichen Normen anders an als Zweitspracherwerbsforscher. Diese haben die durch Kontaktlinguistik, insbesondere durch Sprachkontaktforschung gewonnenen Erkenntnisse zunehmend auf die Zweitspracherwerbsforschung projiziert. Dabei wurde die Rolle der Erstsprache und des Transfers seit den 1980er Jahren, wie wir in verschiedenen Zusammenhängen hervorgehoben haben, in einem weiteren Rahmen als nur im Bereich der Fehlerquellen gesehen. Durch die Lernerorientiertheit ist die Tatsache, dass der Mensch dem Unbekannten – hier Zweitsprache – mit dem schon erreichten Wissen begegnet, aber auch kreativ ist, in verschiedener Weise operationalisiert worden. Dabei stehen auch Bedingungsfaktoren der Interferenzen und Transfers im Fokus. Terminologische Uneinigkeiten im Wirkungskreis des Sprach- und Kulturkontakts sind dabei aber bis heute festzustellen (s. Tesch 1978, vgl. Jake

1998, Fuller 1999). Wir beleuchten im folgenden diese Problematik, zu der Schottmanns Feststellung: „Der terminologische Wirrwarr ist... beträchtlich" (1977, 18) eine treffende Charakterisierung bietet, etwas näher, schlagen dann aber einen weiteren Weg ein und analysieren die Sprache und Sprachverwendung der Lerner auch von einigen weniger thematisierten Sprach- und Kulturkontaktphänomenen aus. Hierher gehören situationale Interferenzen, Kode- und Behavioremumschaltung, Sprache (LX) und Gruppenbildung, sowie Gründe der Interferenz.

Interferenz, Transferenz und Umschaltung

Die Termini *Interferenz* und *Transferenz / Transfer* werden in der Zweitspracherwerb- und Sprachkontaktforschung, sowohl auf den Prozess als auch auf das Resultat des Sprach- und Kulturkontakts bezogen, jedoch nicht einheitlich. *Transfer* und *Interferenz* werden häufig auch synonym gebraucht, bewertende Einteilungen wie positiver und negativer Transfer – letzterer wird, wie wir bei der Kontrastivhypothese in Kapitel 3.1. gesehen haben, der Interferenz gleichgesetzt – oder positive und negative Interferenz (Tesch 1978, 151) haben die Mehrdeutigkeit der Termini noch erhöht. Vom Standpunkt der Lernersprache aus gibt es, wie wir gesehen haben, keinen Grund zu derartigen Dichotomien.

Die seit 1953 üblichste und zugleich allgemeinste Definition der *Interferenz* stammt von Weinreich: „Those instances of deviation from the norms of either language which occur in the speech of bilinguals as a result of their familiarity with more than one language, i. e. as a result of language contact" (1953, 1). Wie wir sehen werden, ist allerdings eine Differenzierung des Begriffs angebracht. *Transferenz* ist für Weinreich die Übernahme der nicht zugehörigen Elemente aus einer anderen Sprache, sie sind die Manifestation der sprachlichen Interferenz. Weinreich (1953, 7) fasst unter *Interferenz* als Oberbegriff, der schon bei Epstein (1915) zu belegen ist und ursprünglich aus der Physik stammt, sämtliche zwischensprachliche Beeinflussungen zusammen.

Laut Weinreich ist es prinzipiell wichtig, zwischen Interferenzen in der *parole* und Interferenzen in der *langue* zu unterscheiden. „In speech, interference is like sand carried by a stream; in language, it is the sedimented sand deposited on the bottom of a lake" (1953, 11). In der Praxis ist ihre jeweilige Zugehörigkeit aber nicht einfach festzustellen. Im ersten Fall sind sie – und das trifft vor allem in Lernsituationen zu – Elemente oder Einheiten eines bestimmten Diskurses, als Realisierung der jeweiligen verbalen interaktionalen Kompetenz eines Sprechers/Hörers, die durch seine Kenntnisse einer anderen Sprache bedingt sind, und gehören noch nicht zur Norm. Im zweiten Fall sind sie ja schon Teil einer Norm und gehören zum mehrschichtigen Bereich der Lehngut- und Sprachveränderungsforschung.

Eine andere Kategorisierung der Sprachkontaktphänomene geht auf Haugen (1956, 40) zurück. Er unterscheidet zwischen *Kodeumschaltung* (codeswitching), *Interferenz* und *Integration*. Kodeumschaltung weist auf das Hinüberwechseln des Sprechers von einer Sprache zu einer anderen hin und kann alles umfassen – vom unintegrierten Wort bis zum vollständigen Satz. Interferenz ist dann die Überlappung von zwei Normen, Integration die vollständige Übernahme des Interferenzprodukts in die Sprache des Sprechers. Diese Fälle treten bei Lernern häufig auch als Übernahmen von Wörtern aus der Zielsprache in die Muttersprache hervor. Wie wir festgestellt haben, können Interferenzen bidirektional sein. Da Interferenzen gewöhnlich nicht nur bei Lernenden, sondern auch bei Mehrsprachigen vorkommen, mit Konsequenzen für ihre Idiolekte einerseits, und, wenn sie verbreitete Akzeptanz finden, als Entlehnungen für die jeweiligen Sprachen andererseits, sind zahlreiche Typisierungsversuche vorgenommen worden. Sie befassen sich auch mit Abgrenzungen zum Lehngut und Sprachmischung.

Eine ausführliche, allzuwenig beachtete Übersicht über die Kriterien, die eine Beschreibung der Interferenzen ermöglichen, findet sich bei Hasselmo (1969, 124ff.). Unter den 11 Punkten, in denen er Darlegungen vorwiegend von Haugen, Weinreich, Mackey und Gumperz zusammenfasst, finden wir u. a. die Erörterung von Interferenztypen, der Grade der Integration und der Konfigurationen und Konditionierung der Kodeumschaltung. Es fällt aber hier und auch bei neueren Betrachtungen auf, dass die sozialen Bedingungen der Kommunikation, die u. a. vom Partner, Gesprächsgegenstand und dem Situationskontext beeinflusst werden, sehr spärlich gestreift und in ihrer Korrelation zur Art und Funktion der Interferenz nicht berücksichtigt werden. Dasselbe gilt für die Fragen der Kodeumschaltung. Wie wir später bei näherer Diskussion der linguistischen Interferenzen sehen werden, besteht jedoch ein Zusammenhang zwischen den Typen der Interferenz und den sozialen Faktoren des Diskurses.

Die zahlreichen weiteren Klassifizierungs- und Abgrenzungsversuche sollen hier nicht verfolgt werden; ausführliche Übersichten finden sich bei Tesch (1978, 31ff.),Oksaar (1984c). Auch aus heutiger Sicht trifft für sie allgemein Schottmanns (1977, 18) Feststellung zu, dass in der Sache kein wesentlicher Fortschritt gegenüber der 1950er Jahre festzustellen ist. Er stellt anhand einschlägiger Arbeiten fest, dass auch die Bemühungen, den mehrdeutigen Terminus *Interferenz* zu vermeiden und statt dessen nur *Tranzferenz* und *Transfer* zu gebrauchen, kaum weiterhelfen, da auch diese unterschiedlich verwendet werden: *Transferenz* für den Vorgang und *Transfer* für das Ergebnis und umgekehrt. Wir können feststellen, dass *Transfer* zunehmend mehrdeutig verwendet wird, nachdem er im „creative construction Modell" in den 1980er Jahren im kognitiven Bereich angesiedelt und auf die verschiedenen Entscheidungen des Lerners bezogen wurde, die dieser (hypothesentestend) in bezug auf die Frage trifft, welche Formen und Funktionen der Ausgangssprache in der Zielsprache verwendbar wären. Transfer wird somit als eine kreative Problemlösungsstrategie angesehen (s. u. a. den Sammelband von Gass/Selinker 1983).

Angesichts dieser Entwicklung wird ein neuer, scheinbar theorieneutraler Terminus *crosslinguistic influence* vorgeschlagen. Dieser sei breit genug, sich außer Transfer im traditionellen Sinne auch auf andere Aspekte, wie z. B. Vermeidung und Sprachverlust zu beziehen (Kellerman 1984, 102). Auch hier muss hervorgehoben werden, dass ein zusätzlicher, polysemantischer Terminus die Probleme nicht lösen würde, da durch seinen erweiterten semantischen Radius, der im gegebenen Fall markant ist, die Mehrdeutigkeit keineswegs vermindert wird. Zu erwähnen ist in dieser Diskussion auch Selinkers Vorschlag, den Terminus *Transfer* als einen Oberbegriff zu verwenden „for a whole class of behaviours, processes and constraints that have to do with the use of prior linguistic knowledge in interacting with input from the target language" (1984, 334). Auf den Terminus *Interferenz* geht er nicht ein.

Diese Erörterungen zusammenfassend stellen wir fest, dass es jedoch keinen Anlass gibt, auf den Terminus *Interferenz* als Oberbegriff zu verzichten, da er auch durch die *Interferenzlinguistik* (Tesch 1978) eine etablierte Stellung hat. Er gehört in der Lernersprache zu dem eigenständigen System, das sich auf die Normen und Regeln der Zielsprache hin entwickelt – als ein kreativer Prozess. Wir haben uns etwas ausführlicher mit der Entwicklung dieser Terminologiefrage beschäftigt, weil sie nicht nur die Verbindungen mit den jeweils dominierenden wissenschaftlichen Richtungen aufweist, sondern auch angewandte Perspektiven. Während Interferenz als etwas sprachlich Realisiertes von unterrichtsbezogenen Zielen aus als eine Abweichung gesehen wird, die mit diesem Ziel nicht kompatibel ist, kann sie aus interferenzlinguistischer Sicht als ein Ausdruck dessen gesehen werden, was der Sprecher durch sein sprachliches Wissen schafft.

Fragen der Interferenz sollten somit nicht nur von normativen, puristischen und statischen Gesichtspunkten aus beurteilt werden, sondern auch von funktionalen und kreativen. Dies fordert eine Methodologie, die die Verknüpfung von Kontinuität und Veränderung ermöglicht.

Aus unseren Projekten geht hervor, dass es sich als sinnvoll erwiesen hat, zwischen *linguistischen* und *situationalen* Interferenzen zu unterscheiden. Ehe wir diese Einteilung im nächsten Kapitel näher erläutern – die beiden Typen sind nicht eindimensional aufzufassen, sondern kommen auch als Überlappungen vor –, ist es noch wichtig, kurz auf den mehrfach erwähnten Begriff *Kreativität* einzugehen und anschließend das im Sprach- und Kulturkontakt häufig vorkommende Phänomen *Umschaltung* (switching) in die Betrachtung einzuführen.

Wir haben in Kapitel 1.3.3 darauf hingewiesen, dass abweichendes sprachliches Verhalten auch aus der Perspektive der Kreativität gesehen werden sollte. Wenn Sven (3; 2) auf das Schiebedach eines Volvo zeigt und ein neues schwedisches Wort bildet: *takutruta* (*tak* „Dach", *ut* „heraus/hinaus", *ruta* „Scheibe") „Dachherausscheibe" für schw. *sollucka,* wörtlich „Sonnenluke", so ist er nach dem allgemeinen Verständnis kreativ, da er neues, unvorhersagbares Material produziert hat. Zu der Zeit sprach er zu Hause nur Estnisch, bei der Tagesmutter Schwedisch.

Kreativität ist die „Fähigkeit, neue Beziehungen zwischen den Elementen einer Situation zu sehen, ungewöhnliche Ideen und Einfälle zu produzieren und von gewohnten Denkschemata abzuweichen" (Edelman 1989, 105). Es gibt eine Reihe anderer Definitionen. Guilford (1971, 17) weist anhand verschiedener Definitionen auf die Schwierigkeiten hin, Kriterien für die genauere Begriffsbestimmung festzulegen. Für ihn ist Kreativität ein in der Persönlichkeit verankertes Potential, das von motivationalen und temperamentmäßigen Eigenschaften des Menschen abhängt und mit seiner schöpferischen Tätigkeit fest verbunden ist. Jeder Lernende bringt unterschiedliche Erfahrungen und Voraussetzungen in seinen Zweitspracherwerbsprozess mit, auch was die kreativen Fähigkeiten betrifft. Kein kreativer Mensch kann ohne vorherige Erfahrung oder Fakten vorankommen, er schafft niemals in einem Vakuum (vgl. Guilford 1971, 23).

Umschaltung (switching) von einer Sprache/Dialekt/Soziolekt in eine andere, die wir in den beiden nächsten Abschnitten analysieren werden, ist ein altbekanntes Sprach- und Kulturkontaktphänomen. Schon Schuchardt, Paul und von der Gabelentz haben es im Bereich der Sprachmischung insbesondere aus der Perspektive des Sprachwandels behandelt. Die neueren Forschungen haben das Feld etwas konkreter thematisiert und sprechen von *Kodeumschaltung* (codeswitching). Wie wir sehen werden, haben wir es aber auch mit *Behavioremumschaltung* zu tun. *Umschaltung* wird hier daher als Oberbegriff zu *Kode-* und *Behavioremumschaltung* aufgefasst.

Linguistische Interferenzen und Kodeumschaltung

Linguistische Interferenzen. Unter *linguistischen Interferenzen* verstehen wir Abweichungen von den phonetischen und phonemischen, lexikalischen und semantischen Konventionen einer Sprache, eines Dialekts oder Soziolekts durch den Einfluss einer/ eines anderen (Oksaar 1971, 367). Sie können inter- oder intrasprachlich sein, ihre Feststellung und Beurteilung geschieht aber auf der Basis der jeweiligen kommunikativer Kompetenz eines Muttersprachlers, oder anderer, die diese Sprache beherrschen.

Die rege Forschungstätigkeit in diesem Bereich ist vielfach ausführlich dokumentiert worden, wie aus den Übersichten bei Tesch (1978) und Oksaar (1984c, 1996a) hervorgeht. Allerdings stehen überwiegend indogermanische Sprachen im Zentrum der Analysen, auch die Typologie der Interferenzen baut auf diese auf. Bei unseren exemplarischen Erläuterungen schließen wir eine selten thematisierte nicht indogermanische Sprache, das finnougrische Estnisch, in unsere Überlegungen ein.

Wie entsteht eine phonetisch/phonologische Interferenz? Bei Estnisch lernenden Deutschen fällt z. B. die Nichtbeachtung der Palatalisierung bei Konsonanten auf. Im Deutschen ist die Palatalisierung der Konsonanten eine nicht distinktive Eigenschaft; im Estnischen ist sie jedoch distinktiv und unterscheidet u. a. die Bedeutung von *palk* [pal'k] „Balken" und *palk* [palk] „Gehalt; Lohn". Wenn ein Deutscher statt [pal'k] das nicht palatalisierte [palk] verwendet, so geschieht dies aller Wahrscheinlichkeit nach durch den Einfluss des Deutschen. Die Interferenz entsteht durch zwischensprachliche Identifikation: das estnische Phonem wird auf Grundlage des deutschen Phonems identifiziert und als Laut den deutschen phonetischen Regeln unterworfen. Dies setzt eine gewisse Ähnlichkeit der Lautsubstanz voraus; das Abweichende wird überhört. Hermann Paul (1909, 394) spricht in derartigen Zusammenhängen von Lautsubstitution, die durch den „Mangel eines entsprechenden Bewegungsgefühls" geschieht. Für eine vertiefte Erörterung der phonetischen und phonologischen Interferenz s. vor allem Tesch (1978, vgl. Weinreich 1953, 14–29, Rues 1997).

Lexikalische Interferenzen gehören bei den Sprachkontakten zu den üblichsten Erscheinungen. Häufig überwiegen dabei nominale Elemente. Einige Beispiele für estnischen Einfluss:

Sven (5; 11, der zu Hause nur Estnisch sprach, zu seinem deutschen Freund): Ich kann nicht im *Weißen* schlafen, nur im Dunkeln.

Weiß ist hier die Übersetzung vom estn. *valge,* das nicht nur „weiß", sondern auch „hell" bedeutet.

Sven (5; 11, erzählt von einem Brand): Das Haus ist *brennen gegangen,* „ist in Brand geraten". Er verwendet die wörtliche Übersetzung des im Estnischen zutreffenden Ausdrucks *on põlema läinud.*

Diese Beispiele zeigen *Lehnübersetzungen,* deren Abweichung von der Zielsprache durch unterschiedliche semantische Strukturierung der Sprachen in diesen Sinnbereichen bedingt ist. Folgendes Beispiel ist vielschichtiger:

Sven (6; 2 beim Himbeerpflücken zur gleichaltrigen Sylvia): Sylvia, weißt du, gestern waren zwei *Schlangen* bei mir im Korb, ganz *kleine*. Pass mal auf, dass keine drin sind. Sylvia: Das sind nicht Schlangen, das sind Würmer. Sven schweigt, scheint nachdenklich zu sein, pflückt weiter.

Von den beiden Möglichkeiten *Schlange/Wurm* wählt Sven die erste, durch *klein* modifiziert, vielleicht unter dem Einfluss des Estnischen, in dem die Differenzierung des Paares *madu/uss* sich nicht ganz mit *Schlange/Wurm* deckt, was auch für das schwedische *orm/mask* gilt. Der ev. Einfluss des Schwedischen *orm* hätte die Wahl von *Wurm* vorausgesetzt. Eine Festlegung des Grundes ist nicht möglich, das Resultat ist eine Abweichung von der Norm.

Folgendes Beispiel zeigt die Relevanz des Satzzusammenhanges, wenn es um ein einziges Lexem handelt.

Herr J. (53, estnischer Migrant, erst 4 Wochen in Schweden, früher keine Schwedischkenntnisse) wollte im Kürschnergeschäft einen Silberfuchs verkaufen. Er grüßte und sagte: *jag är en silver räv,* „Ich bin ein Silberfuchs".

Er verwechselte die schwedischen Verben *vara* „sein" und *ha, hava* „haben" und sagte *jag är* statt *jag har*. Linguistisch gesehen kann hier estnischer Einfluss angenommen werden, jedoch nicht ohne eigene Kreativität. Das estnische Verb *olema* „sein", *ma olen* „ich bin" ist ein existenzielles Verb, es drückt auch „haben" aus, jedoch nur in der 3. Form und mit dem Besitzer im Kasus Adessiv: *mul on* „bei mir ist" = ich habe. Betrachten wir die Folge *jag är,* so liegt in dieser Aussage keine Lehnübersetzung aus dem Estnischen vor, da es sich um die 1. Person Pronominalform handelt – gemeint war „haben" und eine entsprechende schwedische Übersetzung wäre *hos mig är,* gewesen. Ziehen wir nur die schwedische Verbform in *jag är* in Betracht, so entspricht sie dem estnischen *olen* „ich bin", was Herr J. ja nicht ausdrücken wollte.

Methodisch schwieriger als beim Wortschatz ist es, morphologische und syntaktische Interferenzen festzustellen. Dafür gibt es verschiedene Gründe:
1) Die Grenzen zwischen Morphologie, Syntax, Wortbildung und Phraseologie sind häufig fließend, 2) Elemente, die in einer Sprache zur Morphologie gehören, wie z. B. die 14 Kasus im Estnischen, können in einer anderen, z. B. im Deutschen, ihre Entsprechungen weitgehend in der Syntax haben, 3) Es lässt sich häufig nicht unterscheiden, ob eine innersprachliche Entwicklung, oder fremdsprachlicher Einfluss vorliegt. Es ist stets zu beachten, dass Abweichungen nicht interferenzbedingt zu sein brauchen.

Wie verhält es sich mit der typologischen Betrachtung der Interferenzen in der Lernersprache? Man hat sich wenig dafür interessiert. Desto intensiver hat sich aber die Sprachkontaktforschung mit verschiedenen Typen des Lehnguts beschäftigt. Da jedoch jede aus einer anderen Sprache entlehnte Einheit anfangs eine Interferenz in der Performanz ist, kann die Lehnguttypologie für die Erfassung der Interferenzen eine gewisse Relevanz haben.

Die Typologie der Interferenzen hat sich auf der Ebene der Sprachsysteme aus der Lehngutforschung herausgebildet, die vor allem mit den Namen Betz, Haugen und Weinreich verbunden ist. Im Zentrum steht die Erfassung des lexikalischen Lehnguts, differenziert wird nach der Ausdrucks- und Inhaltsseite; eine vergleichende deutsch (Betz) – englische (Haugen, Weinreich) Übersicht der insgesamt 14 Typen findet sich bei Oksaar (1972a, 494). Die Termini, wie *Lehnübersetzung* als eine genaue Glied-für-Glied Übersetzung eines fremden Vorbilds und *Lehnübertragung* als eine freiere Teilübertragung sind, wie auch die anderen Typen, anhand historischer Sprachkontaktphänomene entwickelt worden. Sie erweisen sich für differenziertere Analysen der Lernersprache als hilfreich. (Stellungnahmen zur Weiterentwicklung und Kritik der deutschsprachigen Lehngutsterminologie finden sich bei Tesch 1978, 111ff. und Schottmann 1977, 13ff.)

Mit Hilfe verschiedener Interferenztypen können bei Langzeituntersuchungen Entwicklungstendenzen sichtbar werden, ebenso ihre ev. Streuung in unterschiedlichen Textsorten wie Erzählungen, Berichte, Dialogen. Von Interesse sind auch neue Variantenbildungen. Die Heterogenität des Untersuchungsgegenstandes fordert die Berücksichtigung der beiden in Kapitel 2.2.1 erläuterten Dimensionen der Variation und somit sowohl die Produktions- als auch die Rezeptionsseite der Sprachverwendung. Die soziale Variation der linguistischen Dimension macht uns auf die verschiedenen konnotativ bedingten Unterschiede bei der Interpretation derselben Form aufmerksam, u. a. je nach Alters-, Geschlechts- und sozialem Unterschied und nach dem Umfang der Beherrschung der Zweitsprache.

Die Interferenzforschung hat sich hauptsächlich mit der Produktionsseite (Sprecherseite) der Sprachverwendung beschäftigt, die Rezeptionsseite (Hörerseite) ist weit weniger beachtet worden. Wir haben erwähnt, dass auf der semantischen Ebene des Wortschatzes der Einfluss der Ausgangssprache auch bei guter Sprachbeherrschung auf der Rezeptionsseite größer sein kann als auf der Produktionsseite, da der Hörer das Gehörte, Gelesene und Gesehene leicht auf Grundlage seiner interaktionalen Kompetenz interpretiert. Dies geht z. B. aus einer Untersuchung mit der früher erwähnten Polaritätsprofilmethode und Faktorenanalyse im Bereich der deutsch-schwedischen kontrastiven Semantik hervor (Oksaar 1976a, 177f., 194). Deutsche Nordisten hatten schwedische Berufsbezeichnungen und schwedische Germanisten entsprechende deutsche Begriffe zu beurteilen. Ferner wurde dieselbe Aufgabe Muttersprachlern vorgelegt: deutsche Germanisten beurteilten die deutschen und schwedische Nordisten die schwedischen Begriffe. Es stellte sich heraus, dass die jeweilige fremdsprachliche Konnotationsebene durch die eigensprachliche beeinflusst wurde. Sowohl die Deutschen als auch die Schweden haben die fremdsprachlichen Begriffe jeweils im Rahmen ihrer muttersprachlichen konnotativer Struktur der entsprechenden Bezeichnung eingeschätzt, mit konnotativen Interferenzen als Resultat.

Aus unseren Untersuchungen geht auch hervor, dass Schweden und Esten, fortgeschrittenen Lerner des Deutschen, Zahlen beim Sprechen nicht selten in der Folge ihrer Muttersprache verwenden. Die Zahl 56 wird als 65 sowohl gesagt als auch gehört, d. h. *sechsundfünfzig* als schw. *sextiofem*, estn. *kuuskümmendviis*. Derartige Fälle zeugen davon, dass der eigenkulturelle *Filter* in gewissen Bereichen mehr als in anderen wirksam sein kann. Es ist auch bekannt, dass Mehrsprachige häufig in der Muttersprache rechnen und zählen (Vildomec 1963).

Auch in der Lernsprachenforschung ist der Einfluss ausgangssprachlicher Einheiten auf die zielsprachliche Ausdrucksweise Hauptgegenstand im Bereich der Interferenzuntersuchungen gewesen. Nicht wenige Lerner, vor allem Fortgeschrittene, transferieren aber auch, wie wir festgestellt haben, umgekehrt, aus der Zielsprache in die Muttersprache, insbesondere im lexikalischen Bereich. Derartiges, in beiden Richtungen verlaufendes Transferverhalten ist auch bei Mehrsprachigen üblich. Was aber transferiert wird, hängt nicht nur vom Alter und Interessesphären des Lerners ab, sondern auch von der Kommunikationssituation und der Stellung der Sprachen (vgl. Kapitel 5.2.1).

Die Gründe der Interferenzen können somit individuell variieren und auch bei Lernern und Mehrsprachigen unterschiedlich gewichtet sein. Dennoch kann man eine Reihe von linguistisch, psychologisch und soziologisch bedingten Gemeinsamkeiten feststellen, die auch gebündelt erscheinen können. Sie lassen sich in sechs Gruppen zusammenfassen:

1) *Kulturelle Beziehungen*. Interferenzen in der Performanz können nach dem Prinzip neue „Sache", neue Bezeichnung entstehen. Rein linguistisch bieten sie ein nuanciertes Forschungsfeld, da die Anpassung an die graphemischen, phonetischen und morphologischen Normen der Sprache verschiedenen Bedingungen unterworfen ist. Ob und in welcher Form – als unintegrierter oder in das jeweilige System integrierter Transfer – und wie lange dieses Neue im Idiolekt des Sprechers bleibt, oder ob es auch Nachahmung findet, kann schwerlich vorausgesagt werden.

2) *Ausdrucksnot*. Der Transfer wird vorgenommen, auch wenn man unsicher ist, ob der Hörer es versteht. Ein Beispiel:

Herr B. (48, Este in Schweden, zu einem Esten aus den USA): Ei saa seekord *krüssningule* minna, oleme *stüügas,* „wir können diesmal keine Kreuzfahrt machen, sind im Sommerhäuschen". Schw. *kryssning,* „Kreuzfahrt" und *stuga* „Sommerhäuschen" erscheinen hier als integrierte morphosemantische Transfer.

Kinder, deren Schulsprache nicht ihre Muttersprache ist, transferieren häufig neue Lexeme aus dieser, wenn sie keine entsprechende Ausdrücke in der Muttersprache kennen. Sven konstruierte dazu in seinem Estnisch häufig einen syntaktischen Rahmen, mit dem estnischen Verb *tegema* „tun/machen":

Sven (6; 1): Martin *teeb* ikka *schimpfen,* „Martin *tut* immer *schimpfen*".

Auffallend ist, dass in seinem Deutsch die Konstruktion *tun + Infinitiv* nicht vorkam. Die estnische Sprache kennt derartige Konstruktionen nicht. Sven verwendet *tegema* „tun/machen" auch in Verbindung mit einem deutschen Substantiv:

Sven (7; 0 mit Tennsoldaten beschäftigt, zu seinem Vater): Ma *teen* siin *Belagerung,* wörtl. „Ich *tue/mache* hier *Belagerung*".

Sven transferiert auch die Differenzierungsmöglichkeit zwischen *sitzen* und *sich setzen* durch ein Reflexivum in sein Estnisch. Die estnische Sprache kennt diese Möglichkeit nicht. Das Verb *istuma* „sitzen" bezeichnet das Resultat des Übergangs von einer Körperlage in eine andere, nicht den Vorgang. Die Bewegung „sich setzen" wird durch Hinzufügen eines Richtungsadverbs markiert, z. B. ma *istun sinna,* wörtl. „ich sitze dahin", oder durch Umschreibungen. Nur die Imperativform beinhaltet Bewegung: *istu* „setz Dich", *istuge* „setzt Euch; setzen Sie sich"! Ein Beispiel:

Sven (7; 3, zu seiner , Mutter): Ema, *istu ennast,* „Mutter, setz Dich!"' (*ennast* ist Akk. von *ise* „selbst").

Es handelt sich hier um eine Lehnübersetzung; die estnische Form *istu* „setzt Dich" ist ihm geläufig und er hört nur diese Form, zieht aber eine Zeitlang die reflexive vor. Entsprechendes Reflexivum verwendet er einige Male auch beim Verb *lamama* „liegen", *lama ennast* „leg Dich hin!".

3) *Sprachökonomie*. Vildomec (1963, 173) weist anhand empirischer Untersuchungen darauf hin, dass Interferenz auf eine einfache Regel reduziert werden kann: der kleinste Kraftaufwand. Auch spätere Untersuchungen bestätigen diese Feststellung. Man transferiert aus einer Sprache einfache Lexeme, die in einer anderen Komposita oder Syntagmen fordern. Deutsche in Schweden verwenden schw. *stuga* „Sommerhäuschen", *hiss* „Fahrstuhl", wobei sie durch Artikelgebung in das System ihrer deutschen Sprache eingegliedert werden. Warum aber *stuga* dadurch in die Klasse der Feminina, *hiss* in die der Maskulina gerät, ist eine noch nicht beantwortete Frage. Man könnte beim letzteren argumentieren, dass der Artikel von Fahrstuhl hier eine Rolle spiele, die Zahl der Gegenbeispiele aus verschiedenen Sprachkontakten mit dem Deutschen als einem Glied lässt jedoch keine sicheren Schlüsse zu. Bei Deutschen in den USA und in Australien kann man *die beach* belegen.

4) *Semantisch-kommunikative Exaktheit*. Sie ergibt sich durch ganz bestimmte Konnotationen eines Wortes, bedingt u. a. durch seine prosodische, stilistische und auch gesellschaftspolitische Wirkung. Transferwörter in beiden Richtungen treten bei Lernern mehr in *rhematischer* als in *thematischer* Position auf, was für ihren bedeutenden Informationswert sprechen kann und nicht durch Ausdrucksnot bedingt zu sein braucht (Oksaar 1972d, 44, vgl. Weinrich 1984, 78). Transfers können aber auch aus sprachlichem Spieltrieb vorgenommen werden und humoristische Funktionen haben, besonders in Schülervarietäten.

Es spielen Konnotationsgründe eine Rolle, wenn bei einer andersprachigen Minderheit scheinbar überflüssige Interferenzen festzustellen sind, da Entsprechungen in der eigenen Sprache nicht fehlen. Zu diesen Kategorie gehören u. a. auch verschiedene Arten von Affektausdrücken, Interjektionen, Gruß- und Höflichkeitsausdrücke. Emotionale und soziale Konnotationen bewirken die Interferenz, dabei können auch kulturembezogene Verhaltensmuster übernommen werden. Auf diese gehen wir im Zusammenhang mit situationalen Interferenzen (S. 142) ein.

5) *Persönlicher Prestige des Sprechers*. Dies äußert sich nicht nur durch Transferenz der Wörter und Ausdrücke aus einer Prestigesprache, sondern auch in der Bildung von hyperkorrekten Formen, aus dem Bestreben korrekt zu wirken. Im Estnischen wird in der Umgangssprache initiales *h* häufig weggelassen und *f* als [w] ausgesprochen. In der gepflegten Rede wird dies aber als pejorativ bewertet. Sagt ein schwedischlernender Este in Schweden, er komme aus [hestland] statt Estland, so lässt sich hier estnischer Einfluss vermuten.

6) *Gruppendynamik*. Gruppendynamik kann in vielen Fällen eine treibende Kraft zu Interferenzen sein, indem sie das Prestige, besonders bei Minoritäten, mit Muttersprachenloyalität verbindet. Dass eine gewisse Korrelation zwischen dem Interferenztypus und den sozialen Faktoren des Diskurses besteht, haben unsere Untersuchungen mit estnischen Migranten gezeigt (Oksaar 1972d, 1996b). Integrierte morphosemantische Transfers, Typus engl. *relax* +estn. Verbalendung, werden in vertrauten Interaktionssituationen, d. h. im Gespräch mit Familienmitglie-

dern[12], Freunden und guten Bekannten häufig bevorzugt, wenn es sich um Landsleute handelt (die *rationale* Variante). Bei weniger Bekannten und Fremden kommen bei lexikalischen Lücken *Lehnübersetzungen* und *Lehnübertragungen,* oder unintegrierte morphosemantische Transfers vor, Typus *relax,* häufig als Zitatwörter (die *normative* Variante). Im ersten Fall ist der Sprecher bemüht, sich inhaltlich so genau wie möglich auszudrücken. Er wählt die sprachlichen Einheiten entsprechend der Situation, dem Partner und dem Thema, ohne die normativen Regeln der Sprache strikt zu befolgen. Im zweiten Fall ist der Sprecher bemüht, die Regeln der Sprache strikt einzuhalten, seine Lehnübersetzungen und Lehnübertragungen gehören ja der Form nach zu der verwendeten Sprache. Das in Kapitel 2.1.1 erörterte normative und rationale Ausdrucksmodell hat hier, appliziert auf Transfertypen in der Interaktion, eine Variante. Die Rationalität zeigt sich auch hier in der Wahl der inhaltbezogenen Mittel. Zur Untersuchung mit dieser Variante siehe auch Inghult (1997).

Durch eine individuum- und gruppenbezogene Mikroanalyse der Sprachkontaktdynamik bei fortgeschrittenen Lernern und Mehrsprachigen konnte festgestellt werden, dass diese nicht nur zwei Systeme der strukturell signifikanten Variation von sprachlichen Mitteln haben – Ausgangssprache (L 1) und Zielsprache (L 2), sondern mindestens drei, das dritte ist Sprache X (L X). Diese besteht mit ihren Varianten zum großen Teil von Einheiten aus L 1 und L 2 auf allen Strata der Sprache, also auch Interferenzen und Innovationen wie z. B. Neubildungen. Sie hat aber, wie erwähnt, ihre eigenen Gebrauchsnormen, sowohl linguistische, insbesondere was die morphosyntaktische und semantische Struktur der Ausdrücke betrifft, sowie stilistische und auch in bezug auf soziale Beziehungen. Diese Gebrauchsnormen sind direkt verbunden mit *Kodeumschaltung* (codeswitching)[13], auf die wir nun zu sprechen kommen.

Kodeumschaltung. Als Sprachkontaktphänomen ist *Kodeumschaltung* zuerst von Weinreich (1953) und Haugen (1956) eingehender untersucht worden. Seit Ausführungen in Kelly (1969, 170f.) sieht man Kodeumschaltung allgemein als „the use of successive streches of two languages in speech" an, also als Alternation der Sprachen oder Sprachvarietäten im Diskurs. Für Weinreich (1953, 73f.) gibt es bei Kodeumschaltung ein ideales Schema, in dem sie in unveränderter Redesituation und innerhalb des selben Satzes, mit Ausnahme sog. Zitatwörter, nicht stattfindet, sowie ein anderes, mit außergewöhnlicher Bereitschaft zur Umschaltung. Für Haugen (1956, 40) kommt, wie (S. 131) erwähnt, von einem unintegrierten Wort bis zu einem ganzen Satz einer Sprache, alles als Kodeumschaltung in Betracht.

Seitdem ist dieser interaktiven Verhaltensweise zunehmendes Interesse zuteil geworden, und man hat verschiedene Modelle zu ihrer Erfassung entwickelt, da aus empirischen Studien deutlich wurde, dass eine Umschaltung auch häufig innerhalb eines Satzes stattfindet. Auf das Phänomen, dass Sprecher mitten in einem Satz

---

12. In manchen Familien versucht man aber, in Interaktion mit Kindern, Interferenzen jedoch generell zu vermeiden, um die Entwicklung ihrer Muttersprache nicht zu beeinträchtigen.
13. *Codeswitching* wird in deutschsprachigen Arbeiten unterschiedlich weitergegeben: *Kodeumschaltung* (Oksaar 1972b, 191, Weinreich, dt. Übersetzung, 99f.), *Sprachwechsel* (Clyne 1975, 171), *Kodewechsel* (Lewandowski 1990, 543). Duden, Das Fremdwörterbuch 1997, verzeichnet *das Codeswitching,* alternativ *Kodeswitching.*

von einer Sprache in eine andere hinüberwechseln können, hat schon Hugo Suchardt (1884, 9, 85) hingewiesen. Hermann Paul stellt fest, dass innerhalb eines Satzgefüges die eine Sprache immer die eigentliche Grundlage bildet, und die andere, „wenn sie auch mehr oder weniger modifizierend einwirkt, nur eine sekundäre Rolle spielt" (1909, 392). Die angelsächsische Forschung hat an diese Aspekte erst spät mit Weinreich angeknüpft. Hasselmo gehört zu den ersten, die anhand umfassender empirischer Untersuchungen – er analysierte die Sprache schwedischer Migranten in den USA – syntaktische Einheiten der Kodeumschaltung im Rahmen eines Satzes zu kategorisieren versuchten. Kodeumschaltung kann aber auch nach inhaltlichen Elementen und auf der Textebene nach Diskursmerkmalen analysiert werden (Hasselmo 1969, 179ff., Oksaar 1972d, Clyne 1975, 28f.).

Als Gründe der Kodeumschaltung werden gewöhnlich linguistische Faktoren hervorgehoben, wie z. B. sog. Auslösewörter aus der anderen Sprache, nach deren Verwendung eine Sequenz aus derselben erfolgt. Einige Beispiele:

Frau P. (42, Estin, in Toronto): Sääl läheb *Howard, Dean of architecture, is bright,* me tunneme teda, „Da geht . . . Wir kennen ihn".

Häufig sind es auch Phraseme:

Frau L. (58, Estin, in Canberra): Ma pean kirja posti panema, *if you don't mind,* „Ich muss den Brief zur Post bringen . . ."

Dieselbe Frau L. (auf etwas Gehörtes hinweisend): See tõesti *doesn't make sense,* aga Ann, teab ju *what to do,* on *no fool,* „Das hat wirklich keinen Sinn, aber Ann weiß doch, was zu tun ist, ist nicht dumm".

Oksaar (1976d, 383f.)macht auf *Gedanken* und *Vorstellungsbilder* als einen neuen Faktor aufmerksam, der die Umschaltung hervorrufen kann. Die Monologe von Sven (2; 8) vor dem Einschlafen zeigen, dass er aus dem Estnischen ins Schwedische umschaltet, wenn er sich die Erlebnisse des Tages in einer schwedischen Familie vergegenwärtigte, und wieder zurück auf Estnisch, wenn er gleich im Anschluss von seiner estnischen Kusine sprach.

Wenn man aber berücksichtigt, dass die Kodewahl und die Kodeumschaltung durch Situationsvariablen wie Partner, Thema u. a. bedingt werden, dann ergeben sich für die Kategorisierungsmöglichkeiten auch noch andere Perspektiven. Allerdings lassen sich nicht alle Umschaltungen eindeutig klassifizieren. Es gibt nur wenige Versuche, Kodeumschaltung auf einer sozio- und psycholinguistischen Grundlage zu differenzieren. Nach der Rolle des Sprechers einerseits und stilistischer Faktoren andererseits unterscheidet Gumperz (1966, 27) zwischen *transaktionaler* und *persönlicher* Umschaltung. Beide Kategorien schließen einander aber nicht aus, und auch in monolingualen Situationen werden verschiedene Stilarten je nach der sozialen Rolle verwendet.

Eine wirklichkeitsnähere Einteilung ergibt sich bei zwei Kategorien mit Überlappungen: *situationelle (externe)* und *kontextuelle (interne)* Kodeumschaltung (Oksaar 1972d, 439, vgl. Hatch 1976). Der erste Fall wird bewirkt durch eine Änderung in der Beziehung zwischen drei Konstituenten des kommunikativen Aktes: Gesprächspartner, Thema, Situation. Im zweiten Fall ist das sprachliche Repertoire des Sprechers ausschlaggebend und die Faktoren sind Wortnot, Sprachökonomie, semantischkommunikative Exaktheit des Lexems oder der Ausdrücke, die sich durch seine prosodischen, stilistischen und konnotativen Werte für das Individuum ergeben.

Ferner spielen hier auch Prestige und emotive Aspekte eine Rolle. Mehrere estnische Informanten in Schweden behaupten, positive Gefühle überwiegend auf estnisch, negative auf schwedisch auszudrücken.

Bei Sven (2; 4 – 2; 10) hatte Kodeumschaltung einige Monate lang eine rhetorische Funktion. Sie kam häufig in verschiedenen Appellen vor, als Unterstreichung der auf estnisch vorgeführten Argumente und Wünsche. Reagierten die Eltern nicht gleich auf diese, wurden sie auf schwedisch wiederholt, mit parasprachlicher und nonverbaler Unterstützung.

Wir haben mit einigen Beispielen in die Betrachtung der Kodeumschaltung eingeführt und darauf hingewiesen, dass seit Haugens und Weinreichs Veröffentlichungen zunehmendes Interesse an dieser Frage festzustellen ist. Seit den 1980er Jahren zeugen davon u. a. das „European Science Foundation Network on Code-Switching and Language Contact" Strasbourg und seine Symposien 1990 und 1991, sowie eine Reihe von Sammelbänden und Monographien, u. a. Heller(1988), Hyltenstam/Obler (1989), Myers-Scotton (1993), Milroy/Muysken (1995). Wie aus den Sammelbänden jedoch hervorgeht, hat diese neuere Kodeumschaltungsliteratur frühere theoretische und methodologische Fortschritte in diesem Bereich aber zu wenig, wenn überhaupt, berücksichtigt und steht auch wegen Syntaxzentriertheit bei einer Reihe von Fragen hinter den Resultaten der 1960er und 1970er Jahre zurück. Schon 1991 wird kritisch festgestellt, dass in den letzten 15 Jahren „studies in code-switching seem to have devoted more attention to search for syntactic constraints on which switching can occur than to any other single issue, such as sociolinguistic, rhetorical or psycholinguistic implications of code-switching" (Bentahila/Davies 1991, 369).

Trotz einiger Bemühungen, Verbindungen zwischen Lernersprache und Kodeumschaltung festzustellen (Fuller 1999) und Poulisse/Bongaerts (1994) Erörterungen der Umschaltungsarten von 45 holländischen Englischstudenten, gilt diese Kritik auch heute. Es reicht nicht aus, Umschaltungen nur auf Basis des strukturellen Satzrahmens zu bestimmen, wie es seit den 1980er Jahren vielfach geschieht, vor allem bei Poplack (1980) und Myers-Scotton (1993), ohne Berücksichtigung des Hörers und der Dialogsituation. Unberücksichtigt geblieben ist auch die Tatsache, dass der Satz in der gesprochener Sprache ein künstliches Konzept ist und den Regeln der geschriebenen Sprache nicht zu folgen braucht. Die Frage nach den Elementen, die der Lerner in der Umschaltung verwendet, sowie ihre Funktion, bedarf eingehender Untersuchungen.

Es dürfte deutlich geworden sein, dass die Grenze zwischen *Kodeumschaltung* und *Interferenzen* unscharf ist. Es herrscht auch keine Einigkeit darüber, nach welchen Kriterien sie unterschieden werden könnten. Wenn es z. B. viele Interferenzen gibt, wenn die Sätze kurz sind und strukturelle Übereinstimmungen der Kontaktsprachen vorliegen, ist es auch schwierig festzustellen, zu welcher Sprache die Rede gehört und daher wird auch der Unterschied zwischen Interferenz und Kodeumschaltung nicht deutlich (Oksaar in Kelly 1969, 148). Ein extremes Beispiel ist die Notiz einer dreisprachigen Estin (38) in Hamburg: *Teha genast Hochzeitszeitung,* „zu tun gleich Hochzeitszeitung", die aus einem estnischen, schwedischen und deutschen Wort besteht. Einheiten aus vier Sprachen bilden den Ausruf eines belgischen Fotografen zu einem deutschen Fotomodell: *Voilá! Don't move, schau mich an! Bella!* (zum Problem der Kodeidentifikation s. Oksaar 1984c, 664f.).

Die oben erörterten textinternen und textexternen Differenzierungen der Kodeumschaltungen sind aus der Perspektive der Umschaltungsgründe vorgenommen worden, nicht aber aus der Funktion der Interferenzen. Diese treten ja im Matrix einer Umschaltung auf. Sind die Kontaktkodes erkennbar, so ist ja jede linguistische Interferenz auch eine Kodeumschaltung, jede Kodeumschaltung aber nicht eine Interferenz. Berücksichtigt man auch die vorher angeführten Kategorisierungen, so wird deutlich, dass eine übergreifende Definition angebracht ist. Diese muss sowohl die Sender- als auch die Empfängerperspektive berücksichtigen. Unter *Kodeumschaltung* verstehe ich daher die alternative Verwendung von zwei oder mehr Sprachen (Varietäten) ohne Interferenzen oder mit verschiedenen Typen von Interferenzen. Unter Verwendung wird Senden und Empfangen von Mitteilungen in mündlicher und schriftlicher Realisierungsform verstanden.

Neben linguistischen Interferenzen und Kodeumschaltung können wir in der Lernerkommunikation auch situationale *Interferenzen* und *Behavioremumschaltungen* feststellen. Im nächsten Kapitel werden wir uns mit diesem erstmals in den 1970er Jahren entwickelten Konzept beschäftigen.

Situationale Interferenzen und Behavioremumschaltung

Situationale Interferenzen. *Situationale Interferenzen* sind Abweichungen von den *pragmatischen* Konventionen der Situation, in welchen kommunikative Akte stattfinden und zwar durch den Einfluss der Verhaltensweisen – Behavioreme – anderer Gruppen in entsprechenden Situationen (Oksaar 1976b, 105).

Ein Schwede, der einen ihm fremden Deutschen fragt: „Kannst *Du* mir sagen, wie spät es ist?", hat durch das Duzen die schwedische Anredekonvention auf die deutsche übertragen. Deutschlernende Schweden müssen beim Anredeverhalten nicht nur auf Pronomina achten, um derartige Interferenzen zu vermeiden. Sie müssen z. B. beim Grüßen auch berücksichtigen, dass, anders als im Schwedischen, je nach der Situation, auch der Titel und/oder der Name des Begrüßten dazugehört: „guten Tag, Herr Professor/Frau Müller/Heinz", und wissen, ob und wann ein Händedruck üblich ist. Sie müssen bei derartigen und anderen Behavioremen lernen, wie sie selbst zu reagieren haben, wenn man sich in der Zweitsprache ihnen zuwendet.

Es ist in diesem Zusammenhang angebracht, daran zu erinnern, dass die nonverbalen und extraverbalen Elemente bei der Analyse der gesprochenen Lernersprache nicht außer Acht gelassen werden dürfen, weil sie häufig auf die kommunikativen Verhaltensweisen der Erstsprachkultur zurückgehen und zu situationalen Interferenzen Anlass geben. Auch haben wir es stets nicht nur mit Sprachkontakt, sondern ebenso mit Kulturkontakt zu tun: die Variablen stammen aus beiden Quellen. Reicht ein Este in einer Begrüßungssituation nicht die Hand zum Gruß, wenn die Regel es vorsieht, und man es von ihm erwartet, so kann dies, obwohl der Gruß in seiner Zweitsprache Deutsch formuliert wurde, als gewisse Information ausgelegt werden, die er gar nicht zu senden beabsichtigte. Es handelte sich um die Transferenz des erstsprachlichen Behaviorems in die Kommunikationssituation der Zweitsprache.

Situationale Interferenzen sind kulturspezifisch, es handelt sich um Verhaltensweisen Mitmenschen gegenüber, die in Situationsgebundenheit (situational embodyment) realisiert werden; sie betreffen verbale, parasprachliche, nonverbale und extraverbale Einheiten. Situation wird in diesem Zusammenhang im Sinne von dem Klassiker der amerikanischen empirischen Sozialforschung, William I. Thomas, verstanden, der die Situation als die reale Einheit menschlicher Erfahrung ansieht. Die Situation ist der Bestand von Werten und Einstellungen, „mit denen sich der einzelne oder die Gruppe in einem Handlungsvorgang beschäftigen muss und die den Bezug dieser Handlung und die Bewertung ihrer Ergebnisse darstellt".[14]

Die pragmatisch orientierte Lernersprachenforschung hat sich hauptsächlich erst seit den 1980er Jahren dem „pragmatic transfer" zugewandt, allerdings ohne den Begriff näher zu bestimmen und vielfach mit der Beibehaltung der Dichotomie positver-negativer Transfer (vgl. die Literaturübersicht bei Kasper/Blum-Kulka 1993). Obwohl die Interferenzen auch durch mündliche Sprachverwendung entstehen, werden nonverbale Einheiten selten und extraverbale kaum berücksichtigt, ebenso die schon in anderem Zusammenhang erwähnte Tatsache, dass man nicht nur die Sprecherseite (Produktion), sondern auch die Hörerseite (Interpretation) beachten muss. Die Feststellung: „Although the literature abounds in evidence for pragmatic transfer, little has yet been done to investigate more closely the conditions under which pragmatic transfer is or is not operative" (Kasper/Blum-Kulka 1993, 11) trifft auch vielfach für die heutige Forschungslage zu.

Je nach Gruppenzugehörigkeit hat man verschiedene Situationsnormen, nach denen man sein eigenes Verhalten richtet und das Verhalten der anderen, der Situationsspezifik gemäß, erwartet. Dies ist aber in keiner Gesellschaft einheitlich und nicht vergleichbar mit linguistischen Regeln. J. Thomas weist darauf hin, dass man nicht von pragmatischen Fehlern, sondern eher im Anschluss an Candlin von „pragmatic failure" sprechen sollte, weil „the nature of pragmatic ambivalence is such that it is not possible to say that it failed to achive the speaker's goal" (1983, 94). Letzteres festzustellen ist aber keineswegs immer möglich, abgesehen davon, dass nicht immer ein bestimmtes Ziel erstrebt zu werden braucht. Der Sprecher/Hörer verhält sich nach seinen kulturellen Verhaltensmustern. Wenn jemand in einer Situation, in der *Danken* obligatorisch ist oder das *Siezen,* diese Normen nicht einhält, sei es durch eine Interferenz, oder aus irgendeinem anderen Grund, so kann dies zur Folge haben, dass sein Verhalten als Zeichen der Unhöflichkeit, Überheblichkeit u. dgl. interpretiert wird. Dies braucht aber ihm gegenüber nicht gleich, oder überhaupt, deutlich zu werden.

Wir belegen situationale Interferenzen häufig bei ritualisierten Behavioremen der Anrede, der Begrüßung, der Anerkennung, der Komplimente, um nur einige hervorzuheben, auf deren Rolle Goffman (1967) ausführlich eingeht. Sie betreffen im allgemeinen divergierende Höflichkeitsstile je nach den personen- und situationsbezogenen Konventionen einer Gesellschaft und kommen u. a. auch bei Fragen der Direktheit-Indirektheit sowie Reden-Schweigen vor. Das impliziert, dass der Lerner nicht nur für die Frage *Wer – verhält – sich – wie – wem* gegenüber sensibilisiert werden muss, sondern auch für die zeitlichen und lokalen Variablen *wann* und *wo.*

---

14. William I. Thomas, Person- und Sozialverhalten, hg. v. E. M. Volkart. Neuwied am Rhein. Berlin. 1965, 21.

Einige Fälle aus dem Bereich der Höflichkeit, die als Phänomen übernational, kommunikativ jedoch kulturspezifisch unterschiedlich realisiert wird, mögen das veranschaulichen. Wenn ein Deutscher skandinavische Sprachen lernt, muss er, um situationale Interferenzen zu vermeiden, wissen, dass Danken in Skandinavien generell öfter und häufig in anderen Situationen als in Deutschland vorkommt. Man gebraucht das schw. *tack* „danke" beim Einkaufen öfters schon, wenn man seinen Wunsch kundtut (vgl. dt. *bitte*), wenn man es erhalten hat und auch nicht selten nach dem Bezahlen, in der Funktion eines Abschiedsgrußes, auch als *tack, tack*. Ein typisch nordisches Behaviorem ist ferner, sich für das Essen zu bedanken: schw. *tack för maten*. Man bedankt sich auch für die Einladung und mit dem Phrasem *tack för senast* oder *tack för sist*, wörtlich „danke für das letzte (Mal)" binnen einer Woche nach der Einladung. Häufig gehört es sogar zu der Begrüßungszeremonie, auch wenn man vor einiger Zeit irgendwo, in einer Gesellschaft oder auf einer Tagung, zusammen gewesen ist. Da ein derartiges Behaviorem nur in den nordischen Ländern üblich ist, verursacht er nicht selten situationale Interferenzen durch Nichtreaktion von Lernenden.

Schwedischlernende Esten zeigten in derartigen Situationen keine verbale Reaktion und schwiegen häufig auch, wenn man sich mit diesem Phrasem an sie wendete, oder wiesen den Dank, nach ihren Konventionen, zurück, statt ihrerseits Dank auszudrücken – schw. *tack själv* „danke selbst". Andererseits übernehmen aber schon fortgeschrittene Schwedischlerner vor allem in Schweden, dieses Behaviorem in ihre Sprachen, und wir haben es häufig, mit Behavioremumschaltungen zu tun, die wir (S. 147) etwas näher behandeln werden.

Umgekehrt – dankt ein Schwede einem Deutschen in entsprechenden Alltagssituationen, wird dies als übertriebene, ungewöhnliche Höflichkeit angesehen. Unterlässt aber ein Ausländer dieses Kulturem in den nordischen Ländern zu realisieren – wenn man annimmt, dass er die Landessprache gut beherrscht –, so signalisiert das Mangel an Höflichkeit.

Eine weitere Perspektive der *situationalen Interferenzen* eröffnet sich im Bereich der Komplimente. Das *Kompliment* ist insofern ein interessantes kommunikatives Phänomen, als es in verschiedenen Kulturen vorkommt, seine Verwendung auf einer Skala positiv – negativ jedoch unterschiedlich bewertet wird. Es gehört in zahlreichen Kulturen zur Höflichkeit, unterliegt aber nicht denselben Höflichkeitsnormen wie z. B. *Grüßen* und *Danken,* die in vielen Situationen obligatorisch sind. Beim Erstspracherwerb werden Kinder angehalten, situationsadäquat zu grüßen, zu bitten und zu danken, aber nicht Komplimente zu machen.

Ein Individuum, das sich nicht bedankt, wenn das erwartet wird, gilt als unhöflich, dies ist aber kaum der Fall, wenn es keine Komplimente macht, da diese optional sind. Bei unseren estnischen Informanten gab es in diesem Bereich Probleme im englischen Sprachbereich und entsprechende situationale Interferenzen, sowohl als Sprecher als auch als Hörer. In den angelsächsischen Kultursphären werden Komplimente häufig in kontaktknüpfender oder kontakterhaltender Funktion verwendet, d. h. sie sind gleichzeitig auch mit einem besonderen sozialen Wert verbunden, da ihre Information als etwas Positives gemeint ist.

In Kulturen jedoch, in denen Komplimente selten gemacht werden, können sie einen negativen Effekt erzielen, der Sprecher erscheint dem Hörer als Schmeichler, Heuchler. Dies kann bei der älteren Generation der Esten und Skandinaviern der Fall sein, da ihr seine Funktion als zu hintergründig erscheint. Folgendes verdeutlicht die Interferenz auf dem Hintergrund estnischer Behavioreme: „Was will sie von mir, da sie mir so nette Dinge sagt", stellt eine estnische Informantin (72) in den USA in Bezug auf eine amerikanische Bekannte fest. Sie hat die Komplimente nach ihrer estnischen Behavioremstruktur interpretiert und antwortet darauf – es handelt sich um ihr neues Kleid, von dem sie viel Lobenswertes hörte – ebenso nach dem estnischen Muster, sie weist das Kompliment zurück: „oh no, its an old rag". In unseren Data kommt diese Art von Zurückweisungen bei Esten in den Anfangsjahren in englischsprachigen Ländern häufig vor. Dieselbe Informantin gibt einige Jahre später zu, sie antworte jetzt zwar mit „thank you" auf Komplimente, sei aber in ihrer Grundeinstellung kaum überzeugt, ob das so angebracht ist.

Mit diesem Beispiel sei auf die Dynamik der Interferenzen hingewiesen und festgestellt, dass die muttersprachlichen Verhaltensweisen in der Hörerrolle stärker gegen Veränderungen sein können als umgekehrt. Dasselbe haben wir bei linguistischen Interferenzen festgestellt. Hinzuzufügen ist der Hinweis auf das Prinzip der Dynamik und der Variation in Kapitel 1.3.3, das auch im Bereich der Komplimente wirksam ist: In Deutschland und in Schweden, wo in den 1970er Jahren Komplimente überwiegend noch relativiert oder zurückgewiesen wurden, ist ihre Annahme seitdem durch den Einfluss des angelsächsischen Danken-Modells erheblich im Vordringen. Auch das muss der Lerner des Schwedischen und Deutschen berücksichtigen. Wir betrachten noch einige weitere Beispiele.

Situationale Interferenzen können leicht eintreten, wenn es um die *Annahme* oder *Absage* eines *Angebots,* einer *Einladung* u. dgl. geht, da es wesentliche Unterschiede zwischen den Kulturen in diesen Bereichen gibt. Koreaner, die Deutsch, Schwedisch oder Englisch lernen, weisen eine Einladung meistens gleich zurück, da dies der erste notwendige Schritt ist, auch wenn man diese gerne annehmen möchte. Es gilt als ein grober Verstoß gegen die Höflichkeitsregeln, eine Einladung gleich und mit einem Ausdruck der Freude oder des Dankes anzunehmen. Zur Höflichkeit gehört da zuweilen eine mehrmalige Zurückweisung, der Einladende muss aber ebenso höflich sein und seine Einladung mehrmals wiederholen.

Aber auch in der Türkei und im finnougrischen Bereich, bei Finnen, Esten, Ungarn und Samen, gibt es Littereme, die an die koreanischen erinnern und die Kommunikation in indogermanischen Sprachen durch Missverständnisse erschweren. Wird jemandem etwas zum Essen angeboten, erwartet man Zurückhaltung. Je nach der Situation gehört sogar mehrmalige Ablehnung dazu, was natürlich voraussetzt, dass auch entsprechend oft angeboten wird. Einem deutschen Gastgeber genügt in der Regel die erste Ablehnung; diese Interpretation nach seinen Konventionen ist ebenso eine situationale Interferenz vom Standpunkt des deutschlernenden Fremden gesehen.

In der estnischen Kultur kann bei der Realisierung des Annahmekulturems eine interessante, weniger abweisende höfliche Variante durch das Wort *võibolla* „vielleicht" vorkommen. Die Frage: „Möchten Sie noch etwas Kaffee?" kann die Antwort „Vielleicht nehme ich etwas" erhalten und in den Ja-Nein Kulturen wegen der als Unentschlossenheit verstanden Antwort in der gegebenen Situation als unangebracht erscheinen.

Ein weiteres Beispiel sei aus dem Bereich der Zeitauffassung gegeben, genauer bestimmt, um den *Zeitpunkt des „Zur-Sache-Kommens"* im Gespräch, was besonders für die Wirtschaft und in der Politik von großem Gewicht ist. Europäer und Nordamerikaner müssen es lernen, bei Geschäftsverhandlungen mit Asiaten und Arabern, egal in welcher Sprache, nicht schnell und direkt zur Sache zu kommen, da die Zeitspanne vor diesem Punkt da viel länger als in der westlichen Welt ist und gegenseitige situationale Interferenzen zur Folge haben kann (Oksaar 1988a, 42f.). Japaner und Koreaner schneiden z. B. anfangs Themen an, die mit den Verhandlungen direkt nichts zu tun haben. Aus westlicher Sicht ist ein derartiger schleppender Gang der Gespräche störend und ungünstig. Der direkte Verhandlungsstil kommt wiederum den Japanern und Koreanern als barsch und sogar bedrohlich vor (Reischauer 1977, 138).

Die Erläuterung situationaler Interferenzen abschließend betrachten wir noch die Realisierung eines Kulturems, dass in der Lernersprachenforschung kaum beachtet worden ist: *Schweigen*. Nicht nur Reden, sondern auch *Schweigen,* d. h. Abwesenheit vokaler Artikulation, hat interaktionale Funktion und kann situationale Interferenzen verursachen. Denn Schweigen als normaler Bestandteil der Interaktion, beispielsweise in Form von Pausen zwischen den Redeeinheiten, ist trotz individueller Variation kulturspezifisch, ebenso wie die Länge der Pause beim Sprecherwechsel.

Ich habe in Oksaar (1988a, 52ff.) und (1998, 37ff.) ausführlich über verschiedene Typen von Schweigen gehandelt und ihre Formen, Funktionen und Verbindung mit nonverbalen Einheiten und dem Faktor *Zeit* analysiert. Dabei wurde auch verdeutlicht, wie sich Kulturen je nach der Situation, Art und Quantität des Redens und Schweigens in *Redekultur* und *Schweigekultur* einteilen lassen. Wir berühren hier nur einige Fragen. Auch fortgeschrittene Lerner aus der Schweigekultur, wie z. B. Finnen, Esten und Schweden, transferieren ihre Schweigekonventionen bei der Verwendung der Redekultursprachen in diese, z. B. Deutsch, Englisch, südeuropäische Sprachen, mit situationalen Interferenzen als Folge. Dies geschieht sowohl in der Sprecher- als auch in der Hörerrolle. Lerner aus der Redekultur tun dasselbe mit ihren Redekonventionen bei der Verwendung der Schweigekultursprachen. Kennzeichnend für die Schweigekultur ist, dass man meistens nur dann redet, wenn man der Ansicht ist, dass man etwas Relevantes zu sagen hat. Entsprechend findet man da auch eine im Vergleich mit der Redekultur erheblich größere Schweigetoleranz. Man denkt über eine Frage nach, findet sie dann gar nicht so wichtig für den Gesprächspartner und schweigt. Diese Verhaltensweise unterscheidet sich diametral von entsprechenden Situationen mit lebhaften wortreichen Aktivitäten in der Redekultur.

In der Hörerrolle entstehen situationale Interferenzen bei Angehörigen der Schweigekultur leicht dadurch, dass sie ihre spezifischen nonverbalen Signale, die dem Sprecher andeuten, dass man ihm zuhört, in die Redekultur-Interaktion übertragen. Da diese von der Hörersignalen in der Redekultur erheblich abweichen, entstehen leicht Missverständnisse.

In der Redekultur ist es üblich, dass der Hörer mit lebhafter Mimik und bestätigenden Wörtern sowie mit nonverbalen Signalen wie Nicken und Kopfschütteln auf das Gehörte reagiert. Das Ausbleiben derartiger Signale, und vor allem Zuhören mit ernster Miene, wie es häufig bei Isländern, Finnen und Esten festzustellen ist, wird in der Redekultur, wie unsere Befragungen in Deutschland und in den USA gezeigt haben, nicht selten als mangelndes Interesse, Abneigung oder sogar als Feindseligkeit interpretiert – durch eigenkulturelle Behavioreme.

Ein weiteres Beispiel betrifft das Phänomen *Unterbrechung* im Dialog, nicht nur beim Reden, sondern auch beim *Pausenschweigen,* das als Transfer der Redekulturkonvention in die Schweigekultur häufig zu belegen ist. Es handelt sich um das Nichterkennen einer Denkpause, weil das, was in der Schweigekultur als Sprechpause gilt, in der Redekultur schon als Sprecherwechselsignal ausgelegt werden kann. Dies geschieht, wenn sich z. B. Deutsche mit Finnen, Esten und Schweden auf deutsch unterhalten und nach einer Frage die Antwort zu lange dauert. Sie unterbrechen dann gerne das Schweigen, wiederholen die Frage, oder versuchen verschiedene Antwortvorschläge zu machen. Es wird das eigene Zeitmaß für Pausenschweigen in die Interaktion transferiert, das in der Redekultur allgemein kürzer ist als in der Schweigekultur.

Behavioremumschaltung. Unter *Behavioremumschaltung* verstehe ich den alternativen Gebrauch von Verhaltensweisen aus zwei oder mehr (kulturell) unterschiedlichen Behavioremsystemen mit oder ohne linguistische und situationale Interferenzen und Kodeumschaltungen. *Kodeumschaltung* und *Behavioremumschaltung* können zusammenfallen, dies ist aber nicht zwingend. Deutsche Schwedischlerner in Schweden duzen sich und auch mit Schweden, wenn die Interaktion auf schwedisch stattfindet, schalten sie aber im selben Gespräch auf Deutsch um, wird häufig weiterhin geduzt, auch wenn Siezen die Norm ist.

Die nonverbalen Behavioreme können bei der Umschaltung dominieren. Deutsche in Schweden grüßen Schwedisch sprechend ihre schwedischen und estnischen Gesprächspartner häufig auch mit der Hand, wir haben es mit einer Umschaltung mit situationaler Interferenz zu tun. Japaner modifizieren in englischsprachiger Interaktion ihre japanischen nonverbalen Höflichkeitssignale, wenn sie mit Ausländern sprechen, schalten aber auf die einheimischen um, wenn sie sich im selben englischen Gespräch an japanische Gesprächspartner wenden. Rues (1987, 125) stellt fest, dass japanische Deutschlerner ihre muttersprachliche Sprechweise mit unauffälligen Lippen- und Mundbewegungen, und monotonem Sprechrhythmus in ihr Deutsch übertragen. Durch diese kulturspezifische zurückhaltende Ausdrucksweise entstehen Probleme mit der Aussprache. Es handelt sich um eine Behavioremumschaltung mit linguistischen und situationalen Interferenzen.

Folgende Szene im Bereich der ritualisierten Behavioreme beleuchtet die Komplexität und Varianz der Umschaltung etwas näher. Ein thailändischer Student, der sehr gute Deutschkenntnisse hatte, sagte, als ein Mitarbeiter unseres Instituts sein Baby vorführte: „*Was für ein hässliches Kind!*" Auf die Frage, ob er das Baby nicht doch auch niedlich finde, erwiderte er verwundert, natürlich tue er das, aber so müsse man sich in seiner Heimat ausdrücken, wenn man wünsche, dass aus dem Baby ein hübscher und gesunder Mensch werde. Folgendes kann hier festgestellt werden: der Sprecher überträgt ein bestimmtes situationsgebundenes Behaviorem aus seiner Kultur – thai Höflichkeitsbehaviorem, pejorative Aussage – in den soziokulturellen Rahmen deutscher Kultureme. In dem ist es nicht angebracht, da situationsgemäß meliorative Aussagen erwartet werden.

Er schaltet auf sein Behaviorem ohne Kodeumschaltung um. Es wäre jedoch nicht ausreichend, seine Aussage nur als situationale Interferenz zu sehen. Dies würde nicht erklären, warum sie in dieser spezifischen Situation verwendet wird.

Entsprechende Fälle ergeben sich von der Hörerseite gesehen für deutsch- und schwedischlernende Ausländer, wenn ihnen vor der Prüfung *Hals- und Beinbruch* und in Schweden *spark på dig* (*spark* „Fußtritt, Tritt") gewünscht wird, wenn sie eigentlich viel Glück oder Ähnliches, schw. *lycka till,* erwartet haben.

Eine weitere Variante der Behavioremumschaltung ergibt sich bei dem schw. Höflichkeitsbehaviorem *tack för senast,* von dem auch oben (S. 144) die Rede war. Fortgeschrittene schwedischlernende Esten, Deutsche, Engländer schalten in bestimmten Situationen in ihrer Sprache auf dieses Behaviorem um. Es wird entweder als Lehnübersetzung oder Lehnprägung verwendet: estn. *tänan viimase eest,* dt. *danke für das letzte Mal,* engl. *thanks for the last time,* oder der Dank wird frei formuliert. Es kommt aber auch als Fremdsyntagma *tack för senast/sist* in diesen Sprachen vor. Auch hier haben wir es nicht allein mit einer situationalen Interferenz zu tun, sondern gleichzeitig mit einer innovativen und kreativen Behavioremumschaltung, denn in den erwähnten Sprachen gibt es diese Variante des Dankens nicht.

Bereits diese Beispiele lassen erkennen, dass man bei fortgeschrittenen Lernern und Mehrsprachigen nicht nur Ausgangskultur (K 1) und Zielkultur (K 2) feststellen kann, sondern auch Kultur X (K X), entsprechend der Sprache X (L X). K X mit ihren Variationen besteht zum großen Teil von Einheiten aus K X und K 2, schließt also auch situationale Interferenzen mit oder ohne Behavioremumschaltungen ein, aber auch aus innovativen Zügen. Die Verwendungsstruktur von K X ist jedoch von L X verschieden, da es kaum möglich ist, zwischen einem rationalen und einem normativen Modell bei K X zu unterscheiden, wie es bei L X der Fall ist (vgl. S. 139). Während Kodeumschaltung im rationalen Sprachverwendungsmodell ein deutliches Indiz einer anderen Sprache ist – schon phonetisch oder graphematisch –, fehlt eine derartige Unterscheidungsmöglichkeit in K X. Folgen einer Behavioremumschaltung Behavioreme, die in K 1 und K 2 ähnlich sind, ist es auch nicht immer klar, ob eine weitere Umschaltung erfolgt ist oder nicht.

Wir haben auf der *Mikroebene* der Analyse des Lerners und seiner Sprache verschiedene Fragen der Interferenzen, Umschaltungen, Innovationen u. a. im Prozess des Zweitspracherwerbs und seiner Verwendung erörtert, wobei auch einige ihrer Voraussetzungen und Gründe berührt wurden. Abschließend sei gefragt, in welchem theoretischen Rahmen diese Verhaltensweisen des Lerners noch erklärt werden können.

Auf der *Makroebene* können sie vorrangig aus der Perspektive der Kognitionspsychologie betrachtet werden und zwar im Bereich der Theorien des Gleichgewichts der kognitiven Strukturen. Zuerst von Heider 1946 in seiner *Balancetheorie* dargelegt, wurde sie seitdem von einer Reihe von Forschern wie Cartwright und Harary, Festinger u. a. weiterentwickelt. Am bekanntesten ist Festingers (1957) *Theorie der kognitiven Dissonanz.* Sie geht vom Prinzip des homöostatischen Gleichgewichts jedes lebenden Organismus aus und baut auf der Feststellung auf, dass eine Person in ihren Handlungen eine Tendenz zur Vermeidung kognitiver Dissonanzen zeigt. Was bedeutet das? Nach seiner Theorie gibt es im Individuum, was die Kenntnisse, Meinungen und Erwartungen in Bezug auf Objekte, Personen und Situationen betrifft, sowohl konsonante als auch dissonante Kognitionen, d. h. zu einander passende und nicht passende. Allerdings zeigen Individuen eine Tendenz zur kognitiven Konsonanz. Das bedeutet, dass eine Person geneigt ist, den Spannungszustand, der durch Vorhandensein von Dissonanzen bzw. Inkonsistenzen in seinem kognitiven Feld entsteht, zu reduzieren und das kognitive Gleichgewicht wieder herzustellen. Dieses kann z. B. durch Konfrontation mit unbekannten Objekten, Personen, Ereignissen, durch Fremdheit und Unvertrautheit zerstört sein. Konsonanz kann erreicht werden sowohl durch aktives Handeln als auch durch Veränderung der eigenen Kognition.

Appliziert auf den Zweitspracherwerb bedeutet das in groben Zügen, dass der Lerner das Unbekannte, das Fremde – ein Wort, einen Ausdruck, eine Verhaltensweise, eine Situation – mit Hilfe der schon existierenden Möglichkeiten zu identifizieren versucht, um Unvertrautheit zu vermindern. Die Sprachkontakt- und Kulturkontaktphänomene, aktiviert durch verschiedene Strategien, gehören zu den Faktoren, durch welche der Lerner die erlebten Dissonanzen in interkulturellen Situationen vermindern und/oder die Konsonanz wieder herzustellen bestrebt ist.

4.5 Zusammenfassung

Im vorausgegangenen Kapitel haben wir die Grundlagen unserer Betrachtung der Theorien, Modelle und Methoden des Zweitspracherwerbs begründet und, um die Heterogenität des gegenwärtigen Forschungsstandes zu verdeutlichen, ihre Basis – die zwei ursprünglich entgegengesetzten erkenntnistheoretischen Ansätze *Behaviorismus* und *Nativismus* – kritisch dargestellt. Dabei wurde die Notwendigkeit der Berücksichtigung der *Konvergenztheorie* aufgezeigt.

Der heutige Forschungsstand wurde durch einen kurzen Rückblick der Entwicklung eingeleitet, die seit den 1950er Jahren durch eine kaum übersehbare Zahl der Veröffentlichungen von *Theorien, Modellen* und *Methoden* gekennzeichnet ist. Die Diskussion der theoretischen und methodischen Ansätze zeigte, dass diese sich zunehmend an den jeweils dominierenden linguistischen, psychologischen und philosophischen Schulen orientierten und überwiegend mit Einzelheiten der Grammatik, vor allem auf Grundlage des Englischen beschäftigten. Es wurde deutlich, dass grundlegende Probleme der Validierung und Vergleichbarkeit der Ergebnisse noch nicht gelöst sind. Die Notwendigkeit der Tatsache methodisch gerecht zu werden, dass Zweitspracherwerb ein dynamischer, komplexer, nichtlinearer Prozess ist, bleibt aktuell und führte zu Überlegungen, die im Rahmen der Theorie der nichtlinearen Systeme am Beispiel der *Chaostheorie* erörtert wurden.

Im weiteren Verlauf des Kapitels wurden die unterschiedlichen Validitäten, Reichweiten und Entwicklungsrichtungen der vorwiegend sprachenzentrierten *Kontrastivehypothese,* der *Fehleranalyse* und der *Identitätshypothese* deutlich. Es zeigte sich, dass kontrastive Analysen entgegen der Kritik der 1970er Jahre für die Zweitspracherwerbsforschung methodisch relevant sind, dass aber die Identitätshypothese der Überprüfung nicht Stand gehalten hat. Damit verband sich die Erörterung von einer Reihe von prinzipiellen methodischen Fragen, u. a. bei der Kritik der Erwerbssequenzen und der Gleichsetzung von Erstspracherwerb und Zweitspracherwerb. Immer noch kaum berücksichtigt sind der Bereich der nonverbalen Information bei der gesprochenen Sprache und die Tatsache, dass es methodisch unvereinbar ist, die gesprochene Sprache nach den Regeln der geschriebenen zu beurteilen. Methodisches Umdenken ist auch notwendig, wenn Sprachverwendung mit ihren funktional-kommunikativen Aspekten untersucht werden soll, und ebenso, wenn es um die individuelle Varianz der Lerneridiolekte geht. Methodisch bietet sich hier das *Integrativmodell* mit ihrer interkorrelationalen Methode an.

Während sich die Ziele, Methoden und Resultate des Kapitels 4.3 im Bereich von *Sprachsystemzentrierten* Ansätzen zu *individuumszentrierten Modellen* bewegten, stand bei den in Kapitel 4.4 behandelten Fragenkomplexen der *Lerner* als Individuum und Gruppenmitglied im Zentrum. Hier wurde ausführlich die *Interlanguagehypothese* erörtert, ihre Entwicklung und die Diskussion um die Lernersprache als eigenständiges System, und um den Lernprozess und Kommunikationsprozess bei ihrer Verwendung. Kontroverse Diskussionen zeigten sich vor allem bei der Frage der *Lern/Lernerstrategien* und ihren zahlreichen Klassifizierungsversuchen.

Den Fragen der *Fossilisierung* und *Pidginisierung* folgte der Fragenkomplex der Charakterisierung des *erfolgreichen Lerners*. Das Verhältnis von *Lernersprache* und *Zielsprache* wurde aus einer neuen Sicht betrachtet und die Beziehung *Lerner – Muttersprachler* thematisiert. Die Frage des *Sprachbewusstseins* des Lerners brachte verschiedene Dimensionen zur Sprache.

Im letzten Teil des Kapitels verdeutlichte die auch historische Perspektiven umfassende Diskussion des *Sprach- und Kulturkontakts* im Lernprozess, welche Rolle eine differenzierte Analyse der Interferenzen und Umschaltungen aus einer Sprache in die andere beim Lernerverhalten spielen kann. Ausführliche Analysen im Bereich der *Interferenzen/Transferenzen* und *Umschaltungen* legten die Notwendigkeit nahe, die Typisierung der Sprachkontaktphänomene anhand neuer Daten genauer zu prüfen und eine funktional eindeutigere Terminologie herzustellen. Fragen der Interferenz und ihre Gründe sollten nicht nur von normativen und strukturellen Gesichtspunkten aus beurteilt werden, sondern auch von funktionalen und kreativen. Mit Hilfe von verschiedenen Interferenztypen können bei Langzeituntersuchungen Entwicklungstendenzen festgestellt werden, ebenso ihre Streuung in Textsorten und Domänen.

Es erwies sich als angebracht, zwischen *linguistischen* und *situationalen Interferenzen* sowie zwischen *Kodeumschaltung* und *Behavioremumschaltung* zu unterscheiden, ohne aber ihre gegenseitigen Beziehungen und die Typen der Interferenzen außer Acht zu lassen. Im Zusammenhang mit diesen Fragen wurden methodische Vorgangsweisen erörtert sowie eine Reihe der Gründe der Interferenzen dargelegt. Verschiedene Typen, Funktionen und auch Gründe der Kodeumschaltung wurden exemplifiziert, und eine übergreifende, die Sender- und Empfängerperspektive berücksichtigende Definition erläutert, entsprechend auch für Behavioremumschaltung. Der bisher weniger beachtete fortgeschrittene Lerner stand im Zentrum bei einer Reihe von Analysen in diesem Bereich. Die Betrachtung des Lerners und seiner Sprache abschließend wurden seine interferenz- und umschaltungsbezogenen Verhaltensweisen aus der Perspektive der *Theorie der kognitiven Dissonanz* erläutert.

5 Gesellschaftspolitische Aspekte des Zweitspracherwerbs

5.1 Schwerpunkte der Betrachtung

Wir haben in Kapitel 1.4 darauf hingewiesen, dass der frühe Erwerb einer zweiten Sprache positive Wirkung auf die kognitive Entwicklung des Individuums haben und auch die Muttersprache fördern kann. Welche Sprache die zweite ist, spielt dabei keine entscheidende Rolle. Von der Gesellschaft her gesehen liegen die Schwerpunkte jedoch häufig anders. Beeinflusst nicht nur durch das Nationalstaatsdenken, in dem Sprache in der 2. Hälfte des 19. Jhs. zum Symbol der nationalen Ideologie wurde: eine Sprache, ein Staat, eine Nation[15], sondern auch durch wirtschaftliche und politische Dominanz, Prestige und andere sprachenbewertende Gründe, ist es weltweit nicht egal, welche Sprachen beherrscht und als Pflichtfächer in den verschieden Schulsystemen angeboten werden. Spracherwerb und Sprachbeherrschung können häufig zu einem Politikum werden. Dieser weltweite Problembereich im Spannungsfeld *Sprachen – Volksgruppe – Staat* wird aus verschiedenen Perspektiven mit weiterführender Literatur beleuchtet, z. B. in den Themenheften von International Journal of the Sociology of Language: Nr. 103, Language and Power (1993), Nr. 116, Language Politics and Accommodation (1995), Nr. 118, Language Planning and Political Theory (1996) und Nr. 127, Linguistic Human Rights from a Sociological Perspective (1997).

In okkupierten Ländern kann ein neues Regime dazu führen, dass der Erwerb einer bestimmten Zweitsprache schon durch das Schulsystem aufgezwungen wird. Er ist auch bedingt durch die Notwendigkeit, die Zweitsprache als Verwaltungs- und Verkehrssprache zu beherrschen, was zur Minorisierung der bisherigen Staatssprache führt. Es entsteht eine Lage, in der eine zahlenmäßige Minderheit politisch zur herrschenden Mehrheit wird und die bisherige Mehrheit auch sprachpolitisch zur Minderheit. Ein anschauliches Beispiel bietet die sowjetrussische Okkupation der Baltischen Republiken Estland, Lettland und Litauen 1944 – 1991, wo in dieser Zeit Russisch zur Behördensprache wurde und das tägliche Leben ohne Beherrschung des Russischen nicht normal funktionieren konnte (vgl. Druviete 1997, 164ff.).

Aus dem komplexen und weitgestreckten Bereich der gesellschaftspolitischen Aspekte des Zweitspracherwerbs, die den Prozess zur Mehrsprachigkeit und auch die

---

15. Zum Verhältnis Nation und Sprache s. neuerdings die Beiträge in Gardt (2000). Die Frage, was eine Nation konstituiert, ist lange Gegenstand einer tiefgreifenden Diskussion gewesen, s. J. Hutchinson, Modern nationalism. London 1994.

interkulturellen Verständigungsmöglichkeiten beeinflussen – hierher gehört u. a. die Schulpolitik –, werden wir nun auf einige eingehen, die bei aller Unterschiedlichkeit die einzelnen Komponenten in der Beziehung Sprache, Kultur, Individuum, Gesellschaft mehr oder weniger beeinflussen. Es sind Fragen, die einerseits mit internationaler Mobilität, Migration und Minderheiten, mit Sprachdominanz und -verlust zusammenhängen, sowie mit der Globalisierung der Märkte und berufsbezogenen Auslandstätigkeiten. Andererseits betreffen sie den europäischen Einigungsprozess und die internationale Stellung des Deutschen als Zweitsprache in Wirtschaft und Wissenschaft.

Diese auf den ersten Blick heterogenen Bereiche sind hervorragende Sphären im Netzwerk von dynamischen politischen und soziokulturellen Faktoren, die nicht nur Zweitspracherwerb allein, sondern auch die Verwendungsdomänen der Zweitsprachen beeinflussen. Sie unterstreichen die Notwendigkeit, die traditionellen einzelstaatlichen Sprach- und Kulturplanungen grundlegend zu überdenken. Es handelt sich um eine Notwendigkeit, die neuerdings in den Referaten des Wiener internationalen Symposiums „Minorities and Language Policy" vor dem Hintergrund der Ziele gemeineuropäischer Sprach- und Kulturpolitik erörtert wurde (Nelde/Rindler Schjerve 2001), sowie auf zahlreichen Tagungen des Europäischen Jahres der Sprachen 2001.

Was nun gesellschaftspolitisch den Sprachenbedarf betrifft, so ist dieser ohne Domänenspezifizierungen schwer zu bestimmen. Aber auch auf der Mikroebene fehlen noch vielfach genauere Angaben. Bedarf ist auch hier keine feststehende, sondern eine variable Größe, die jederzeit entstehen kann.

Für die Bundesrepublik Deutschland liegen keine amtlichen Statistiken vor, woraus man Schlüsse über den generellen Bedarf an Fremdsprachenkenntnissen ziehen könnte (zur Lage in der Wirtschaft s. Kapitel 5.3.1). Exemplarisch sei darauf hingewiesen, dass Finnland in dieser Hinsicht weit gegangen ist. Laut Numminen (1995, 25) sah die kulturpolitische Planung des staatlichen Sprachprogrammkomitees in ihrem Vorschlag schon Ende der 1970er Jahre für die Gestaltung des Fremdsprachenunterrichts vor, dass nach zwei, drei Jahrzehnten alle Finnen außer der beiden Landessprachen Finnisch und Schwedisch Kenntnisse in Englisch haben sollten. Allerdings nur eine kleine Minderheit sehr gute, ein großer Teil der über 5 Millionen zählenden Bevölkerung recht gute und der Rest ausreichende. Was genau unter „sehr gut", „recht gut" und „ausreichend" verstanden wird, darauf wird nicht eingegangen. Was die Deutschkenntnisse der Finnen betrifft, so sollten laut Sprachenbedarfsuntersuchungen 30% Deutsch beherrschen, 5–10% sehr gut, 5% gut, 10% befriedigend und 5–10% ausreichend. Außerdem werden auch Französisch und Russisch als wünschenswert angesehen.

5.2 Mobilität, Migration und Minderheiten

Nach dem Zweiten Weltkrieg kann man in vielen Ländern eine steigende Zahl der da vorkommenden Sprachen feststellen. Die Tatsache, dass dies durch zunehmende Einwanderung geschehen ist, hat in einer Reihe von europäischen Ländern, aber auch in den USA, in Asien und Australien kommunikative und gesellschaftspolitische Probleme geschaffen. Sie hängen mit dem Integrationsprozess der Migranten zusammen, d. h. mit Bürgern aus anderen Staaten, die aus politischen, religiösen oder persönlichen Gründen eingewandert sind. *Migration* ist zu einer globalen Erscheinung geworden; rund 100 Millionen Menschen lebten Mitte der 1990er Jahre außerhalb ihres Geburtslandes.

Im Zusammenhang mit der Nachkriegsmigration spricht man auch von *allochthonen*, d. h. neu zugewanderten Minderheiten. Die Grenzen zu Kategorien wie *Gastarbeiter* sind dabei fließend, der semantische Unterschied zwischen einem Gastarbeiter und einem Migranten als Mitglied der *neuen Minderheit* wird vor allem durch den Zeitfaktor bestimmt. Das Kriterium ist die geplante oder realisierte Aufenthaltsdauer im Lande. (Zu Migrationsfragen in Europa s. die vielseitigen Darlegungen in Bade 2000.)

Der Terminus *Minderheit* wird in der einschlägigen Literatur nicht einheitlich verwendet, es gibt auch keine völkerrechtlich verbindliche Definition. Traditionell versteht man unter Minderheiten Gruppen, deren Mitglieder insbesondere durch gemeinsame Herkunft, Traditionen, Religion, Interessen und Sprache miteinander verbunden sind. Differenzierend spricht man von nationalen,[16] ethnischen, religiösen und sprachlichen Minderheiten. Nicht jede Migrantengruppe hat Minderheitenstatus, ausschlaggebend ist die Größe der Gruppe, ihre Organisiertheit und ihr Zusammenhalt. Nicht uninteressant ist der Umstand, dass die Bezeichnungen *Minderheit/ Minorität* und *Mehrheit/Majorität* mit einer Reihe von Konnotationen verbunden sind. Diese implizieren bei den ersten noch vielerorts das Fehlen von Selbstbestimmung oder Macht sowie Selbständigkeit, Territorium, und bei den neuen Minderheiten das Fehlen von historischer Kontinuität, bei den zweiten jedoch, dass sie über all diese fehlenden Charakteristika verfügen. Es sollte aber daran gedacht werden, dass das in Kapitel 1.3.4 erwähnte Prinzip der Heterogenität auch hier gilt: es handelt sich jeweils um Gruppen von Einzelindividuen, die nicht gleich sind, auch was ihre Soziobiographien und Lebensbedingungen angeht.

In vielen Ländern gibt es *autochthone,* d. h. alteingesessene Minderheiten, z. B. die Friesen, Sorben und Dänen in der Bundesrepublik Deutschland, die Waliser und Schotten in Großbritannien, die Bretonen, Basken und Provenzalen in Frankreich, die Samen in Norwegen, Schweden und Finnland, um nur einige zu erwähnen. Ausführlicher dazu bei Stephens (1979), der die kulturelle und politische Situation von mehr als 50 Minderheiten in 16 westeuropäischen Staaten beschreibt (vgl. Extra/ Verhoeven 1993). R.D. Lambert (1999) geht u. a. auf das Projekt „European Minority Languages in Primary Education (EMU)" ein, das 34 Minderheitensprachen

---

16. Von der Parlamentarischen Versammlung des Europarates stammt folgende Definition. Als *nationale Minderheit* wird eine Gruppe von Personen in einem Staat angesehen, „die im Hoheitsgebiet des Staates ansässig ist und dessen Staatsbürger sind, langjährige, feste und dauerhafte Verbindungen aufrecht erhalten, besondere ethnische, kulturelle, religiöse und sprachliche Merkmale aufweisen, ausreichend repräsentativ sind und von dem Wunsch beseelt sind, die für ihre Identität charakteristischen Merkmale ... gemeinsam zu erhalten" (Nordfriesland 135/136, 2001, 36).

umfasst. In der Europäischen Union werden heute außer 11 Amtssprachen rund 45 Minderheitensprachen gesprochen, in Gesamteuropa rund 100.

Wir werden in unseren Betrachtungen generell von *Minderheiten* sprechen, sowohl in bezug auf neue (allochthone) als auch alteingesessene (autochthone) Minderheiten, wenn beide Kategorien nicht speziell differenziert werden sollen. Wir sprechen von *Migranten/Einwanderern* in anderen Fällen.

Die Zweitsprachenproblematik der neuen und der alteingesessenen Minderheiten ist in manchen Hinsicht unterschiedlich: viele Mitglieder der neuen Minderheiten beherrschen zwar ihre Muttersprache, die Landessprache dagegen aber kaum oder unzureichend. Das Umgekehrte ist nicht selten bei den alteingesessenen Minderheiten der Fall, vor allem bei den jüngeren Generationen. Diese beherrschen die Landessprache, die Muttersprache ihrer Eltern oder Großeltern nicht selten nur unzureichend oder gar nicht. Bei Interesse wird diese als Zweitsprache wie jede andere Fremdsprache gelernt. Auch sog. Heimkehrer, z. B. Russlandsdeutsche, befinden sich häufig in einer ähnlichen Lage und lernen Deutsch als Fremdsprache. Generell kann festgestellt werden, dass die soziokulturelle Integrationslage der Einwanderer und auch juristische Fragen, wie ihre Staatsbürgerschaft, mit denen viele Staaten heute zunehmend befasst sind, vielfach auch landessprachliche Kompetenzfragen einschließen.

Wiederum anders gestalten sich die Lage und die psychosoziale Beziehung zum Zweitspracherwerb bei Gastarbeitern, die mit der Zeit zu Einwanderern geworden sind. Anfangs war die Beherrschung der Landessprache bei vielen keine wichtige Angelegenheit, bei längerem Aufenthalt zeigte es sich, dass bessere Arbeitsmöglichkeiten von dieser abhingen.

Eine weitere Perspektive der Betrachtung ergibt sich bei der Kategorie „auslandsstationiertes Personal", die gerade im Globalisierungsprozessen zunimmt. Es sind z. B. Tätige in Firmen mit internationalem Wirkungskreis oder in internationalen Organisationen. Sie bleiben für längere Zeit im Ausland, in der Gewissheit, irgendwann zu ihren Heimatunternehmen zurückzukehren.

Es gibt wenig Untersuchungen, die sich mit den Sprachenfragen und der Interaktionsproblematik dieser verschiedenen Gruppierungen im Zusammenhang mit ihren Lebensbedingungen, ihrer situationsbedingten Anpassung und Zufriedenheit, auch der ev. Familienmitglieder befassen. Bei den sog. Gastarbeiterprojekten liegt der Schwerpunkt fast nur auf systemlinguistischen Einheiten und auf von Kontaktparametern abhängigen Varietäten, ohne die psychosozialen Komponenten zu berücksichtigen, die den notwendigen und freiwilligen Zweitspracherwerb beeinflussen.

Eine der ersten und bisher umfangreichsten Untersuchungen, welche die wichtigsten soziokulturellen Bereiche einbeziehen, stammt von Torbiörn (1976). Soziologisch ist sie erwähnenswert, da es sich um Angestellte und Manager handelt, also Gruppen, die selten untersucht worden sind. Die Untersuchung umfasst rund 1100 Schweden, die längere Zeit, manche bis 20 Jahre und länger, in schwedischen Firmen in verschiedenen Ländern tätig sind. Sprach- und Kulturfragen werden ausführlich erörtert, sowohl von der Arbeit als auch von der Familiensituation aus. Dabei wird auch die Rolle der schwedischen Sprache und Kultur bei der Erziehung der Kinder im Ausland und deren Weg zur Mehrsprachigkeit thematisiert.

Der relativ schnelle und heterogene Bevölkerungszuwachs durch Einwanderung ist in vielen Ländern mit erheblichen Problemen verbunden, deren vor allem soziokulturellen Aspekte auch die Mehrheitsbevölkerung berühren. Von dieser Seite aus ist die Problematik wenig untersucht worden, wir werden weiter unten darauf zurückkommen. Waren in Deutschland laut Statistik im Jahr 1990 5,2 Millionen Ausländer, so stieg diese Zahl bis 1994 auf 6,8 Millionen und ist im Jahr 2000 etwa 7,3 Millionen, darunter 2,5 Millionen Türken als die größte Gruppe.[17] Als Vergleich sei Schweden erwähnt. Es hat Ende 2000 bei einer Bevölkerung von knapp 9 Millionen, rund 1,3 Millionen Einwanderer, von denen etwa 500 000 ausländische Staatsangehörige sind. Anfang der 1990er Jahre waren laut offizieller Statistik Einwohner aus 160 Nationen mit 155 Muttersprachen in Schweden.[18] Im Jahr 2001 waren es rund 200 Nationen, zur Sprachenzahl fehlen genauere Angaben, geschätzt wird rund 180. Durch Migration entstehen da, wie überall in der Welt, spezifische mehrkulturelle Kontaktsituationen und auch Konflikte (vgl. die Beiträge in Oksaar 1984b). Die mit den Kontakten verbundenen Verständigungsprobleme, die zu Konflikten führen können, erweisen sich häufig als emotional geprägt. Gerade die emotionalen Aspekte, die auch die Motivation des Zweitspracherwerbs beeinflussen, werden von Migrationsforschern, die überwiegend zur Mehrheitsbevölkerung gehören, häufig nicht erkannt, oder gebührend berücksichtigt.

Kenntnisse der Landessprache, bzw. ihre Beherrschung, ebenso der kulturembezogenen Verhaltensweisen, gehören gewöhnlich zu den wichtigsten Voraussetzungen für die soziale Integration der Minderheiten, wenn sie in einem Land bleiben wollen. Aus verschiedenen Gründen können Minderheiten aber anderer Ansicht sein, und es gibt verschiedene individuelle und gruppenspezifische Motive sich der Mehrheitssprache zu widersetzen, oder mit elementären Kenntnissen zufrieden zu sein. So sehen es viele Russen aus politischen Gründen im Baltikum nicht ein, warum sie die Landessprachen Estnisch, Lettisch, Litauisch lernen sollten, obwohl diese jetzt die offiziellen Sprachen sind (Druviete 1997, 15). Bade (2000, 416f.) erörtert die Probleme, die durch stark abnehmende Deutschkenntnisse der neu zugewanderten Aussiedler aus den GUS-Staaten seit Mitte der 1990er Jahren in Deutschland festzustellen sind und bei Jugendlichen Züge der Koloniebildung einer „russischen Minderheit" wahrnehmen ließen. Eine derartige Lage kann verschiedene soziale Probleme auch für die Einheimische verursachen.

Die sprachlich-kulturelle Problematik der Einwanderung ist komplex und sollte nicht isoliert gesehen werden von den kulturellen, sozialen und politischen Aktivitäten der Migranten einerseits und der Aufnahmengesellschaft andererseits, mit deren Mitgliedern sie in verschiedenen Kommunikationssituationen in Kontakt kommen. Minderheitenforschung sollte auch immer Mehrheitsforschung einbeziehen, da es sich um Zusammenleben handelt. Integration ist stets ein gesellschaftliches Phänomen, das auf Gegenseitigkeit aufbaut. Wie ich in Oksaar (1980b) gezeigt habe, drehen sich die Diskussionen der Problematik in verschiedenen europäischen Ländern vorwiegend um Sprach- und Schulfragen bei Einwandererkindern und um die mit

---

17. Beauftragte der Bundesregierung für Ausländerfragen (Hg.), Daten und Fakten zur Ausländersituation. Berlin. Februar 2002.
18. SCB (Statistiska centralbyrån)1991. Tema:Invandrare. Levnadsförhållanden. Rapport 69.

Sprach- und Kulturbarrieren verbundenen sozialen Barrieren insbesondere bei Erwachsenen, sowie um Xenophobie, Fremdenfeindlichkeit. Für zahlreiche Länder mit Minderheiten trifft nach dem Zweiten Weltkrieg zu, dass es vor allem auch soziale, psychologische, ökonomische und politische sowie religiöse Faktoren sind, die Probleme bereiten, und nicht allein sprachliche (Oksaar 1971, 1980b, vgl. Ekstrand 1978, 31ff). Dies gilt auch vom auslandsstationierten Personal (Torbiörn 1976, 402ff.). Einwanderungspolitik als Gesellschaftspolitik darf aber die Sprach- und Mentalitätsprobleme nicht außer Acht lassen, da sie die Minderheiten *und* die Mehrheit berühren.

Probleme können häufig dadurch entstehen, dass die Zweitsprache dominant und die Muttersprache zurückgedrängt oder ganz aufgegeben wird. Dieser Prozess der Verdrängung der Minderheitssprache ist als *Glottophagie* bekannt.[19] Jedoch darf man die psychosozialen und emotionalen Faktoren der Spracherhaltung nicht vergessen. Bei ein und denselben Individuen können beide Prozesse festgestellt werden. Sie können zu einer Mehrsprachigkeit mit Erhaltung der Muttersprache führen, auch wenn diese in gewissen Domänen zurückgedrängt ist. Deshalb ist die Feststellung, die Paulston im Anschluss an soziolinguistische und sprachsoziologische Literatur in den USA macht, keineswegs generalisierbar: „Bilingualism is the mechanism for language shift, and it is unusual that groups maintain a nondominant language only for linguistic reasons, only for language loyalty" (1982, 13). Derartige Voraussagen der Nicht-Erhaltung der Muttersprache verkennen ihre komplexen Funktionen auch bei Mehrsprachigkeit. Es wird übersehen, dass Sprache ein wichtiger Faktor der Gruppenzugehörigkeit ist, und dass sprachliche Loyalität eine bedeutende Komponente der Identität eines Individuums sein kann.

Eines der zentralen Komponenten der Identität ist außer Sprache die ethnische Zugehörigkeit. Sie bekommt ein besonderes Gewicht bei Minderheiten im Prozess des Kulturkontakts. Laut Erikson (1968), einem der wichtigeren Entwicklungspsychologen des 20. Jhs., entwickelt sich die Identität in der Jugend und ist für ein positives Ich-Bild entscheidend. Das Fehlen der eigenen Sprache und Kultur in fremder Umgebung kann die Entwicklung der Identität negativ beeinflussen.

Bei diesem Fragenkomplex kommt es natürlich auf die soziopolitische Struktur der Staaten an, in denen die Sprachminderheiten leben. Die erwähnte Behauptung, Mehrsprachigkeit sei ein Mechanismus für Sprachwechsel, geht von einer homogenen, monolingualen Gesellschaft als Normalfall aus. Die Realität mit ihrer Varianz und Dynamik zeigt jedoch, wie schon angedeutet, ein erheblich vielseitigeres Bild, in der auch die Erhaltung und Weiterentwicklung der Muttersprache bei mehrsprachigen Minderheiten als nichts Ungewöhnliches, als natürlich gelten kann. Im nächsten Kapitel werden wir auch auf diese Fragen näher eingehen und veranschaulichen, dass und unter welchen Bedingungen sich Zweitsprache und Muttersprache auch bei Minderheiten nicht auszuschließen brauchen.

---

19. Der Terminus geht auf L. J. Calvet zurück, in: Linguistique et colonialisme: petit traitéde glottophagie. Paris 1974.

5.2.1 Zweitsprache und Muttersprache, Integrationsfragen

Wir haben festgestellt, dass die Landessprache für Migranten und Minderheiten ein notwendiges Kommunikationsmittel ist, wenn sie nicht von dem soziokulturellen Leben in einem Land isoliert sein wollen. Sie ist für ihre Arbeit, Schule, Freizeitkontakte wichtig, ebenso für jegliche Art der Kommunikation und Kooperation nicht nur mit Einheimischen, sondern auch mit anderssprachigen Migranten und Minderheiten – die Landessprache ist häufig die lingua franca. Was geschieht aber mit den Muttersprachen dieser Gruppen? Als Kommunikationsmittel büßen sie ja in ihrem Verwendungsradius zahlreiche gesellschaftliche Domänen ein. Die Muttersprache gehört dann überwiegend zur individuellen Sphäre, d. h. für Beziehungen, Netzwerke und Aktivitäten in der eigensprachigen Gruppe, während die Mehrheitssprache zur sozialen Sphäre gehört. Dies bedeutet aber keineswegs, dass sie, wie wir sehen werden, in ihrer Sphäre gefangen sein oder sogar aufgegeben werden müsste. Im Internetzeitalter ist der Kontakt mit dem Ursprungsland vielfach möglich. Durch elektronische Medien ist heute auch selbständiges Lernen weiter verbreitet als früher.

Dieser Fragenkomplex eröffnet ganz andere Perspektiven, als wenn es sich um den Erwerb einer oder mehrerer Fremdsprachen bei der Mehrheitsbevölkerung handelt. Der Status der Muttersprache wird ja bei dieser dadurch nie in Frage gestellt. Besonders bei heranwachsenden Generationen, z. B. der Friesen, Sorben, Niederdeutschen, aber auch bei Türken in Deutschland, kann die Muttersprache soweit verdrängt werden, dass sie als Zweitsprache, oder überhaupt nicht gelernt wird. Andererseits kann aber gerade bei dieser Generation besondere Motivation zur Muttersprachenbeherrschung vorliegen. Darauf ist noch unten zurückzukommen. Generell kann festgestellt werden, dass Revitalisierungsbestrebungen der Muttersprachen stattfinden, vor allem seit Fishmans wegweisender Studie „Reversing language shift. Theoretical and empirical foundations of assistance to threatened languages" (1991). Eine ausführliche Literaturübersicht der weltweiten Bestrebungen findet sich im Kapitel 1 bei Huss (1999). Es ist aber auch nicht ungewöhnlich, dass ausländische Vorschulkinder bis zum Schulalter nur mit ihrer Muttersprache aufwachsen, so auch in Deutschland. Laut der Berliner Ausländerbeauftragten Barbara John können die Enkel der ersten Generation Einwanderer schlechter Deutsch als ihre Väter und Großväter (Der Spiegel Nr. 10 2002, 46). Im selben Bericht heißt es: „In Kreuzberg sprechen 63 Prozent der Ausländerkinder bei der Einschulung fast kein Wort Deutsch, bei den Türken sogar vier von fünf Kindern nicht".

Die Beziehung zwischen der Muttersprache und der Zweitsprache, sei es in der Erwerbssituation der letzteren oder in der Verwendung der beiden, ist jedoch nicht statisch. Anfangs gehören sie aber, wie wir festgestellt haben, zu unterschiedlichen Sphären. Sie haben auch unterschiedliche Funktionen. Der Muttersprache kommt gewöhnlich eine mehr emotionale Rolle zu und auch die vorschulische Sozialisation. Die Landessprache hat eine Art Werkzeugfunktion, z. B. in der Schule, für die Arbeit und für den sozialen Aufstieg. Zu welcher Sphäre die beiden Sprachen gehören, ist ein wichtiges Kriterium bei der Unterscheidung zwischen den zwei Prozessen *Integration* und *Assimilation,* auf die wir weiter unten eingehen werden.

Die Rolle, die die Muttersprache als soziales und kulturelles Medium für die Selbstidentifikation und Identität der Angehörigen der Minderheiten einnimmt, ist in den europäischen und außereuropäischen Ländern erst seit den 1960er und 70er Jahren allmählich erkannt worden, sie blieb aber im Schatten der Zweitsprache, wie u. a. aus den großen kanadischen Immersionsprojekten hervorgeht. In Europa hat man sich vor allem in Schweden früh damit beschäftigt. Als Wegweiser können die interdisziplinär konzipierten Untersuchungen in den schwedischen Sammelbänden von Schwarz (1966) und (1971) hervorgehoben werden. Sie thematisieren sowohl pädagogische Aspekte der Mehrsprachigkeit mit starker Erstsprache bei Minderheiten als auch ihre Stellung aus politischer, rechtlicher, sozialpsychologischer und wirtschaftlicher Sicht. Die Bestrebungen resultierten in der oben (S. 14) erwähnten *hemspråksreform*. Einen anschaulichen Einblick in diese Reformbestrebungen mit ihren vier Haupttypen des Muttersprachenunterrichts für Migrantenkinder vermittelt Ekstrand (1983, vgl. Hyltenstam/Arnberg 1988, Reich 1995). Auch in Deutschland gibt es verschiedene Arten von herkunftssprachlichem Unterricht für Migrantenkinder (ausführlicher dazu in Reich/Hienz de Albentiis 1998). Wie wichtig die Rolle der Muttersprache „as competence and as an element of identity" bei Migrantenkindern ist, geht aus Mikkolas (2001) Untersuchung hervor. Sie untersuchte die mehrkulturelle Identität von 26 Migrantenkindern der 5. und 6. Klasse in einer finnischen Schule, u. a. russische, estnische, kurdische.

Ohne auf die völkerrechtliche Stellung der Minderheiten ausführlicher einzugehen sei erwähnt, dass die „Rahmenkonvention zum Schutz der nationalen Minderheiten", vom Ministerkomitee des Europarats 1994 verabschiedet, betont, dass eine pluralistische und demokratische Gesellschaft nicht nur die ethnische, kulturelle, sprachliche und religiöse Identität jedes Mitglieds einer nationalen Minderheit respektieren, sondern auch geeignete Bedingungen für die Ausbildung und Erhaltung dieser Identität schaffen soll.[20]

Die im Vergleich mit dieser Rahmenkonvention weitergehende „Europäische Charta der Regional- oder Minderheitensprachen" ist am 01.1.1999 in der Bundesrepublik Deutschland in Kraft getreten.[21] Hier schützt und fördert die Konvention in Norddeutschland die Minderheitensprachen Dänisch, Nord- und Saterfriesisch, in der Lausitz Ober- und Niedersorbisch und im ganzen Bundesgebiet das Romanes der Sinti und Roma. Diese Verpflichtung zum Schutz und zur Förderung der kleineren Sprachen gilt auch für die Regionalsprache Niederdeutsch. Dieser völkerrechtliche Vertrag soll dazu beitragen, dass die traditionelle Sprachenvielfalt in Europa als „wichtiges kulturelles Erbe" nicht nur bewahrt, sondern auch verstärkt wird. Die Minderheiten sollen aber auch selbst bereit sein, ihre Sprache regelmäßig zu gebrauchen, oder sie zu lernen, Staat und Politik können die Voraussetzungen dazu verbes-

---

20. Von den 40 Mitgliedsstaaten des Europarats ist sie bisher von 36 Staaten gezeichnet und von 23 ratifiziert, von der Bundesrepublik Deutschland 1997.
21. Bis Mai 1999 haben 19 Länder die Ratifizierung der Charta abgeschlossen. Da die Übereinkommen keine Definition des Begriffes der *nationalen Minderheit* erhalten, bestimmen die Vertragsstaaten selbst auf welche Gruppen er Anwendung findet. In der Bundesrepublik Deutschland liegt die Umsetzung der Regelungen allgemein bei den Ländern. In der Charta sind für Personen, die Regional- oder Minderheitensprachen sprechen, keine Individual- und Kollektivrechte vorgesehen. Sprachen der neuen Minderheiten, z. B. Türkisch und Polnisch, fallen nicht unter den Schutz der Charta.

sern. Ausführlichere Analysen der völker- und staatsrechtlichen Lage finden sich bei Hofman (1995), der geltende Regelungen für 25 europäische Staaten erörtert, und in Bundesregierung (2000). Gerdes (1996) beleuchtet u. a. die Hintergründe der Rahmenkonvention und der Charta, sowie die Gründe der Trennung zwischen Minderheiten- und Regionalsprachen und geht ausführlich auf die Stellung des Niederdeutschen in der Schule ein.

Die Unterstützung und der Schutz sowie die Erhaltung der sprachlich-kulturellen Identität der nationalen Minderheiten wird offiziell, wie wir festgestellt haben, allgemein als anstrebenswert und wichtig angesehen. In der Praxis steht dieses Erkenntnis aber vielerorts immer noch im Schatten der Konformitätsideologie, die nach einer möglich homogenen Bevölkerung trachtet, mit sozialer und sprachlich-kultureller Anpassung an die Mehrheitsbevölkerung. In ihren politischen Deklarationen sind die meisten Länder allerdings stets überwiegend der pluralistischen Ideologie zugeneigt, die sich positiv gegenüber dem kulturellen und sozialen Zusammenhalt der Minderheiten verhält und darin eine Bereicherung sieht.

Die Zukunft und Förderung der Sprache und Kultur der Minderheiten hängt aber auch stark von ihren eigenen Attitüden gegenüber ihrer Sprache und Kultur ab, es gibt keineswegs eine vollständige Übereinstimmung. Verunsicherung herrscht vor allem bei den Eltern, wenn es um die Frage geht, ob ihre Kinder die Herkunftssprache erwerben sollen, da sie ja durch die „großen" Sprachen bessere berufliche Chancen hätten. Hier zeigt sich wieder die schon angedeutete Entweder-oder-Mentalität (S. 88) in einer Situation, in der die Sowohl-als-auch-Einstellung auch vom Standpunkt der Kinder angebracht ist. Aus unseren Untersuchungen geht jedoch hervor, dass Vorbilder Wirkungen haben können, ihren Revitalisierungsbemühungen schließen sich auch diejenigen an, die ihre Muttersprache aufgegeben, oder nie die Möglichkeit hatten sie zu lernen. Muttersprache als Zweitsprache ist keine Seltenheit bei jüngeren Minderheitengenerationen. Hervorgehoben sei, dass die Bemühungen auch Regionalsprachen gelten. Dabei handelt es sich, um als Beispiel das Niederdeutsche zu nehmen, nicht nur um die regionale Identität und die Förderung der Regionalsprache allein, sondern gleichzeitig auch um die Förderung der Mehrsprachigkeit, da heute kaum ein Kind, wie Gerdes (1996, 51) feststellt, ausschließlich in der Regionalsprache aufwächst. Dies bildet eine wichtige Grundlage für den Fremdsprachenerwerb in der Schule.

Generell kann festgestellt werden, dass die Erhaltung der Sprache und der Kultur der Minderheiten möglich ist und sich für die Integrationsbestrebungen weltweit als förderlich erwiesen hat. Dies ist trotz der sog. *Minorisierung der Muttersprache* in der Schule möglich, die gegeben ist, wenn Kinder in der Schule den Unterricht in der Landessprache erhalten. Auf einige landesspezifische pädagogische Aktivitäten für diese Kinder kommen wir weiter unten noch zu sprechen.

Die Förderung der Minderheitensprachen ist jedoch nicht nur als ein bildungs- und gesellschaftspolitisches Anliegen zu verstehen. Sie muss auch im soziokulturellen Rahmen der Familie, der Eltern und Geschwister gesehen werden. Dabei ist die Frage, welche Variante der Muttersprache die Kinder hören, z. B. ob ein *normatives* oder *rationales* Modell ihr zugrunde liegt, ebenso wichtig wie ihre eigene Einstellung und die der Eltern gegenüber der beiden Sprachen. Diese braucht nicht statisch zu sein und kann sich in positiver, neutraler oder negativer Richtung verändern. Bei den

Migranten spielen dabei auch am Anfang verschiedene psychosoziale Faktoren eine zentrale Rolle. Ausgehend von der Variable „soziokulturelle Situation" betrachten wir nun exemplarisch ihre Lage vor dem Hintergrund des Projektes mit estnischen Migranten.

Die fundamentale Veränderung der soziokulturellen Situation der Migranten, die die Landessprache noch nicht beherrschen, ist komplex. Sie werden nicht nur mit vielem Neuen konfrontiert, sondern können, wie schon festgestellt, ihre alten kommunikativen Verhaltensweisen in verschiedenen sozialen Situationen auch nicht aktivieren – vom alltäglichen Einkauf bis zu Behördenbesuchen. Das daraus entstehende Gefühl von Unsicherheit, Hilflosigkeit und mangelndes Selbstwertgefühl bilden Komponenten des sog. *Kulturschocks* (culture shock). Der Terminus geht auf den Anthropologen Oberg zurück und wird seit 1960 verwendet, um eine Art von Stresssituation zu bezeichnen, die Individuen in fremder Umgebung empfinden, „lacking points of reference, social norms and rules to guide their action and understand others' behavior" (Furnham/ Bochner 1986, 49). Auf unterschiedliche Facetten des Kulturschocks geht auch Torbiörn (1976, 158-163) ausführlich ein. Kulturschock ist für die Identität eines Individuums gewiss ein gravierender Eingriff, allerdings muss der Status eines Migranten in einer Gesellschaft nicht per se mit psychischen Spannungen in der Akkulturation verbunden sein.

Der Umstand, dass ein Migrant lange Zeit sozial heimatlos bleiben kann, wenn er keine Beziehungen im neuen Land hat, kann, wie unsere Langzeituntersuchung zeigt, durch die Möglichkeiten seine Muttersprache zu verwenden und durch die Motivation zum Zweitspracherwerb erleichtert werden. Von den Esten, die die Zweitsprache Englisch in den USA, in Kanada und Australien und Schwedisch in Schweden im Laufe von 0,5 bis 1,5 Jahren so gelernt hatten, dass sie sie im täglichen Leben auch in ihrer Arbeit, mehr oder weniger erfolgreich verwenden konnten, hatten rund 75 % in den ersten 3 bis 4 Jahren in allen erwähnten Ländern trotzdem ein starkes Gefühl von Unsicherheit. Sie erlebten sich selbst in der Rolle eines Fremden. Neue, von den eigenen abweichende Behavioreme als Kulturbarriere spielten dabei neben der Sprache eine wesentliche Rolle. Das Gefühl, „nicht erwünscht zu sein", war am stärksten in Schweden, bei 67 % der Befragten, in den USA am geringsten, 27 %. Als *Kulturbarriere* verstehe ich Hindernisse und Wirkungen, die ein Individuum in einer anderen Kultur durch Unterschiede zu ihrer eigenen in verschiedenen Situationen und Bereichen als solche empfindet. Der Abbau der Barriere setzt die Bereitschaft voraus, die Normen und Behavioreme der anderen Kultur zu verstehen und hinzunehmen.

Im Umgang mit Landsleuten, durch estnischsprachiges Vereinsleben und andere Aktivitäten, in denen die Muttersprache verwendet werden konnte, z. B. estnische Zeitungen und Bücher, fanden sie eine große Stütze. Mit der Zeit gab es auch estnischsprachige Kindergärten und Schulen. Es sind die als ethnolinguistische Vitalität bekannten Faktoren, die mit der Zeit wirksam wurden. Die beiden Begriffe „Unsicherheit" und „Fremdheit" können operationalisiert werden vor dem Hintergrund der vier Prozesse und Verhaltensdomänen, die die Migranten von den Einheimischen trennen und mit dem Zweitspracherwerb verbunden sind: *Isolation, Integration, Assimilation* und *Dissimilation*.

1) *Isolation* bedeutet in diesem Schema, dass man keine oder nur geringe interaktive Kontakte mit der Mehrheitsbevölkerung hat. Sie betrifft häufig alte Menschen,

findet sich aber auch bei Hausfrauen und kleinen Kindern. Sie beeinflusst nicht selten die persönliche Identität und das Selbstvertrauen des Menschen, besonders wenn andere Familiemitglieder mit der neuen Umgebung durch Arbeitsplatz und Schule verbunden sind. Das Interesse für die Landessprache ist gering, die Kommunikation mit den Einheimischen übernehmen Familienmitglieder.

2) *Integration* bedeutet, dass die Mitglieder einer Migranten oder Minderheitengruppe Bereiche ihrer ursprünglichen Kultur behalten, anfangs gewöhnlich die individuelle Sphäre mit der Sprache, gewissen Bräuchen und Verhaltensweisen und Religion, auch wenn sie die neue Sprache erwerben oder erworben haben und in die neuen Gesellschaftssysteme eingefügt sind, vor allem im wirtschaftlichen Bereich, Schulen und Ausbildung u. a. Diese Einfügung in neue Systeme betrifft große Teile der sozialen Sphäre. Zwischen den beiden Sphären des Menschen, der individuellen und der sozialen, braucht es bei der Integration keine Spannungen zu geben, wenn die individuelle Sphäre relativ stabil ist; dadurch wird auch die emotionale Stabilität des Menschen verstärkt. Es entsteht eine Beziehung zwischen den Sphären, die ich als *kulturelle Kongruenz* bezeichnet habe. Man ist nicht zwischen, sondern *mit* den Kulturen in einer Art von Synthese. Die Grenzen zwischen den Sphären sind keineswegs scharf. Durch familiäre Bande, Bekanntschaften und Freundeskreise aus der Mehrheitsbevölkerung können neue soziale Netzwerke entstehen, die auch die Zweitsprache fördern.

Die Existenz der individuellen Sphäre mit der Muttersprache braucht dadurch aber generell nicht gefährdet zu werden, auch wenn z. B. neue Subkulturen sowie Sprach- und Kuluremvarianten entstehen, auf die wir in Kapitel 4.4.4 eingegangen sind. Es herrscht in diesen Familien eine positive Einstellung sowohl gegenüber der Muttersprache und Kultur als auch der Landessprache und Kultur. Bei der zweiten und dritten Generation Esten hat sich, wie aus unseren gegenwärtigen Befragungen hervorgeht, nicht selten eine zielstrebige Mehrsprachigkeit entwickelt, in der die Muttersprache von einigen auch als eine Zweitsprache gelernt wurde. Die jüngere Generation hat keine Minderwertigkeitsgefühle ihrer Sprache gegenüber, gerade Teenager finden es chick, auch eine kleine Sprache zu sprechen und dadurch ihren gleichaltrigen englisch- oder schwedischsprechenden Klassenkameraden oder Bekannten gewissermaßen überlegen zu sein. Derartige Tendenzen sind, aus verschiedenen Gründen, bei der im Lande geborenen Minderheiten auch in Deutschland und in Schweden festzustellen. Wir kommen zu Integrationsfragen und Sprache nach der Erläuterung der Assimilation und Dissimilation zurück.

3) *Assimilation* bedeutet nach dem oben erwähnten Schema, dass man in beiden Sphären der individuellen und der sozialen von dem Mehrheitssystem absorbiert wird. Man gibt die seine eigene Gruppe charakterisierenden Merkmale auf. Eine in diesem Sinne totale Assimilation bleibt jedoch ein theoretisches Konstrukt, da es immer einzelne sprachliche und kulturelle Einheiten gibt, die Individuen und Gruppen charakterisieren und voneinander trennen. Von der Gesellschaft her gibt es aber häufig Assimilationsdruck, bedingt durch soziologische, juristische und kulturelle Entwicklung.

4) *Dissimilation* ist das Gegenteil der Assimilation. Sie ist in diesem Modell die Beeinflussung von einer Umgebung, die jemanden von der Assimilation wegführt. Unter unseren Informanten in Schweden und in Übersee gab es nicht wenige Fälle,

bei denen dieser Prozess festgestellt werden konnte. Dissimilation folgte gewissen Assimilationsstufen. Unter denjenigen, die sich beispielsweise nicht zur Muttersprache bekannten und von Anfang an versuchten, Englisch bzw. Schwedisch auch zu Hause zu sprechen, konnte mit der Zeit eine Veränderung festgestellt werden. Die Ethnizität und der Wert der Muttersprache wurde wiederentdeckt. Dafür gab es unterschiedliche Gründe, u. a. auch solche, die mit sozialen Faktoren zusammenhängen: sozialer Aufstieg und eine verbesserte wirtschaftliche Lage wirkten sich positiv gegenüber der Muttersprache aus. Allerdings können dieselben Faktoren auch leicht das Gegenteil bewirken (ausführlicher dazu bei Oksaar 1984a, 255ff., zur Diskussion dieser Faktoren s. auch Lainio 1989, 26f.).

Wir kommen nun auf einige mit der Integration verbundenen sprachlichen Fragen zurück. Ein Beispiel: In Toronto und in Vancouver gibt es erfolgreiche estnische Geschäftsleute, Architekten und Ärzte, die voll in die kanadische Gesellschaft integriert sind. Ihre Kinder und Enkel, die alle in Kanada geboren sind, bekennen sich zu derselben Konstellation mit Mehrsprachigkeit als selbstverständliche und bereichernde Lebensform, zu der die Muttersprache gehört. Die Geschichte hat gezeigt, dass derartige Bereicherung nicht nur den Minderheitengruppen, sondern auch der Mehrheit zugute kommt, vor allem durch kulturelle und wirtschaftliche Kreativität. Integration bedeutet ja nicht, dass die Weiterentwicklung in der Muttersprache aufgegeben werden sollte. Lainios (1989) ausführliche Untersuchung der Sprache finnischer Migranten in Schweden und Yletyinens (1982) vergleichende Darstellung von Minderheiten in den USA, Schweden und Deutschland, die auch bildungspolitische Perspektiven einbezieht, berühren auch diesen Themenbereich.

Neu erworbene Ausdrucksweisen und erweiterte Lexik führen die Muttersprachenverwendung aus der individuellen Sphäre hinaus. Diesen Bedarf haben viele im Lande der Zweitsprache geborenen und diese akzentfrei sprechenden Minderheitenangehörige. Dies geht u. a. aus dem Modellprojekt „Türkisch für Muttersprachler" an der Johannes Gutenberg-Universität Mainz in Germersheim hervor (Dilek Güngör, FAZ 4.7.1998, 14). Denn die Sprache, die sie von ihren Eltern gelernt haben, beschränkt sich auf alltägliche Ausdrücke und ist außerdem, insbesondere was den Wortschatz betrifft, nicht die Sprache, die in der Türkei gerade aktuell ist. Einerseits ist sie veraltet, andererseits von der deutschen Sprache beeinflusst. Generell fehlen die aktuellen Fachausdrücke, um sich über Politik und Wirtschaft zu unterhalten.

Die Weiterentwicklung und Erneuerung der Muttersprache ist nicht vom Alter abhängig: seitdem Estland 1991 wieder Republik ist, haben viele Esten der Flüchtlingsgeneration Ende 1944 in Schweden und in Übersee ihren Wortschatz der veränderten Sprache der Heimat angeglichen – fachsprachliche Termini, politische, soziale u. a. Lexeme werden übernommen, als Varianten existieren aber auch schwedischestnische Ausdrücke und entsprechende aus dem Estnisch in den USA, in Kanada und Australien.

Der Weg zur Integration kann jedoch vielfach durch emotionale Dissonanzen und akkulturativen Stress erschwert werden. Diese können durch verschiedene Sprachkontaktphänomene entstehen, durch Verhaltensweisen aus privaten und offiziellen Sphären der neuen Aufenthaltsländer. Die Problematik kann aber auch durch veränderte Verhaltensweise in der eigenen Familie und Gruppe entstehen und durch abnehmende Möglichkeiten die Muttersprache zu verwenden. Dies hat gleichzeitig auch Wirkungen auf den Zweitspracherwerb. Es kann leicht ein kürzerer oder längerer Zustand eintreten, der als *sprachliche Heimatlosigkeit* – der Terminus geht auf Schiskoff (1952/53, 65f.) zurück – charakterisiert werden kann. Diese Bezeichnung erfasst die dynamische Situation des Zweitspracherwerbs und der Sprachenbeherrschung besser und wirklichkeitsnäher als die vielkritisierte aber immer noch antreffbare *Halbsprachigkeit*, die auch in der deutschen Forschung vorkommt (vgl. Yletyinen 1982) und nicht selten im Zusammenhang mit Minderheiten missbraucht wird, auch in der Form von *doppelter Halbsprachigkeit*.

Diese Begriffe sind, obwohl ohne wissenschaftlich abgesicherte Daten und andere empirische Grundlagen entstanden, durch kritiklose Übernahmen, u. a. von Lambert (1980, 9), weit verbreitet. Sie werden nicht selten – trotz eingehender Kritik u. a. von Ekstrand (1979, 39f.), Oksaar (1983a, 22), Appel/Muysken (1987, 107f.) auf Migranten und Minderheiten in stigmatisierender Weise bezogen und dominierten in der schwedischen Mehrsprachigkeitsdebatte der 1970er Jahre. Den Begriffen fehlt auch jegliche theoretische Grundlage, da durch sie Sprachen als statische, absolute, messbare Größen aufgefasst werden. Ferner wird die sprachliche Kompetenz nach monolingualen schriftsprachlichen Normen beurteilt, ohne zu berücksichtigen, dass es sich bei Lernern um eine variable lernersprachliche Kompetenz handelt. Aus unseren Projekten geht hervor, dass Vorsicht geboten ist, bei jeder Abweichung von den Normen einer Sprache die Fähigkeiten des Sprechers/Hörers negativ zu beurteilen.

Sprachliche Schwierigkeiten, die vor allem bei Migrantenkindern auftauchen, sind, wie schon angedeutet, häufig nicht direkt durch Sprachen, sondern durch soziokulturelle und psychologische Faktoren bedingt, wie ich in Oksaar (1966) und (1980b) dargelegt habe. Dies wird u. a. von Yletyinen (1982, 29) bestätigt.

Wie äußert sich *sprachliche* Heimatlosigkeit? Vor allem in einem Unsicherheitsgefühl in vielen Situationen, in denen die Muttersprache und die Zweitsprache verwendet werden. Zu dieser Problematik sind aber weitere interdisziplinäre Untersuchungen notwendig. Zwar erwirbt man Kenntnisse in der Zweitsprache, jedoch selten gleich mit derselben Verwendungsgeläufigkeit wie die der Muttersprache. Es kann sich ein Stadium einstellen, in dem man sich in vielen Situationen in keiner der Sprachen geläufig oder normgerecht auszudrücken vermag, denn auch das Ausdrücksystem der Muttersprache verliert an Automation und Geläufigkeit. Dieses Stadium ist gewöhnlich von übergehender Natur, variiert zeitlich und ist natürlich bei jedem Individuum unterschiedlich strukturiert. Es kommt stets auf die kommunikativen Bereiche an, in einigen kommuniziert man normgerecht, in anderen nicht.

Die eigenen positiven und negativen Attitüden des Individuums gegenüber der Muttersprache und der Zweitsprache spielen in derartigen Situationen eine wichtige Rolle. In zahlreichen Minderheitengruppen lässt sich laut Fishman (1966) das Phänomen beobachten, dass das gewöhnlich niedrige Prestige der Migrantensprachen und der soziale Druck der Umgebung, z. B. die direkte oder indirekte Aufforderung, die Landessprache zu sprechen, dazu führen kann, dass man beim Misserfolg in der neuen Gesellschaft die Schuld der Muttersprache gibt. In Wirklichkeit beruht dieser aber auf den mangelhaften Kenntnissen der Zweitsprache.

In der Variation von sprachlichen und kulturellen Verhaltensweisen, die durch dauerhafte Kontaktsituationen geprägt sind, scheinen sich diejenigen besser zurechtzufinden, die eine Loyalität gegenüber ihrer Muttersprache entfalten. Die meisten unserer Informanten in den vier Ländern steuerten einer Balance in ihren soziokulturellen Sphären vorwiegend durch zwei Faktoren zu: steigende Fertigkeiten in der Zweitsprache und verschiedene kontinuierliche Möglichkeiten der Verwendung der Muttersprache außerhalb der Familie und des Freundeskreises. Es handelt sich hier um einen Prozess, in dem die zunehmende Beherrschung der Zweitsprachenverwendung zur Stärkung des Selbstvertrauens und Selbstwertgefühls dient, wenn das nicht auf Kosten der Muttersprache geht. So erlebt man unseren Informanten zufolge eine Bereicherung und keinen Verlust. Es ist ein Integrationsprozess, der auf der Identität des Individuum aufbaut, seine Kontakt- und Tätigkeitsmöglichkeiten erweitert und gleichzeitig die Muttersprache involviert, emotional und als Symbol der ethnischen Identität.

Was die Muttersprache der Kinder betrifft, so sind hier vor allem zwei wichtige Einflussquellen hervorzuheben: erstens die schon früher erwähnte häusliche Umwelt – Eltern, Geschwister, Großeltern, die für die kognitive, emotionale und soziale Entwicklung eine prägende Rolle einnehmen, sowie Freunde; zweitens die Schule. Die positive Sprachatmosphäre in der Schule, und in zweisprachigen Familien, hat sich in den vier von uns untersuchten Ländern als Gegenfaktor der sich leicht einsetzender Verdrängung der Muttersprache erwiesen.

Dieser Fragenkomplex ist in Oksaar (1989b) ausführlich behandelt worden, sowohl von der außerschulischen als auch aus der schulischen Perspektive, zusammen mit der Erörterung der schulischen Modellversuche u. a. in Kanada und in Schweden. Projekte in Kanada, z. B. in der Provinz Ontario, als „Heritage Language Program" 1977, sind für alle Sprachen eingerichtet, die nicht die zwei offiziellen Sprachen Kanadas sind. Es sind die Ursprungssprachen der Kinder, Estnisch, Italienisch, Polnisch, Griechisch u. a. Modellversuche gibt es auch in Quebec mit italienischen, griechischen und portugiesischen Kursen. Laut Bhatnagar (1983, 71f.) verfolgt man das Ziel, außer der Vermittlung der funktionalen Verwendung der Muttersprache, vor allem die Verstärkung der Identität der Kinder und die Entwicklung von Verständnis und Offenheit für die eigene Sprache und Kultur sowie für andere Sprachen und Kulturen. Die Kinder lernen, dass es nichts Unnatürliches ist, ein Este, Italiener oder Ukrainer zu sein und gleichzeitig auch ein Kanadier.

Wird die Muttersprache vernachlässigt, kann dies zu sozialpsychologisch und kulturell bedingten Schwierigkeiten in Familien mit Kindern führen. In den Familien des Projekts, in denen die Eltern mit ihren Kindern nicht die Muttersprache, sondern die Landessprache Englisch resp. Schwedisch sprachen, die sie aber selbst noch nicht zufriedenstellend beherrschten, gab es mehr sprachliche und emotionale Probleme als in denen, die Zweisprachigkeit anstrebten und Toleranz gegenüber beiden Kulturen zeigten (Oksaar 1980b, 494). Die Kinder übernahmen im ersten Fall teilweise die Interferenzen der Eltern, und die ganze Kommunikationsstruktur der Familie wurde in manchen Sektoren gehemmt, da beide Seiten über ungenügende Kommunikationsmittel verfügten. Dies hatte auch emotionale Folgen. Die Eltern konnten in ihren Beziehungen zu den Kindern nicht alle gewünschten Aspekte zum Ausdruck bringen, da ihnen selbst die sprachliche Geborgenheit fehlte. Dies alle sind Faktoren, die zum *Akkulturationsstress* beitragen können. Unsere Untersuchungen mit estnischen Schulkindern, im Alter 11–13 Jahre, in Australien und Schweden zeigen, dass die Kinder, die zu Hause, Estnisch sprachen, zu den besten in Englisch resp. Schwedisch in ihrer Klasse gehörten. Von anderen, die zu Hause nur oder überwiegend die Landessprache sprachen, erreichten die meisten dieses Niveau nicht (Oksaar 1980b, 494).

Die zentrale Rolle der Muttersprache in der Familie und ihr Zusammenhang mit den Leistungen der Kinder in der Zweitsprache in der Schule, wird bestätigt von Baur/Meder (1992). In einer früheren Untersuchung der schriftsprachlichen Kompetenz in der Muttersprache und in Deutsch, die sie mit griechischen, serbokroatischen und türkischen Schülern (Jahrgang 5 bis 10) durchgeführt hatten, zeigten sich folgende Korrelationen. Bei Schülern, die bessere Testresultate in der Muttersprache hatten, waren diese auch in Deutsch besser. Schüler mit schlechteren Resultaten in der Muttersprache waren auch schwächer im Deutschen. Sie schließen daraus auf die unterstützende Wirkung der Muttersprache und, was den Sprachgebrauch in der Familie betrifft, dass die Muttersprache kein Hindernis für den Erwerb guter Deutschkenntnisse ist, was aber bei ihrer Vernachlässigung der Fall sein kann (Baur/Meder 1992, 131). Schon Ekstrand (1979) weist in seiner kritischen Forschungsübersicht auf eine Reihe von Untersuchungen aus Kanada und Schweden hin, deren Resultate eine positive Korrelation zwischen der Mehrsprachigkeit der Kinder mit Muttersprache und Landessprache und den Leistungen in der Schule zeigen. Wie auch aus unseren Daten hervorgeht, spielen die Einstellungen und Verhaltensweisen der Eltern eine maßgebende Rolle, die aber selten thematisiert wird. Es sind „the example the parents set, the attitudes they convey, the reinforcement they give" (Ekstrand 1979, 35). Auf die zentrale Rolle der Muttersprache für Minderheiten beim Zweitspracherwerb weist auch die Übersicht bei Horn/Tumat (1998) hin.

Die Sprachpolitik, die in vielen Ländern eine schnelle sprachliche Integration in die Landessprache anstrebt, berücksichtigt nicht, dass sprachliche und emotionale Barrieren entstehen können, wenn Kinder keine Möglichkeiten haben, ihre Muttersprache zu lernen, die Sprache, die die Eltern miteinander verwenden. Vielfach ist dies auch den Eltern zuzuschreiben, häufig aus fehlendem Prestige dieser Sprache, was schon angedeutet worden ist. In Deutschland konnte das bei Friesen, Sorben und Niederdeutschen festgestellt werden. In derartigen Fällen nimmt die Landessprache schnell überhand. Wenn aber Kinder in der kleinsten sozialen Gruppe, ihrer Familie, nicht die dort übliche Sprache sprechen können und somit auch von ihren kulturellen Wurzeln isoliert werden, existiert zweifelsohne mehr als nur eine Sprachbarriere und es liegt nahe, anzunehmen, dass dies auch auf ihre Identitäts- und Persönlichkeitsentwicklung nicht günstig einwirken kann.

Schon diese Erörterungen machen deutlich, dass die Rolle der Muttersprache bei allen Integrationsbestrebungen in Ländern mit Migranten und Minderheiten nicht nur theoretisch, sondern mit praktischen Konsequenzen ernst genommen werden muss. Es hat sich auch gezeigt, in welcher Weise gesellschaftspolitische Fragen mit soziopsychologischen zusammenhängen und welchen Einfluss der Faktor *Prestige* in der Sprachpolitik haben kann.

Die Bildungspolitik in multiethnischen Gesellschaften – das hat sich in den letzten Dezennien immer deutlicher herausgestellt – müsste sich eingehender als früher mit der primären Rolle der Sprache und der Mehrsprachigkeit im Leben des Individuums und verschiedener Gruppen befassen. Frühe Mehrsprachigkeit mit der Muttersprache als einer der Sprachen kann viele Schwierigkeiten für Minderheiten eliminieren.

Viele Eltern werden aber immer noch, wie wir festgestellt haben, durch die einseitig geführte Debatte über diese verunsichert.

Die gesellschaftspolitischen Bemühungen in verschiedenen Ländern fokussieren zwar zunehmend psychologische Aspekte des Zusammenlebens unterschiedlicher Ethnien, es bleibt aber noch viel zu tun im Bereich der Mentalitäten: die anderen Sprachen zu respektieren und Migranten und Minderheiten nicht dazu zu führen, ihre Muttersprachen aufzugeben und ihren Kindern keinen Zugang zu ihnen zu gewähren, aus welchen Gründen auch immer. Zu denen, wie wir gesehen haben, gehört auch die *Prestigefrage*. Sie wird uns auch im nächsten Abschnitt beschäftigen, in dem wir die Sprachenfrage in der Europäischen Union erörtern. Natürlich hängt die Beibehaltung und ev. Revitalisierung der Muttersprache mit der Einsicht der Eltern und der Volksgruppe zusammen, aber die Einstellung des Staates und der Mehrheit spielt dabei eine große Rolle, auch bei der offiziellen Politik der Europäischen Union, die Minderheitensprachen zu fördern. Zu ihr gehören Aussagen, die hervorheben, dass die Sprachenvielfalt als kultureller Wert Europas zu schützen und zu fördern ist.

5.3 Zur Sprachenpolitik in der Europäischen Union

„Die Sprachenfrage ist in der aktuellen Auseinandersetzung um das Verhältnis von Vertiefung und Erweiterung der Union ein ganz erhebliches Problem. Daß sie auf politischer Ebene zur Zeit nicht so behandelt wird, beweist nicht das Gegenteil. Tabuisiert werden stets große Probleme, keine Mariginalien" (Bruha 1998, 83). Bei der Erörterung dieser Problematik ist es lehrreich, auf die bekannte Tatsache zurückzukommen, dass Sprache in verschiedener Weise ein Prestige- und Machtfaktor ist. Wer politische Macht hat, kann und will dadurch Macht über Sprache haben, stellt der schwedische Soziologe Segerstedt (1947) fest, und wer die Macht über Sprache hat, nutzt dies, um politische Macht zu erreichen. Bei der Entwicklung von Föderalismus, Nationalismus und auch Regionalismus spielt Sprache stets eine spezifische Rolle. *Zweitspracherwerb* und die Verwendung von Sprachen ist in europapolitischer Perspektive immer auch eine überindividuelle gesellschaftspolitische Frage.

Im Prozess der europäischen Integration, mit wirtschaftlichen, soziokulturellen und politischen Veränderungen für die gegenwärtig 15 Mitgliedsstaaten der Europäischen Union ist die kommunikative Problematik lange nicht gebührend berücksichtigt worden. Diese betrifft nicht nur die Tätigkeit der verschiedenen Organe der Union, sondern auch verschiedene Domänen der Lebensäußerungen der europäischen Bürger. Schon der gemeinsame Binnenmarkt, die beruflichen Mobilitätsmöglichkeiten und die Tatsache, dass seit März 2001 die europäischen Grenzen von Lappland bis Sizilien frei sind, werfen eine Reihe von Fragen auf, die vor allem die gegenseitigen Verständigungsmöglichkeiten betrifft.

Zollbarrieren werden abgeschafft, was geschieht aber mit Sprach- und Mentalitätsbarrieren, mit kulturellen Barrieren? Diese und ihre Konsequenzen sind kaum thematisiert worden. Zwar gibt es die Empfehlung des Europaparlaments, dass jeder europäische Bürger mindestens zwei weitere Sprachen neben seiner Muttersprache lernen sollte und auch der seit langem im politischen Rahmen gern verwendete Ausdruck „Völkerverständigung" setzt Sprachenkenntnisse voraus. Die damit verbundene Problematik bedarf aber ausführlicheren Erörterungen.

Die Schwierigkeit, die erwähnten Ziele zu erreichen, ist augenscheinlich, denn die Bildungspolitik in den meisten europäischen Ländern hat lange Zeit vorgesehen, mit dem Fremdsprachenunterricht erst im fünften oder vierten Schuljahr, seltener im dritten oder noch früher anzufangen. Erst in den letzten Jahren ist z. B. Englisch mancherorts in Deutschland Pflichtfach in der Grundschule. (Zum frühen Beginn des Fremdsprachenunterrichts in Schweden s. Holmstrand 1982, vgl. Sarter 1997.) Deutsche Schüler liegen laut Institut der deutschen Wirtschaft im Fremdsprachenunterricht hinter Schülern aus den kleinen EU-Ländern weit zurück: sie lernen durchschnittlich nur 1,2 Fremdsprachen. Luxemburgische Schüler lernen durchschnittlich 2,9, finnische 2,4, schwedische 1,7 und dänische 1,9 (FAZ 10.6.2000, 12). Wie wir festgestellt haben, wird keineswegs in Frage gestellt, dass Verständigung in Europa Sprachenbeherrschung voraussetzt. Allerdings wird von politischer Seite kaum berücksichtigt, dass man mit Fremdsprachen so früh wie möglich, wie wir hervorgehoben haben (S. 59), anfangen sollte.

Es entsteht auch die Frage, ob zwei Fremdsprachen ausreichen, wenn alle nicht dieselben Sprachen lernen sollten, was ja die erstrebte Sprachenvielfalt in Europa einschränken würde. Sie reichen sicher nicht aus: ein Italiener, der Griechisch und Französisch gelernt hat, versteht den Finnen ja nicht, und ein Schwede, der Finnisch und Englisch beherrscht, versteht den Deutschen nicht. Die Sprachenkombinationen auch mit weiteren Sprachen der Europäischen Union helfen kaum weiter und lenken die Aufmerksamkeit auf die Frage der europäischen Zweitsprache, auf die wir in Kapitel 5.3.1 zu sprechen kommen. Denn es steht fest: der Prozess der politischen Einigung setzt auch „ein ausreichendes Maß an europäischer Öffentlichkeit voraus, deren Entstehung wieder transnationale Kommunikation, sprich sprachliche Verständigung zwischen den Bürgern der europäischen Staaten erforderlich macht" (Bruha/Seeler 1998, 5). Wie sieht es denn sprachlich in der Europäischen Union aus? Einige Zahlen mögen aufschlussreich sein:

In der Europäischen Union mit rund 380 Millionen Bürgern gibt es rund 45 Minderheitensprachen, rund 60 Millionen, d. h. ca. 16% beherrschen eine Minderheitensprache. Rund 40% haben Englisch als Fremdsprache gelernt, 19% Französisch, nur 10% Deutsch. 47% der EU-Bürger haben keine Fremdsprachenkenntnisse (EU-Kommission wwweurolang 2001, org.). Laut Institut der deutschen Wirtschaft (März 2000) beherrscht etwa jeder zweite Europäer eine Fremdsprache, jeder vierte sogar zwei.

Es sind auch Stimmen laut geworden, dass sich das Unterrichtsangebot für Fremdsprachen in Europa generell nicht auf Englisch, Französisch und Deutsch beschränken sollte. Die Sprache des Nachbarn, auch und gerade, wenn diese zu den weniger verbreiteten Sprachen gehört, hat sich in der Gestaltung des Zusammenlebens der Völker stets bewährt: *Grenzmehrsprachigkeit* ist dabei ein nicht zu unterschätzender Faktor[22]. Man spricht auch analog zur arbeitsteiligen Gesellschaft von

---

22. Deutschland grenzt an 9 Nachbarländer, aber 57% der Deutschen sprechen laut DAAD Letter 1.4.2001 eine einzige Fremdsprache und nur 27% eine zweite.

einer sprachenteiligen Gesellschaft, in der weltweite Kommunikation und Kommunikation mit den Grenznachbarn in deren Sprache denkbar sind (Das Parlament 9, 16.1.1982). Was die Europäische Union betrifft, so sieht der Vertrag von Maastricht, Art. 126, vor: „Entwicklung der europäischen Dimension im Bildungswesen, insbesondere durch Erlernen und Verbreitung der Sprachen der Mitgliedsstaaten" (Europaarchiv, Folge 6, 1992, D 203). Welche Sachverhalte ihre Sprachenpolitik berücksichtigen müsste, u. a. nationale Sprachgesetzgebung, erörtert neuerdings Witt (2001, vgl. Siguan 2001).

Da es beim europäischen Integrationsprozess aber letzten Endes um Nationen, d. h. aus Einzelpersonen bestehende Völker und Bevölkerungsgruppen geht, und nicht um Strukturen, ist es für Politiker wichtig, deren Sprach- und Kommunikationskultur zu kennen. Ihr Stellenwert ist von zwei berühmten Europäern, Jean Monnet und François Mitterand erst spät eingesehen worden.

Jean Monnet, einer der geistigen Väter der Europäischen Union, soll in einer seiner späteren Reden gesagt haben: „Wenn ich noch einmal anzufangen hätte, würde ich nicht mit der Wirtschaft, sondern mit der Kultur beginnen"[23]. François Mitterand betonte in seiner Rede in der Paulskirche in Frankfurt 1986, dass Europa neben einem einheitlichen Binnenmarkt auch zu einem „freien Markt der Gedanken und Ideen" werden müsse. Dazu ist es „vor allem notwendig, sprachliche Grenzen zu überwinden" (FAZ, 27.10.1986, 16).

Die beiden Aussagen lassen den Schluss zu, dass die zentralen Fragen – Kommunikation und Verständigung – nicht nur am Anfang der europäischen Bewegung, sondern auch bei der weiteren Planungsgeneration ungenügend berücksichtigt worden sind. Auch in Walter Hallsteins bekannter Arbeit „United Europe – Challenge and Opportunity" aus dem Jahre 1962 finden sie keine Aufmerksamkeit. Sie gehören aber zum Problemkreis, auch wenn es sich anfangs, in der Zeit 1952 – 1957, um die Europäische Gemeinschaft für Kohle und Stahl, Montanunion, handelte und ab 1957 um Europäische Wirtschaftgemeinschaft (EWG), in der die Sprachenfrage gleich war mit ihrer Regelung in den Verwaltungsorganen: „Die Amtssprachen und die Arbeitssprachen der Organe der Gemeinschaft sind Deutsch, Französisch, Italienisch und Niederländisch" (Verordnung 15.4.1958, Art. 1).

Mit der Verbreitung der internationalen Sprachen wie Englisch und Französisch in Europa und der Entwicklung einer Reihe von wieder selbständigen Staaten, z. B. im Baltikum, sind die Fragen der Einstellung der Menschen gegenüber Sprachen bedeutender und vielschichtiger geworden, sowohl vom Nationalen und Regionalen her gesehen als auch aus der internationalen Perspektive. Die Dualität: einerseits *Nationalität* und *Selbstbestimmung* der Völker und andererseits *Internationalität,* macht sich bei einem internationalen Integrationsprozess, wie ihn die Europäische Union realisiert, geltend und kann problematisch sein, wie die Sprachenfrage zeigt, auf die wir noch zu sprechen kommen. Hinzu kommt, dass fast jedes dazugehörende Land auch selbst, wie wir in Kapitel 5.1 festgestellt haben, Minderheiten und Einwanderer hat, wodurch nicht selten *intra*nationale Integrationsprobleme entstehen. Nicht nur die Migrationsproblematik erinnert daran, sondern auch die Sprachenkonflikte der

---

23. Zit. nach H. Schiedermair, Kultur der Zukunft. Die Universität auf der Schwelle zum 21. Jahrhundert. Forum 48, 1989, 14.

letzten Dezennien im Elsass, in Belgien, in der Bretagne, in Okzitanien, auf Korsika und in Wales zeugen von der Problematik.

Die Europäische Union hat heute offiziell 11 Amts- und Arbeitssprachen: Dänisch, Deutsch, Englisch, Finnisch, Französisch, Griechisch, Italienisch, Niederländisch, Portugiesisch, Schwedisch und Spanisch.

Laut Europäisches Parlament gebieten die Wahrung der kulturellen Vielfalt und die Rechtssicherheit, dass diese Sprachen verwendet werden; zudem hat jeder Bürger und Abgeordnete das Recht, sich in seiner Landessprache an die Institutionen der Union zu wenden. Verordnungen und andere Schriftstücke müssen in den 11 Amtssprachen abgefasst werden.

Schon bei dieser Zahl von Sprachen werden die praktischen Schwierigkeiten deutlich. Geht man von 11 Sprachen für die tägliche offizielle Arbeit aus, die bei allen Verhandlungen im Plenum des Europäischen Parlaments und in den Ausschüssen simultan gedolmetscht werden, ergeben sich 121 Kombinationen. Bei z. B. 16 Sprachen würde die Sitzung eines einzigen Ausschusses bei 240 Kombinationen 54 Dolmetscher erfordern; in einer Union, die 21 Landessprachen umfasst, ergeben sich 420 Kombinationen, die 140 Dolmetscher erfordern. Diese Zahl wir sich in der Zukunft erhöhen, eine Erweiterung bis 25 Mitglieder und mehr ist vielfach erörtert worden (Weidenfeld/Janning, „Europa vor der Vollendung", FAZ 3.7.1998, 8).

Schon Anfang der 1990er Jahre wurde dargelegt, dass es notwendig sei, für den internen Brauch die Zahl der Arbeitssprachen, je nach Bedürfnissen der Institutionen, zu beschränken. Im Europarat und in den verschiedenen Kommissionen und Instituten hat man sich auf drei Arbeitssprachen geeinigt: Englisch, Französisch und Deutsch, bei einigen Institutionen kommen auch Italienisch und Spanisch hinzu. Obwohl Deutsch dazugehört, werden in der Praxis Französisch und Englisch oft bevorzugt, in Brüssel dominiert Französisch.[24] Der offiziellen Reduzierung der Amt- und Arbeitssprachen wird ausgewichen, offensichtlich ist das ein Politikum ersten Ranges. Die unverbindlichen Äußerungen in dieser Frage korrelieren positiv mit der politischen Hierarchie, wie Bruha (1998, 94) mit dem Hinweis auf die Tatsache feststellt, dass auch bei Fragen des Sprachenreglements im Jahre 1995 zwar die strikte Gleichbehandlung der Amtssprachen betont, die wichtige Regelung der Arbeitssprachen aber nicht angesprochen wurde.

Wie der Gebrauch von den Arbeitssprachen der EU-Organe intern und extern mit Ländern der Europäischen Union und außerhalb von ihr verläuft, hat Schloßmacher (1997) anhand einer Befragung von 500 Beamten, Angestellten und Abgeordneten im Jahre 1994 erkundet. Intern und extern sind Englisch und Französisch dominierend, Deutsch spielt eine untergeordnete Rolle, andere Amtssprachen als Arbeitssprachen fast gar keine. Französisch dominiert bei der internen Kommunikation und bei der externen mit den EU-Ländern, Englisch mit den Ländern außerhalb der Europäischen Union. Die Resultate würden sich jedoch zugunsten des Englischen verschieben, wenn das Alter der Befragten mit der verwendeten Sprache und der Länderzugehörigkeit korreliert wäre. Jüngere Mitglieder bevorzugen Englisch. Eine Lösung für die Regelung der Arbeitssprachen ist noch nicht gefunden worden, im Jahr 2002 haben die zwei anderen Amtssprachen Deutsch fast gänzlich verdrängt. Auf

---

24. Bericht des Institutionellen Ausschusses des Europäischen Parlaments 21.5.1992.

den pragmatischen Ausweg, mit einer einzigen zentralen, weitverbreiteten Sprache zu arbeiten, werden wir im nächsten Abschnitt eingehen. Zunächst führt uns die gegenwärtige Lage der Europäischen Union zur Frage des notwendigen, aber gleichzeitig problemreichen Dolmetschens und Übersetzens.

Zur Zeit sind rund 4000 Mitarbeiter im Sprachendienst der Europäischen Union tätig, dem größten in der Welt, mit über 2500 Planstellen.[25] Zur Problematik gehört die bekannte Tatsache, dass durch Dolmetschen und Übersetzen stets gewisse Perspektivenverschiebungen des im Original Gemeinten entstehen können, da sie dessen ganzen Inhaltsrahmen nicht treffen. Ein Beispiel: Dem deutschen Kompositum *Eignungsprüfung* entspricht im Englischen der zweigliedrige Ausdruck *eliminating test*. Im Deutschen handelt es sich um den Nachweis einer Befähigung, im Englischen steht dagegen der Auslesecharakter der Prüfung im Mittelpunkt. In juristischen Texten wird das deutsche Wort *Belastungszeuge* durch das englische *wittness for the prosecution* wiedergegeben. Im Deutschen handelt es sich um eine Bezeichnung, die aus der Sicht des Angeklagten herstammt, im Englischen ist es die Sicht des Anklägers, „Zeuge der Anklage". Diese Problematik ist nicht neu. Trotz Bemühungen zur Standardisierung internationaler Rechtstexte sind zahlreiche Schwierigkeiten vorhanden. Tabori stellt fest: „there remain virtually untranslatable concepts, tricky and problematic terms, and words with multiple meanings looming as potential obstacles in translation" (1980, 131f.). Aber nicht nur die Übersetzung der Rechtstexte ist problematisch, auch ihre Auslegung in den einzelnen Ländern kann Schwierigkeiten verursachen (Tabori 1980, 133, vgl. Oksaar 1972c, 30f. und Bruha 1998, 99f.).

Ein weiteres Beispiel aus früheren Zeiten beleuchtet nicht nur die weitverbreitete Problematik der sog. „falschen Freunde" beim Dolmetschen, sondern auch die damit verbundenen Behavioremunterschiede. Auf der Haag-Konferenz im Jahr 1929 über den Young-Plan, so berichtet Paul Schmidt (1953, 180), hatte der englische Schatzkanzler Philip Snowden auf die Ausführungen des französischen Finanzministers Chéron wie folgt geantwortet: „Was Herr Chéron soeben vorgebracht hat, ist lächerlich und grotesk". Er sagte *ridiculous and grotesque,* das wurde übersetzt als *ridicule et grotesque.* „Es war ein Zwischenfall erster Ordnung. Die Sitzungen wurden ausgesetzt, die Franzosen verlangten eine Entschuldigung. Die Pariser Presse tobte". Was die Franzosen nicht wussten war, dass auf englisch *lächerlich und grotesk* längst kein so schwerwiegender Ausdruck sei wie in den kontinentalen Sprachen – im Unterhaus konnte der Ausdruck verwendet werden, ohne eine Beleidigung zu sein. Ferner darf nicht außer Acht gelassen werden, dass gewisse rhetorisch eingesetzte Mittel wie Anspielungen, Metaphorik, Humor und Ironie selten treffend übersetzbar sind und vor allem den Dolmetschern unüberwindbare Schwierigkeiten bereiten können. Auch Nonverbales wie Gestik und Mimik gehören zu dieser Kategorie.

Die Problematik liegt aber auch im Zeitfaktor. Die Richtlinien und Verordnungen müssen in den Institutionen der Europäischen Union in 11 Sprachen zu gleicher Zeit veröffentlicht werden, um das Gleichberechtigungsprinzip zu gewährleisten. Die

---

25. Laut Gesamtbericht über die Tätigkeiten der Europäischen Union 1996 (Tz 1114) übersetzte der Übersetzungsdienst im Jahre 1996 1 135 846 Seiten, davon 4805 Seiten aus oder in Sprachen von Drittländern. Weitere 200 000 Seiten wurden mit Hilfe des Programms für automatische Übersetzung „Systran" übersetzt.

Praxis sieht aber anders aus. 60 % der Gesetze, die die deutsche Wirtschaft betreffen, gehen von Brüssel aus. Es kann vorkommen, dass die deutsche Fassung einer Richtlinie erst mehrere Wochen nach der französischen und englischen vorliegt. Dadurch entstehen der deutschen Wirtschaft Wettbewerbsnachteile (Born/Stickel 1993, 170, vgl. Kramer 1992, 20).

Schon diese Darlegungen verdeutlichen einige Schwierigkeiten und den Zwiespalt zwischen Theorie und Praxis. Die Integration schließt die Tatsache ein, dass die Sprachen und Kulturen der Länder in verschiedener Weise beeinflusst werden können und ebenso, dass offiziell gleichberechtigte Sprachen im politischen Rahmen durchaus in einem Hierarchieverhältnis stehen. Obwohl das Gegenteil von amtlicher Seite zunehmend beteuert wird, ist folgende, schon vor etlichen Jahren in der europabezogenen Öffentlichkeit kursierende Frage auch heute aktuell: Fordert die europäische Integration als Preis die sprachliche und kulturelle Vielfalt der Nationen?

Im Vertrag zur Gründung der *Europäischen Gemeinschaft* (1957), Art. 128 heißt es: „Die Europäische Gemeinschaft leistet einen Beitrag zur Entfaltung der Kulturen der Mitgliedstaaten unter Wahrung ihrer nationalen und regionalen Vielfalt sowie gleichzeitiger Hervorhebung des gemeinsamen kulturellen Erbes". Und Art. F des Vertrages der *Europäischen Union* bestimmt, dass die Union die nationale Identität der Mitgliedstaaten schützt. Es wird aber von offizieller Seite nicht deutlich gemacht, welche Maßnahmen dazu notwendig sind und unternommen werden können, um diese Ziele zu erreichen.

Die oben gestellte Frage kann mit einem „nicht unbedingt" beantwortet werden, wenn man die Probleme erkennt und zu lösen versucht, die leicht entstehen können, wenn sprachliche und kulturelle Eigenarten der „europäischen Bürger" und ihre europapolitischen und wirtschaftlichen Interessebereiche unerkannt oder unberücksichtigt bleiben. Es muss deutlich werden, warum in diesem Integrationsprozess und in der Spannung zwischen Einheit und Vielfalt eine zunehmende Mehrsprachigkeit und Mehrkulturheit wichtig ist. Dass die Sprachenfrage zu den ernsthaften Problemen in der europäischen Integration gehört, wurde erstmals schon 1972 auf der internationalen und interdisziplinären Tagung „Seven Voices on Europe" an der Universität Linköping, Schweden, deutlich (Hallberg 1972). Erst in den 1990er Jahren ist dieser Fragenkomplex zunehmend thematisiert worden, wie wir im nächsten Kapitel erfahren werden.

Da die Europäische Union nicht auf die bisherigen 15 Mitgliedstaaten beschränkt bleibt – weitere Beitrittskandidaten, u. a. Estland, Lettland, Litauen, Malta, Polen, Slowenien, Tschechien, Ungarn und Zypern sind vorgesehen –, ist es angebracht, ihre Sprachenfragen in einem etwas größeren europäischen Rahmen zu sehen. Dies geschieht nun im Zusammenhang mit der Frage der europäischen Zweitsprache.

5.3.1 Perspektiven der europäischen Zweitsprache

Die Idee einer gemeinsamen europäischen Zweitsprache als Kommunikationssprache ist keineswegs neu. Im Rahmen der Common European Second Language (CES) Bewegung wurde insbesondere in den 1960er Jahren überlegt, Europa linguistisch zu vereinheitlichen. Dies geschah aus rein praktischen Überlegungen, mit dem

Ziel, dadurch den Europäern mehr gegenseitige Information und Kontaktmöglichkeiten zu schaffen (Décsy 1973, 239).

Europa braucht eine Kommunikationssprache, oder auch mehr als eine, wenn die Mehrsprachigkeit zugenommen hat, nicht nur als Verbindung zwischen seinen Völkern und Staaten, sondern auch als Kommunikationsmittel der Europäischen Union. Da die oben erörterte Lage, dass alle Mitgliedssprachen in allen Europafragen verwendet werden können, die Bürokratie und den Übersetzungs- und Dolmetscheraufwand auf die Spitze treibt, müssen neue, flexible Lösungen gefunden werden. Es kann außerdem eine Situation eintreten, in der es nicht nur um die jeweilige Landessprache allein, sondern auch um die Minderheitensprachen gehen kann. An Konfliktstoff hat es in dieser Frage nicht gefehlt. Nachdem ein walisischer Europa-Abgeordneter in der Kulturdebatte des Europäischen Parlaments im Januar 1979 auf walisisch sprach, und die Dolmetscher machtlos waren, wurde er vom Sitzungspräsidenten aufgefordert, sich einer der Amtssprachen zu bedienen. Und schon wurden Stimmen laut, dass man sich dafür einsetzen solle, dass neben den jeweiligen Landesprachen auch Minoritätensprachen, die zweite Landessprache und Regionalsprachen verwendet werden können.

Gemeint waren Friesisch, Gälisch, Katalanisch, Okzitanisch, Bretonisch, Baskisch, Korsisch, Niederdeutsch, Sorbisch, Sardisch, Walisisch. Die Privilisierung der Nationalsprachen führe zur Diskriminierung der anderen, und niemandem sollte es untersagt werden, im Europäischen Parlament seine Muttersprache zu verwenden.[26] Wie aus den verschiedenen Entschließungen seit den 1990er Jahren hervorgeht, können jetzt unter Umständen das Katalanische und das Baskische als Amts- und Arbeitssprachen einbezogen werden (Bruha 1998, 87).

Bei der Frage einer gemeinsamen europäischen Zweitsprache könnte aber leicht ein neuer Konflikt entstehen, wenn man entscheiden soll, welche Sprachen sich dazu eignen. Es sind vor allem Englisch, Französisch, und Deutsch, die in Frage kommen. Ihr Prestige als Kommunikationsmittel entsteht durch die politische und industrielle Macht der Völker, die sie als Nationalsprachen benutzen.

Der zunehmende Einfluss des Englischen als lingua franca, als Verkehrssprache der Welt, besonders nach dem Zweiten Weltkrieg, macht aus dieser Sprache einen ernsthaften Kandidaten für diese Rolle. Englisch ist die am weitesten verbreitete Zweitsprache weltweit. Im Schulsystem der meisten europäischen Länder ist Englisch nach dem Zweiten Weltkrieg die erste Fremdsprache. Décsy (1973, 240) stellt fest, dass man schon in den 1970er Jahren davon ausgehen konnte, dass Englisch von rund 500 Millionen Menschen in bestimmten Funktionen als europäische Zweitsprache akzeptiert werden könnte. Heute wird die Zahl noch größer sein. Englisch ist gegenwärtig vor allem die Sprache der Informations- und Kommunikationstechnologie, der Naturwissenschaften und teilweise auch der Geisteswissenschaften. Englisch ist auch die Sprache der Diplomatie, eine Domäne, die lange dem Französischen gehört hat. Rund 60 Millionen Europäer haben Englisch als Muttersprache, 92 Millionen Deutsch, 60 Millionen Französisch, 58 Millionen Italienisch und 50 Millionen Spanisch.

---

26. Bericht über die Straßburger Tagung „Sprachen und europäische Zusammenarbeit" von P.K.G. Welge, Linguistische Berichte 62, 1979, 49.

Vor diesem Hintergrund ist die Frage berechtigt, warum sich die Gremien der Europäischen Union so schwer tun mit der Sprachenfrage? Liegt es nur am Gleichberechtigungsprinzip? Warum gibt es im Europäischen Parlament nicht eine einzige, die Bürokratie erleichternde Arbeitssprache? Allem Anschein nach deshalb, weil das Problem zunächst nur national und nicht international gesehen wurde und wird. National gesehen würde hier die Prestigefrage fast unüberwindbar sein : Welche von den großen Sprachnationen möchte nicht eine sprachliche Vormachtstellung haben und diese dem anderen nicht gönnen, obwohl es ja vor allem um Zweckmäßigkeit der Mittel geht. Für eine gemeinsame Arbeitssprache der europäischen Institutionen und für eine europäische Zweitsprache spricht ihre Zweckmäßigkeit, da sie die gegenseitige Verständigung erleichtert und die Informationsvermittlung vereinfacht.

Dass die Vorteile einer einzigen Arbeitssprache in den Institutionen der europäischen Union durchaus eingesehen werden, davon zeugen die von Zeit zu Zeit geführten Debatten zugunsten von einer neutralen Sprache, z. B. Esperanto. Als Gegenargument wird u. a. angeführt, es würde „einige Generationen dauern, bis die Kenntnis des Esperanto Allgemeingut der Gemeinschaft geworden wäre". Englisch würde man schneller lernen (Volz 1993, 76, vgl. 1994). Englisch käme aber nicht in Frage, wird verlautbart, denn dann dominiere ja die Sprache eines Mitgliedstaates. Auf ähnliche Problematik in den Vereinten Nationen weist Tabori (1980, 47) hin.

Die gegenwärtige Situation ist aufschlussreich für unterschiedliche Bewertungen sprachlicher Funktionsbereiche. Länder, u. a. Deutschland, die sich politisch der englischen Sprache als einziger Arbeitssprache widersetzen, haben diese Sprache als Wissenschaftssprache und Wirtschaftssprache nicht nur akzeptiert, sondern ihre Verbreitung auch freiwillig unterstützt (s. Kapitel 5.4.1). Hier offenbart sich der Unterschied insbesondere zwischen wissenschaftlichem und gesellschaftspolitischem Prestigedenken.

Bezogen auf die deutsche Sprache heißt das: In der Wissenschaftspolitik hat man Deutsch als Wissenschaftssprache, das vor dem Zweiten Weltkrieg eine Vormachtsstellung hatte, wenn nicht gerade aufgegeben, so doch in die Sphäre der Gleichgültigkeit versinken lassen, während man in der Politik der Europäischen Union von deutscher Seite sehr auf die Stellung von Deutsch achtet.

Um die künftige Rolle ihrer Sprache sind auch Franzosen bemüht. Für den französischen Linguisten Hagège (1996) ist noch ein weiterer Aspekt wichtig: Mehrsprachigkeit ist für Europa, vorwiegend aus nationalsprachlicher Sicht wichtig, damit Englisch nicht die alleinige Verkehrssprache wäre.

Auch in Skandinavien hat man sich zu diesem Thema Gedanken gemacht. Hollquist weist schon in den 1980er Jahren einerseits auf das hohe Prestige des Englischen im skandinavischen Raum hin, andererseits sieht er aber den Einfluss der angloamerikanischen Kultur auf die Menschen als eine Gefahr der eigenen gegenüber an. „By strengthening the relations with the German- and French-speaking areas they may avoid the risk of being reduced to communication with the English-speaking world only" (1984, 21). Daraus kann man nicht nur auf das Interesse für Mehrsprachigkeit schließen, sondern auch auf die Gründe für den Erwerb einer bestimmten Fremdsprache, nämlich als „Rettung" vor dem Einfluss des Englischen.

Die Sprachenfrage in Europa gewinnt zunehmend an Brisanz. In den 1990er Jahren hat man die sprachen- und kommunikationsbezogene Europapolitik auf verschiedenen interdisziplinären Tagungen ausführlich erörtert, u. a. „Deutsch als Verkehrssprache in Europa" (Born/Stickel 1993) „Vereinigtes Europa und nationale Vielfalt – Ein Gegensatz?" (Seifert 1994) und „Vielsprachigkeit als Herausforderung und Problematik des europäischen Einigungsprozesses" (Bruha/Seeler 1998). Zwei größere Tagungen fanden in Finnland statt: „Finnland und die europäische Integration" (Alfred Toepfer Stiftung 1995) und „Kleine und große Sprachen im (zusammen)wachsenden Europa" im Jahr 2001, beide in Helsinki. Auch auf diesen Tagungen wurde deutlich, dass Europa verstärkte Mehrsprachigkeit und Mehrkulturheit braucht, also Fähigkeiten zur interkulturellen Verständigung als wichtige Voraussetzung im Einigungsprozess und für Weltkontakte. Wenn eine neue Generation von Europäern in Europa-Organen antritt, die mindestens drei oder vier Sprachen beherrscht und am besten von Kind an mehrsprachig ist, dann wird die Sprachenfrage wohl nicht mehr ein so gravierendes Problem sein.

Einheit und Vielfalt brauchen keine Gegensätze zu sein, Mehrsprachigkeit kann Verständnis für Vielfalt begünstigen. Dann könnte es auch leichter sein, in den Organen der Europäischen Union pragmatische Lösungen für die Kommunikationsfragen zu finden. Dies fordert Abstand vom Prestigedenken und Zuwendung zur möglichst direkten Kommunikation. Das kommt den Vertretern aus kleineren Ländern zugute. Wie Praktiker bezeugen, ist der direkte Kontakt in Englisch, Französisch und Deutsch mit Finnen oder Dänen, statt über Dolmetscher, stets ergiebiger (Bruha/Seeler 1998, 64). Dadurch hat man ja seine nationale Identität nicht verloren. Eine Lösungsmöglichkeit für die gegenwärtige Situation in Sitzungen der Europäischen Union bietet das asymmetrische System des Dolmetschens. Das bedeutet, dass aus allen Sprachen, aber nur in wenige allgemein verständliche Sprachen gedolmetscht wird (van Hoof-Haferkamp 1998, 63). Das System der Relaisverdolmetschung im Europäischen Parlament läßt noch mehr Originalität verloren gehen: sie verläuft z. B. aus dem Griechischen ins Englische und dann erst ins Dänische, da direkte Möglichkeiten nicht gegeben sind.

Die Tatsache, dass Englisch heute vielerorts die Kommunikationssprache zwischen Nicht-Muttersprachlern ist, bedeutet ja im Grunde nicht, dass dies im Alltagsleben ihre Nationalsprachen stark gefährdet. Auch dass die englische Sprache in der heutigen Zeit besonders den Wortschatz vieler europäischer Sprachen beeinflusst, ist kein ungewöhnlicher Vorgang, da es ja keine ungemischte Sprachen gibt. Man denke nur an den großen Einfluss des Lateins auf die europäischen Sprachen im Mittelalter und des Französischen im 17. Jh., und doch haben diese überlebt und sich weiterentwickelt. Goethe schätzte derartige Prozesse richtig ein, als er in seinen Maximen und Reflexionen feststellte: „Die Gewalt einer Sprache ist nicht, dass sie das Fremde abweist, sondern dass sie es verschlingt" (1973, 508). Englisch oder auch mehrere Verkehrssprachen können die Nationalsprachen weder abschaffen noch ersetzen, denn sie haben im Alltagsleben nicht dieselbe Funktion. Eine andere Entwicklung kann bei der Wissenschaftssprache festgestellt werden. Zunächst wenden wir uns aber der Verbreitung des Deutschen in internationaler Perspektive zu.

5.4 Zur internationalen Stellung des Deutschen als Zweitsprache

5.4.1 Zur Verbreitung des Deutschen

Wir haben in Kapitel 5.1 dargelegt, unter welchen Umständen eine für das Individuum dominante Erst- oder Zweitsprache zu einer nichtdominanten Sprache werden kann. Dies ist bei vielen Migranten und Minderheiten bei dem Verhältnis *Muttersprache – Landessprache* der Fall, dasselbe kann ferner bei langjährigen Auslandstätigkeiten in einigen Sprachverwendungsdomänen eintreffen. Eine andere Betrachtungsweise ergibt sich, wenn man von einer internationalen Perspektive ausgehend fragt, welche Stellung eine Sprache in verschiedenen *Domänen* im Wettbewerb mit anderen Sprachen einnimmt. Aus dieser Perspektive werden wir vor allem die Verwendung des Deutschen in zwei gesellschaftspolitisch relevanten Bereichen betrachten – *Wirtschaft* und *Wissenschaft*.

Bei dieser Fragestellung markiert *Zweitsprache* nicht nur die Erwerbsfolge der Sprachen, sondern auch die in Kapitel 1.1.1 erörterte Rangordnung in der Verwendung. Das bedeutet, dass sie, je nach Domänen und sozialen Situationen, entweder die *dominante* oder *nichtdominante* sein kann, genauso wie die Erstsprache. So ist Deutsch für viele deutsche Chemiker, Physiker und andere Naturwissenschaftler im Publikations- und Kongresssektor die nichtdominante Sprache und Englisch die dominante.

Welche Sprache in der Wirtschaft und Wissenschaft die jeweils dominante ist, kann nie, wie auch die Geschichte zeigt, nur eine sprachlich-kommunikative Frage allein sein. Sie ist immer auch eine überregionale gesellschaftspolitische Angelegenheit und muss auch von dieser Perspektive aus gesehen werden. Nicht unwichtig sind dabei, wie die Geschichte zeigt, die Einstellungen der Machthaber der Sprachen gegenüber gewesen. Der Preußenkönig Friedrich II, der 1740 – 1786 regierte, war, wie aus seinen Briefen an Voltaire hervorgeht, begeistert von der Feinheit und Eleganz des Französischen und zeigte für Deutsch kein Interesse. Er fand es „â demi-barbare", „diffuse, difficile à maniere, peu sonore" (zit. nach Öhman 1951. 48). Auf seine Anordnung hat die Berliner Akademie der Wissenschaften im Jahr 1744, deren Präsident der Franzose Maupertuis war, nicht mehr Latein, sondern Französisch zu ihrer Verhandlungs- und Publikationssprache bestimmt. Dies hielt sich bis 1812 (Bach 1961, 256).

Deutsch ist für rund 92 Millionen Europäer (ohne Russland) Muttersprache, für etwa 10 Millionen Zweitsprache. Weltweit erhöhen sich diese Zahlen auf etwa 120 Millionen resp. 40 Millionen (Ammon 1991, 40ff., v. Polenz 1999, 191). Laut Deutscher Bundestag (1986, 247) lernten 1985 weltweit etwa 15–19 Millionen ausländische Schüler und etwa 1,4 Millionen Studenten Deutsch, das ergibt einen Rückgang von etwa 1–2 Millionen im Vergleich zu 1979 (vgl. die Beiträge in Sturm 1987). Die Zahlen sind nicht als feste Größen zu sehen, sie variieren von Quelle zu Quelle, wie aus Born/Stickel (1993, 130 und 222) hervorgeht. Nach Auskunft der Bundesregierung im Jahre 2001 sprechen etwa 145 Millionen Menschen in der Europäischen Union und den Staaten Mittel- und Osteuropas Deutsch. Was die Stellung des Deutschen in Ost(mittel)europa betrifft, so ist sie nach dem Englischen an zweiter Stelle, in Westeuropa nach dem Englischen und Französischen an dritter (v. Polenz 1999, 200f.).

Wenn man auch generell feststellen kann, dass Deutsch nach dem Zweiten Weltkrieg seine Stellung als Pflichtfach in nord- und westeuropäischen Schulen aufgegeben hat, so ist es dennoch in allen europäischen Staaten Wahlpflichtfach oder Wahlfach.[27] In den baltischen Staaten und in Mittel- und Südeuropa galt Deutsch vor dem Krieg vielerorts in verschiedenen Domänen als Verkehrssprache, sie ist bei der älteren Stadtbevölkerung lange die bevorzugte Zweitsprache gewesen (vgl. Décsy 1973, 30ff.). Eine Übersicht der bisherigen Untersuchungen zur Verbreitung des Deutschen als euroregionale Verkehrssprache und Deutsch als Fremdsprache findet sich bei v. Polenz (1999, 191–202).

Allerdings zeigen sich in den letzten Jahren, was die baltischen Staaten betrifft, erhebliche Veränderungen in der Verwendung von Deutsch und Russisch als Verkehrssprachen zwischen den Esten, Letten und Litauern. Meine Befragungen in Estland 1999 von insgesamt 84 Beamten in verschiedenen Ministerien und Lehrkräften an Universitäten in Tallinn und Tartu ergab, dass sie sich mit ihren Kollegen in Lettland und Litauen möglichst nicht mehr auf russisch, vorzugsweise auf englisch, weniger auf deutsch verständigen. Die Jüngeren bevorzugen Englisch, die auf englisch angebotenen Gastvorträge haben in Estland mehr Zuhörer als die auf deutsch.

Historisch gesehen ist die Verbreitung des Deutschen im Osten Europas aus mehreren Gründen verständlich. Nachdem Latein seit dem 17. Jh. seine herrschende Rolle als Gelehrtensprache, als Sprache der Juriprudenz, der Kirche und der Wirtschaft abtreten musste, bemühte man sich schon energischer als früher um das Deutsche, auch als Wissenschaftssprache. Deutsch wurde seit dem 17. Jh. in Osteuropa und im Baltikum sowohl Wissenschafts- als auch Verkehrssprache. Die städtische Bevölkerung in Polen, Böhmen, Mären, Ungarn, Estland, Lettland, Litauen war, als Folge der Ostsiedlungsbewegung, größtenteils deutscher Abstammung. Für die Verbreitung des deutschen Sprache in Ost (mittel)europa war u. a. auch die Tatsache maßgebend, dass sie die Sprache der Habsburger Monarchie war. Französisch blieb aber bis zum Zweiten Weltkrieg ein ernsthafter Konkurrent. Sie war die Sprache der Diplomatie und gehörte zum kultivierten Umgang in Europa, Russland und im Nahen Osten (Décsy 1973, 31ff.).

Der Rückgang der Verwendung der deutschen Sprache seit den 1950er Jahren im Ausland hat, wie wir festgestellt haben, verschiedene Gründe. Eine Ursache mag aber auch bei den Sprachträgern selbst liegen, in ihrer selbstgeübten Zurückhaltung, von der in bezug auf Politiker schon viel die Rede gewesen ist. Deutsche sprechen mit ihren ausländischen Kollegen gerne Englisch oder Französisch, obwohl diese auch Deutsch beherrschen. Dasselbe kann auf internationalen Tagungen und Kongressen festgestellt werden.

Eine weitere Ursache kann in der subjektiven Beurteilung der Sprache im Erwerbsprozess liegen – Deutsch gilt, z. B. in den skandinavischen Ländern, als schwirig (vgl. auch Pinker 1999, 216f., 221f.). Die umstrittene Rechtschreibere-

---

27. Seit den 1990er Jahren nimmt in Schweden die Zahl der Schüler, die Deutsch als zweite Fremdsprache wählen, ständig ab.

form ist ferner ein Beispiel dafür, „wie man von einer Sprache abschrecken kann, indem man die wohl angreifbare aber immerhin traditionell halbe Logik durch eine neue nicht minder angreifbare bestenfalls auch halbe Logik ersetzt".[28]

Wir wenden uns nun, zuerst mit einigen geschichtlichen Fokussierungen, der Stellung des Deutschen in der Wirtschaft zu.

Deutsch als Zweitsprache in der Wirtschaft

In Wirtschaft und Handel konnte in den ersten Dezennien der Nachkriegszeit weltweit ein zunehmender Bedarf an der englischen Sprache und ein abnehmendes Interesse an der deutschen festgestellt werden. Beim letzteren ist jedoch seit den 1980er Jahren eine Trendwende zu erkennen. Die heutige Stellung Deutschlands als eines der führenden Industrieländer mit einer starken Position in der Wirtschaft auf den Weltmärkten hat zu steigenden Nachfragen nach Deutschkenntnissen in verschiedenen Wirtschaftszweigen im Ausland geführt. Das ist sowohl in englischsprachigen Ländern, vor allem in den USA und in Kanada, der Fall, als auch in Mittel- und Osteuropa (ausführlicher in Kalverkämper/Weinrich 1986, 60ff., 84, Deutscher Bundestag 1986, 199f., Bolten 1993).

Ohne uns in die wirtschaftstechnischen Fragen der Märkte zu vertiefen, kann festgestellt werden, dass der Sprachenbedarf von den regionalen Teilmärkten des Weltmarktes abhängt, auf denen auch weltweit tätige Unternehmen bemüht sind, ihre Produktionen den Besonderheiten der Märkte anzupassen. Mitarbeiter, die ins Ausland geschickt werden, müssen nationale Gewohnheiten und kulturelle Eigenarten des Landes kennen und berücksichtigen. So werden beispielsweise japanische Ingenieure, Wirtschaftler und Wissenschaftler, die auf dem deutschen Markt tätig sein wollen, in postgradualer Ausbildung in Japan mit der deutschen Sprache, Kultur und den deutschen Lebensgewohnheiten in Deutschland konfrontiert (Brackmann 1995, 179, vgl. Kramer 1992, 36f.). Es gibt aber kaum eingehende Untersuchungen über interkulturelle Verhandlungssituationen, z. B. im Kauf und Verkauf, Allianzverhandlungen u. a. Unterschiedliche Verhandlungsstile können Missverständnisse und Konflikte zur Folge haben. Industrielle Marktuntersuchungen berücksichtigen derartige Interaktionsaspekte aber fast gar nicht. Märkte werden gewöhnlich als kollektive Größen gesehen, konkret hat man es aber immer, wie nicht genug betont werden kann, mit dem Idiolekt und der Idiokultur der Einzelnen zu tun. Es ist daher auch wichtig zu untersuchen, *wie* Missverständnisse entstehen, ebenso wie Dissens in Verhandlungen verdeutlicht wird (s. hierzu Asmuß 2002).

Hinsichtlich des Zusammenhangs der Rolle einer bestimmten Sprache mit der Verstärkung der Märkte und der Verflechtung mit der politischen, wirtschaftlichen und religiösen Machtentfaltung bieten die Geschichte des Niederdeutschen, der heutigen Regionalsprache, und des Hansebundes, der ja ein gemeinsam wirkendes Stückchen Europa über Religions- und Nationalitätsunterschiede hinweg schuf, ein anschauliches Beispiel. In der Hansezeit im 14. und 15. Jh. war Niederdeutsch (Mit-

---

28. Dr. Christoph Querner, Österreichischer Botschafter in Finnland auf der Internationalen Konferenz „Kleine und große Sprachen im (zusammen) wachsenden Europa", 9.11.2001 in Helsinki.

telniederdeutsch) die dominierende Geschäfts-, Verkehrs- und Rechtssprache im Norden Europas. Als die Sprache des fest organisierten Städtebundes verdrängte es in der 2. Hälfte des 14. Jhs. Latein in dieser Funktion. Niederdeutsch, die Hansesprache vorwiegend lübischer Prägung, unterstützt von der im 13. Jh. führenden Rolle von Lübeck und seines Rechts bei der Ostkolonisation, war das Kommunikationsmittel nicht nur zwischen den Hansestädten. Sie wurde auch in ihren Niederlassungen in den Niederlanden, in England, Skandinavien und in den baltischen Ländern in den Kontoren der Kaufleute von Brügge und London bis Narva, von Bergen bis Nowgorod verwendet. Mit dem Niedergang der Hanse um 1500 setzte der Prozess der Verdrängung des Niederdeutschen durch das Hochdeutsche ein (s. dazu Bach 1961, 193f., 223f., Sanders 1982). Ein geschichtlicher Überblick vom Niedergang und Überleben von Prestigesprachen findet sich bei Kahane/Kahane (1979).

Die Stellung, die das Niederdeutsche eine Zeitlang in einer bestimmten Region hatte, nimmt heute Englisch auf dem Weltmarkt ein. Zahlreiche größere internationale Unternehmen verwenden Englisch auch außerhalb den englischsprachigen Ländern als Firmen- und Kommunikationssprache, allerdings in unterschiedlichen Arbeitsbereichen und mit unterschiedlicher Bevorzugung der Landessprache.

Hollqvist stellt in einer großangelegten Untersuchung der Gebrauchsbereiche und -arten des Englischen in internationalen schwedischen Unternehmen hinsichtlich des Bedarfs an anderen Sprachen im schwedischen Wirtschaftsleben folgendes fest. Laut Swedish Trade Council wird in kleinen und mittelgroßen Firmen neben dem dominierenden Englisch in hohem Maße auch Deutsch verwendet. Dagegen kommt Französisch weniger und Spanisch kaum vor. Was den Export in deutschsprechende Länder betrifft, so benutzen einige Unternehmen für ihre Kommunikation die Methode „German in/Englisch out" (Hollqvist 1984, 28). Das bedeutet, dass ihre Rezeptionskompetenz im Deutschen größer ist als die Produktionskompetenz. Die deutsche Seite verwendet stets Deutsch, die schwedische antwortet schriftlich und mündlich auf englisch.

Hier zeigt sich eine Variante der in interkulturellen Kontakten nicht selten vorkommenden translingualen, auf dem Verstehen der Sprache des Anderen aufbauenden Kommunikationsweise. Diese kommt in Kanada und im Elsass vor und ist auch in vielen Situationen zwischen Schweden, Dänen und Norwegern üblich. Laut Finkenstaedt/Schröder (1990, 37) kann dies auch im Europäischen Parlament geschehen. Allerdings verwendet jeder in derartigen Situationen seine Muttersprache, während die Schweden im oben erwähnten Kontext Englisch gebrauchen.

Fremdsprachenkenntnisse sind heute in der Wirtschaft nicht nur bei Führungskräften, sondern auch in verschiedenen anderen Positionen erforderlich. Dies betrifft Facharbeiter, die ins Ausland „auf Montage" geschickt werden, oder Büropersonal für Auslandskontakte (Finkenstaedt/Schröder 1990, 31, Kramer 1992, 15 mit weiterführender Literatur). Auch Mitarbeiter in kundenorientierten Vertriebs- und Einkaufsbereichen, im Finanz-, Rechts- und Steuersektor gehören dazu. Natürlich sind die Anforderungen, was die Fähigkeiten betrifft, die Sprachen zu sprechen, schreiben, lesen und verstehen, unterschiedlich.

Wenn Deutsch heute in der Wirtschaft global gesehen nicht die dominante Sprache ist, sondern Englisch, so gehört es in vielen Unternehmen in Skandinavien, im Baltikum und in den Oststaaten auf der Dominanzskala in die Nähe des Englischen und kann mit ihm auch wechseln, wenn die Konzernsprachen Deutsch und Englisch sind. In den Vorständen der Deutschen Bank und BASF beherrschen Ausländer Deutsch, in den meisten wird daher Deutsch gesprochen. Allerdings brauchen wir mehr Mikrountersuchungen über die Verwendung von Deutsch und anderen Sprachen in verschiedenen Domänen und multinational fusionierten Unternehmen, sowohl nach qualitativen als auch quantitativen Aspekten, u. a. um auch die Funktionen der Mehrsprachigkeit in ihren Tätigkeiten zu erkunden. Dadurch eröffnet sich eine Möglichkeit, sowohl den lokalen Bedarf an Sprachen festzustellen als auch die Art der firmeneigenen Kommunikationssysteme.

Wie aus der umfangreichen Darstellung früherer Arbeiten über die internationale Stellung der deutschen Sprache hervorgeht, sind nicht wenige dazugehörenden Bereiche empirisch noch gar nicht untersucht worden. Auch im Sektor der internationalen Wirtschaftsbeziehungen liegen nur „bruchstückhafte Teiluntersuchungen" vor (Ammon 1991, 150).

Zur Sprachenwahl in bundesdeutschen internationalen Konzernen hat eine Befragung in 14 Großunternehmen gezeigt, dass in der Kommunikation mit Tochtergesellschaften zwar Deutsch überwiegt, dass aber bei einer Mehrzahl von Firmen auch Englisch und je nach Standort auch Französisch, Spanisch, Portugiesisch u. a. vorkommen (Ammon 1991, 158f.).

Was die Sprachenwahl in bundesdeutschen Unternehmen betrifft, so geht aus einer 1992 veröffentlichten Untersuchung des Instituts der deutschen Wirtschaft in 232 Unternehmen in Deutschland hervor, dass 96,9 % der Unternehmen einen Bedarf an Englisch haben, von weiteren Sprachen 71,6 % Französisch, 49,9 % Spanisch, 27,8 % Italienisch und 13 % Russisch (Finkenstaedt/Schröder 1990, 27, Brackmann 1995, 182). Die deutsche Wirtschaft braucht und verwendet, je nach Branchen und Geschäftsverbindungen, natürlich auch weitere Sprachen. Spezialisierte und regional konzentrierte Firmen, aber auch Großunternehmen, melden laut dieser Untersuchung eine Vielzahl von anderen europäischen und außereuropäischen Sprachen als Bedarf an, da diese für die Erschließung der Märkte von großer Bedeutung sind (Brackmann 1995, 182).

Festzuhalten bleibt, dass in der Wirtschaft auch heute die alte Kaufmannsregel ihre Geltung nicht verloren hat: *Die beste Sprache ist die des Kunden.* Diese hat zweifellos vom Verkauf her gesehen ihre Berechtigung. Aber auch beim Einkauf ist die Kenntnis der Muttersprache und der Mentalität des Anbieters ein Vorteil. Verbindet man Mittel (Sprache) mit dem Zweck (Erfolg), so können wir von dieser Perspektive aus feststellen, dass die beste Sprache diejenige ist, die zum Erfolg führt.

In welcher Form wird Deutsch verwendet? Im Wirtschaftsbereich wird laut einer Umfrage bei 1000 in der Bundesrepublik Deutschland ansässigen ausländischen Unternehmen „der mündlichen Kommunikation ... im Gegensatz zur schriftlichen ein wesentlich höherer Stellenwert beigemessen". Am häufigsten verwenden ausländische Mitarbeiter Deutsch in folgender Rangordnung: Telefonkorrespondenz, Kundengespräche, Schriftverkehr, interne Besprechungen und informelle Gespräche (Bolten 1993, 79f., 85).

Aus dem Dargelegten wird sichtbar, dass die globale Wirtschaft nicht nur eine Weltsprache, sondern mehrere Fremdsprachen braucht. Deutsch gehört dazu. Das Interesse für Deutsch hängt auch mit der Europäisierung der Märkte, die es ja auch im

Rahmen der Globalisierung gibt, und damit verbundenen zahlreichen organisatorischen Maßnahmen zusammen.

Exemplarisch sei darauf hingewiesen, dass laut deutschen Auslandshandelskammern der Bedarf an Deutschkenntnissen bei deutschen Großkonzernen in verschiedenen Ländern steigt, da die anfangs deutschen Führungskräfte in ausländischen Tochtergesellschaften im weiteren Verlauf durch Einheimische ersetzt werden. Dies trifft auch für ausländische Firmen in Deutschland zu. Der Nachfrage entsprechend sind berufsorientierte Kurse in Wirtschaftsdeutsch notwendig (s. zu verschiedenen Maßnahmen und Angeboten Deutscher Bundestag 1986, 159ff., 199). Seit Ende der 1980er Jahre ist der Bedarf nicht nur in Nord-, West- und Osteuropa, sondern auch in Brasilien, Argentinien, in China und den USA gestiegen (Bolten 1993, 71).

Bei einer derartigen Entwicklung kommt der Vermittlung der *interaktionalen Kompetenz* im Deutschen eine zentrale Stellung zu. Bei Führungs- und Fachkräften in deutschen internationalen Konzernen mit Mitarbeitern aus unterschiedlichen Sprachgemeinschaften und Kulturen fordert dies, auch wenn Englisch die dominante und Deutsch die nichtdominante Sprache ist, Kenntnisse von ihren Verhaltensweisen und Denkmustern, sowie von den unterschiedlichen Organisations- und Arbeitsformen. Wie aus einer Untersuchung von über 200 Unternehmen hervorgeht, traten z. B. zwischen deutschen und französischen Mitarbeitern in französischen Muttergesellschaften mit deutscher Tochter und auch in deutschen Firmen mit französischer Filiale „in drei von vier Unternehmen Reibungsverluste aufgrund von Mentalitätsunterschieden auf" (Kramer 1992, 41). Die durch Mentalitäts- und Kulturunterschiede entstandenen Spannungen sind häufig auf unterschiedliche *Kommunikationsstile* zurückzuführen und wirken sich unvorteilhaft auf das Arbeitsklima aus. Eingehendere Untersuchungen in verschiedenen Arbeitssituationen sind erforderlich. In der Wirtschaftswerbung werden kulturelle Unterschiede in den Zweitsprachen genau beobachtet: Wenn Weltkonzerne wie Nestlé, Coca Cola und General Motors dieselben Produkte in Deutschland, Finnland und Portugal verkaufen, so sind ihre Anzeigen unterschiedlich. Globale Probleme fordern regionale Lösungen. Eine andere Lage finden wir in der Wissenschaft, der wir uns nun zuwenden.

Deutsch als Zweitsprache in der Wissenschaft

Jede Wissenschaftssprache muss nicht nur von der nationalen, sondern auch von der übernationalen Seite aus betrachtet werden: Wissenschaft ist international. Deshalb ist es natürlich, dass es übernationale Wissenschaftssprachen gibt und im Laufe der Geschichte gegeben hat, allerdings mit unterschiedlichen Vormachtsstellungen, wie wir in den Kapiteln 1.4 und 5.4.1 festgestellt haben.

Da Wissenschaft international ist, könnte man erwarten, dass es nicht eine, sondern mehrere überregionale Wissenschaftssprachen gibt. Vor bald 80 Jahren hat der Romanist Karl Voßler in seinem bekannten Aufsatz „Sprache und Wissenschaft" bei der Frage, welche Sprachen aus der Vielzahl der Weltsprachen überregionale Wissenschaftssprachen sein und bleiben können, nicht daran gezweifelt, dass Deutsch neben dem Englischen und dem Französischen dazu gehörte (Voßler 1925, 225f.). Es war die Blütezeit der Naturwissenschaften und man brauchte daran nicht zu zweifeln. Seit dem 17. Jh. sind grundlegende Ergebnisse aus den Naturwissenschaften, aus der

Theologie, Rechtswissenschaft, Philosophie, Archäologie und Sprachwissenschaft auf deutsch erschienen. Die Relativitätstheorie, die Quantenmechanik, wichtige Handbücher der Physik waren größtenteils deutschsprachigen Ursprungs. Nicht nur bei den Physikern war Deutsch vor den 1930er Jahren die weltweit führende Wissenschaftssprache, sondern auch bei den Chemikern. Für Medizin war Deutsch international ebenso die dominante Sprache, wichtige medizinische Zeitschriften erschienen z. B. in Russland und in Ungarn auf deutsch (Lippert in Kalverkämper/Weinrich 1986, 40). Für ausländische Juristen war das deutsche Recht Vorbild, u. a. das Bürgerliche Gesetzbuch, das Strafrecht und die Staats- und Verwaltungslehre.

In vielen Teilen von Europa war Deutsch etwa bis zum Zweiten Weltkrieg als Wissenschaftssprache führend, vor allem in den Skandinavischen und Baltischen Ländern, in Polen, Ungarn, Bulgarien, Rumänien, und auch die wichtigste Zweitsprache in vielen Domänen. (Zusammenfassend in Oksaar 1988b, Skudlik 1990, v. Polenz 1999, 217f.) Für unsere Thematik ist es wichtig festzustellen, dass es vor dem Zweiten Weltkrieg keine universale Wissenschaftssprache gab, wie es heute die englische Sprache ist. „Der Normalfall war..., dass man die Sprachen anderer, in den jeweiligen Disziplinen führender Länder zumindest soweit beherrschte, dass man die wissenschaftliche Literatur, die in diesen Sprachen publiziert wurde, rezipieren konnte" (Skudlik 1990, 22).

Gegenwärtig hat sich die Lage radikal geändert. Englisch ist zur dominanten internationalen Wissenschaftssprache geworden und in vielen Ländern auch zur wichtigsten Zweitsprache. Vor allem in den technisch-naturwissenschaftlichen Fächern kommt man heute ohne Englisch nicht aus, da wichtige Fachliteratur englischsprachig ist und Publikationsmöglichkeiten vielfach an Englisch gebunden sind. Die Konsequenzen dieser Entwicklung sind, dass Deutsch in der Wissenschaft zurückgedrängt wird. Englischer Einfluss durch Fremd- und Lehnwörter hat sich auch im deutschen öffentlichen Leben bemerkbar gemacht, von der Datenverarbeitung, Werbung, Musik und dem Sport bis in die Medien.

Während es bei kleineren Völkern Europas heute nichts Ungewöhnliches ist, dass ihrer Nationalsprache in der Wissenschaft eine nur lokale Bedeutung zukommt, oder eine überregionale für Schwedisch, Norwegisch und Dänisch in Skandinavien, ist es für die Großmachtsprachen, wie wir festgestellt haben, von primärer Bedeutung, an der Spitze zu stehen. Jedoch gibt es heute auch bei kleineren Sprachgemeinschaften ernsthafte Probleme.

Es handelt sich um Domänenverlust für die Muttersprache in den Naturwissenschaften auf Kosten des Englischen. So werden in Schweden nicht nur englischsprachige Lehrmittel, z. B. in der Mikrobiologie an der Universität Uppsala verwendet, häufig wird an den Universitäten auch auf englisch unterrichtet. Das hat zur Folge, dass es schwedischen Wissenschaftlern schwer fällt, ihr Fach auf schwedisch zu behandeln.[29] Hauptgrund des Domänenverlusts wird darin gesehen, dass es keine schwedische Terminologie für viele englische Termini gibt, und man – statt diese zu schaffen – zum Englischen übergeht. Eine der Gegenmaßnahmen in der Mikrobiologie in Uppsala ist, dass der Unterricht in gleichen Teilen auf schwedisch und englisch stattfindet. Diese Problematik hat mehrere Dimensionen, da sie auch die

---

29. Schwedische Zentralstelle für technische Terminologie, TNC Aktuellt 41, 1999, 4.

Muttersprache allgemein betreffen und deshalb für andere Länder, auch für Deutschland, relevant sein können. In Schweden hat im Jahr 2002 eine Untersuchungskommission des Reichstags empfohlen, einen behördlichen Sprachrat, Sveriges språkråd, einzurichten, da einerseits die Verdrängung des Schwedischen durch das Englische in Wissenschaft und Wirtschaft und andererseits die zunehmende Unfähigkeit vieler, ein verständliches Schwedisch zu schreiben, ernsthafte Probleme bereiten. Die Notwendigkeit der englischen Sprachkompetenz in den erwähnten Bereichen wird eingeräumt, als problematisch wird aber empfunden, „dass in Wissenschaft, Wirtschaft und Politik mehr und mehr nur ein verarmtes Englisch gesprochen wird, während die Mehrheit der Bevölkerung sprachlich ausgeschlossen ist. Der Schwedische Sprachrat soll in Zukunft dafür sorgen, dass in Behörden, Schulen, Universitäten und den Medien ein klares und verständliches Schwedisch gepflegt wird" (FAZ 22.5.2002, N 4, vgl. Mål i mun, Statens offentliga utredningar 2002, 8).

Soweit, dass die Muttersprache im eigenen Land zur Zweitsprache in allen Domänen der Wissenschaft wird, braucht es in Deutschland nicht zu kommen, trotz der unverkennbaren Gefahr des Domänenverlustes, wenn die Terminologieplanung und -entwicklung aktiv ist, und die Wissenschaftler selbst ihre Muttersprache in dem jeweiligen Fachgebiet nicht vernachlässigen oder vermeiden. Die Reaktion auf die Tatsache, dass deutsche Wissenschaftler international zunehmend zum Englischen als Wissenschaftssprache übergehen, äußert sich u. a. in kritischen Presse- und Zeitschriftartikeln mit Titeln wie „Ziehen die Wissenschaften aus dem Deutschen aus?", „Deutsche Chemiker verlieren Muttersprache" und „Die Spitzenforschung spricht Englisch – oder etwa nicht?". Deutsch erscheint „im Bereich der Wissenschaften und der Spitzentechnologie als Fremdsprache innerhalb der eigenen deutschen Sprachgemeinschaft" (Kalverkämper/Weinrich 1986, 9).

Die mit einer derartigen Entwicklung verbundene Problematik, die Frage, ob Deutsch in der wissenschaftlichen Welt nur noch eine Nischensprache sei, wurde erstmals ausführlicher auf der Tagung 25. Konstanzer Literaturgespräch „Deutsch als Wissenschaftssprache" im Jahre 1985 erörtert. Zwei Themenkomplexe kamen zur Sprache: „Die Spitzenforschung spricht Englisch – oder nicht?" und „Wissenschaftsdeutsch – gutes Deutsch?". Die Referate und Diskussionsbeiträge von Natur- und Geisteswissenschaftlern sowie von Verlegern sind in Kalverkämper/Weinrich (1986) veröffentlicht. Die zunehmende Neigung der deutschen Wissenschaftler zur Anglophonie hat vielschichtige Gründe. Sie hängt nicht nur von der Interdisziplinarität der Vorhaben und der internationalen Zusammenarbeit ab, sondern auch von Projektfinanzierungsmöglichkeiten und der Karrierestrategie der Wissenschaftler (Kalverkämper/Weinrich 1986, 10, Skudlik 1990, 187f.).

Der Rückgang von Deutsch als Wissenschaftssprache wird heute auch durch manche ehemals deutschsprachig publizierende wissenschaftliche Zeitschriften verstärkt. Sie äußert sich z. B. in Namensänderungen.

Die „Zeitschrift für Tierpsychologie" heißt ab 1986 „Ethologie", die traditionelle österreichische „Botanische Zeitschrift" heißt jetzt „Plant Systematics and Evolution", die internationale Fachzeitschrift „Archiv für Verdauungskrankheiten" hat den Namen „Digestion", erhalten (Wickler, Schwabl, Karger in Kalverkämper/Weinrich 1986, 25, 45, 49). Im Jahre 1994 hat der Vorstand der Gesellschaft Deutscher Chemiker beschlossen, Englisch als alleinige Publikationssprache in den traditionsreichen

Zeitschriften „Chemische Berichte" und „Liebigs Annalen" einzuführen, was heftige Kontroversen zur Folge hatte (Oksaar 1994, 303f.).

Während Deutsch als Wissenschaftssprache in den Naturwissenschaften zur nichtdominanten Sprache für Deutsche und Englisch für Nichtmuttersprachler zur dominanten Zweitsprache geworden ist, lässt sich eine etwas unterschiedliche Entwicklung in den Geisteswissenschaften feststellen. Schon aus den Diskussionen auf der Konstanzer Tagung geht hervor, dass es durchaus eine Reihe von Wissenschaften gibt, die sich nicht ganz dem Englischen verpflichtet fühlen. Weinrich stellt fest, dass es „ein gewisses Schwanken zwischen dem Deutschen und Englischen" bei Fächern wie Psychologie und Linguistik gibt. Und es gibt ferner Wissenschaften, „die keine nennenswert Neigung erkennen lassen, Deutsch gegen Englisch als Wissenschaftssprache einzutauschen" (1986, 191). Hierher gehören Geschichte und Philosophie; zu international anerkannten Wissenschaftssprachen gehört Deutsch in der Theologie (Schwabl in Kalverkämper/Weinrich 1986, 83, Skudlik 1990, 214ff.).

Die Stellung des Deutschen als Wissenschaftssprache wurde aus der Sicht der Geisteswissenschaften auch thematisiert durch die Preisfrage der Deutschen Akademie für Sprache und Dichtung vom Jahr 1986: „Ist eine internationale Gemeinsprache auch in den Geisteswissenschaften möglich und wünschenswert?" In dem Sammelband der drei mit dem Preis ausgezeichneten Arbeiten, Oksaar/Skudlik/von Stackelberg (1988), wird diese komplexe Frage von verschiedenen Aspekten aus beleuchtet, die bei den Naturwissenschaften in der Weise nicht relevant sind, u. a. die größere Nähe zur Gemeinsprache und der Verlust an Erkenntnisgewinn, die durch die Vielfalt gegeben ist.

Vor dem Hintergrund der in Kapitel 3.3.3 erwähnten Tatsache, dass die Wörter verschiedener Sprachen nicht einfach Etiketten für dieselben Sachverhalte sind, sondern verschiedene Sehweisen der Wirklichkeit, ist es fraglich, ob eine einzige internationale Wissenschaftssprache überhaupt, aber vor allem in den Geisteswissenschaften, der wissenschaftlichen Kreativität dienlich sein kann. Führt sie doch eine gewisse Perspektivenverengung mit sich. Es dürfte in der Wissenschaft deshalb nicht gleichgültig sein, in welcher Sprache die Gedanken zuerst ausgedrückt werden. In den morphosyntaktischen und semantischen Strukturunterschieden zeigen sich in den Geisteswissenschaften die Grenzen einer einzigen internationalen Wissenschaftssprache. Die Wissenschaften, die verschiedene Bereiche der Kultur und des geistigen Lebens sowie unterschiedliche Sprachen thematisieren, sind mehr an die Gedankenwelt der jeweiligen Muttersprache gebunden als die Naturwissenschaften, was ja auch schon aus den verschiedenen Schwierigkeiten beim Übersetzen hervorgeht (ausführlicher dazu von Oksaar 1988b, 34ff.).

Bei diesem Fragenkomplex ist auch die Einstellung der Wissenschaftler wichtig. Dies wird in bezug auf Englisch anhand einer Fragebogen- und Interviewumfrage von Universitätslehrkräften – Naturwissenschaftler (Physiker und Biologen) und Geisteswissenschaftler (Philosophen und Historiker), n = je 90 – in der damaligen Bundesrepublik Deutschland analysiert (Oksaar 1988b, 44ff.). Von den Naturwissenschaftlern finden 62%, dass Englisch generell notwendig, 31%, dass es generell wünschenswert und 7%, dass es abzulehnen ist. Von den Geisteswissenschaftlern finden 47%, dass Englisch generell notwendig, 28%, dass es generell wünschenswert, und 25%, dass es abzulehnen ist.

Der festgestellte Unterschied kann auch damit zusammenhängen, dass Deutsch in den Bereichen Philosophie, Theologie, Geschichte und Juridik in den letzten Jahrhunderten eine wichtige Speichersprache gewesen ist, mit Wissensstoff von internationaler Bedeutung (vgl. Décsy 1973, 32). Und da ist Deutsch auch in der Gegenwart vielfach die dominante Sprache.

Allerdings muss die historische Perspektive bei unserer Frage differenzierter gesehen werden, als es in Handbüchern und zahlreichen Übersichtsarbeiten der Fall ist. Wenn es heißt, dass eine Sprache eine andere verdrängt, so muss berücksichtigt werden, dass dies in einem gewissen Zeitraum nie in allen Verwendungsbereichen gleichzeitig geschieht, und der Frage nachgegangen werden, in welchen Domänen ihr noch Funktionen zukommen und wie es mit ihrer Revitalisierung steht. So ist Latein, was den Wissenschaftsbereich angeht (die Sphäre der katholischen Kirche spare ich aus) noch heute die Sprache der Promotions- und Habilitationsrituale und -urkunden in Finnland und Schweden, Polen, im Baltikum, um nur einige zu erwähnen. Bei manchen internationalen geisteswissenschaftlichen Kongressen wurde im heutigen Tschechien der 1970er Jahre die Eröffnungsreden auf Latein gehalten. In Finnland gibt es seit 1989 einen lateinischen Nachrichtendienst vom staatlichen Rundfunksender YLE. Das in der Aufklärungszeit dominante Französisch hat sich zwar nicht mehr in der Wissenschaft und in der Diplomatie, wohl aber als die internationale Sprache des Postverkehrs erhalten. Ablösung einer Sprache durch eine andere bedeutet häufig, dass beide in unterschiedlichen Bereichen nebeneinander existieren (Oksaar 1988b, 23).

In der geschichtlichen Perspektive kann man seit dem 16. Jh. eine sich über ganz Europa verbreitete Bewegung zugunsten der Volkssprachen in der Wissenschaft feststellen. Die Entwicklung der größeren Nationalsprachen zu Wissenschaftssprachen war besonders intensiv im 19. Jh. Aber schon Paracelsus, Galilei, Thomasius und Descartes behandelten in ihren Veröffentlichungen wissenschaftliche Themen in den Volkssprachen. Als Christian Thomasius 1687 an der Universität Leipzig eine Vorlesung in deutscher Sprache hielt, wurde er entlassen, da Latein die Wissenschaftssprache war. Als man sich im 17. und 18. Jh. energisch um Deutsch als Wissenschaftssprache bemühte, betonten die treibenden Kräfte, der Philosoph Gottfried Wilhelm Leibniz und sein Schüler Wolff, die Verantwortung eines Volkes für seine Sprache (Bach 1961, 272). Leibniz selbst publizierte aber auch weiterhin auf latein und auf französisch. Dies kann mit der Bestrebung erklärt werden, auch außerhalb des deutschsprachigen Raumes Leser zu erreichen.

Gleichzeitig entsteht aber auch die Frage, ob dadurch nicht leicht ein Bild der Wissenschaft erster und zweiter Klasse entstehen könnte? Das Wichtigste wird in einer Prestigesprache veröffentlicht. Diese Mentalität kann auch heute vielerorts hinsichtlich des Englischen beobachtet werden. Allerdings muss berücksichtigt werden, dass bei Autoren aus kleineren Kultursprachen eine Notwendigkeit dazu besteht und dass es nicht selten dann auch muttersprachliche Versionen ihrer Publikationen gibt, um die Muttersprache aus dem Bereich der Wissenschaft nicht zu verdrängen. Fachsprachliche Mehrsprachigkeit hat sich bei kleineren Völkern verdient gemacht. Es sei aber auch erinnert an Wolffs Feststellung vor mehr als 250 Jahren: „Ich habe gefunden, dass unsere Sprache zu Wissenschaften sich besser schickt als das Lateinische, und dass man in der reinen deutschen Sprache vortragen kann, was im Lateinischen sehr barbarisch klingt" (zit. nach Piur 1903, 16).

Wie kann die hier diskutierte Problematik, vor allem der Domänenverlust im wissenschaftlichen Diskurs, entschärft werden? Es gilt, das eine tun und das andere nicht lassen: sowohl in der international dominanten Wissenschaftssprache als auch in der Muttersprache wissenschaftlich tätig sein und veröffentlichen. Das impliziert, dass Mehrsprachigkeit ein wichtiges Ziel für Wissenschaftler sein sollte. Mehrsprachigkeit macht es leichter, in der Zukunft mehrere, internationale Wissenschaftssprachen zu haben, ganz im Sinne von Karl Voßler.

Wenn sich die wissenschaftliche Welt in mehr als einer Wissenschaftssprache zuhause fühlt, dann kann auch Deutsch für Auslandswissenschaftler zur dominanten Zweitsprache werden, je nach ihrer Fachrichtung. Nicht eine oben erwähnte *Entweder-oder-Mentalität,* sondern eine *Sowohl-als-auch-Einstellung* sollte auch Internationalität in diesem Bereich kennzeichnen. Mehrsprachigkeit schärft den Blick für die Eigenart und die Leistungsfähigkeit der beherrschten Sprachen. Dem Wissenschaftsdeutsch kommt die Mehrsprachigkeit deutscher Wissenschaftler sicher zugute. Nicht nur für schöpferische Tätigkeit erhält man Anregungen aus anderen Sprachen, sondern auch für den Ausdrucksstil.[30] Ferner sollte Planung und Ausbau der Terminologien – heute als *Sprachmanagement,* früher als *Sprachplanung* bekannt, das von den nordischen Sprachen und auch Estnisch seit langem praktiziert wird, auch für Wissenschaftsdeutsch selbstverständlich sein.

Es sei dem Forscher freigestellt, in welcher Sprache er veröffentlicht. Seine Bringschuld für die Gesellschaft sollte aber sein, dass er seine Muttersprache in demselben Bereich nicht vernachlässigt. Forschungsresultate sollten der Gesellschaft zugänglich sein, und zwar nicht in einer fremden Sprache, sondern in einer aussagekräftigen Muttersprache. Die heutige Entwicklung fordert, wie schon betont, Mehrsprachigkeit, wenn man Deutsch als Wissenschaftssprache nicht aufgeben will. Einheit und Vielfalt brauchen auch in der Wissenschaft, wie in der Europäischen Union, keine Gegensätze zu sein. Für die Wissenschaft und die Forschung ist die Vielfalt auf die Dauer ergiebiger.

5.5 Zusammenfassung

Im Mittelpunkt dieses Kapitels stehen einige sprach- und gesellschaftspolitischen Fragen des Zweitspracherwerbs. Sie hängen einerseits mit internationaler Mobilität, mit Migration und Minderheiten zusammen, andererseits mit dem europäischen Einigungsprozess und mit der Sprachenfrage der Europäischen Union, sowie der internationalen Stellung des Deutschen, u. a. als Zweitsprache in Wirtschaft und Wissenschaft.

Im Kapitel *Mobilität, Migration* und *Minderheiten* wurde die Zweitsprachenfrage aus verschiedenen Perspektiven analysiert, die alle das gemeinsam haben, dass sie auch die Erstsprachenverwendung berühren, allerdings aus einer anderen Sicht, als wenn sie

---

30. Mehrere aus Deutschland nach den USA emigrierte deutsche Wissenschaftler haben mir die Beobachtung bestätigt, dass sie durch den Einfluss des Englischen jetzt ein einfacheres und klareres Deutsch schreiben als früher.

Mehrheitssprachen wären. Es wurde deutlich, dass die komplexe sprachlich-kulturelle Problematik nicht isoliert von der Tatsache gesehen werden sollte, dass Minderheitenforschung auch immer zahlreiche Aspekte der Mehrheitsforschung einbeziehen muss. Neben diesen Fragen standen verschiedene Aspekte der Beherrschung der Landessprache im Vordergrund, in einer Konstellation der Mehrsprachigkeit, die auch die Herkunftssprache einschließt. Die Rolle der Muttersprache wurde bei *Integrationsfragen* ausführlich, u. a. vor dem Hintergrund der Sowohl-als-auch-Einstellung statt der Entweder-oder-Mentalität, erörtert und war ein Faktor im Modell der vier Prozesse *Isolation, Integration, Assimilation* und *Dissimilation.* Integration schließt Prestige und Dominanzaspekte der Sprachen ein, deren ausführliche Erörterungen u. a. Sprach- und Schulfragen bei Kindern sowie Sprach- und Kulturbarrieren bei Kindern und Erwachsenen berühren. Soziale, psychologische, ökonomische, politische und religiöse Faktoren, nicht nur sprachliche bereiten Schwierigkeiten, jedoch darf Einwanderungspolitik die Sprach- und Mentalitätsprobleme nicht außer Acht lassen.

Sprache als Prestige- und Machtfaktor wurde auch deutlich bei der Analyse der *Sprachenpolitik in der Europäischen Union,* deren Entwicklung skizziert und die heutige Problematik der Sprachen- und Mentalitätsbarrieren für europäische Bürger thematisiert wurde. Diese Barrieren hängen wesentlich mit der zu geringen Fremdsprachenbeherrschung zusammen und unterstreichen den Bedarf nach verschiedenen Zweitsprachen. Die gegenwärtige kommunikative Lage der Europäischen Union mit 11 Amtssprachen ist nicht problemlos, da Dolmetschen und Übersetzen inhaltliche Perspektivenverschiebungen der Texte nicht selten mit sich führen. Dies wurde auch bei der Diskussion der Argumente für und wider einer *europäischen Zweitsprache* deutlich, die, was die Institutionen der Europäischen Union betrifft, vor allem aus nationalsprachlichen Prestigegründen noch nicht möglich ist.

Im weiteren wurde die internationale Stellung des *Deutschen als Zweitsprache* thematisiert und verschiedene Gründe für ihren generellen Rückgang, aber auch die steigende Nachfrage in verschiedenen *Wirtschaftszweigen* dargelegt. Es wurde u. a. gefragt, in welcher Form Deutsch von der globalen Wirtschaft gebraucht wird. Die interaktionale Kompetenz bei Führungs- und Fachkräften und ihre Auswirkung auf die Organisations- und Arbeitsformen sowie auf das Arbeitsklima bedarf weiterer Untersuchungen.

Abschließend wurde Deutsch als Zweitsprache in der *Wissenschaft* vor den Hintergrund der Dominanz des Englischen untersucht. Vor dem Zweiten Weltkrieg kam diese Stellung dem Deutschen zu. Die Analyse der Frage, warum deutsche Wissenschaftler auf englisch publizieren, offenbarte vielschichtige Gründe. Eine weitere Reihe von Grundsatzfragen schloss die Überlegung ein, ob eine einzige internationale Wissenschaftssprache, vor allem in den Geisteswissenschaften, überhaupt zweckdienlich sein kann. Daran schloss sich die Frage nach den Lösungen an, die gefunden werden müssen, um Domänenverlusten, nicht nur im Deutschen, durch englischsprachige Dominanz in den Wissenschaften entgegenzuwirken. Es sei den Forschern freigestellt, in welcher Sprache sie publizieren; da jedoch Forschungsresultate für Schulen, Institutionen, für die Allgemeinheit zugänglich sein müssen, fordert es von denen auch eine gute muttersprachliche Kompetenz in ihren Wissenschaftsbereichen.

Literaturverzeichnis

Afendras, E. A. (Hg.) (1980), Patterns of bilingualism. Singapore.
Albert, M. L./Obler, L. K. (1978), The bilingual brain: Neuropsychological and neurolinguistic aspects of bilingualism. New York.
Alcón, E. (1998), Input and input processing in second language acquisition. In: International Review of Applied Linguistics in Language Teaching 26, 343–362.
Alfred Toepfer Stiftung (Hg.) (1995), Finnland und die europäische Integration. Helsinki. Hamburg.
Altmann, G. T. M. (2000), The ascent of Babel. An exploration of language, mind and understanding. Oxford.
Ammon, U. (1991), Die internationale Stellung der deutschen Sprache. Berlin. New York.
Andersen, R. W. (Hg.) (1981), New dimensions in second-language acquisition. Rowley, Mass.
Andersen, R. W. (Hg.) (1983), Pidginization and creolization as language acquisition. Rowley, Mass.
Andersson, T. (1981), A guide to familiy reading in two languages. The preschool years. Los Angeles.
Appel, R./Muysken, P. (1987), Language contact and bilingualism. London.
Asher. J. J./Garcia, R. (1969), The optimal age to learn a foreign language. In: Modern Language Journal 53, 334–341.
Asmuß, B. (2002), Strukturelle Dissensmarkierungen in interkultureller Kommunikation. Analysen deutsch-dänischer Verhandlungen. Tübingen.
Aytemiz, A. (1990), Zur Sprachkompetenz türkischer Schüler in Türkisch und Deutsch. Sprachliche Abweichungen und soziale Einflußgrößen. Frankfurt/M.

Bach, A. (1961), Geschichte der deutschen Sprache. [7]Heidelberg.
Bade, K. (2000), Europa in Bewegung. Migration vom späten 18. Jahrhundert bis zur Gegenwart. München.
Baetens Beardsmore, H. (1974), Development of the compound-coordinate distinction in bilingualism. In: Lingua 33, 123–127.
Baetens Beardsmore, H. (1986), Bilingualism. Basic principles. [2]Clevedon, Avon.
Baker, C./Jones, S. P. (1998), Encyclopedia of bilingualism & bilingual education. Clevedon, Avon.
Bakhtin, M. (1981), The dialogic imagination: Four essays. Hg. von M. Holquist. Austin.
Bakhtin, M. (1986), Speech genres and other late essays. Übers. von M. McGee. Hg. von C. Emerson/M. Holquist. Austin.
Baldwin, J. M. (1986), Consciousness and evolution. In: Psychological Review 3, 300–309.
Bartens, A. (1996), Der kreolische Raum. Geschichte und Gegenwart. Helsinki.

Bartlett, F. C. (1932), Remembering. A study in experimental and social psychology. Cambridge.
Bates, E./Bretherton, J. /Snyder, L. (1988), From first words to grammar: Individual differences and dissociable mechanisms. Cambridge.
Batory, I. (1981), Die Grammatik aus der Sicht kognitiver Prozesse. Tübingen.
Baur, R. S./Meder, G. (1992), Zur Interdependenz von Muttersprache und Zweitsprache bei jugoslawischen Migrantenkindern. In: Baur, R. S./Meder, G./Previšć, V. (Hg.), Interkulturelle Erziehung und Zweisprachigkeit. Baltmannsweiler, 109–140.
Bausch, K.-R./Kasper, G. (1979), Der Zweitspracherwerb. Möglichkeiten und Grenzen der „großen" Hypothesen. In: Linguistische Berichte 64, 3–36.
Bausch, K.-R./Königs, F.G. (1983), „Lernt" oder „erwirbt" man Fremdsprachen im Unterricht? In: Die Neueren Sprachen 82, 308–336.
Beaugrande, R. de (1997), Theory and practice in applied linguistics: Disconnection, conflict or dialectic? In: Applied Linguistics 18, 279–313.
Beebe, L. M./Zuengler, J. (1983), Accommodation theory: An explanation for style shifting in second language dialects. In: Wolfson, N./Judd, E. (Hg.), Sociolinguistics and language acquisition. Rowley, Mass., 195–213.
Bentahila, A./Davies, E. E. (1991), Constraints on code-switching: a look beyond grammar. In: Papers for the symposium on code-switching in bilingual studies. Theory, significance and perception. European Science Foundation. Strasbourg.
Ben-Zeev, S. (1977), The influence of bilingualism on cognitive strategy and cognitive development. In: Child Development 48, 1109–1118.
Bhatnagar, J. (1983), Multicultural education in a psychological perspective. In: Husén/Opper (Hg.), 59–77.
Bialystok, E. (1990), Communication strategies. A psychological analysis of second language use. Oxford.
Bickerton, D. (1975), Dynamics of a creole system. Cambridge.
Bickerton, D. (1984), The language biogram hypothesis and second language acquisition. In: Rutherford (Hg.), 141–161.
Birdsong, D. (Hg.) (1999), Second language acquisition and the critical period hypothesis. Mahwah, N. J.
Blocher, E. (1909), Zweisprachigkeit. Vorteile und Nachteile. Langensalza.
Block, D. (1996), Not so fast: Some thoughts on theory culling, relativism, accepted findings and the heart and soul of SLA. In: Applied Linguistics 17, 63–83.
Bloomfield, L. (1914), An introduction to the study of language. New York.
Bloomfield, L. (1933), Language. London.
Bolten, J. (1993), Fremdsprache Wirtschaftsdeutsch. In: Müller, B.-D. (Hg.), Interkulturelle Wirtschaftskommunikation. München, 71–91.
Bordie, J. G. (1971), When should instruction in a second language or dialect begin? In: Elementary English 48, 551–558.
Born, J./Stickel, G. (Hg.) (1993), Deutsch als Verkehrssprache in Europa (Institut für deutsche Sprache. Jahrbuch 1992). Berlin. New York.
Borst, A. (1957–63), Der Turmbau von Babel: Geschichte und Meinungen über Ursprung und Vielfalt der Sprachen und Völker, 4 Bde, 6 Teile. Stuttgart.
Brackmann, H.-J. (1995), Allgemeinbildung – Berufsbildung: Wieviele Sprachen braucht der Mensch? In: Deutsch-Französisches Jugendwerk (Hg.), Fremdsprache – Partnersprache. Baden-Baden, 178–193.
Brainerd, C. J. (1993), Cognitive development is abrupt (but not stage-like). In: Monographs of the Society for Research in Child Development 58, 170–190.

Briggs, J./Peat, D. (1993), Die Entdeckung des Chaos. Eine Reise durch die Chaostheorie. München.
Broeder, P. /Extra, G. (1998), Language, ethnicity and education. Case studies of immigrant minority groups and immigrant minority languages. Clevedon, Avon.
Brown. R./Bellugi, U. (1964), Three processes in the child's acquisition of syntax. In: Harvard Educational Review 34, 133–151.
Bruha, T. (1998), Rechtliche Aspekte der Vielsprachigkeit: Vertrags-, Amts-, Arbeits- und Verkehrsprachen in der Europäischen Union. In: Bruha/Seeler (Hg.), 83–104.
Bruha, T./Seeler, H.-J. (Hg.) (1998), Die Europäische Union und ihre Sprachen. Interdisziplinäres Symposium zur Vielsprachigkeit als Herausforderung und Problematik des europäischen Einigungsprozesses. Baden-Baden.
Bühler. K. (1934), Sprachtheorie. Jena.
Bühler, K. (1935), Einleitung. In: Archiv für gesamte Psychologie 94, 401–412.
Bühler, U. B. (1972), Empirische und lernpsychologische Beiträge zur Wahl des Zeitpunkts für den Fremdsprachenunterrichtsbeginn. Zürich.
Bundesregierung (Hg.) (1985), Bericht der Bundesregierung Deutschland über die deutsche Sprache in der Welt (Bundestagsdrucksache 10/3784). Bonn.
Bundesregierung (Hg.) (2000), Erster Bericht der Bundesregierung Deutschland gemäß Artikel 15 Abs. 1 der Europäischen Charta der Regional- oder Minderheitensprachen. o. O.
Burri, A. (Hg.) (1997), Sprache und Denken. Language and Thought. Berlin. New York.
Buttjes, D. (1991), Landeskunde-Didaktik und landeskundliches Curriculum. In: Bausch, K-R./Christ, S. H./Hüllen, W./Krumm, H.-J. (Hg.), Handbuch Fremdsprachenunterricht. Tübingen, 112–119.

Canale, M./Swain, M. (1980), Theoretical bases of communicative approaches to second language teaching and testing. In: Applied Linguistics 1, 1–47.
Carroll, J. B. (1981), Conscious and automatic processes in language learning. In: Canadian Modern Language Review 37, 462–474.
Carroll, J. B. (1993), Human cognitive abilities: A survey of factor-analytic studies. Cambridge.
Carruthers, P./Boucher, J. (Hg.) (1998), Language and thought. Interdisciplinary themes. Cambridge.
Cassirer, E. (1944), An essay on man. An introduction to a philosophy of human culture. New Haven.
Cattell, R. (2000), Children's language. Consensus and controversy. London. New York.
Cenoz, J./Genesee, F. (Hg.) (2001), Trends in bilingual acquisition. Amsterdam.
Cherubim, D. (Hg.) (1980), Fehlerlinguistik. Probleme der sprachlichen Abweichung. Tübingen.
Chesterman, A. (1991), On definiteness. A study with special reference to English and Finnish. Cambridge.
Cho Lee, Nan-Hi (1982), Daß-Sätze im Deutschen und ihre entsprechenden Formen im Koreanischen: Eine kontrastive Analyse. Hamburg.
Chomsky, N. (1959), A review of Verbal Behavior by B. F. Skinner. In: Language 35, 26–58.
Chomsky, N. (1969), Aspekte der Syntax-Theorie. Frankfurt/M. Engl. Original 1965.
Chomsky, N. (1981), Regeln und Repräsentationen. Frankfurt/M.
Chomsky, N. (1987), Language in a psychological setting (Sophia Linguistica 22). Tokyo.
Christophersen, P. (1948), Bilingualism. An inaugural lecture. London.
Christopherson, P. (1973), Second-language learning. Harmondsworth.
Church, J. (1971), Sprache und die Entdeckung der Wirklichkeit. Frankfurt/M. Engl. Original 1961.
Clahsen, H. (1990), The comparative study of first and second language development. In: Studies in Second Language Acquisition 12, 135–153.

Clahsen, H./Meisel, J./Pienemann, M. (1983), Deutsch als Zweitsprache: Der Spracherwerb ausländischer Arbeiter. Tübingen.
Clyne, M. (1975), Forschungsbericht Sprachkontakt. Untersuchungsergebnisse und praktische Probleme. Kronberg/Ts.
Cohen, A. D. (1998), Strategies in learning and using a second language. London. New York.
Cohen, J./Stewart, I. (1997), Chaos und Antichaos. Ein Ausblick auf die Wissenschaft des 21. Jahrhunderts. München.
Cook, V. (1977), Cognitive processes in second language learning. In: International Review of Applied Linguistics in Language Teaching 15, 1–20.
Cook, V. (1999), Using SLA research in language teaching. In: International Journal of Applied Linguistics 9, 267–284.
Cooper, D. L. (1999), Linguistic attractors. The cognitive dynamics of language acquisition and change. Amsterdam.
Corder, P. (1967), The significance of learners' errors. In: International Review of Applied Linguistics in Language Teaching 5, 161–170.
Corder, P. (1978), Language-learner language. In: Richards, J. C. (Hg.), Understanding second and foreign language learning. Issues and approaches. Rowley, Mass., 71–93.
Corder, P. (1981), Error analysis and interlanguage. Oxford.
Crookes, G. (1992), Theory format and SLA Theory. In: Studies in Second Language Acquisition 14, 425–449.
Crookes, G./Schmidt, R. W. (1991), Motivation: Reopening research agenda. In: Language Learning 14, 469–512.
Cummins, J./Swain, M. (1986), Bilingualism in education. London. New York.
Curtiss, S. (1977), Genie. A psycholinguistic study of a modern-day „wild child". New York.

Dahl, Ø. (Hg.) (1995), Intercultural communication and contact. Stavanger.
Dato, D. P. (Hg.) (1975), Developmental psycholinguistics. Washington D. C.
Davies, A. /Criper, C./Howatt, A. P. R. (Hg.) (1984), Interlanguage. Edinburgh.
DeCamp, D. (1971), Toward a generative analysis of a post-creole speech continuum. In: Hymes, D. (Hg.), Pidginization and creolization of languages. Cambridge, 347–370.
Decco, W. (1996), The induction-deduction opposition: Ambiguities and complexities of the didactic reality. In: International Review of Applied Linguistics in Language Teaching 34, 95–118.
Dechert, H. W. (Hg.) (1990), Current trends in European second language research. Clevedon, Avon.
Décsy, G. (1973), Die linguistische Struktur Europas. Vergangenheit, Gegenwart, Zukunft. Wiesbaden.
Deegener, G. (1978), Neuropsychologie und Hemisphärendominanz. Stuttgart.
Demetriou, A. (Hg.) (1988), The Neo-Piagetian theories of cognitive development: Toward an integration. Amsterdam, Oxford.
Denison, N. (1984), Spracherwerb in mehrsprachiger Umgebung. In: Oksaar (Hg.), 1–29.
Deutscher, I. (1971), Die Sprache in der subkulturellen und in der intrakulturellen Forschung. In: Kjolseth, R./Sack, F. (Hg.), Zur Soziologie der Sprache. Opladen, 87–97.
Deutscher Bundestag (Hg.) (1986), Die deutsche Sprache in der Welt (Zur Sache 5). Bonn.
Dietrich, R./Klein, W./Noyau, C. (1995), The acquisition of temporality in a second language. Amsterdam.
Diller, K. C. (1974), „Compound" and „coordinate" bilingualism: A conceptual artefact. In: Word 26, 254–261.
Diller, K. C. (Hg.) (1981), Individual differences and universals in language learning aptitude. Rowley, Mass.

Dittmar, N. (1997), Grundlagen der Soziolinguistik – ein Arbeitsbuch mit Aufgaben. Tübingen.
Dodson, C. J. (1987), Language-learning strategies of monolinguals and bilinguals. In: Oksaar (Hg.), 158–167.
Döpke, S. (Hg.) (2000), Crosslinguistic structure in simultaneous bilingualism. Amsterdam.
Dörner, D. (1976), Problemlösungen als Informationsverarbeitung. Stuttgart.
Dörnyei, Z. (2001), Teaching and researching motivation. London.
Dörnyei, Z. /Schmidt, R. W. (Hg.) (2001), Motivation and second language acquisition. Honolulu.
Dörnyei, Z./Scott, M. (1997), Communication strategies in a second language: Definitions and taxonomies. In: Language Learning 47, 173–210.
Druviete, I. (1997), Linguistic human rights in the Baltic states. In: International Journal of the Sociology of Language 127, 161–185.
Dulay, H.C./Burt, M.K. (1974), Natural sequences in child second language acquisition. In: Language Learning 24, 37–53.
Dulay, H. C./Burt, M. K./Krashen, S. D. (1982), Language two. New York. Oxford.
Dunaif-Hattis, J. (1984), Doubling the brain. New York. Bern. Frankfurt/M.

Easton, D. (1953), The political system. New York.
Eckman, F. R. (1977), Markedness and the contrastive analysis hypothesis. In: Language Learning 27, 315–330.
Eckman, F. R./Moravcsik, E. A./Wirth, J. R. (Hg.) (1984), Markedness. New York.
Edelman, G. M. (1989), The remembered present. A biological theory of consciousness. New York.
Edelman, G. M./Tononi, G. (2002), Gehirn und Geist. Wie aus Materie Bewusstsein entsteht. München, Engl. Original 2000.
Edwards, J. (1994), Multilingualism. London.
Ejerhed, E. /Henrysson, I. (Hg.) (1981), Tvåspråkighet. Umeå.
Ekstrand, L. H. (1978), Bilingual- and bicultural adaptation. Stockholm.
Ellis, R. (1985), Sources of variability in interlanguage. In: Applied Linguistics 6, 118–131.
Ellis, R. (1986), Understanding second language acquisition. Oxford.
Ellis, R. (1994), The study of second language acquisition. Oxford.
Ellis, R. (1997), Second language acquisition. Oxford.
Ellis, R. (1999), Item versus system learning: Explaining free variation. In: Applied Linguistics 20, 460–480.
Elman J./Bates, E./Johnson, M./Karmiloff-Smith, A./Parisi, D./Plunkett, K. (1996), Rethinking innateness. A connectionist perspective of development. Cambridge, Mass.
Elwert, W. T. (1973), Das zweisprachige Individuum. Wiesbaden.
Engelkamp, J. (1991), Das menschliche Gedächtnis: Das Erinnern von Sprache, Bildern und Handlungen. Göttingen.
Epstein, J. (1915), La pensée et la polyglossie: Essai psychologique et didactique. Lausanne.
Erikson, E.H. (1965), Childhood and society. Harmondworth, Middix.
Ervin, S./Osgood, C. E. (1954), Second language learning and bilingualism. In: Journal of Abnormal and Social Psychology, Suppl., 139–146.
Escobedo, T. H. (1978), Culturally responsive early childhood education. Los Angeles.
Extra, G./Verhoeven, L. (Hg.) (1993), Immigrant languages in Europa. Clevedon, Avon.

Færch, C./Kasper, G. (Hg.) (1987), Introspection in second language research. New York.
Fathman, A. (1975), The relationship between age and second language productive ability. In: Language learning 25, 245–253.

Fervers, H. (1983), Fehlerlinguistik und Zweitsprachenerwerb. Geneve.
Festinger, L. (1957), A theory of cognitive dissonance. Evanston, Ill.
Finkenstaedt, T./Schröder, K. (1990), Sprachenschranken statt Zollschranken? Grundlegung einer Fremdsprachenpolitik für das Europa von morgen. Essen.
Firth, A./Wagner, J. (1997), Communication strategies at work. In: Kasper, G./Kellerman, E. (Hg.), Communication strategies at work – Psycholinguistic and sociolinguistic perspectives. New York, 323–344.
Fishman, J. (1966), Language loyalty in the United States. The Hague.
Fishman, J. (1982), Whorfianism of the third kind: Ethnolinguistic diversity as a worldwide societal asset. In: Language in Society 11, 1–14.
Fishman, J. (1991), Reversing language shift. Theoretical and empirical foundations of assistance of threatened languages. Clevedon, Avon.
Fisiak, J. (Hg.) (1990), Further insights into contrastive analysis. Amsterdam. Philadelphia.
Flege, J. E. (1987), A critical period for learning to pronounce foreign languages? In: Applied Linguistics 8, 162–177.
Fodor, J. A. (1983), The modularity of mind. Cambridge, Mass.
Foster, P./Tonkyn, A./Wigglesworth, G. (2000), Measuring spoken language: A unit for all reasons. In: Applied. Linguistics 21, 354–375.
Francescato, G. (1981), Il bilingue isolato. Milano.
Friederici, A. D. (1996), Neurobiologische Grundlagen sprachlicher Repräsentation. In: Zeitschrift für Semiotik 18, 251–264.
Fries, C. C. (1945), Teaching and learning English as a foreign language. Ann Arbor.
Fromkin, V. A. (1997), Some thoughts about the brain/mind/language interface. In: Lingua 100, 3–27.
Fuller, J. M. (1999), Between three languages: Composite structure in interlanguage. In: Applied Linguistics 20, 534–561.
Furnham, A./Bochner, S. (1986), Culture shock: Psychological reaction to unfamiliar enviroment. New York.

Gabelentz, G. von der (1901), Die Sprachwissenschaft. ²Leipzig.
Gagné, R.M. (1965), The conditions of learning. New York.
Gair, J. W. (1988), Kinds or markedness. In: Flynn, S./O'Neil, W. (Hg.), Linguistic theory in second language acquisition. Dordrecht. Boston, 225–250.
Galloway, L. (1982), Bilingualism. Neuropsychological considerations. In: Journal of Research and Development in Education 15, 12–28.
Gardner, H. (1989), Dem Denken auf der Spur. Der Weg zur Kognitionswissenschaft. Stuttgart. Engl. Original 1985.
Gardner, R. C. (1985), Social psychology and second language learning. The role of attitudes and motivation. London.
Gardner, R. C. (1991), Attitudes and motivation in second language learning. In: Reynolds, A. C. (Hg.), Bilingualism, multiculturalism and second language learning. Hillsdale, N.J., 43-63.
Gardner, R. C. (2001), Integrative motivation and second language acquisition. In: Dörnyei/Schmidt (Hg.), 1–19.
Gardner, R. C./Lambert, W. (1972), Attitudes and motivation in second language learning. Rowley, Mass.
Gardner, R. C./Smythe, P. C./Brunet, G. R. (1977), Intensive second language study. Effects on attitudes, motivation, and French achievement. In: Language Learning 27, 243–262.
Gardt, A. (Hg.) (2000), Nation und Sprache. Die Diskussion ihres Verhältnisses in Geschichte und Gegenwart. Berlin. New York.

Gass, S. M. (1997), Input, interaction and the second language learner. Mahwah, N.J.
Gass, S. M./Schachter, J. (Hg.) (1989), Perspectives on second language acquisition. Cambridge.
Gass, S. M./Selinker, L. (Hg.) (1983), Language transfer and language learning. Rowley, Mass.
Gass, S. M./Varonis, E. M. (1985), Variation in native speaker speech modification to non-native speakers. In: Studies in Second Language Acquisition 7, 37–58.
Gazzaniga, M. S. (1970), The bisected brain. New York.
Gazzaniga, M. S. (Hg.) (2000), The new cognitive neurosciences. ²Cambridge. Mass.
Geertz, C. (1973), The interpretation of cultures. New York.
Geissler, H. (1938), Zweisprachigkeit deutscher Kinder im Auslande. Stuttgart.
Genesee, F. (1982), Experimental neuropsychological research on second language processing. In: TESOL Quarterly 16, 315–322.
Gerdes, D. (1996), Pilotprojekt „Plattdeutsch in der Schule". Aurich.
Geschwind, N. (1979), Specializations of the human brain. In: Scientific American 241, 158–171.
Gleick, J. (1987), Chaos: Making a new science. New York.
Goodenough, W. H. (1957), Cultural anthropology and linguistics. In: Garvin, P. L. (Hg.), Report on the Seventh Round Table Meeting on Linguistics and Language Study. Washington D.C., 109–173.
Goethe, J. W. von (1961), Aus meinem Leben. Dichtung und Wahrheit. In: Goethe, J. W. von. Werke. Hamburger Ausgabe in 14 Bänden. Band 9: Autobiographische Schriften 1. ⁴Hamburg.
Goethe, J. W. von (1973), Goethes Werke. Band XII. Maximen und Reflexionen. Textkritisch durchgesehen v. E. Trunz/H. J. Schrimpf. München.
Goffman, E. (1967), Interactional ritual. Essays on face to face behavior. Garden City. N.Y.
Gorosch, M. (1958), English without a book and without a teacher. In: Moderna språk 52, 369–372.
Groot, A. M. B. de/Kroll, J. F. (1997), Tutorials in bilingualism: Psycholinguistic perspectives. Mahwah, N. J.
Grotjahn, R. (1997), Strategiewissen und Strategiegebrauch. Das Informationsverarbeitungsparadigma als Metatheorie der L2-Strategieforschung. In: Rampillon, U./Zimmermann, G. (Hg.), Strategien und Techniken beim Erwerb fremder Sprachen. Ismaning, 33–76.
Guiford, J. P. (1971), Kreativität. In: Mühle, G./Schnell, C. (Hg.), Kreativität und Schule. München.
Gullestrup, H. (1992), Kultur, kulturanalyse og kulturetik – eller hvad adskiller og forener os? København.
Gumperz, J. J. (1964), Linguistic and social interaction in two communities. In: Gumperz, J. J./Hymes, D. (Hg.), The ethnography of communication (American Anthropologist 66, 6, Part 2), 137–153.
Gumperz, J. J./Levinson, S. C. (Hg.) (1996), Rethinking linguistic relativity. Cambridge.

Hagége, C. (1996), „Welche Sprache für Europa?" Verständigung in der Vielfalt. Frankfurt/M. Frz. Original 1992.
Hakuta, K. (1974), Prefabricated patterns and the emergence of structure in second language acquisition. In: Language Learning 24, 287–297.
Hakuta, K. (1986), Mirror of language : The debate on bilingualism. New York.
Hall, E. (1973), The silent language. New York.
Hallberg, H. P. (Hg.) (1972), Seven voices on Europe. Lund.
Hamers, J./Blanc, M. H. A. (2000), Bilinguality and bilingualism. ²Cambridge. New York.

Harley, B. (1986), Age in second language acquisition. Clevedon, Avon.
Hasselmo, N. (1969), How can we measure the effects which one language may have on the other in the speech of bilinguals? In: Kelly (Hg.), 122–141.
Hassenstein, B. (1979), Wie viele Körner ergeben einen Haufen? In: Peisl, A./Mohler, A. (Hg.), Der Mensch und seine Sprache. Frankfurt. Berlin. Wien, 219–242.
Hatch, E. (1976), Studies in language switching and mixing. In: McCormack, W.C./Wurm S.A. (Hg.), Language and man. Anthropological issues. The Hague, 201–214.
Hatch, E. (1978), Discourse analysis and second language acquisition. In: Hatch, E. (Hg.), Second language acquisition: a book of readings. Rowley, Mass., 401–435.
Haugen, E. (1950), Problems of bilingualism In: Lingua 2, 271–290.
Haugen, E. (1953), The Norwegian language in America: A study in bilingual behavior. Philadelphia.
Haugen, E. (1956), Bilingualism in the Americas: A bibliography and research guide. Alabama.
Heckhausen, H. (1980), Motivation und Handeln. Lehrbuch zur Motivationspsychologie. Berlin.
Heider, F. (1958), The psychology of interpersonal relations. New York.
Heller, M. (Hg.) (1988), Codeswitching. Anthropological and sociolinguistic perspectives. Berlin. New York.
Hellinger, M. (1975), English-orientierte Pidgin- und Kreolsprachen. Entstehung, Geschichte und sprachlicher Wandel. Darmstadt.
Herder, J. G. (1960), Sprachphilosophie. Ausgewählte Schriften. Hamburg.
Hess-Lüttich, E. W. B. (1987), Angewandte Sprachsoziologie. Eine Einführung in linguistische, soziologische und pädagogische Ansätze. Stuttgart.
Hinnenkamp, V. (1994), Interkulturelle Kommunikation – strange attractions. In: Zeitschrift für Literaturwissenschaft und Linguistik 93, 46–74.
Hofman, R. (1995), Minderheitenschutz in Europa. Berlin.
Hofstätter, P. R. (1966), Einführung in die Sozialpsychologie. [4]Stuttgart.
Hofstede, G. (1980), Culture's consequences: International differences in workrelated values. Beverly Hills.
Hoijer, H. (Hg.) (1954), Language in culture. Conference on the interrelations of language and other aspects of culture. Chicago. London.
Hollqvist, H. (1984), The use of English in three large Swedish companies. Stockholm.
Holmstrand, L. S. E. (1982), English in the elementary school. Uppsala.
Hoof-Haverkamp, R. van (1998), Praxis und Probleme des Dolmetschens. In: Bruha/Seeler (Hg.), 59–64.
Hörmann, H. (1970), Psychologie der Sprache. [2]Heidelberg.
Hörmann, H. (1976), Meinen und Verstehen. Grundzüge einer psychologischen Semantik. Frankfurt/M.
Horn, D./Tumat, A. J. (1998), Deutsch als Zweitsprache für nichtmuttersprachliche Lerner. In: Lange, G./Neumann, K./Ziesenis, W. (Hg.), Taschenbuch des Deutschunterrichts. Grundlagen, Sprachdidaktik, Mediendidaktik. Band 1. [6]Baltmannsweiler, 337–357.
Horton, D./Bergfeld Mills, C. (1984), Human learning and memory. In: Annual Review of Psychology 35, 361–394.
Hüllen, W. (1987), Englisch als Fremdsprache. Tübingen.
Humboldt, W. von (1907), Gesammelte Schriften 7.1, Über die Verschiedenheit des menschlichen Sprachbaues und ihren Einfluß auf die geistige Entwicklung des Menschengeschlechts, Hg. Von A. Leitzmann. Berlin.
Husén, T./Opper, S. (Hg.) (1983), Multilingual and multicultural education in immigrant countries. Oxford.

Huss, L. (1999), Reversing language shift in the far north. Linguistic revitalization in Northern Scandinavia and Finland. Uppsala.
Hyltenstam, K./Arnberg, L. (1988), Bilingualism and education of immigrant children and adults in Sweden. In: Paulston (Hg.), 475–513.
Hyltenstam, K./Obler, L. K. (Hg.) (1989), Bilingualism across the lifespan: Aspects of acquisition, maturity and loss. Cambridge.
Hymes, D. (1967), Models of the interaction of language and social setting. In: Macnamara (Hg.), 8–28.

Indefrey, P./Levelt, W. J. (2000), The neural correlates in language production. In: Gazzaniga (Hg.), 845–865.
Ingendahl, W. (1999), Sprachreflexion statt Grammatik. Ein didaktisches Konzept für alle Schulstufen. Tübingen.
Inghult, G. (1997), Anglicisms in German and Swedish: Principles for the choice of transfer type. In: Norm, variation and change in language. Proceedings of the centenary meeting of the Nyfilologiska sällskapet, March 1996 (Stockholm Studies in Modern Philology, New Series 11). Stockholm, 67–84.
Inhelder, B./Caprona, D. de/Cornu-Wells, A. (Hg.) (1987), Piaget today. Hove, Sussex.

Jacobs, B./Schumann, J. (1992), Language acquisition and the neurosciences: Towards a more integrative perspective. In: Applied Linguistics 13, 282–301.
Jake, J. L. (1998), Constructing interlanguage: Building a composite matrix language. In: Linguistics 36, 333–382.
Jakobson, R. (1957), Shifters, verbal category and the russian verb. Cambridge, Mass.
Jakobson, R. (1961), Linguistics and communication theory. In: Jakobson. R. (Hg.), Structure of language and its mathematical aspects. Proceedings of Symposia in Applied Mathematics 12. Providena, 245–252.
Jakobson, R. (1972), Kindersprache, Aphasie und allgemeine Lautgesetze. ³Frankfurt/M.
Jakobson, R. (1974), Teil und Ganzes in der Sprache. In: Raible, W. (Hg.), Roman Jakobson. Aufsätze zur Linguistik und Poetik. München, 38–43.
James, C. (1980), Contrastive analysis. Applied Linguistics and language study. London.
James, C , (1990), Learner language. In: Language Teaching 23, 205–213.
James, C. (1998), Errors in language learning and use. London. New York.
Janssen, T. A. J. M./Redeker, G. (Hg.) (1999), Cognitive linguistics. Foundations, scope and methodology. Berlin.
Jiang, N. (2000), Lexical representation and development in a second language. In: Applied Linguistics 21, 47–77.
Johansen, P./Mühlen H. von zur (1973), Deutsch und Undeutsch im mittelalterlichen und frühneuzeitlichen Reval. Köln. Wien.
Johnson-Laird, P. (1983), Mental models. Cambridge, Mass.
Johnson-Laird, P. (1996), „Der Computer im Kopf". Formen und Verfahren der Erkenntnis. München.
Jong, W. de (1986), Fremdarbeitersprache zwischen Anpassung und Widerstand. Bern. Frankfurt/M.
Joseph, J.E./Love, N./Taylor, T.J. (2001), Landmarks in linguistic thoughts II: The western tradition in the twentieth century. London.
Juhász, J. (1970), Probleme der Interferenz. München.

Kahane, H./Kahane, R. (1979), Decline and survival of western prestige languages. In: Language 55, 183–198.

Kalverkämper, H./Weinrich, H. (Hg.) (1986), Deutsch als Wissenschaftssprache. 25. Konstanzer Literaturgespräch. Tübingen.

Kaplan, T.I. (1998), General learning strategies and the process of L2 acquisition: A critical overview. In: International Review of Applied Linguistics in Language Teaching 36, 233–244.

Karmiloff-Smith, A. (1994), Précis of beyond modularity: A developmental perspective on cognitive science. In: Behavioral and Brain Sciences 17, 693–745.

Kasper, G. (2001), Four perspectives on L2 pragmatic development. In: Applied Linguistics 22, 502–530.

Kasper, G./Blum-Kulka, S. (1993), Interlanguage pragmatics: An introduction. In: Kasper. G./Blum-Kulka, S. (Hg.), Interlanguage pragmatics. New York. Oxford, 3–17.

Kasper, G./Rose, K. R. (1999), Pragmatics and SLA. In: Annual Review of Applied Linguistics 19, 81–104.

Kecskes, I. /Papp, T. (2000), Foreign language and mother tongue. Mahwah, N. J.

Kellerman, E. (1984), The empirical evidence for the influence of the L1 in interlanguage. In: Davies/Criper/Howatt (Hg.), 98–122.

Kelly, L. G. (Hg.) (1969), Description and measurement of bilingualism. Toronto.

Kim, Y. Y./Gudykunst, W. B. (Hg.) (1988), Theories in intercultural communication. Newbury Park, Calif.

Kinsbourne, M. (1981), Neuropsychological aspects of bilingualism. In: Winitz (Hg.), 50–58.

Kintsch, W./Dijk, T. van (1978), Toward a model of text comprehension and production. In: Psychological Review 85, 363–394.

Klein, E. (1987), Zweitsprachenerwerbsforschung, Sprachlehr- und Sprachlernforschung und Fremdsprachenunterricht. In: Papiere zur Linguistik 2, 27–48.

Klein, W. (1984), Zweitspracherwerb. Eine Einführung. Königstein/Ts.

Kloep, M. (1985), Spracherwerbsforschung: Zurück zur funktionalen Analyse. In: Zielsprache Deutsch 3, 35–38.

Kluckhohn, C./Murray, H. A. (1953), Personality formation: The deteminants. In: Kluckhohn, C./Murray, H. A./Schneider, D. (Hg.), Personality in nature, society and culture. ²New York, 53–67.

Knapp-Potthoff, A./Knapp, K. (1982), Fremdsprachenlernen und -lehren. Stuttgart.

Konerding, K-P. (1993), Frames und lexikalisches Bedeutungswissen. Untersuchungen zur linguistischen Grundlegung einer Frametheorie und zu ihrer Anwendung in der Lexikographie. Tübingen.

König-Linek, C. (1995), Aphasie bei Mehrsprachigkeit: Eine Fallstudie. Hamburg.

Kramer, W. (1992), Interkulturelle Kompetenz: Zum Anforderungsprofil an international, tätige Mitarbeiter In: Kramer, W./Weiß, R. (Hg.), Fremdsprachen in der Wirtschaft. Ein Beitrag zu interkulturellen Kompetenz. Köln, 9–46.

Krashen, S. (1973), Lateralization, language learning and the critical period. Some new evidence. In: Language Learning 23, 63–74.

Krashen, S. (1981), Second language acquisition and second language learning. Oxford. New York.

Krashen, S. (1985), The input hypothesis. Issues and implications. Harlow, Essex.

Kreuzer. E. (1996), Chaostheorie – nützlich oder vergänglich? In: Braunschweigische Wissenschaftliche Gesellschaft Jahrbuch 1995. Göttingen, 143–156.

Kroeber, A. L./Klukhohn, C. (1952), Culture. A critical review of concepts and definitions. Cambridge, Mass.

Krzeszowski, T. (1990), Contrasting languages. The scope of contrastive linguistics (Trends in Linguistics. Studies and Monographs 51). Berlin. New York.

Kühlwein, W. (1990), Kontrastive Linguistik und Fremdsprachenerwerb – Perspektiven und historischer Hintergrund. In: Gnutzmann, C. (Hg.), Kontrastive Linguistik (*forum* Angewandte Linguistik. Band 19). Frankfurt/M., 13–32.

Kuhs, K. (1989), Sozialpsychologische Faktoren im Zweitspracherwerb. Eine Untersuchung bei griechischen Migrantenkindern in der Bundesrepublik Deutschland. Tübingen.

Lado, R. (1957), Linguistics across cultures. Applied linguistics for language teachers. Ann Arbor.

Lainio, J. (1989), Spoken Finnish in urban Sweden. Uppsala.

Lakoff, G. (1987), Women, fire and dangerous things. Chicago.

Lamb, S. (1999), Pathways of the brain. The neurocognitive basis of language. Amsterdam.

Lambert, R. D. (1999), A scaffolding for language policy. In: Landau, J. M. (Hg.), Language and politics: Theory and cases (International Journal of the Sociology of Language 137), 3–25.

Lambert, W. E. (1980), Cognitive, attitudinal and social consequences of bilingualism. In: Afendras (Hg.), 3–24.

Lambert, W. E./Havelka, J./Gardner, R. C. (1959), Linguistic manifestations of bilingualism. In: American Journal of Psychology 72, 77–82.

Lambert, W. E./Jakobovits, L. A. (1961), Semantic satiation among bilinguals. In: Journal of Experimental Psychology 62, 576–582.

Lamendella, J. T. (1977), General principles of neurofunctional organization and their manifestations in primary and nonprimary language acquisition. In: Language Learning 27, 155–196.

Langacker, R. W. (1988), An overview of cognitive grammar. In: Rudzka-Osteyn, B. (Hg.), Topics in cognitive linguistics. Amsterdam, 3–48.

Lardiere, D. (1998), Case and tense in the „fossilized" steady state. In: Second Language Research 14, 1–26.

Larsen-Freeman, D. (1997), Chaos/complexity science and second language acquisition. In: Applied Linguistics 18, 141–165.

Larsen-Freeman, D./Long, M. H. (1991), An introduction to second language acquisition research. New York.

Laurén, C. (Hg.) (1994), Evaluating European immersion programs. From Catalonien to Finland. Vaasa.

Lawton, D. (1970), Soziale Klasse, Sprache und Erziehung. Düsseldorf. Engl. Original 1968.

Lee, P. (1996), The Whorf theory complex. A critical reconstruction. Amsterdam.

Lenneberg, E. H. (1972), Biologische Grundlagen der Sprache. Frankfurt/M. Engl. Original 1967.

Lennon, P. (1991), Error and the very advanced learner. In: International Review of Applied Linguistics in Language Teaching 29, 31–44.

Leontjev, A. A. (1971), Sprache – Sprechen – Sprechtätigkeit. Stuttgart. Russ. Original 1968.

Lewandowski, T. (1990), Linguistisches Wörterbuch 1–3. ^{5}Heidelberg.

Lewis, E. G. (1974), Linguistics and second language pedagogy. A theoretical study. The Hague.

Lewis, M. M. (1970), Sprache, Denken und Persönlichkeit im Kindesalter. Düsseldorf. Engl. Original 1963.

Lieberman, P. (1997), Peak capacity. In: The Sciences 37, 6, 22–27.

Lightbown, P. M. (1984), The relationship between theory and method in second-language acquisition research. In: Davies/Criper/Howatt (Hg.), 241–251.

Lightbown, P. M. (1985), Great expectations: Second language research and classroom teaching. In: Applied Linguistics 6, 171–189.

Lightbown, P. M. (2000), Classroom SLA research and second language teaching. In: Applied Linguistics 21, 431–462.

Lindner, G. (1977), Hören und Verstehen. Phonetische Grundlagen der auditiven Lautsprachenperzeption. Berlin.
Lindroth, H. (1937), Das Sprachgefühl, ein vernachlässigter Begriff. In: Indogermanische Forschungen 55, 1–16.
List, G. (1981), Sprachpsychologie. Stuttgart. Köln.
Long, M. H. (1993), Assessment strategies for SLA theories. In: Applied Linguistics 14, 225–249.
Loritz, D. (1991), Cerebral and cerebellar models of language learning. In: Applied Linguistics 12, 299–318.
Luchtenberg, S. (1999), Interkulturelle kommunikative Kompetenz. Kommunikationsfelder in Schule und Gesellschaft. Opladen.
Lucy, J. A. (1992), Language diversity and thought. A reformulation of the linguistic relativity hypothesis. Cambridge. New York.
Lucy, J. A. (1996), The scope of linguistic relativity. An analysis and review of empirical research. In: Gumperz/Levinson (Hg.), 37–69.
Lucy, J. A. (1997), Linguistic relativity. In: Annual Review of Anthropology 26, 291–312.
Lurija, A. R. (1930), Reč i intellekt gorodskogo, derevenskogo i bezprisornogo rebenka. Moskva.
Lurija, A. R./Judowitsch, F. Ia (1970), Die Funktion der Sprache in der geistigen Entwicklung des Kindes. Düsseldorf. Russ. Original 1956.

Mackey, W. F. (1956), Towards a redefinition of bilingualism. In: Canadian Journal of Linguistics 3, 2–11.
Mackey, W. F. (1976), Bilinguisme et contact de langues. Paris.
Mackey, W. F. (1967), Bilingualism as a world problem. Montreal.
Macnamara, J. (1967a), The bilingual's linguistic performance – A psychological overview. In: Macnamara (Hg.), 58–77.
Macnamara, J. (Hg.) (1967b), Problems of bilingualism. (The Journal of Social Issues 23), 58–77.
Maletzke, G. (1996), Interkulturelle Kommunikation. Zur Interaktion zwischen Menschen verschiedener Kulturen. Opladen.
Mandel, H. (1981), Einige Aspekte zur Psychologie der Textverarbeitung. In: Mandel, H. (Hg.), Zur Psychologie der Textverarbeitung. Ansätze, Befunde, Probleme. München. Wien, 1–40.
Mans, E. (1986), Zweisprachigkeit, Bedeutung, Interaktion. Zur Kritik der compound-coordinate Theorie. Marburg.
Masny, D. (1989), Linguistic awareness and second language learning. In: JTL Review of Applied Linguistics 85–86, 85–104.
McLaughlin, B. (1978), The Monitor model: Some methodological considerations. In: Language Learning 28, 309–332.
McLaughlin, B. (1981), Differences and similarities between first and second-language learning. In: Winitz (Hg.), 23–32.
McLaughlin, B. (1984), Second-language acquisition in childhood. Vol. 1, Preschool children. [2]Hillsdale, N. J.
McLaughlin, B. (1985), Second-language acquisition in children. Vol. 2, School-age children. [2]Hillsdale. N. J.
McLaughlin, B. (1987), Theories of second-language learning. London. Baltimore.
Mendelsohn, S. (1988), Language lateralization in bilinguals. Facts and fantasy. In: Journal of Neurolinguistics 3, 261–291.
Mikkola, P. (2001), Kahden kulttuurin taita. Turku.
Miller, G. A. (1963), Language and communication. [2]New York. Toronto.

Miller. G. A. (1991), The science of words. New York.
Milroy, L./Muysken, P. (Hg.) (1995), One speaker, two languages. Cross-disciplinary perspectives on code switching. Cambridge.
Minsky, M. (1975), A framework for presenting knowledge. In: Winston, P. H. (Hg.), The psychology of computer vision. New York, 211–277.
Miracle, A. W. Jr. (Hg.) (1983), Bilingualism. Social issues and policy implications. Athens, Georgia.
Mißler, B. (1999), Fremdsprachenlernerfahrungen und Lernerstrategien. Eine empirische Untersuchung. Tübingen.
Mitchell, R./Myles, F. (1998), Second language learning theories. London. New York.
Möhle, D./Raupach, M. (1983), Planen in der Fremdsprache. Analyse von „Lernersprache Französisch". Frankfurt/M. Bern.
Montada, L. (1982), Themen, Traditionen, Trends. In: Oerter, R./Montada, L. (Hg.), Entwicklungspsychologie. Ein Lehrbuch. München. Wien, 375–424.
Mowrer, O. H. (1960), Learning theory and the symbolic processes. New York.
Münch, D. (1992), Computermodelle des Geistes. In: Münch, D. (Hg.), Kognitionswissenschaft. Grundlagen, Probleme, Perspektiven. Frankfurt/M., 7–53.
Myers-Scotton. C. (1993), Duelling languages. Grammatical structure in codeswitching. Oxford.

Naiman, N./Fröhlich, M./Stern, H. H. (1975), The good language learner. Toronto.
Naiman, N./Fröhlich, M./Stern, H. H./Todesco, A. (1978), The good language learner. Toronto.
Nakuma, C. K. (1998), A new theoretical account of „fossilization". Implications for L2 attrition research. In: International Review of Applied Linguistics in Language Teaching 36, 247–256.
Natorp, E. A. (1976), Französisch als erste Fremdsprache im Elementarbereich. Untersuchungen zum Sprachtransfer und Fremdsprachenerfolg. München.
Nelde, P. H./Rindler Schjerve, R. (Hg.) (2001), Minorities and language policy (Plurilingua XXII). St. Augustin.
Nemser, W. (1969), Approximative systems of foreign language learners. In: Filipović, R. (Hg.), The Yugoslave Serbo-Croatian-English contrastive project, Studies 1. Zagreb, 3–12.
Neufeld, G. G. (1980), On the adult's ability to acquire phonology. In: TESOL Quarterly 14, 285–298.
Nickel, G./Nehls, D. (Hg.) (1982), Error analysis, contrastive linguistics and second language learning. Papers from the 6th International Congress of Applied Linguistics Lund 1981. Heidelberg.
Norton, B./Toohey, K. (2001), Changing perspectives on good language learners. In: TESOL Quarterly 35, 307–322.
Numminen, J. (1995), Finnlands Kulturbeziehungen zur deutschsprachigen Welt. In: Alfred Toepfer Stiftung (Hg.), 24–29.

Oberbeke, M. van (1970), Modèles de l'interférence linguistique. Löwen.
Obler, L. K./Gjerlow, K. (1999), Language and the brain. Cambridge.
Öhman, S. (1951), Wortinhalt und Weltbild. Stockholm.
Oksaar, E. (1963), Om tvåspråkighetens problematik. In: Språklärarnas Medlemsblad 19, 5–15.
Oksaar, E. (1966), Tvåspråkigheten och invandrarna. In: Schwarz (Hg.), 68–83.
Oksaar, E. (1970), Zum Passiv im Deutschen und Schwedischen (Jahrbuch 1969 des Instituts für deutsche Sprache). Düsseldorf, 82–106.

Oksaar, E. (1971), Zum Spracherwerb des Kindes in zweisprachiger Umgebung. In: Folia Linguistica IV, 330–358.
Oksaar, E. (1972a), Bilingualism. In: Sebeok, T. A. (Hg.), Current trends in linguistics Vol. 9, Linguistics in Western Europe. The Hague. Paris, 476–511.
Oksaar, E. (1972b), Sprachliche Interferenzen und die kommunikative Kompetenz. In: Pilch, H./Thurow, J. (Hg.), Indo-Celtica. Gedächtnisschrift für Alf Sommerfelt. München, 126–142.
Oksaar, E. (1972c), The function of languages in an integration process. In: Hallberg (Hg.), 22–36.
Oksaar, E. (1972d), Spoken Estonian in Sweden and the USA. An analysis of bilingual behavior. In: Firchow, E. S./Grimstad, K./Hasselmo, N./O'Neil, W. (Hg.), Studies for Einar Haugen. The Hague. Paris, 437–449.
Oksaar, E. (1975), Spracherwerb und Kindersprache. In: Zeitschrift für Pädagogik 21, 719–743.
Oksaar, E. (1976a), Berufsbezeichnungen im heutigen Deutsch. Soziosemantische Untersuchungen. Mit deutschen und schwedischen experimentellen Kontrastierungen. Düsseldorf.
Oksaar, E. (1976b), Interference and bilingual interaction. In: Nickel, G. (Hg.), Proceedings of the 4th International Conference of Applied Linguistics. Vol. 2. Stuttgart, 101–111.
Oksaar, E. (1976c), Sprachkontakte als sozio- und psycholinguistisches Problem. In: Debus, F./Hartig, J. (Hg.), Festschrift für Gerhard Cordes. Band II, Sprachwissenschaft. Neumünster, 231–242.
Oksaar, E. (1976d), Code switching as a interactional strategy for developing bilingual competence. In: Raffler-Engel. W. von (Hg.), Child language – 1975 (Word 27). London, 377–385.
Oksaar, E. (1977), Zum Prozess des Sprachwandels. Dimensionen sozialer und linguistischer Variation. In: Sprachwandel und Geschichtsschreibung im Deutschen (Jahrbuch 1976 des Instituts für deutsche Sprache). Düsseldorf, 98–117.
Oksaar, E. (1979a), Zur Analyse der kommunikativen Akte. In: Lewandowski, T. (Hg.), Sprache als reales System (Wirkendes Wort 29), 391–404.
Oksaar, E. (1979b), Människan och tvåspråkigheten. In: Stedje/Trampe (Hg.), 51–65.
Oksaar, E. (1980a), Mehrsprachigkeit, Sprachkontakt, Sprachkonflikt. In: Nelde, P. H. (Hg.), Sprachkontakt und Sprachkonflikt (Zeitschrift für Dialektologie und Linguistik, Beiheft 32), 43–52.
Oksaar, E. (1980b), Sprachbarrieren. In: Spiel, W. (Hg.), Die Psychologie des 20. Jahrhunderts. Band XI, Konsequenzen für die Pädagogik. Zürich, 482–500.
Oksaar, E. (1983a), Multilingualism and multiculturalism from the linguist's point of view. In: Husén/Opper (Hg.), 17–36.
Oksaar, E. (1983b), Zum Stand der Dialogforschung, insbesondere im Bereich der Kindersprachenforschung. In: Boueke, D./Klein, W. (Hg.), Untersuchungen zur Dialogfähigkeit von Kindern. Tübingen, 9–27.
Oksaar, E. (1983c), Zum Lesen- und Schreibenlernen im Vorschulalter. In: Grosse, S. (Hg.), Schriftsprachlichkeit. Düsseldorf, 84–106.
Oksaar, E. (1984a), „Spracherwerb – Sprachkontakt – Sprachkonflikt" im Lichte individuumzentrierter Forschung. In: Oksaar (Hg.), 243–266.
Oksaar, E. (Hg.) (1984b), Spracherwerb – Sprachkontakt – Sprachkonflikt. Berlin.
Oksaar, E. (1984c), Prinzipien und Methoden der sprachlichen Interferenzforschung. In: Besch, W./Reichmann, O./Sonderegger, S. (Hg.), Sprachgeschichte. Ein Handbuch zur Geschichte der deutschen Sprache und ihrer Erforschung. 1. Halbband. Berlin. New York, 662–669.

Oksaar, E. (1987a), Spracherwerb im Vorschulalter. Einführung in die Pädolinguistik. ²Stuttgart. Berlin.
Oksaar, E. (1987b), Zur Situation ethnischer Minoritäten in sprachlicher und soziokultureller Sicht. In: Bastein, F. H. (Hg.), Kanada heute. Hamburger Beiträge zu Raum, Gesellschaft und Kultur. Frankfurt/M., 123–141.
Oksaar, E. (1987c), Grüßen, Bitten und Danken bei zweisprachigen Kindern. In: Oksaar (Hg.), 184–216.
Oksaar, E. (1987d), Idiolekt. In: Ammon, U./Dittmar, N./Mattheier, K. (Hg.), Sociolinguistics. Soziolinguistik. 1. Halbband. Berlin. New York, 293–297.
Oksaar, E. (Hg.) (1987e), Soziokulturelle Perspektiven von Mehrsprachigkeit und Spracherwerb. Sociocultural perspectives of multilingualism and language acquisition. Tübingen.
Oksaar, E. (1988a), Kulturemtheorie. Ein Beitrag zur Sprachverwendungsforschung. Göttingen.
Oksaar, E. (1988b), Möglichkeiten und Grenzen einer internationalen Gemeinsprache in den Geisteswissenschaften. In: Oksaar/Skudlik/Stackelberg von, 13–72.
Oksaar, E. (1989a), Mehrsprachigkeit im Vorschulalter. In: Rattunde, E. (Hg.), Wege zur frühen Mehrsprachigkeit (Die neueren Sprachen 88, Themenheft), 310–327.
Oksaar, E. (1989b), Minorisierung der Muttersprache in der Schule. In: Py, B./Jeanneret, R. (Hg.), Minorisation linguistique et interaction. Neuchâtel. Genève, 137–150.
Oksaar, E. (1994), Wissenschaftssprache und Muttersprache. Zur internationalen Stellung des Deutschen. In: Chemie in unserer Zeit 28, 301–308.
Oksaar, E. (1996a), The history of contact linguistics as a discipline. In: Goebl, H./Nelde, P. H./Starý, Z./Wölck, W. (Hg.), Kontaktlinguistik. Contact linguistics. Berlin, New York, 1–12.
Oksaar, E. (1996b), Vom Verstehen und Mißverstehen im Kulturkontakt – Babylon in Europa. In: Bade, K. J. (Hg.), Die multikulturelle Herausforderung. Menschen über Grenzen – Grenzen über Menschen. München, 206–229.
Oksaar, E. (1998), Sprach- und Kulturkontakt als Problembereich in interkultureller Kommunikation. Modellzentrierte und empirische Betrachtungen. In: Jahrbuch Deutsch als Fremdsprache 24. München, 13–45.
Oksaar, E. (2001), Mehrsprachigkeit, Multikulturalismus, Identität und Integration. In:Nelde/Rindler Schjerve (Hg.), 21–35.
Oksaar, E./Skudlik, S./Stackelberg. J. von (1988), Gerechtfertigte Vielfalt. Zur Sprache in den Geisteswissenschaften. Antworten auf die Preisfrage der Deutschen Akademie für Sprache und Dichtung vom Jahr 1986. Darmstadt.
Olmsted, D. L. (1971), Out of the mouth of babes. Earliest stages in language learning. The Hague. Paris.
O'Malley, J. M./Chamot, A. U./Chamot, M. U. (1990), Learning strategies in second language acquisition. Cambridge.
Osgood, C. E. (1957), A behavioristic analysis of perception and language as cognitive phenomena. In: Bruner, J. C. (Hg.), Contemporary approaches to cognition. Cambridge, Mass., 75–125.
Osgood, C. E./May, W. H./Miron, M. S. (1975), Cross-cultural universals of affective meaning. Urbana. Chicago.
Oxford, R. L. (1990), Language learning strategies. What every teacher should know. New York.
Oyama, S. (1976), A sensitive period for the acquisition of a nonnative phonological system. In: Journal of Psycholinguistic Research 5, 261–283.

Paradis, M. (1985), On the representation of two languages in one brain. In: Language Sciences 7, 1–39.

Paul, H. (1909), Prinzipien der Sprachgeschichte. ⁴Halle/Saale.
Paulston, C. Bratt (1982), Swedish research and debate about bilingualism. Stockholm.
Paulston, C. Bratt (Hg.) (1988), International handbook of bilingualism and bilingual education. New York.
Pavlenko, A./Jarvis, S. (2002), Bidirectional transfer. In: Applied Linguistics 23, 190–214.
Pechmann, T./Engelkamp, J. (1992), Mentale Repräsentationen – Verschiedene Sichtweisen eines Begriffs. In: Sprache & Kognition 11, 51–64.
Pederson, E./Danziger, E./Wilkins, D/Levinson, S. C./Sotaro, K./Senft, G. (1998), Semantic typology and spacial conceptualisation. In: Language 74, 557–589.
Peizer, D. B./Olmsted, D. L. (1969), Modules of grammar acquisition. In: Language 45, 60–96.
Penfield, W./Roberts, L. (1959), Speech and brain mechanism. Princeton.
Penzinger, C. (1985), Soziostilistische Sprachstrukturen in der Mutter-Kind-Interaktion. Frankfurt/M. Bern.
Piaget, J. (1968), Barnets själsliga utveckling. Lund. Frz. Original 1964.
Piaget, J. (1972), Sprechen und Denken des Kindes. Düsseldorf. Frz. original 1923.
Piatelli-Palmarini, M. (Hg.) (1980), Language and learning. The debate between Jean Piaget and Noam Chomsky. Cambridge, Mass.
Pinker, S. (1999), Words and rules. The ingredients of language. London.
Piur, P. (1903), Studien zur sprachlichen Würdigung Christian Wolffs. Halle.
Poeck. K. (1995), Sprache im Gehirn eng lokalisierbar? In: Spektrum der Wissenschaft, Mai, 92–98.
Polanyi, M. (1958), Personal knowledge. London.
Polenz, P. von (1999), Deutsche Sprachgeschichte vom Spätmittelalter bis zur Gegenwart. Band III. Berlin. New York.
Politzer, R. (1978), Errors of English speakers of German as perceived and evaluated by German natives. In: Modern Language Journal 62, 253–261.
Pongratz, L. J. (1973), Lehrbuch der klinischen Psychologie. Göttingen.
Poplack, S. (1980), Sometimes I'll start a sentence in Spanish y termino en Español: Toward a typology of code switching. In: Linguistics 18, 581–618.
Poulisse, N./Bongaerts, T. (1994), First language use in second language. In: Applied Linguistics 15, 36–57.
Purves, A. C. (Hg.) (1988), Issues in contrastive rhetoric. Albany.

Raabe, H. (1980), Der Fehler beim Fremdsprachenerwerb. In: Cherubim (Hg.), 61–93).
Rampton, B. (1991), Second language learners in a stratified multilingual setting. In: Applied Linguistics 12, 229–248.
Rampton, B. (1999), Dichotomies, difference, and ritual in second language learning and teaching. In: Applied Linguistics 20, 316–340.
Regier, T. (1996), The human semantic potential. Spacial language and constrained connectionism. Cambridge, Mass.
Rehbein, J. (Hg.) (1985), Interkulturelle Kommunikation. Tübingen.
Reich, H. H. (1995), Hemspråksundervisning. Herkunftssprachenunterricht in Schweden. Münster.
Reich, H. H./Hienz de Albentiis, M. (1998), Der Herkunftssprachenunterricht. Erlaßlage und statistische Entwicklung in den alten Bundesländern. In: Deutsch lernen. Heft 1, 3–45.
Rein, K. (1983), Einführung in die kontrastive Linguistik. Darmstadt.
Reischauer, O.E. (1977), The Japanese. Cambridge, Mass.
Renner, E. (1980), Die kognitive Anthropologie. Berlin.
Richards, J. C. (1975), Simplification. A strategy in the adult acquisition of a foreign language. An example from Indonesian/Malay. In: Language Learning 25, 115–126.

Richards, J. C./Kennedy, G. (1977), Interlanguage. A review and a preview. In: RELC Journal 8, 13–28.
Richelle, M. (1976), Formal analysis and functional analysis of verbal behaviour. Notes on the debate between Chomsky and Skinner. In: Behaviorism 4, 209–221.
Rieck, B.-O. (1989), Natürlicher Zweitspracherwerb bei Arbeitsimmigranten. Frankfurt/M., Bern.
Riehl, C. M. (2001), Schreiben, Text und Mehrsprachigkeit. Tübingen.
Robinett, B. W./Schachter, J. (Hg.) (1983), Second language learning. Contrastive analysis, error analysis and related aspects. Ann Arbor.
Rogers, J. (1973), Adults learning. Harmondsworth.
Romaine, S. (1995), Bilingualism. ^{2}Oxford.
Rosansky, E. (1976), Methods and morphems in second language acquisition research. In: Language Learning 26, 409–425.
Roth, G./Prinz, W. (1996), Kopf-Arbeit. Gehirnfunktionen und kognitive Leistungen. Heidelberg. Berlin.
Rubin, J. (1975), What the „good language learner" can teach us. In: TESOL Quarterly 9, 41–51.
Rues, B. (1997). Angemessenheit und Aussprachenorm in Sprecherziehung und Zweitspracherwerb. In: Mattheier, K. (Hg.), Norm und Variation (*forum* Angewandte Linguistik. Band 32). Frankfurt/M. Bern, 117–127.
Rumelhart, D. E. (1978), Schemata. The building blocks of cognition (CHiP Report 79). San Diego.
Rutherford, W. E. (1982), Markedness in second language acquisition. In: Language Learning 32, 85–108.
Rutherford, W. E. (1984a), Description and explanation in interlanguage syntax. State of the art. In: Language Learning 34, 127–155.
Rutherford, W. E. (Hg.) (1984b), Language universals and second language acquisition. Amsterdam.
Rutherford, W. E. (1987), Second language grammar. Learning and teaching. London. New York.

Sanders, W. (1982), Sachsensprache, Hansesprache, Plattdeutsch. Sprachegeschichtliche Grundzüge des Niederdeutschen. Göttingen. Zürich.
Sapir, E. (1921), Language. An introduction to the study of speech. London.
Sarter, H. (1997), Fremdsprachenarbeit in der Grundschule. Neue Wege, neue Ziele. Darmstadt.
Schachter, J. (1988), Second language acquisition and its relationship to universal grammar. In: Applied Linguistics 9, 219–235.
Schiskoff, G. (1952/53), Heimatlose in der Sprache. In: Wirkendes Wort 3, 65–75.
Schloßmacher, M. (1997), Die Amtssprachen in den Organen der Europäischen Gemeinschaft. Status und Funktion. ^{2}Frankfurt/M.
Schmidt, P. (1953), Statist auf diplomatischer Bühne 1923–1945. Bonn.
Schneider, B. (1982), Sprachliche Lernprozesse. Lernpsychologische und linguistische Analyse des Erst- und Zweitspracherwerbs. Tübingen.
Schneiderman, E. I./Wesche, M. B. (1986), Right hemisphere processing and foreign language aptitude. In: Review of Applied Linguistics 71, 43–64.
Schottmann, H. (1977), Die Beschreibung der Interferenz. In: Kolb, H./Lauffer, H. (Hg.), Sprachliche Interferenz. Festschrift für Werner Betz zum 65. Geburtstag. Tübingen, 13–35.
Schuchardt, H. (1884), Slawo-Deutsches und Slawo-Italienisches. Graz.

Schumann, J. H. (1978), The pidginization process, A model for second language acquisition. Rowley, Mass.
Schumann, J. H. (1986), Research on the acculturation model for second language acquisition. In: Journal of Multilingual and Multicultural Development 5, 379–392.
Schwarz, D. (Hg.) (1966), Svenska minoriteter. Stockholm.
Schwarz, D. (Hg.) (1971), Identitet och minoritet. Stockholm.
Scollon, R./Scollon, S. W.(1995), Intercultural communication. Oxford.
Sebba, M. (1997), Contact languages: pidgins and creoles. London.
Segerstedt, T. T. (1947), Die Macht des Wortes. Eine Sprachsoziologie. Zürich. Schw. Original 1942.
Seifert, G. (Hg.) (1994), Vereinigtes Europa und nationale Vielfalt – Ein Gegensatz? Göttingen.
Seliger, H. W. (1982), On the possible role of the right hemisphere in second language acquisition. In: TESOL Quarterly 16, 307–314.
Selinker, L. (1969), Language transfer. In: General Linguistics 9, 67–92.
Selinker, L. (1972), Interlanguage. In: International Review of Applied Linguistics in Language Teaching 10, 209–231.
Selinker, L. (1984), The current state of IL studies. In: Davies/Criper/Howatt (Hg.), 332–343.
Selinker, L. (1992), Rediscovering interlanguage. London. New York.
Selinker, L./Lakshamanan, U. (1992), Language transfer and fossilization: The „Multiple Effects Principle", In: Gass, S. M./Selinker, L. (Hg.), Language transfer in language learning (revised ed.). Amsterdam, 197–216.
Selinker, L./Swain, M./Dumas, G. (1975), The interlanguage hypothesis extended to children. In: Language Learning 25, 139–152.
Sharwood Smith, M. (1994), Second language learning. Theoretical foundations. London. New York.
Sheen, R. (1999), A response to Black's (1996) paper , 'Not so fast: Some thoughts on theory culling, relativism, accepted findings and the heart and soul of SLA'. In: Applied Linguistics 20, 368–375.
Siguan, M. (2001), Die Sprachen im vereinten Europa. Tübingen. Span. Original 1996.
Singh, R. (Hg.) (1998), The native speaker. Multilingual perspectives. New Delhi & Thousand Oaks.
Skinner, B. F. (1957), Verbal behavior. London.
Skudlik, S. (1990), Sprachen in der Wissenschaft. Deutsch und Englisch in der internationalen Kommunikation. Tübingen.
Skutnabb-Kangas, T. (1981), Tvåspråkighet. Lund.
Smolicz, J. J. (1979), Culture and education in a plural society. Canberra.
Snow, C./Hoefnagel-Höhle, M. (1978), The critical period for language acquisition. Evidence from second language learning. In: Child Development 49, 1114–1128.
Soffietti, J. B. (1955), Bilingualism and biculturalism. In: Journal of Educational Psychology 46, 222–227.
Speidel, G. E. (1989), Imitation: A bootstrap for learning to speak? In: Speidel/Nelson (Hg.), 151–179.
Speidel, G. E./Nelson, K. E. (Hg.) (1989), The many faces of imitation in language learning. New York, Berlin.
Spillner, B. (Hg.) (1990), Interkulturelle Kommunikation (forum Angewandte Linguistik. Band 21). Frankfurt/M. Bern.
Spolsky, B. (1985), Formulating a theory of second language learning. In: Studies in Second Language Acquisition 7, 269–288.
Spolsky, B. (1989), Conditions for second language learning. Oxford.
Spolsky, B. (2000), Language motivation revisited. In: Applied Linguistics 21, 157–169.

Staats, A. W. (1968), Learning, language and cognition. Theory, research, and method for the study of human behavior and its development. New York. Chicago.
Staddon, J. (2000), The new behaviorism. Mind, mechanism and society. London.
Stedje, A./Trampe, P. af (Hg.) (1979), Tvåspråkighet. Stockholm.
Steinbacher, F. (1976), Kultur. Begriff – Theorie – Funktion. Stuttgart.
Stemmer, B./Whitaker, H. A. (Hg.) (1998), Handbook of neurolinguistics. San Diego.
Stent, G. (1990), Can we explain the mind? New problems, old contradictions. In: Encounter 74, 2, 61–67.
Stephens, M. (1979), Linguistic minorities in Western Europe. Dyfed.
Stern, H. H. (1967), Foreign languages in primary education. London.
Stern, H. H. (1976), Optimal age: Myth or reality. In: Canadian Modern Language Review 32, 283–294.
Stern, C./Stern, W. (1928), Die Kindersprache. Eine psychologische und sprachtheoretische Untersuchung. [4]Leipzig.
Stern, W. (1967), Psychologie der frühen Kindheit. [9]Heidelberg.
Studdert-Kennedy, M. (Hg.) (1983), Psychobiology of language. Cambridge, Mass.
Sturm, D. (Hg.) (1987), Deutsch als Fremdsprache weltweit. Situationen und Tendenzen. München.
Stutterheim, C. von (1986), Temporalität in der Zweitsprache. Berlin. New York.
Sucharowski, W. (1996), Sprache und Kognition. Neuere Perspektiven in der Sprachwissenschaft. Opladen.
Svartvik, J. (Hg.) (1973), Errata. Papers in error analysis. Proceedings of the Lund Symposium on Error Analysis. Lund.
Szagun, G. (1980), Sprachentwicklung beim Kind. Eine Einführung. München. Wien.

Tabori, M. (1980), Multilingualism in international law and institutions. Alphenaanden, Rijn.
Taeschner, T. (1983), The sun is feminine. A study on language acquisition in bilingual children. Berlin. Heidelberg.
Tagiuri, R. (1969), Person perception. In: Lindsey, G./Aronson, E. (Hg.), Handbook of social psychology. Reading, Mass., 28–41.
Tannen, D. (1979), What's in a frame. In: Freedle, R. O. (Hg.), New directions in discourse processing. Norwood, N. J., 138–151.
Tarone, E. E. (1979), Interlanguage as chameleon. In: Language Learning 29, 181–191.
Tarone, E. E. (1982), Systematicity and attention in interlanguage. In: Language Learning 32, 69–84.
Tarone, E. E. (1983), On the variability of interlanguage systems. In: Applied Linguistics 4, 142–163.
Tarone, E. E. (1988), Variation in interlanguage. London.
Tarone, E. E./Cohen, A. D./Dumas, G. (1976), A closer look at some interlanguage terminology. In: Working Papers in Bilingualism 9, 76–90.
Tarone, E. E./Frauenfelder, U./Selinker, L. (1976), Systematicity/variability and stability/instability in interlanguage systems. In: Brown, H. D. (Hg.), Papers in second language acquisition. Ann Arbor, 93–134.
Tarone, E. E./Gass, S. M./Cohen, A. D. (Hg.) (1994), Research methodology in second-language acquisition. Mahwah, N. J.
Tench, P. (1996), Methodology in phonological interlanguage. In: International Review of Applied Linguistics in language Teaching 24, 241–260.
Tesch, G. (1978), Linguale Interferenz. Tübingen.
Tharp, R. G./Burns, C. E. S. (1989), Phylogenetic processes in verbal language imitation. In: Speidel/Nelson (Hg.), 231–250.

Thomas, J. (1983), Cross-cultural pragmatic failure. In: Applied Linguistics 4, 91–112.
Thomason, S. G./Kaufman, T. (1988), Language contact, creolization and genetic linguistics. Berkeley.
Titone, R. (1976), Bilinguismo infantile e sviluppo della personalità. In: Rassenga Italiana di Linguistica Applicata VIII, 2–3, 49–61.
Titone, R. (1979), Bilingual education today: Issues and perspectives. In: Titone, R. (Hg.), Bilingual education and foreign language teaching today. Milano, 29–46.
Tomlin, R. S. (1990), Functionalism in second language acquisition. In: Studies in Second Language Acquisition 12, 155–177.
Toomela, A. (2000), Stages of mental development. Where to look? In: Trames. A Journal of the Humanities and Social Sciences 4, 21–52.
Torbiörn, I. (1976), Att leva utomlands. En studie av utlandssvenskars anpassning, trivsel och levnadsvanor. Stockholm.
Toulmin, S. (1971), Brain and language. A commentary. In: Synthese 23, 369–395.
Tylor, E. B. (1873), Die Anfänge der Cultur. Untersuchungen über die Entwicklung der Mythologie, Philosophie, Religion, Kunst und Sitte. 1. Band. Leipzig. Engl. Original 1871.

Unesco. (1965), Bilingualism in education. Report on an international seminar. Aberystwyth, Wales 1960. London.

Valin, R. D., Jr. van (1991), Functionalist linguistic theory and language acquisition. In: First Language 11, 7–40.
Valsiner, J. (1987), Developmental psychology in the Soviet Union. Brighton.
Valsiner, J. (1989), Human development and culture. The social nature of personality and its study. Lexington, Mass.
Varela, F. J. (1990), Kognitionswissenschaft – Kognitionstechnik. Frankfurt/M. Engl. Original 1988.
Vildomec, V. (1963), Multilingualism. Leyden.
Vogel, K. (1990), Lernersprache. Linguistische und psycholinguistische Grundfragen zu ihrer Erforschung. Tübingen.
Vogt, H. (1954), Language contacts. In: Word 10, 365–374.
Volz, W. (1993), Deutsch im Übersetzeralltag der EG-Kommission. In: Born/Stickel (Hg.), 64–76.
Volz, W. (1994), Englisch als einzige Arbeitssprache der Institutionen der Europäischen Gemeinschaft? Vorzüge und Nachteile aus der Sicht eines Insiders. In: Sociolinguistica 8, 88–100.
Voßler, K. (1925), Sprache und Wissenschaft. In: Voßler, K., Geist und Kultur in der Sprache. Heidelberg, 220–241.

Wagner, J. (1996), Foreign language acquisition through interaction – A critical review of research on conversational adjustments. In: Journal of Pragmatics 26, 215–235.
Walsh, T. M./Diller, K. C. (1981), Neurolinguistic considerations on the optimum age for second language learning. In: Diller (Hg.), 3–21.
Walters, J./Zatorre, R. J. (1978), Laterality differences for word identification in bilinguals. In: Brain and Language 6, 158–167.
Wandruszka, M. (1979), Die Mehrsprachigkeit des Menschen. München.
Watzlawick, P./Beavin, J. H./Jackson, D. D. (1967), Pragmatics of human communication. New York.
Weinreich, U. (1953), Languages in contact. New York. Dt. Übersetzung 1977.

Weinrich, H. (1984), Sprachmischung: bilingual, literarisch und fremdsprachendidaktisch. In: Oksaar (Hg.), 76–91.
Weinrich, H. (1986), Sprache und Wissenschaft. In: Kalverkämper/Weinrich (Hg.), 183–193.
Weisgerber, L. (1962), Grundzüge der inhaltsbezogenen Grammatik. Düsseldorf.
Weiss, A. von (1959), Hauptprobleme der Zweisprachigkeit. Heidelberg.
Wertsch, J. (1998), Mind as action. New York.
White, B. L./Kaban, B. T./Attanucci, J. S. (1979), The origins of human competence. The final report of the Harvard pre-school project. Farnborough.
Whorf, B. L. (1956), Language, thought, and reality. Selected writings of Benjamin Lee Whorf, hg. von J. B. Carroll.
Wieczerkowski, W. (1978), Zweisprachigkeit und Schule. Hamburg.
Winitz, H. (Hg.) (1981), Native language and foreign language acquisition. New York.
Witt, J. (2001), Wohin steuern die Sprachen Europas? Probleme der EU-Sprachpolitik. Tübingen.
Wittgenstein, L. (1963), Tractatus logico-philosophicus. Logisch-philosophische Abhandlungen. Frankfurt/M.
Wode, H. (1981), Learning a second language. Tübingen.
Wölck. W. (1984), Komplementierung und Fusion: Prozesse natürlicher Zweisprachigkeit. In: Oksaar (Hg.), 107–128.
Wolfson, N. (1989), Perspectives: sociolinguistics and TESOL. New York.
Wong Fillmore, L. (1976), The second time around: cognitive and social strategies in second language acquisition. Stanford.
Wurzbacher, G. (Hg.) (1963), Der Mensch als soziales und personales Wesen. Stuttgart.
Wygotski, L. S. (1969), Denken und Sprechen. Stuttgart. Russ. Original 1934.

Yletyinen, R. (1982), Sprachliche und kulturelle Minderheiten in den USA, Schweden und der Bundesrepublik Deutschland. Frankfurt/M.

Zaid, M. A. (1999), Cultural confrontation and cultural acquisition in the EFL classroom. In: International Review of Applied Linguistics in Language Teaching 37, 111–126.
Zlatev, J. (1997), Situated embodiment. Studies in the emergence of spatial meaning. Stockholm.
Znaniecki, F. (1963), Cultural sciences. Urbana.

Sachregister

Akkomodation 70, 73, 103
Akkulturation 118, 160
– Stress 164
Akt, kommunikativer 31, 33, 39–41, 43, 46, 111, 126, 142
Akzent 55, 64 f., 81, 118, 121
– als Idential 61
– nationatypischer 125
Alter 60 f., 74, 108
– günstiges 56
– optimales 55 f., 61, 81
– Schul- 58
– steigendes 59 f., 81
– Vorschul- 55 f., 81
Ammensprache 87
Ansatz
– behavioristischer 83
– individuumzentrierter 110 f.
– kontrastiver 111
– interaktionaler 111
– interaktionistischer 88
– korrelationaler 111
– mentalistischer 83
  siehe auch: Methode
Aphasie 52
Äquilibration 73
Assimilation 70, 73, 103, 157, 160–162, 186
Attitüde 61–63, 81, 159
– negative 63, 163
– positive 56, 63, 163
Attraktor 94
Ausdrucksmodell
– normatives 45 f., 93, 139, 159
– rationales 45 f., 93, 139, 159
auslandsstationiertes Personal 154, 156
Aussiedler 155
Aussprache 11, 37, 47, 54, 56 f., 64, 81, 118, 125, 128, 147

Balancetherorie 115, 148
Barriere
– emotionale 165
– Kultur- 156, 160, 186
– Mentalitäts- 166
– soziale 156
– Sprach- 156, 165 f., 186
– Zoll- 166
Behaviorem 32 f., 37, 39 f., 44, 47, 96 f., 127, 130, 142–145, 148, 160
– ausführendes 39 f.
– eigenkulturelles 39 f.
– extraverbales 39 f., 43, 47
– Fossilisierung 121
– nonverbales 13–41, 147
– parasprachliches 39 f.
– regulierendes 39 f.
– ritualisiertes 143, 147
– Unterschiede 170
– verbales 39–41
Behavioremdimension 44
– soziale Variation 44
Behavioremumschaltung 31, 101, 131, 134, 142, 144, 147 f., 150
Behavioremvariation 44
– soziale Dimension 44
Behaviorismus, behavioristisch 66, 84–86, 88, 95, 104, 149
Bewusstsein
– interkulturelles 127
– intersprachliches 129
– intrasprachliches 129
– kommunikatives 126 f.
– kulturelles 126
– linguistisches 129
– pragmatisches 129
Bildungspolitik 56, 167

208

Bilingualismus, bilingual
   siehe: Mehrsprachigkeit

Chaostheorie 94 f., 100, 113, 149
crosslinguistic influence 132

Denken
- egozentrisches 73
- irreversibles 73
- konkretes 73
- nichtsprachliches 72
- sprachliches 74
- und Sprechen 74
- zentriertes 73

Determinismus, linguistischer 76 f., 82
Deutsch
- als Fremdsprache 32
- als Muttersprache 175
- als Nischensprache 182
- Verbreitung 175
- als Verkehrssprache 176
- als Wissenschaftssprache 23, 173, 176, 184

Deutsch als Zweitsprache 175
- in Wirtschaft 175, 177 f., 186
- in Wissenschaft 175, 180–186

Didaktisierung 89 f., 107
Dimension
- Behaviorem- 48
- linguistische 44, 48, 136
- soziale 44, 48, 65

Dissimilation 160–162, 186
Dolmetschen, Übersetzen 170, 174, 186
- Perspektivenverschiebung 170, 186

dynamische Synchronie 21

Einsprachigkeit 26 f.
Einwanderer 153, 155
Entwicklung
- emotionale 58, 164
- kognitive 22, 58–60, 65, 73 f., 76, 87, 108, 151, 164
- intellektuelle 73 f.
- soziale 58, 74, 164
- sprachliche 65

Erstsprache 11, 13–17, 24, 42, 53 f., 130
   siehe auch: Sprache

Erstspracherwerb 17, 40, 49, 51, 57
- bilingualer 15

Erwerb vs Lernen 15, 106
Erwerbssequenz 20, 93, 105–107, 149

Europäische Wirtschaftsgemeinschaft 168
Europäische Union 13, 24, 166–173, 185 f.
- Amtssprachen 169
- Arbeitssprachen 169, 173
- Kommunikationssprache 172
- Sprachenpolitik 24, 166, 168

extraverbal 12, 17, 20, 38–41, 142 f.

Fehler
- Analyse 90, 101 f., 104, 149
- Beschreibung 102
- Bewertung 102
- Kompetenz- 100, 103
- Performanz- 100, 103
- pragmatischer 143
- Therapie 102
- Typologien 102
- Ursachen 102

Feldabhängigkeit 122
Feldunabhängigkeit 122
Filter, eigenkultureller 136
fließende Übergänge 26, 123, 125
foreigner talk 118, 120
Fossilisierung 117–119, 121
- akzenttypische 118
- lexikalische 118
- morphosyntaktische 118

Fraktal 94
Fremdsprache, fremdsprachlich 13–15, 25, 55, 167
   siehe auch: Zweitsprache

Fremdsprachenunterricht 56, 59, 85

Gastarbeiter/Fremdarbeiter 118, 153 f.
- Deutsch 119

Gehirn 49–53, 66, 68 f., 80 f.
   siehe auch: Hirn

Gesellschaft 11, 17 f., 35, 152
- arbeitsteilige 167
- homogene 156
- mehrsprachige 32
- monolinguale 156
- multiethnische 165
- sprachenteilige 168

Gestik 34, 39
Gleichkulturheit 32
Gleichsprachigkeit 15, 31
Globalisierung 24, 36, 152, 154, 180
Glottophagie 156
Grammatik

209

- Dependenz- 98
- generative Transformations- 37, 69, 81, 98
- Kasus- 98
- kontrastive 96
- Stratifikations- 98
- traditionelle 98
- universale 81, 86, 90, 100, 109

Habit 86
Halbsprachigkeit 163
- doppelte 163
Heimatlosigkeit
- soziale 160
- sprachliche 163
Hemisphärenasymmetrie 51
Hemspråksreform 14, 158
Heritage Language Program 164
Heteroglossia 22
Hirn 50, 71
- Beobachtungstechniken 50
- und Geist 71
Höflichkeit 127, 144 f.
- Norm 144
- Regeln 145
- Stil 143
Holismus, holistisch 69, 81

Idential 65
Identität 12, 17, 55, 65, 126, 156–158, 160 f., 164
- Entwicklung 165
- ethnische 64, 81, 158, 163
- kulturelle 158
- mehrkulturelle 158
- nationale 171, 174
- persönliche 161
- regionale 159
- religiöse 158
- soziale 64
- sprachliche 158
Identitätshypothese 90, 92 f., 101, 104–107, 113, 149
Identitätsmarkör 64, 81
Ideologie
- Konformitäts- 159
- nationale 151
- pluralistische 159
Idiokultur 29, 32, 177
Idiolekt 11, 21 f., 32, 95, 104, 132, 137, 177

- Lerner- 110, 112 f., 120, 150
Imitation 57
    siehe auch: Nachahmung
Injunktion 125
Integration 131, 155, 157, 160–162, 186
- europäische 12, 166, 168, 171, 174
- internationale 168
- intranationale 168
- kreative 12
- Problematik 168
- soziale 120, 155
- sprachliche 165
Interdisziplinarität, interdisziplinär 11 f., 35, 79, 94, 158
Interferenz 29, 58, 98, 101, 105, 112, 128–134, 138, 142
- bidirektionale 131
- Gründe 131, 137, 150
- konnotative 136
- lexikalische 121, 134
- linguistische 41, 132–134, 145, 147, 150
- morphologische 35
- phonetisch/phonologische 134
- situationale 31, 41, 101, 116, 133–135, 138, 142–148, 150, 164
- syntaktische 135
- Typ 135 f., 138, 150
Interimlekt 112
Interimsprache 112, 124
Interlanguage 112 f., 118
Interlanguagehypothese 112 f., 117, 150
Intonation 56, 116, 118, 125
Introspektion 85, 122 f.,
Isolation 160, 186

Kodeumschaltung 15, 115, 131 f., 134, 139 f., 141 f., 147 f., 150
- Gründe 140
- kontextuelle (interne) 140
- persönliche 140
- situationelle (externe) 140
- transaktionale 140
Kognition 33, 65 f., 70, 148 f.
Kognitionspsychologie 66, 148
Kognitionswissenschaft 66–68, 71 f.
Kohärenz 89
- kommunikative 41
Kommunikation 168
- direkte 32
- indirekte 32

- interpersonale 32
- interkulturelle 32–34, 36, 55, 90
- intrakulturelle 90
- mündliche 12, 42, 179
- schriftliche 72
- translinguale 178
- transnationale 167
- weltweite 168

Kompetenz 95
- grammatische 43
- intellektuelle 59
- interaktionale 25, 33, 35, 41–43, 48, 124, 131, 136, 180
- interkulturelle 38
- Interpretatations- 28
- kognitive 34
- kommunikative 30 f., 42, 48, 134
- kulturelle 43
- mehrkulturelle 33
- mehrsprachige 33
- pragmatische 43
- Produktions- 28
- soziale 59
- soziolinguistische 43
- sprachliche 163
- variable 103, 124, 163

Komponentenanalyse 97
Konditionierungstheorien 84
Kongruenz
- grammatische 46 f.
- kulturelle 161
- semantische 46 f.
- semiotische 46 f.
- pragmatische 46 f.

Konnektivismus 69
Konnotation 13, 79, 97, 101, 138, 153
Kontext
- biologischer 16
- linguistischer 34
- Situations- 20, 132
- sozialer 16
- soziokultureller 20

Kontrastivhypothese 90, 96, 98, 102, 104, 113, 149
Kontrastivität, kontrastiv 90, 96, 136
Konvergenz 83, 87, 95
- Theorie 87
Konversationsanalyse 116
Körperbewegungen 34
Körperhaltung 39, 46

Kreativität, kreativ 21, 57, 61, 66, 111, 113, 115, 130, 133, 135, 148, 150, 162, 183
Kreol, Kreolisierung 119 f.
kritische Periode 52–55, 80, 118
Kultur, kulturell 12, 17–19, 23, 31 f., 35, 37, 56, 61, 77, 90, 156, 159–161, 164, 168
- Kommunikations- 38
- Kontakt 17, 92, 112, 129 f., 133, 142, 149 f.
- Planung 152
- Rede- 146 f.
- Schock 160
- Schweige- 146 f.
- Sprach- 19, 168
- Unterschiede 180

Kultur X (KX) 148
Kulturem 21, 32–34, 37, 39 f., 48, 145–147
- Erwerb 93
- Variante 161

Kuluremtheorie 39, 97, 111

LAD (Language Acquisition Device) 70, 86, 106, 108
Landessprache 14, 24, 159, 163–165, 169, 172, 175
Lateralisierung der Sprachfunktionen 49, 51–53, 80
Lehnprägung 101, 148
Lehnübersetzung 29, 135 f., 138 f., 148
Lehnübertragung 136, 139
Lernen 93, 95
- interkulturelles 19, 38, 47
- kulturelles 18 f., 31, 37 f., 46 f., 93
Lerner 61 f., 64, 93, 96, 99, 103
- erfolgreicher 121–123, 150
- fortgeschrittener 136 f., 146, 150
- Lekt 112
- Typisierung 122
- Varietät 112
Lernersprache 21, 90, 102–104, 11, 113 f., 117, 119 f., 124, 131, 133, 135, 155
- mehrdimensionales heterogenes Kontinuum 125
- Variabilität 90, 113
Lerntheorie
- behavioristische 87, 96
- kognitivistische 87
- konstruktivistische 126
lingua franca 23, 157, 172
Linguistik 12, 66

- Fehler- 90
- Interferenz- 90, 133
- kognitive 70, 79, 81
- Kontakt- 90, 130
- kontrastive 90, 96, 98
- Neuro- 49
- Pädo- 12, 127
- Psycho- 12
- Sozio- 12
- Varietäten- 19

Loyalität, sprachliche 12, 156, 164

Markiertheit 100
Markiertheitshypothese 100
Mediationsmodell 29
Mediationstheorien 84
Mehrheit/Majorität 153, 162, 166
- Bevölkerung 159
- Forschung 155, 186
- Sprache 155, 186

Mehrkulturheit, mehrkulturell 24, 31 f., 36, 155

Mehrsprachigkeit, mehrsprachig 12, 15, 17 f., 26 f., 30–32, 36, 51, 71, 80, 124, 151, 154, 156, 161, 165, 171–173, 179
- additive 30
- balancierte 28, 30
- dominante 28, 30
- fachsprachliche 184
- frühkindliche 28
- gesteuerte 28
- Grenz- 167
- kombinierte 28 f.
- koordinierte 28 f.
- künstliche 28
- muttersprachliche 33
- natürliche 28
- organisierte 28
- Schul- 28
- Spiel- 28
- spontane 28
- subordinierte 29
- subtraktive 30
- systematische 28
- unorganisierte 28

mentalistisch 70, 81, 85, 88
Mentalität
- Probleme 156, 186
- Unterschiede 180

Methode

- deduktive 91
- induktive 91
- interkorrelationale 111, 150

Migrant 13 f., 54 f., 62, 64, 81, 117, 138, 140, 152, 154 f., 157, 160 f., 166, 175
- Arbeits- 112
  siehe auch: Einwanderer

Migration 12, 152, 155, 185
Mimik 20, 34, 39, 46, 116, 146
Minderheit/Minorität 13 f., 23, 62, 64, 81, 112, 138, 151–159, 161, 163, 165 f., 175, 185
- allochthone 153 f.
- autochthone 153 f.
- ethnische 153
- Forschung 186
- Kultur 159
- nationale 153, 158 f.
- neue 153, 158
- religiöse 153
- Sprach- 30, 158
- sprachliche 153

Minderheitensprache 156, 158 f., 166, 172
- Verdrängung 156

Minorisierung
- der Muttersprache 159
- der Staatssprache 151

Mobilität 24, 36, 152, 185
Modell
- Akkulturations- 120
- Computer- 66
- Integrativ- 111, 150
- kognitives 68
- Kulturem- 38, 41, 47
- modulares 71
- Monitor- 15, 106 f.
- Stadien- 76, 81

Modularität 69, 81
Montanunion 168
Motivation 34 f., 54 f., 62–64, 81, 121, 123, 155, 157, 160
- ethnopolitisch-nationale 63
- instrumentale 63
- integrative 63

Multilingualismus
  siehe: Mehrsprachigkeit

Muttersprache 13 f., 23, 31, 33, 35, 50, 53, 81, 119, 124, 151, 159, 161, 163–165
- als Zweitsprache 157
- Domänenverlust 181

- emotionale Rolle 157 f., 160
- Loyalität 12, 156, 164
- Verdrängung 156, 164, 182

Muttersprachler 21, 35, 41, 99, 103 f., 116, 124–126, 150

Nativismus, nativistisch 83, 85–87, 95, 101, 104, 107, 149
Neobehaviorismus 85
Neo-Whorfian movement 79, 82
nichtlineare Systeme 93–95, 149
Niederdeutsch 177
- Geschäfts-, Verkehrs- und Rechtssprache 178
- Hansesprache 158 f.
- Regionalsprache 158, 177

nonverbal 11 f., 17, 20, 31, 33–35, 38 f., 41, 43, 45 f., 97 f., 111, 116, 141–143, 146, 149

Paradigma
- Verschiebung 84 f.
- Wechsel 84

Parasprache, parasprachlich 11 f., 20, 33, 35, 38 f., 41, 43, 46 f., 98, 116, 141, 143
Pidgin, Pidginisierung 112, 117, 119 f., 150
Plurilingualismus
    siehe: Mehrsprachigkeit
Polaritätsprofilmethode 98, 136
Prestige 23, 30, 55, 138, 141, 151, 163, 165 f., 172, 174, 186
Proxemität 39–41, 47
Pubertät 53 f., 57, 64, 80 f.

Regionalsprache 159, 172
Register 86 f., 118
Relativität, linguistische 76–80, 82
- innersprachliche 79
Repetition 57
Repräsentation, mentale 67 f.
Revitalisierung der Muttersprache 157, 159, 166
Rhema
    siehe: Thema-Rhema

Sapir-Whorf Hypothese 18, 44, 70, 76, 82
Schema 33, 68
Semantik
- generative 97
- interpretative 97

- kontrastive 101
sensitive Periode 54
Simplifikation 109
Situation 153
- interkulturelle 149
- soziale 160, 175
- soziokulturelle 160
Soziolekt 31, 130, 133 f.
Sphäre
- individuelle 157 f., 161
- intime 47
- öffentliche 47
- persönliche 47
- soziale 47, 161
- soziokulturelle 164
Sprachbewusstsein 75, 202, 107, 116, 125 f., 150
Sprache 16, 18, 109, 133
- äussere 74
- Ausdrucks- und Kommunikationsmittel 16, 37, 42
- dominante 15 f., 23, 175, 180 f., 182
- egozentrische 73, 75
- gesprochene 20, 25, 45, 60, 86, 93, 141
- geschriebene 25, 103
- Grund- 13
- Herkunfts- 14, 159, 186
- innere 70
- Kulturalität 18, 31, 37
- nationale 170
- natürliche 13
- nichtdominante 15 f., 23, 175, 178, 180–183
- Primär- 13 f.
- und Denken 65, 67, 71 f., 74, 76, 82, 149
- und Kognition 70, 81 f.
Sprache X (LX) 131, 139
Sprachenbedarf 152, 179
Sprachenbeherrschung 22, 24 f., 65, 125, 167
- aktive 25
- passive 25
Sprachenerwerb
- als Kulturerwerb 37
- simultaner 15
- sukzessiver 15
Sprachgefühl 24, 127
Sprachgemeinschaft 17
Sprachkönnen 107, 124

213

Sprachkontakt 17, 26, 92, 112, 129 f., 133, 142, 149 f.
Sprachlernbegabung 121
Sprachlerneignung 61, 63, 121
Sprachmanagement 185
Sprachmischung 133
Sprachplanung 152, 185
Sprachwissen 107
Sprechakt 43
Sprechfähigkeit 109
Stil
– kognitiver 122 f.
– Kommunikations- 180
– Verhaltens- 38
Strategie 114 f., 117, 121 f., 149
– Erwerbs- 60
– Gebrauch 115
– Kommunikations- 115 f.
– Lern/Lerner- 114–116, 150
– Produktions- 116
– Rezeptions- 116
– Wissen 115

Tertium comparationis 98
Thema-Rhema 45, 138
Therorie der kognitiven Dissonanz 148, 150
Toleranz 164
Transfer, Transferenz 11, 45, 99–101, 104 f., 111, 113 f., 118, 120 f., 128–131, 138, 143, 147, 150
– bidirektionaler 129
– integrierter 128 f., 137
– interlingualer 100
– intralingualer 100
– morphosemantischer 128 f., 137, 139
– negativer 99 f.
– positiver 99 f.
– pragmatischer 143
– unintegrierter 137, 139

Übergeneralisierung 109, 111
Umschaltung 131, 133 f., 139, 148, 150
Universalien 82
– kognitive 79, 107
– linguistische 70, 86
Unmarkiertheit 100
Urbanolekt 104

Variablen
– affektive 100
– individuelle 61 f.
– komplexe 90
– soziale 39–41, 61 f., 120
– sprachexterne 120
– sprachliche 61 f.
– Systeme 61, 81
– zeitliche 41
Variation
– freie 114
– kulturelle 21, 44, 47, 65, 80, 82, 111
– soziale 44, 47, 111, 136
– sprachliche 22, 91
– systematische 114
Varietät
– diatopische 103
– diaphasische 103
– diastratische 103
Verhaltensmerkmale, affektive 41
Verhaltensweise 16, 19, 28, 85, 147 f., 163
– kommunikative 32, 123, 142
– kulturembezogene 155
– kulturspezifische 41
– muttersprachliche 14
– soziokulturelle 38
Verständigung 38, 168
– interkulturelle 12, 18, 24–26, 31 f., 34–36, 79, 167
– intrakulturelle 31, 34
– Probleme 155
Verstärkung 84 f.

Weltansicht 24, 43, 48, 77, 80
Weltbild, sprachliches 77
Wissenschaftssprache 23, 180, 184 f.
– dominante 185
– internationale 183, 185
– überregionale 180

Xenophobie 156

Zweisprachigkeit
 siehe: Mehrsprachigkeit
Zweitsprache 11, 13–15, 24, 32, 50, 53, 57, 158, 163, 175
– europäische 167, 171–173, 186
Zweitspracherwerb 12, 15–18, 44, 49, 51, 62, 65, 71, 127
– früher 56 f., 81
– nichtschulischer 102
– schulischer 57, 60, 112

Namenregister

Afendras, E. A. 27, 187
Albert, M. L. 51, 187
Alcon, E. 123, 187
Altmann, G. T. M. 71, 187
Ammon, U. 175, 179, 187, 200
Andersen, R. W. 85, 120, 187
Andersson, T. 59, 187
Appel, R. 27, 163, 187
Aristoteles 17, 49, 72
Arnberg, L. 158, 195
Aronson, E. 205
Asher, J. J. 54, 57, 187
Asmuß, B. 177, 187
Attanucci, J. S. 207
Augustinus 34
Aytemiz, A. 62, 187

Bach, A. 23, 178, 187
Bade, K. J. 153, 155, 187, 201
Baetens Beardsmore, H. 24, 30, 187
Baker, C. 27, 187
Bakhtin, M. 22, 187
Baldwin, J. M. 73 f., 187
Bartens, A. 119, 187
Bartlett, F. C. 33, 68, 187
Bastein, F. H. 201
Bates, E. 105, 188, 191
Batory, I. 86, 188
Baudouian de Courtenay, J. 97
Baur, R. 165, 188
Bausch, K.-R. 100, 106, 112, 115, 188 f.
Beaugrande, R. de 68, 88, 92, 105, 107, 188
Beavin, J. H. 206
Beebe, L. M. 64, 188
Bellugi, U. 87, 189
Bentahila, A. 141, 188
Ben-Zeev, S. 57, 188

Berdan, R. 120
Bergfeld Mills, C. 33, 194
Berschoff, N. A. 102
Berstein, B.
Besch, W. 200
Betz, W. 136
Bhatnagar, J. 164, 188
Bialystock, E. 115 f., 127, 188
Bickerton, D. 109, 118, 188
Birdsong, D. 53, 188
Blanc, M. 27, 193
Blocher, E. 28, 188
Block, D. 105, 188
Bloomfield, L. 27 f., 124, 188
Blum-Kulka, S. 117, 143, 196
Bochner, S. 160, 192
Bolten, J. 177, 179 f., 188
Bongaerts, T. 141, 202
Bordie, J. G. 57 f., 188
Born, J. 171, 174 f., 188
Borst, A. 23 f., 188
Boucher, J. 72, 189
Boueke, D. 200
Brackmann, H.-J. 177, 179, 188
Brainerd, C. J. 76, 188
Bretherton, J. 188
Briggs, J. 94, 189
Broca, P. 49 f.
Broeder, P. 62, 189
Brown, H. D. 205
Brown, R. 87, 189
Bruha, T. 166 f., 169 f., 172, 174, 189, 194
Bruner, J. C. 201
Brunet, G. R. 192
Bryson, L. 44
Bühler, K. 16, 20, 34, 37, 40, 43, 46, 68, 72, 189

Bühler, U. B. 60, 189
Burns, C. E. S. 54, 57, 205
Burri, A. 76, 189
Burt, M. K. 105, 191
Buttjes, D. 38, 189

Calvet, L. J. 156
Canale, M. 43, 189
Candlin, C. 140
Caprona, D. de 195
Carroll, J. B. 87, 122, 126, 189, 207
Carruthers, E. 72, 189
Cartwright, D. 148
Cassirer, E. 108, 189
Cattell, R. 50, 54, 84, 86 f., 189
Cazden, C. 92
Cenoz, J. 27, 189
Chamot, A. U. 201
Chamot, M. U. 201
Chéron, H. 170
Cherubim, D. 90, 102 f., 189, 202
Chesterman, A. 98, 189
Cho Lee, N.-H. 98, 189
Chomsky, N. 60–71, 84–87, 106 f., 189
Christ, H. 189
Christophersen, P. 14, 189
Christopherson, P. 126, 189
Church, J. 78, 189
Clahsen, H. 64, 92, 189 f.
Clyne, M. 139 f., 190
Cohen, A. D. 115, 190, 205
Cohen, J. 94, 115, 190
Cole, P. 46
Cook, V. 69, 86, 108, 190
Cooper, D. L. 94, 190
Corder, P. 90, 103, 105, 113, 116 f., 190
Cornu-Wells, A. 195
Criper, C. 190, 196 f., 204
Crookes, G. 63, 89, 190
Cummins, J. 61, 190
Curtiss, S. 54, 190

Dahl, Ø. 32, 190
Danziger, E. 202
Dato, D. P. 190
Davies, A. 88, 92, 113, 116, 188, 190, 196 f., 204
Davies, E. E. 141
Debus, F. 200
DeCamp, D. 119, 190

Decco, W. 15, 107, 190
Dechert, H. W. 91 f., 190
Décsy, G. 172, 176, 184, 190
Deegener, G. 49 f., 53, 190
Demetriou, A. 76, 190
Denison, N. 26, 190
Descartes, R. 184
Deutscher, I. 18, 190
Dietrich, R. 55, 112, 117, 190
Dijk, T. van 33, 196
Diller, K. C. 30, 53, 56, 122, 190, 206
Dittmar, N. 19, 103, 112, 191, 201
Dodson, C. J. 15 f., 191
Donmall, G. 127
Döpke, S. 27, 191
Dörner, D. 67, 191
Dörnyei, Z. 63, 115, 191 f.
Druviete, I. 151, 155, 191
Dulay, H. C. 105, 191
Dumas, G. 204 f.
Dunaif-Hattis, J. 53, 191

Easton, D. 21, 191
Eckman, F. R. 100, 191
Edelman, G. M. 71 f., 133, 191
Edwards, J. 27, 191
Ejerhed, E. 27, 191
Ekstrand, L. H. 29, 50 f., 53, 55, 57 f., 60 157, 158, 163, 165, 191
Ellis, R. 15, 62, 83, 88 f., 90–92, 106 f., 113–116, 118, 120, 122 f., 191
Elman, J. 69, 191
Elwert, W. T. 55, 61, 191
Emerson, C. 187
Engelkamp, J. 33, 67, 69, 191, 202
Epstein, J. 131, 191
Erikson, E. H. 156, 191
Ervin, S. 29 f., 191
Escobedo, T. H. 63, 191
Eubulides von Megera 124
Extra, G. 62, 64, 153, 189, 191

Færch, C. 85, 116, 191
Fathman, A. 57, 191
Fervers, H. 54, 84, 100, 103 f., 105 f., 115, 192
Festinger, L. 148, 192
Fichte, J. G. 77
Filipović, R. 199
Finkenstaedt, T. 178 f., 192

Firchow, E. S. 200
Firth, A. 115, 192
Fishman, J. 27, 77, 79, 88, 130, 157, 163, 192
Fisiak, J. 98, 192
Flege, J. E. 53, 64, 192
Flynn, S. 192
Fodor, J. A. 69, 192
Foster, P. 123, 192
Francescato, G. 58, 192
Frauenfelder, U. 205
Freedle, R. O. 205
Frei, H. 104
Freud, S. 85
Friederici, A. D. 51, 66, 70, 192
Friedrich II 175
Fries, C. C. 90, 97 f., 192
Fröhlich, M. 199
Fromkin, V. A. 51, 69, 192
Fuller, J. M. 130, 141, 192
Furnham, A. 160, 192

Gabelentz, G. von der 13, 21, 34, 80, 130, 192
Gagné, P. M. 87, 192
Gair, J. W. 100, 192
Galilei, G. 184
Galjperin, P. Ja. 75
Galloway, L. 49, 52, 192
Galton, F. 72
Garcia, R. 54, 57, 187
Gardner, H. 66–68, 192
Gardner, R. C. 63, 122, 192, 197
Gardt, A. 151, 192
Garvin, P. L. 195
Gass, S. M. 88 f., 91 f., 118, 132, 193, 204 f.
Gazzaniga, M. S. 50 f., 66, 193, 195
Geertz, C. 19, 193
Genesee, F. 27, 52, 189, 193
Gerdes, D. 159, 193
Geschwind, D. 53, 193
Gilbert, G. G. 120
Gjerlow, K. 49, 51, 66, 199
Gleick, J. 94, 193
Gnutzmann, C. 197
Goebl, H. 201
Goodenough, W. H. 19, 193
Goethe, J. W. 22, 25, 33, 59, 174, 193
Goffman, E. 143, 193
Gorosch, M. 57, 193
Grice, H. 46

Grimstad, K. 200
Groot, A. M. B. de 53, 55, 193
Grosse, S. 200
Grotjahn, R. 115, 193
Gudykunst, W. B. 32, 196
Guilford, J. P. 133, 193
Gullestrup, H. 19, 193
Gumperz, J. J. 27, 79, 130, 132, 140, 193, 198
Güngör, D. 162

Hagège, C. 173, 193
Hakuta, K. 53, 55, 92 f., 120, 193
Hall, E. 19, 32, 119, 193
Hallberg, H. P. 171, 200
Hallstein, W. 168
Hamann, J. G. 77
Hamers, J. 27, 193
Harary, F. 148
Harley, B. 54, 194
Hartig, J. 200
Hasselmo, N. 130, 132, 140, 194, 200
Hassenstein, B. 125, 194
Havránek, B. 19
Hatch, E. M. 61 f., 85, 88, 140, 194
Haugen, E. 26 f., 61, 80, 130–132, 136, 139, 194
Havelka, J. 197
Heckhausen, H. 62, 194
Heider, F. 148, 194
Heller, M. 141, 194
Hellinger, M. 119, 194
Henrysson, J. 27, 191
Herder, J. G. 13, 77, 194
Hess-Lüttich, E. W. B. 64, 194
Hienz de Albentiis, J. 158, 194, 202
Hinnenkamp, V. 32, 194
Hoefnagel-Höhle, M. 56, 59, 204
Hofman, R. 159, 194
Hofstätter, P. R. 33, 194
Hofstede, G. 21, 194
Hoijer, H. 18, 78, 194
Hollqvist, M. 173, 178, 194
Holmstrand, L. S. E. 53, 55–60, 64, 167, 194
Holquist, M. 187
Hoof-Haverkamp, R. van 174, 194
Hörmann, H. 84, 126, 194
Horn, D. 165, 194
Horton, D. L. 33. 194
Howatt, A. P. R. 190, 196 f., 204

217

Hüllen, W. 91, 106, 189, 194
Humboldt, W. von 24, 43, 72, 77, 194
Husén, T. 194, 200
Huss, L. 157, 195
Husserl, E. 20, 67
Hutchinson, J. 151
Hyltenstam, K. 141, 158
Hymes, D. 27, 38, 42, 130, 190, 193, 195

Indefrey, P. 50, 195
Ingendahl, W. 70, 195
Inghult, G. 139, 195
Inhelder, B. 74 f., 195

Jacobs, B. 53, 195
Jackson, D. D. 206
Jake, J. L. 130, 195
Jakobovits, L. A. 29, 197
Jakobson, R. 19–21, 57, 100, 195
James, C. 97 f., 100–102, 195
Janssen, T. A. J. M. 66, 195
Jarvis, S. 129, 202
Jeanneret, R. 201
Jiang, N. 109, 118, 195
Johansen, P. 23 f., 195
John, B. 157
Johnson, M. 191
Johnson-Laird, P. 67 f., 195
Jones, S. P. 27, 187
Jong, E. de 119, 195
Joseph, J. E. 85 f., 195
Judd, E. 188
Judowitsch, F. Ia 75, 198
Juhasz, J. 100, 195

Kaban, B. 207
Kahane, H. 178, 195
Kahane, R. 178, 195
Kalverkämpfer, H. 177, 181 f., 196
Kant, I. 68
Kaplan, T. I. 116, 196
Karger, T. 182
Karmiloff-Smith, A. 69, 191, 196
Kasper, G. 84 f., 91, 100, 106, 112, 115–117, 143, 188, 191 f., 196
Kaufman, T. 206
Kecskes, I. 129, 196
Kellerman, E. 105, 132, 192, 196
Kelly, L. G. 27, 138, 141, 196
Kennedy, G. 113, 203

Kim, Y. Y. 32, 196
Kinsbourne, M. 52 f., 196
Kintsch, W. 33, 196
Kjolseth, R. 190
Klein, E. 92, 196
Klein, W. 15, 106, 190, 196, 200
Kloep, M. 85, 196
Kluckhohn, C. 18, 22, 196
Knapp, K. 100, 106–108, 112, 196
Knapp-Potthoff, A. 100, 106–108, 112, 196
Kolb, H. 203
Konerding, K.-P. 33, 193
König-Linek, C. 28, 49, 52, 196
Königs, F. G. 106, 188
Kramer, W. 171, 177 f., 180, 196
Krashen, S. D. 53, 85, 105 f., 121 f., 191, 196
Kreuzer, E. 94, 196
Kroeber, A. L. 18, 196
Kroll, J. F. 53, 55, 193
Krumm, H.-J. 189
Krzeszowski, T. 101, 196
Kühlwein, W. 97, 101, 197
Kuhs, K. 62, 197

Labov, W. 114
Lado, R. 90, 97–99, 130, 197
Lainio, J. 55, 162, 197
Lakoff, G. 69, 197
Lakshamanan, U. 118, 204
Lamb, S. 50, 197
Lambert, R. D. 153, 197
Lambert, W. E. 29 f., 57, 63, 122, 163, 192, 197
Lamendella, J. T. 53 f., 197
Landau, J. M. 197
Langacker, R. W. 69 f., 197
Lange, G. 194
Lardiere, D. 118, 197
Larsen-Freeman, D. 14, 53, 89, 94 f., 113, 124, 197
Lasswell, H. D. 44
Lauffer, H. 203
Laurén, C. 59 f.
Lawton, D. 72, 74 f., 197
Lee, P. 78, 197
Leibniz, G. W. 184
Leitzmann, A. 194
Lenneberg, E. H. 50, 53 f., 70, 86, 197
Lennon, P. 103, 197
Leontjev, A. A. 75, 197

Levelt, W. J. 50, 195
Levinson, S. C. 72, 79, 193, 198, 202
Lewandowski, T. 13–15, 43, 46, 72, 89, 97, 102 f., 127, 139, 197, 200
Lewis, E. G. 13, 197
Lewis, M. M. 73, 197
Lieberman, P. 51, 68, 71, 197
Lightbown, P. M. 54, 60, 90, 197
Lindner, G. 118, 198
Lindroth, H. 127, 198
Lindsey, G. 205
Lippert, H. 181
List, G. 72, 86, 198
Long, M. 14, 89, 198
Loritz, D. 69, 87, 198
Love, N. 195
Luchtenberg, S. 32, 38, 126, 198
Lucy, J. A. 79, 198
Lurija, A. R. 69, 74 f., 198

Mackey, W. F. 26 f., 130, 132, 198
Macnamara, J. 27, 30, 195, 198
Maletzke, G. 19, 198
Mandel, H. 33, 198
Mans, E. 30, 198
Masny, D. 128, 198
Mathesius, W. 19
Mattheier, K. J. 201, 203
May, W.H. 201
McClelland, J. 69
McCormack, W.C. 194
McGee, M. 187
McLaughlin, B. 15, 30, 53 f., 56–58, 60, 64, 83, 86, 88–90, 106 f., 109, 113, 198
McNeill, D. 86, 188, 198
Meder, G. 165, 188
Mehler, J. 70
Meisel, J. 190
Mendelsohn, S. 52 f., 198
Merleau-Ponty, M. 67
Mikkola, P. 38, 158, 198
Miller, G. A. 72, 199
Milroy, L. 141, 199
Minsky, M. 33, 199
Miracle, A.W.Jr. 27, 199
Miron, M.S. 201
Mißler, B. 113, 115 f., 122 f., 199
Mitchell, R. 89, 199
Mitterand, F. 168
Möhle, D. 112, 114, 199

Mohler, A. 194
Monnet, J. 168
Montada, L. 62, 84, 199
Moravcsik, E. A. 191
Morgan, J. L. 46
Mowrer, O. H. 84, 199
Mühle, G. 193
Mühlen, H. von zur 23 f., 195
Muhařovský, J. 19
Müller, B.-D. 188
Müller, M. 130
Münch, D. 66, 71, 199
Murray, H. A. 196
Muysken, P. 27, 141, 163, 187, 199
Myers-Scotton, C. 141, 199
Myles, F. 89, 199

Naiman, N. 62, 121–123, 199
Nakuma, C. K. 118, 199
Natorp, E. A. 30, 58, 199
Nehls, D. 102 f., 199
Nelde, P. H. 152, 199–201
Nelson, K. E. 204 f.
Nemser, W. 90, 112 f., 119
Neufeld, G. G. 54, 199
Neumann, K. 194
Newton, I. 94
Nickel, G. 102 f., 199 f.
Norton, B. 121, 199
Noyau, C. 190
Numminen, J. 151, 199

Oberbeke, M. van 27 f., 199
Oberg, K. 160
Obler, L. K. 49, 51, 66, 141, 187, 195, 199
Oerter, R. 199
Öhmann, S. 175, 199
Oksaar, E. 15, 17, 21, 27, 29–31, 38 f., 42 f., 45 f., 50, 53, 55–57, 59, 64, 70, 72–74, 76, 79 f., 86 f., 91, 98, 101, 111, 118, 126 f., 132, 134, 136, 138, 140–142, 146, 155 f., 162–165, 170, 181, 183 f., 190 f., 199–201, 207
Olmsted, D. L. 70, 87 f., 201
O'Malley, J. M. 115, 121–123, 201
O'Neil, W. 199
Opper, S. 194, 200
Osgood, C. E. 18, 29 f., 84, 191, 201
Oxford, R. L. 115, 201
Oyama, S. 54, 201

Papp, T. 129, 196
Paracelsus 184
Paradis, M. 49, 52, 201
Parisi, D. 191
Paul, H. 18, 21, 37, 124, 133 f., 140, 202
Paulston, C.Bratt 156, 202
Pavlenko, A. 129, 202
Peat, D. 94, 189
Pechman, T. 67, 69, 71, 202
Pederson, E. 72, 79, 202
Peisl, A. 194
Peizer, D. 87, 202
Penfield, W. 50, 52–55, 57 f., 202
Penzinger, C. 87, 202
Piaget, J. 67, 69 f., 73–76, 81, 202
Piatelli-Palmarini, M. 70, 202
Pienemann, M. 190
Pike, K. 39
Pilch, H. 200
Pinker, S. 50, 68, 176, 202
Piur, P. 184, 202
Platon 37, 49
Plunkett, K. 191
Poeck, K. 50 f., 53, 68, 202
Polanyi, M. 57, 126
Polenz, P. von 175 f., 181, 202
Politzer, R. 108, 202
Pongratz, L. J. 66, 202
Poplack, S. 141, 202
Poulisse, N. 141, 202
Previšć, V. 188
Prinz, W. 66, 203
Purves, A. C. 97, 202
Putnam, H. 70
Py, B. 201

Querner, C. 177
Quintilian 22, 59

Raabe, H. 102, 202
Raffler-Engel, W. 200
Rahn, H. 22
Raible, W. 195
Rampillon, U. 193
Rampton,. B. 15, 92, 117, 202
Raupach, M. 112, 114, 199
Redecker, G. 66, 195
Regier, T. 69, 202
Rehbein, J. 32, 202
Reich, H.H. 158, 194, 202

Reichmann, O. 200
Rein, K. 97, 202
Reinecke, J. E. 119
Reischauer, D. E. 146, 222
Renner, E. 18 f., 202
Reynolds, A. C. 192
Richards, J. C. 104, 113, 202 f.
Richelle, M. 85, 203
Rieck, B.-O. 102, 203
Riehl, C. M. 27, 30, 203
Rindler Schjerve, R. 152, 199, 201
Roberts, L. 50, 52–55, 57 f., 202
Robinett, B. W. 101, 203
Rogers, J. 61, 203
Romaine, S. 27, 203
Romanes, G. 72
Rosansky, E. 106, 203
Rose, K. R. 91, 196
Roth, G. 66, 203
Rubin, J. 121–123, 203
Rudzka-Osteyn, B. 197
Rues, B. 131, 147, 203
Rumelhart, D. E. 33, 69, 203
Rutherford, W. E. 92, 100, 116, 188, 203

Sack, F. 190
Sanders, W. 177, 203
Sapir, E. 8, 17–19, 72, 76 f., 82, 203
Sarter, H. 167, 203
Saussure, F. de 42
Schachter, J. 88, 101, 105, 108 f., 193, 203
Schiedermair, H. 168
Schiskoff, G. 163, 203
Schloßmacher, M. 170, 203
Schmidt, P. 170, 203
Schmidt, R. W. 63, 190–192
Schneider, B. 57, 70, 85, 87, 98, 100, 102 f., 108, 203
Schneider, D. 196
Schneidermann, E. I. 52, 203
Schnell, C. 193
Schottmann, H. 131 f., 136, 203
Schrimpf, H. J. 193
Schröder, K. 178 f., 192
Schuchardt, H. 130, 133, 140, 203
Schumann, J. H. 53, 62, 92, 116, 118, 120, 195, 204
Schwabl, W. 182 f.
Schwarz, D. 158, 199, 204
Scollon, R. 19, 204

Scollon, S. W. 19, 204
Scott, M. 115, 191
Sebba, M. 119, 204
Sebeok, T. A. 200
Seeler, H.-J. 167, 174, 189, 194
Segerstedt, T. T. 166, 204
Seifert, G. 174, 204
Seliger, H. W. 51, 204
Selinker, L. 90, 112–114, 116–118, 132, 193, 204 f.
Senft, G. 202
Sharwood Smith, M. 86, 89, 204
Sheen, R. 92, 105, 204
Siegal, M. 72
Siguan, M. 168, 204
Sinclair, W. 75
Singh, R. 124, 204
Skinner, B. F. 84 f., 87, 96, 204
Skudlik, S. 181–183, 201, 204
Skutnabb-Kangas, T. 27, 204
Smith, D. 120
Smolicz, J. J. 18 f., 204
Smythe, P. C. 192
Snow, C. 56, 59, 204
Snowden, P. 170
Snyder, L. 188
Soffietti, J. B. 19, 204
Sonderegger, S. 200
Sotaro, K. 202
Speidel, G. 57, 204 f.
Spiel, W. 200
Spillner, B. 32, 204
Spolsky, B. 15, 56, 60–63, 83 f., 89, 95, 101, 122 f., 204
Staats, A. W. 85, 205
Stackelberg, J. von 183, 201
Staddon, J. 85, 205
Starý, Z. 201
Stedje, A. 27, 200, 205
Steinbacher, F. 19, 205
Stemmer, B. 49, 205
Stent, G. 71, 205
Stephens, M. 153
Stern, C. 59, 65, 69, 74, 106, 205
Stern, H. H. 56, 58, 60, 123, 199, 205
Stern, W. 57, 59, 65, 69, 72, 74, 87, 94, 106, 205
Stewart, I. 94, 190
Stickel, G. 171, 174 f., 188
Studdert-Kennedy, M. 53, 205

Sturm, D. 175, 205
Stutterheim, C. von 86, 205
Sucharowski, W. 50 f., 66, 69 f., 205
Svartvik, J. 90, 102, 205
Swain, M. 43, 61, 189 f., 204
Szagun, G. 74, 205

Tabori, M. 170, 173, 205
Taeschner, T. 15, 55, 205
Tagiuri, R. 35, 205
Tannen, D. 68, 205
Tarone, E. 90, 92, 113–115, 117, 205
Taylor, T. J. 195
Tench, P. 114, 205
Tesch, G. 90, 130–134, 136, 205
Tharp, R. G. 54, 57, 205
Thomas, J. 143, 206
Thomas, W. I. 143
Thomasius, C. 23, 184
Thomason, S. G. 206
Thurow, J. 200
Titone, R. 57, 206
Todesco, A. 199
Toepfer, A. 174, 187
Tomlin, R. S. 88, 206
Tonkyn, A. 192
Tononi, G. 71, 191
Toohey, K. 121, 199
Toomela, A. 69, 76, 206
Torbiörn, I. 154, 156, 160, 206
Toulmin, S. 86, 206
Trampe, P. af 27, 200, 205
Trunz, E. 193
Tumat, A. J. 165, 194
Tylor, E. B. 19, 206

Unesco 25, 55, 206

Valin, R. D. van Jr. 70, 206
Valsiner, J. 75, 206
Varala, F. J. 66 f., 69, 206
Varley, R. 72
Varonis, E. M. 118, 193
Verhoeven, L. 64, 153, 191
Vico, G. B. 77
Vildomec, V. 26 f., 55–57, 100, 124, 136, 138, 206
Vogel, K. 53, 60, 103, 105 f., 123, 206
Vogt, H. 28, 206
Volkart, E. M. 143

Voltaire, F. M. A. 175
Volz, W. 173, 206
Voßler, K. 180, 185, 206

Wagner, J. 115 f., 192, 206
Walsh, T. M. 53, 56, 206
Walters, J. 52, 206
Wandruszka, M. 31, 206
Watson, J. B. 84
Watzlawick, P. 38, 206
Weidenfeld, W. 196
Weinreich, U. 13, 26–29, 31, 99 f., 130–132, 134, 136, 139 f., 206
Weinrich, H. 138, 177, 181–183, 196, 207
Weisgerber, L. 77, 207
Weiss, A. von 61, 207
Weiß, R. 196
Welge, P. K. G. 172
Wernicke, C. 50
Wertsch, J. 66, 207
Wesche, M. 52, 203
Whitaker, H. A. 49, 205
White, B. 59, 207
Whorf, B. L. 8, 72, 76–79, 82, 207
Wickler, W. 182
Wieczerkowski, W. 58, 62

Wigglesworth, G. 192
Wilkins, D. 202, 207
Winitz, H. 196, 207
Winston, P. H. 199
Wirth, J. R. 191
Witt, J. 168, 207
Wittgenstein, L. 72, 207
Wode, H. 92, 106, 207
Wölck, W. 30, 201, 207
Wolff, C. 184
Wolfson, N. 127, 187, 207
Wong Fillmore, L. 57, 207
Wurm, S. A. 194
Wurzbacher, G. 18, 207
Wygotski, L. 67, 69, 73–75, 81, 88 207

Yletyinen, R. 162 f., 207

Zaid, M. A. 38, 207
Zatorre, R. 49, 52, 206
Ziesenis, W. 194
Zimmermann, G. 193
Zlatev, J. 69 f., 87, 207
Znaniecki, F. 19, 207
Zuengler, J. 64, 188

Rosemarie Mielke
Psychologie des Lernens
Eine Einführung

2001. 198 Seiten mit 36 Abb. Kart.
€ 16,–
ISBN 3-17-016200-4
Urban-Taschenbücher, Band 420

Wie lernen wir zu reagieren, wie lernen wir Reaktionen, wie funktioniert das Erkennen und das Verstehen und wie ist der kognitive Apparat, der für all das zuständig ist, aufgebaut, und wie funktioniert er? Anhand von Beispielen und Abbildungen werden dem Leser die psychologischen Erklärungen der Grundlagen für verändertes Verhalten nahe gebracht.

Sigrid Nolda
Pädagogik und Medien
Eine Einführung

2002. 216 Seiten. Kart.
€ 17,–
ISBN 3-17-016960-2
Urban-Taschenbücher, Band 675

In der vorliegenden Einführung wird das Verhältnis zwischen Pädagogik und Medien unter den Gesichtspunkten ihrer Gemeinsamkeiten, ihrer wechselseitigen Beobachtungen und ihrer gegenseitigen Indienstnahmen behandelt. Dabei werden Medien als Herausforderung für die pädagogische Praxis und als Bildungsmittel und Identitätserprobung angesprochen, die Berichterstattung über Pädagogisches in den Medien skizziert, die diversen pädagogischen Anwendungen medialer Präsentationsformen (von der Visualisierung von Lehrinhalten zur Virtuellen Universität) behandelt sowie Ansätze einer Pädagogik des Fernsehens und des Internet entwickelt.

▶ **www.kohlhammer.de**

W. Kohlhammer GmbH · 70549 Stuttgart
Tel. 0711/7863 - 7280 · Fax 0711/7863 - 8430

Els Oksaar
Spracherwerb im Vorschulalter
Einführung in die Pädolinguistik

2., erw. Auflage 1987
262 Seiten. Kart. € 19,40
ISBN 3-17-009787-3
Sprache und Literatur, Band 124

"Eine echte Einführung, die nicht nur fertige Ergebnisse und Erkenntnisse weitervermittelt, sondern solche problematisiert, kritisiert, aber auch weiterführende Fragestellungen und Untersuchungsansätze aufzuzeigen stets bemüht ist. Das Buch ist für jeden Sprachwissenschaftler, jeden Psychologen, Soziologen und vor allem für jeden Mediziner, aber auch für jeden gebildeten Laien zu empfehlen."

Erich Straßner in "Kratylos" (23, 1978/1979)

Mit der ersten Auflage dieses Buches wurde erstmalig eine Darstellung des Spracherwerbs vorgelegt, die das Thema über die Fachgrenzen hinaus grundlegend und umfassend behandelte und "Pädolinguistik" als neuen Wissenschaftszweig definierte.

Nach der Analyse der relevanten Grundfragen über das Was, Wie und Wann des Spracherwerbs werden in diesem Studienbuch die festgestellten Stadien des Sprechenlernens und anschließend die systematische Behandlung der Entwicklung der sprachlichen Strukturen im Bereich von Phonetik/Phonologie, Semantik/Lexik und Syntax/Morphologie erläutert.

▶ www.kohlhammer.de

W. Kohlhammer GmbH · 70549 Stuttgart
Tel. 0711/7863 - 7280 · Fax 0711/7863 - 8430